UTB

UTB **2930**

Eine Arbeitsgemeinschaft der Verlage

Beltz Verlag Weinheim · Basel
Böhlau Verlag Köln · Weimar · Wien
Verlag Barbara Budrich Opladen · Farmington Hills
facultas.wuv Wien
Wilhelm Fink München
A. Francke Verlag Tübingen und Basel
Haupt Verlag Bern · Stuttgart · Wien
Julius Klinkhardt Verlagsbuchhandlung Bad Heilbrunn
Lucius & Lucius Verlagsgesellschaft Stuttgart
Mohr Siebeck Tübingen
C. F. Müller Verlag Heidelberg
Orell Füssli Verlag Zürich
Verlag Recht und Wirtschaft Frankfurt am Main
Ernst Reinhardt Verlag München · Basel
Ferdinand Schöningh Paderborn · München · Wien · Zürich
Eugen Ulmer Verlag Stuttgart
UVK Verlagsgesellschaft Konstanz
Vandenhoeck & Ruprecht Göttingen
vdf Hochschulverlag AG an der ETH Zürich

Rudolf Beck / Hildegard Kuester / Martin Kuester

Basislexikon anglistische Literaturwissenschaft

Wilhelm Fink

Die Autoren:

Rudolf Beck war bis September 2006 Akademischer Direktor am Lehrstuhl für Englische Literaturwissenschaft der Universität Augsburg. Er ist Autor einer Monographie über D. H. Lawrence und Mitherausgeber des bei UTB erschienenen *Handbuchs der britischen Kulturgeschichte*.

Hildegard Kuester ist Literaturwissenschaftlerin und Sozialpädagogin. Sie hat eine Monographie zu der kanadischen Autorin Margaret Laurence publiziert sowie ein Sammelwerk zur Literatur des 16. Jahrhunderts herausgegeben.

Martin Kuester ist Professor für Anglistik/Literaturwissenschaft an der Philipps-Universität Marburg. Er ist Autor von Monographien zum Werk John Miltons und zur kanadischen Literatur.

Bibliografische Information der Deutschen Nationalbibliothek

Die Deutsche Nationalbibliothek verzeichnet diese Publikation in der Deutschen Nationalbibliografie; detaillierte bibliografische Daten sind im Internet über http://dnb.d-nb.de abrufbar.

ISBN 978-3-7705-4489-9

Internet: www.fink.de

Printed in Germany.
Einbandgestaltung: Atelier Reichert, Stuttgart
Herstellung: Ferdinand Schöningh, Paderborn

UTB-Bestellnummer: ISBN 978-3-8252-2930-6

Inhaltsverzeichnis

Vorwort

Das vorliegende *Basislexikon anglistische Literaturwissenschaft* ist eine überarbeitete Neuauflage des 1998 unter dem Titel *Terminologie der Literaturwissenschaft* erschienenen Nachschlagewerks. Wenn wir, die Verfasser, uns erneut an die Arbeit gewagt haben, so vor allem deswegen, weil wir glauben, dass unter den zahlreichen älteren und neueren deutschsprachigen Literaturlexika nach wie vor keines zu finden ist, das speziell auf die Bedürfnisse von Studierenden der Anglistik, insbesondere von Studienanfängern, zugeschnitten ist. Das *Basislexikon* ist folglich als Lernwörterbuch für das Anglistikstudium konzipiert. Sein besonderer Charakter tritt in der Gliederung und im Aufbau der Erläuterungen hervor:

- Die Termini werden nicht durchgehend alphabetisch, sondern in sechs systematisch angeordneten Kapiteln definiert. Diese Anordnung soll es den Lernenden erleichtern, sich einzelne Teilbereiche planmäßig zu erschließen.
- Die Artikel zu den einzelnen Termini gliedern sich in eine knappe Kurzdefinition und eine ausführliche Erläuterung mit Beispielen. Außerdem haben wir versucht, überall dort, wo es uns nötig schien, auch auf Varianten im Gebrauch oder auf Probleme in der Verwendung einzelner Termini hinzuweisen.
- Die Zahl der erläuterten Termini wurde mit Absicht relativ klein gehalten: Wir haben zum Beispiel darauf verzichtet, seltenere rhetorische Begriffe mit einzubeziehen. Andererseits werden aber in vielen Fällen innerhalb der einzelnen Artikel weitere Termini behandelt, die keinen eigenen Eintrag haben – wie z. B. „Katharsis“ in dem Artikel „Tragödie“. Mit Hilfe des Registers lassen sich diese Termini leicht auffinden.
- Wir haben mit wenigen Ausnahmen darauf verzichtet, Termini, die literarische Epochen bezeichnen – wie zum Beispiel *Restoration* oder Romantik – aufzunehmen. Sie würden nicht nur den Rahmen des Handbuchs sprengen; wir glauben auch, dass die Lektüre der entsprechenden Kapitel oder Abschnitte in einer der gängigen Literaturgeschichten gerade dem Studienanfänger mehr nützt als eine noch stärker verkürzte Darstellung oder ein Eintrag, der wenig mehr als Namen, Daten und Werktitel enthält.

- Auf die spezifischen Bedürfnisse von Anglistikstudenten wird eingegangen, indem durchweg die englische Terminologie mit berücksichtigt wird (vor allem auch dort, wo sie sich von der deutschen unterscheidet) und alle Beispiele der englischsprachigen Literatur entnommen sind.
- In den Literaturangaben am Ende jedes Eintrags machen wir Vorschläge zur weiteren Lektüre, die wiederum in erster Linie auf Studienanfänger zugeschnitten sind: Wir haben uns bemüht, vor allem grundlegende oder einführende Werke zu nennen.

Um Missverständnissen vorzubeugen, abschließend noch zwei Hinweise für zukünftige Nutzer des Handbuchs: Bei dem hier vermittelten terminologischen Wissen handelt es sich lediglich um Grundwissen, das im Falle einer intensiveren Auseinandersetzung mit einem bestimmten Thema durch zusätzliche Lektüre vertieft werden sollte. Terminologisches Wissen ist kein Selbstzweck. Termini sind lediglich Hilfsmittel, die die Kommunikation über literarische Texte erleichtern und gelegentlich zu deren besserem Verständnis beitragen können. Mehr können Termini nicht leisten. „Words are wise men's counters, they do but reckon with them, but they are the money of fools" heißt es in Hobbes' *Leviathan*; dies gilt ganz besonders für Termini.

Bei der Arbeit an der Neuauflage haben uns Christiane Struth und Rebekka Götting in Marburg sowie Laura Strathmann in Augsburg Kritik übend und Korrektur lesend unterstützt. Maciej Golik half uns bei der Erstellung des Bildmaterials. Ohne die Genannten hätte die Fertigstellung des Manuskripts sehr viel länger gedauert; wir sind Ihnen allen zu herzlichem Dank verpflichtet.

Rudolf Beck, Hildegard Kuester, Martin Kuester

Hinweise zum Gebrauch

Querverweise stehen in spitzen Klammern <> und beziehen sich auf die Ordnungsziffer des betreffenden Eintrags.

Unterstreichungen von Buchstaben und Wörtern in Zitaten dienen der Hervorhebung und stammen durchweg von den Verfassern des *Basislexikons*.

Durch Fettdruck hervorgehobene Wörter sind literaturwissenschaftliche Fachbegriffe, die beim erstmaligen Auftauchen innerhalb eines Artikels auf diese Weise gekennzeichnet werden.

Gattungsübergreifende Begriffe

101 Absurd, Literature of the – Absurde Literatur

Literarische Richtung im 20. Jahrhundert, die von einem Gefühl der Sinnlosigkeit der menschlichen Existenz bestimmt ist.

Die Literatur des Absurden entstand nach dem Zweiten Weltkrieg aus dem Gefühl einer Sinnleere, das seinen philosophischen Ausdruck im französischen **Existenzialismus** <608> fand, dessen wichtigste Repräsentanten die Philosophen und Schriftsteller Jean-Paul Sartre und Albert Camus waren. Camus beschrieb das „absurde" Lebensgefühl des Menschen im zwanzigsten Jahrhundert – verkörpert in der mythologischen Figur des Sisyphos, der immer wieder vergeblich versucht, einen Felsblock den Berg hinaufzurollen – folgendermaßen:

> Eine Welt, die sich – wenn auch mit schlechten Gründen – deuten und rechtfertigen lässt, ist immer noch eine vertraute Welt. Aber in einem Universum, das plötzlich der Illusionen und des Lichts beraubt ist, fühlt der Mensch sich fremd. Aus diesem Verstoßen-sein gibt es für ihn kein Entrinnen, weil er der Erinnerungen an eine verlorene Heimat oder der Hoffnung auf ein gelobtes Land beraubt ist. Dieser Zwiespalt zwischen dem Menschen und seinem Leben, zwischen dem Schauspieler und seinem Hintergrund ist eigentlich das Gefühl der Absurdität. (*Der Mythos von Sisyphos*)

In der Literaturwissenschaft wird ein Werk gemeinhin als absurd bezeichnet, wenn es konventionellen Realitätsvorstellungen, den Gesetzen der Wahrscheinlichkeit und Logik und allgemein akzeptierten Wertvorstellungen widerspricht und damit einer Weltsicht Ausdruck gibt, angesichts derer eingefahrene Erwartungen und Verhaltensmuster versagen. In formaler Hinsicht greift die absurde Literatur oft auf Techniken des **Expressionismus** und des **Surrealismus** zurück.

Wichtige Vertreter des Absurden in der Literatur der zweiten Hälfte des 20. Jahrhunderts sind neben den Autoren des ***Theatre of the Absurd*** <539> (z. B. Samuel Beckett, Eugène Ionesco oder Edward Albee) Romanschriftsteller wie Joseph Heller (*Catch-22*, 1961), Thomas Pynchon (*The Crying of Lot 49*, 1966) und Kurt Vonnegut. Vonneguts Roman *Slaughterhouse-Five* (1969) spielt in der absurden Welt des Zweiten Weltkriegs, wo der Tod so allgegenwärtig ist, dass er nur noch mit einem lakonischen „so it goes" kommentiert wird. Den Verlust traditioneller humanistischer Werte illustriert unter anderem auch die Umkehrung vertrauter Handlungsverläufe, wenn z. B. Vonneguts Held, Billy Pilgrim, im Fernsehen einen Film „rückwärts" sieht:

> American planes, full of holes and wounded men and corpses took off backwards from an airfield in England. Over France, a few German fighter planes flew at them backwards, sucked bullets and shell fragments from some of the planes and crewmen. They did the same for wrecked American bombers on the ground, and those planes flew up backwards to join the formation.

MK

Literatur: Camus.

102 Allegory – Allegorie

Veranschaulichung abstrakter Begriffe oder Vorgänge durch ein konkretes Bild (oder eine Geschichte); die Zuordnung von Begriff und Bild (oder Geschichte) ist durch literarische bzw. kulturelle Konventionen vorgegeben.

Man kann eine Allegorie auf zwei Ebenen „lesen": Die konkreten Personen, Gegenstände und Vorgänge auf der **„wörtlichen" Ebene** fügen sich zwar einerseits in einen durchaus schlüssigen Handlungszusammenhang; andererseits dient diese wörtliche Ebene vor allem dazu, auf die Konzepte und Begriffe der eigentlich wichtigeren **„abstrakten" Ebene** zu verweisen und sie zu veranschaulichen. So stellt z. B. das aus vielen allegorischen Darstellungen bekannte Bild der Frau mit verbundenen Augen, die eine Waagschale und ein Schwert in Händen hält, die Gerechtigkeit dar. Die Zuordnung der beiden Bedeutungsebenen ist eine **literarische** bzw. **kulturelle Konvention**, im Prinzip also ähnlich arbiträr wie die Zuordnung von Signifikant und Signifikat im sprachlichen Zeichen (→ **Deconstruction** <604>).

Im deutschen Sprachgebrauch wendet man den Begriff Allegorie meist auf ein einzelnes Bild an; im angelsächsischen Raum wird *allegory* dagegen vor allem als Geschichte definiert, in der einzelne **allegorische Figuren** auftauchen.

Einer der Ursprünge der Allegorie ist die **Psychomachie** (‚Seelenkampf') , benannt nach der *Psychomachia* des Prudentius (4. Jh.), die den Kampf von guten und bösen Mächten um die Seele des Menschen als Schlacht zwischen zwei Ritterheeren darstellt. Allegorische Darstellungen spielen vor allem in der mittelalterlichen und Renaissance-Literatur eine wichtige Rolle (→ **EMBLEM** <115>). Ein zentrales Beispiel aus dem 16. Jahrhundert ist Edmund Spensers höfisches **Epos** <312> *The Faerie Queene* (1589), ein Werk, das der Autor selbst als „a continued Allegory, or darke conceit" bezeichnet. Im ersten Canto beschreibt Spenser den Redcrosse Knight, der sich auf die Suche nach ruhmbringenden Abenteuern begibt:

A Gentle Knight was pricking on the plaine,
  Ycladd[1] in mightie armes and silver shielde,
  Wherein old dints of deepe wounds did remaine,
  The cruell markes of many a bloudy fielde;
  Yet armes till that time did he never wield:
  His angry steede did chide his foming bitt,
  As much disdayning to the curbe to yield:
  Full jolly knight he seemd, and faire did sitt,
As one for knightly giusts[2] and fierce encounters fitt.

Die Beschreibung auf der „wörtlichen" Ebene verweist, wie in der Allegorie üblich, auf die abstrakte Ebene: Der Ritter soll, wie Spenser es selber fordert, als Verkörperung des christlichen Tugendideals der „Holinesse" verstanden werden. Seine verbeulte Rüstung repräsentiert die Kämpfe, die die Christenheit im Lauf ihrer Geschichte durchgestanden hat.

Auch in der puritanischen Literatur des 17. Jahrhunderts, wie z. B. in John Bunyans *Pilgrim's Progress* (1678), spielt die Allegorie eine große Rolle. Dies kann man schon an den charakteristischen allegorischen *telling names* wie Obstinate, Patience oder Great-Heart, erkennen, die einzelne Charaktere als Vertreter von Tugenden oder Lastern markieren.

Die puritanisch inspirierte Literatur Amerikas greift ebenfalls oft auf allegorische Ausdrucksmittel zurück. So kann man zum Beispiel in Nathaniel Hawthornes Roman *The Scarlet Letter* (1850) Pearl, die lebenslustige Tochter der Heldin Hester Prynne, als Al-

---

1 **ycladd** gekleidet

2 **giusts** vgl. *joust*, Turnierkampf

legorie für das Prinzip des unbeschwerten Neuanfangs in Amerika interpretieren.

(Zur Unterscheidung von Allegorie und Symbol → **Symbol** <144>).

MK

Literatur: Clifford; MacQueen.

103 Anachronism – Anachronismus

Sprachliche oder inhaltliche Details eines Textes, die nicht der im literarischen Werk dargestellten historischen Epoche entsprechen.

Anachronismen haben unterschiedliche Ursachen: Sie können sich zum einen ergeben, weil Autoren unachtsam oder unwissend sind oder auch weil sie historischen Unstimmigkeiten gegenüber indifferent sind (Beispiel 1). Zum anderen können Autoren mit Hilfe von Anachronismen aber auch einen **Verfremdungseffekt** bewirken, der allerdings einen entsprechenden Wissenstand beim Leser voraussetzt – oder aber auf ihn hinarbeitet (Beispiel 2).

1. In Shakespeares *Julius Caesar* (II.1) hört man z. B. eine Turmuhr schlagen, obwohl es solche in Rom zu Caesars Zeit nicht gab. Shakespeare hat einfach eine ihm selbstverständlich erscheinende Gegebenheit seiner eigenen Zeit auf das historische Rom übertragen:

> *Brutus.* Peace! Count the clock.
> *Cassius.* The clock has stricken three.
> 'Tis time to part.

Die Wirkung dieses Anachronismus in einem Stück, das zu einer Zeit geschrieben wurde, in der das historische Bewusstsein, so wie wir es heute kennen (→ **New Historicism** <616>), noch nicht existierte, ist gänzlich anders als in dem folgenden Beispiel:

2. In George Bernard Shaws Drama *Saint Joan* (1924), das im 15. Jahrhundert spielt, verwendet der Inquisitor Cauchon das Wort *nationalism*:

> *Cauchon.* You mistake me, my lord. I have no sympathy with [Joan's] political presumptions. But as a priest I have gained a knowledge of

> the minds of the common people; I can express it only by such phrases as France for the French, England for the English, Italy for the Italians, Spain for the Spanish, and so forth [...]. To her the French-speaking people are what the Holy Scriptures describe as a nation. Call this side of her heresy Nationalism if you will: I can find no better name for it.

Das Wort *nationalism* ist in diesem Zusammenhang ein Anachronismus, weil es ein modernes Wort ist und weil der damit verbundene Begriff der Nation erst im 19. Jahrhundert seine heutige Bedeutung erlangte. Der Anachronismus wirkt einerseits komisch, da Cauchon das uns vertraute Konzept des Nationalismus – das er allerdings noch nicht unter diesem Namen kennen konnte – in seine eigene klerikale Vorstellungswelt einordnet und als Häresie bezeichnet. Andererseits wirft dieser anachronistische, seiner Zeit vorauseilende Sprachgebrauch aber auch ein bezeichnendes Licht auf Shaws (auktoriale) Interpretation der Rolle der französischen Nationalheldin Jeanne d'Arc als Prophetin eines neuen Zeitalters.

MK

104 Anthology – Anthologie

Textsammlung.

Anthologien sind Sammlungen von Texten, die von den Herausgebern als repräsentativ für eine **National-** oder **Regionalliteratur** (Beispiel 1), für eine Autorengruppe (2) bzw. für eine bestimmte literarische **Gattung** <122> (3) oder Periode (4) angesehen werden oder die einem gemeinsamen Thema (5) gewidmet sind.

Beispiele:

1. M. H. Abrams et al., ed., *The Norton Anthology of English Literature* (Erstausgabe 1962);
2. Ezra Pound, ed., *Des Imagistes* (1914);
3. Gisela Hoffmann, ed., *Englische und amerikanische Balladen* (1982);
4. Michael Roberts, ed., *The Faber Book of Modern Verse* (Erstausgabe 1936);
5. Paul Fussell, ed., *The Bloody Game: An Anthology of Modern War* (1991).

Anthologien spielen in der Literaturwissenschaft eine wichtige Rolle, da sie oft Texte enthalten, die sonst nur in teuren Autorengesamtausgaben oder in älteren und somit oft schwer auffindbaren Werken vorliegen und nun einer größeren Leserschaft zugänglich gemacht werden. Darüber hinaus haben Anthologien, da sie meist den Anspruch erheben, für ihren Bereich repräsentativ zu sein, entscheidenden Einfluss auf die Bildung des literarischen **Kanons** <110>: Bei der Zusammenstellung von Anthologien haben die Herausgeber durch ihre Auswahl die Möglichkeit, das Bild einer literarischen Epoche oder Bewegung bzw. der literarischen Darstellung einer bestimmten Thematik zu beeinflussen. So ist z. B. für viele Leser die Vorstellung von moderner Lyrik in hohem Maße von Anthologien wie dem oben (Beispiel 4) erwähnten *Faber Book of Modern Verse* geprägt worden.

Anthologien wie die nicht nur an vielen nordamerikanischen Universitäten benutzte *Norton Anthology* (Beispiel 1) oder die *Oxford Anthology* haben vor allem an kleineren, nicht mit großen Bibliotheken versehenen Bildungsstätten großen Einfluss darauf, welche Texte welcher Autoren und Autorinnen den Studierenden – und auch dem Publikum generell – zugänglich sind. Das Ungleichgewicht in der Repräsentation männlicher und weiblicher Autoren in den traditionellen Anthologien hat z. B. Sandra Gilbert und Susan Gubar dazu veranlasst, der traditionellen *Norton Anthology* (1) eine *Norton Anthology of Literature by Women* (1985) gegenüberzustellen (→ **Feminist Criticism** <610>).

MK

105 Aphorism – Aphorismus

Sinnspruch in Vers oder Prosa.

Aphorismen sind in einem Satz zusammengefasste Lebensweisheiten, Kerngedanken oder persönliche Ansichten eines Autors zu einem bestimmten Thema. Nicht selten erscheinen Aphorismen in der Form einer Definition, so wie in dem folgenden Beispiel aus Alexander Popes *Essay on Criticism* (1711):

> True wit is Nature to advantage dress'd;
> What oft was thought, but ne'er so well express'd.

Aphorismen können sowohl in Vers als auch in Prosa verfasst sein. Im Unterschied zum anonymen **Sprichwort**, das in volkstümlicher Sprache traditionelle Weisheiten wiedergibt, zeichnen sich Aphorismen durch die Originalität ihrer Aussagen und die Prägnanz ihrer Formulierungen aus. Im Gegensatz zum **Epigramm** <313>, das zum Anekdotischen tendiert und das die witzige Formulierung eines Gedankens in den Vordergrund rückt, kommt es im Aphorismus darauf an, Einsichten zu formulieren, die Anspruch auf Allgemeingültigkeit erheben, wie das folgende Beispiel zeigt:

> In all pointed sentences, some degree of accuracy must be sacrificed to conciseness. (Dr. Johnson)

HK

Literatur: Neumann.

106 Aporia – Aporie

1. Ausweglose Situation.
2. In der Rhetorik: Konfrontation mit einer schwierigen Frage.
3. In der Literaturtheorie: Von Widersprüchen gekennzeichnete Situation auf Inhalts- oder Darstellungsebene, durch die ein literarischer Text sich selbst in Frage stellt.

Ursprünglich bedeutet das Wort „Aporie" im Griechischen soviel wie ‚ausweglose Situation'. In der Philosophie wird der Begriff seit Sokrates, Platon und Aristoteles gebraucht; in der heutigen Fachsprache bezeichnet er eine unüberwindlich scheinende Schwierigkeit bei der Klärung grundlegender Fragen.

In der **Rhetorik** <236> wird die Aporie allerdings nur als eine Situation definiert, in der man als Redner mit einer schwierigen Frage konfrontiert ist und bei der Suche nach den richtigen Worten scheinbar oder wirklich in Verlegenheit gerät. Auf der Inhalts- und Handlungsebene eines literarischen Texts könnte man z. B. die Situation Hamlets, aus der sein Monolog „To be or not to be" erwächst, als Aporie verstehen.

In der zeitgenössischen Literaturkritik bedeutet Aporie eine durch logische Widersprüche gekennzeichnete Situation in einem literarischen Werk, deren Ausweglosigkeit nicht nur auf der Ebene der Handlung, sondern oft auch im Erzähl- oder Lesevorgang zu

Tage tritt. Solche aporetischen Situationen, durch die sich ein Text – meist spielerisch – selbst in Frage stellt, werden von Autoren zumeist absichtlich konstruiert, um die Grenzen ihres Mediums aufzuzeigen. Gerade aus diesem Grund machen vor allem die **Dekonstruktionisten** <604> Aporien oft zum Ausgangspunkt ihrer Textanalysen.

Als frühes Beispiel für eine solche Aporie kann man die Situation ansehen, die Laurence Sterne in seinem Roman *Tristram Shandy* (1759) konstruiert. Sein Erzähler, Tristram Shandy, bedauert, dass der Prozess des Erzählens bei ihm immer entschieden länger dauert, als die beschriebenen Vorgänge selbst gedauert haben, und dass er deshalb beim Schreiben seiner Autobiographie den forteilenden Aktualitäten gegenüber immer weiter in Rückstand gerät:

> I am this month one whole year older than I was this time twelve-month; and having got, as you perceive, almost into the middle of my fourth volume – and no farther than to my first day's life – 'tis demonstrative that I have three hundred and sixty-four days more life to write just now, than when I first set out; so that instead of advancing, as a common writer, in my work with what I have been doing at it – on the contrary, I am just thrown so many volumes back [...]. (bk. 4, ch. 13)

Die hier dargestellte aporetische Situation stellt also zum einen Tristram Shandys Fähigkeit, sein Leben halbwegs vollständig zu dokumentieren und seinen Text jemals fertigzustellen, in Frage; zum anderen wird darüber hinaus die zu Grunde liegende literarische Konvention autobiographischen Erzählens dekonstruiert.

MK

Literatur: Ilting.

107 Archetype – Archetyp

Urbild, das in unterschiedlicher Abwandlung in den Religionen, Mythologien und Literaturen verschiedener Kulturen auftaucht.

Die Archetypenlehre beruht einerseits auf der Psychologie Carl Gustav Jungs (→ **Archetypal Criticism** <601>), für den gewisse immer wiederkehrende Urbilder, sozusagen universale Symbole, im kollektiven Unbewussten der Menschheit existieren und auch in unterschiedlichen Kulturen jeweils ähnliche Bedeutung haben. Andererseits gründet sich die Archetypenlehre auf anthropologische Untersuchungen wie J. G. Frazers Buch *The Golden Bough* (1890-1915), in dem **Mythen** <131> und Rituale verschiedener Kulturen auf gemeinsame Grundstrukturen hin untersucht werden.

Zu den Archetypen, die man in den unterschiedlichsten Kulturen finden kann und die auch in der Literatur immer wieder verwendet werden, gehören Bilder wie das Wasser als Symbol des Lebens und Wachstums, der Kreis als Symbol der Ganzheit oder Figuren wie die Urmutter und der weise alte Mann. Zu den archetypisch wiederkehrenden Handlungsmotiven gehört z. B. die Initiation in einen neuen Lebensabschnitt.

MK

Literatur: Frye; Guerin.

108 Author – Autor

Erzeuger eines literarischen Texts.

Auf den ersten Blick scheint der Begriff *Autor* keinen eigenen Eintrag in einem Handbuch zu benötigen, da er für uns heute großenteils selbstverständlich ist. Dennoch ist das Konzept des Autors, des Poeten oder Schriftstellers nicht zu allen Zeiten das gleiche gewesen, und gerade im 20. Jahrhundert ist der überkommene Begriff der Autorschaft von führenden Literaturwissenschaftlern und literaturwissenschaftlichen Schulen immer wieder in Frage gestellt worden. Dieser Begriff beruht auf der neuzeitlichen, vor allem auch romantischen Vorstellung von der Einzigartigkeit des (literarischen) Kunstwerks und des künstlerischen Schöpfungsakts. Diese unterscheidet sich in wesentlichen Aspekten von früheren Vorstellungen wie z. B. der Auffassung, dass mündlich überlieferte Geschichten und Legenden der Allgemeinheit gehören.

Auch im Kontext von zeitgenössischen **poststrukturalistischen** <619> Theorien der **Intertextualität** <125> und der **Rezeptionsästhetik** <621> wird das Konzept des Autors relativiert oder gar in Frage gestellt: In diesen Theorien sieht man Texte eher durch ihren historischen und literarischen Kontext bestimmt als vom „Autor" selbst produziert. Theoretiker wie der französische Strukturalist Roland Barthes haben deshalb vom „Tod des Autors" gesprochen und dem Urheber jede Autorität über den einmal „abgelieferten" Text abgesprochen. Der französische Philosoph Michel Foucault sprach von einer dem Text innewohnenden „Autor-Funktion" statt von einem Autor. Diese Auffassung lässt sich gerade mit Blick auf ursprünglich mündlich überlieferte Texte – wie z. B. die homerischen Epen – rechtfertigen, bei denen die geschichtlich belegbare Person des Autors oft gar nicht mehr identifizierbar ist.

Neben dem Konzept des realen, **historischen Autors** hat die moderne **Narratologie** <614> Begriffe entwickelt, die mit ihm in engem Zusammenhang stehen, aber keineswegs mit ihm verwechselt werden dürfen. Dies trifft in besonderem Maße für den Begriff des **Erzählers (*narrator*)** <411> und den der **Persona** <324> zu; beide Begriffe bezeichnen fiktionale Figuren, die nur als Sprecher innerhalb eines literarischen Textes zu verstehen sind und weder mit dem historischen Autor identifiziert noch als sein Sprachrohr begriffen werden dürfen. Auch das von Wayne C. Booth entwickelte Konzept des **impliziten Autors (*implied author*)** (→ **Narrator** <411>) ist nicht identisch mit dem des realen Autors: Aus dem Text abgeleiteten Charakteristika des impliziten Autors müssen in keiner Weise mit denen des realen Autors übereinstimmen, sie können diesen geradezu widersprechen.

MK

Literatur: Bennett.

109 Bathos – Falsches Pathos

Verwendung einer unangemessenen Stilebene, die sich durch die ungewollt komisch wirkende Vermengung von Erhabenem und Banalem ergibt.

Im Gegensatz zur ***anticlimax***, die absichtlich eine Art *bathos*-Effekt herstellt (→ **Parody** <135> und **Mock Heroic** <322>), ist das Herabsinken auf eine unangemessen niedrige Stilebene (gr. *bathos* ‚tief') im falschen Pathos als unabsichtlicher künstlerischer Missgriff zu verstehen. Alexander Pope macht sich über ein solches Missgeschick in seinem satirischen Essay „Peri Bathous: Of the Art of Sinking in Poetry“ (1728) lustig, indem er das falsche Pathos – im Gegensatz zum hohen Ideal des Sublimen in der antiken Klassik – ironisch als „the bottom, the end, the central point, the *non plus ultra* of true modern poesy“ darstellt.

In seinem Aufsatz zitiert Pope z. B. die *Paraphrases on Job* seines Zeitgenossen Sir Richard Blackmore, in denen Gott, wie Pope meint, als Ringkämpfer dargestellt wird:

Me in his griping arms th'Eternal took,
And with such mighty force my body shook,
That the strong grasp my members sorely bruised,
Broke all my bones, and all my sinews loosed.

Für Pope ergibt sich die „Idealsituation“ des *bathos* durch die Kombination des schwerfälligen (the *cumbrous*) mit dem gewichtig-tragischen Stil (the *buskin*): „For as the first is the proper engine to depress what is high, so is the second to raise what is base and low to a ridiculous visibility: When both these can be done at once, then is the Bathos in perfection.“ Als Beispiel nennt er folgende Formulierung, die nicht mehr enthält als den einfachen Befehl zum Schließen einer Tür:

The wooden guardian of our privacy
Quick on its axle turn.

MK

Literatur: Pope.

110 Canon – Kanon

Liste von als bedeutend und repräsentativ erachteten literarischen Werken.

Das Prinzip des literarischen Kanons geht zurück auf eine theologische Unterscheidung, die erstmals im vierten Jahrhundert in Bezug auf die Bücher der Bibel vorgenommen wurde: Man unterschied die sogenannten kanonischen Schriften, die als der Bibel zugehörig akzeptiert wurden, von den sogenannten **Apokryphen**, deren Zugehörigkeit zur Heiligen Schrift umstritten war und die deshalb nicht in das akzeptierte Korpus der Bibel aufgenommen wurden.

Übertragen auf die Literatur bedeutet das Prinzip des Kanons eine Zusammenstellung von „großen Werken" oder „Klassikern", die wegen ihrer Qualität oder aufgrund ihrer Wirkungsgeschichte als vorbildlich oder repräsentativ gelten. Ein Kanon kann für die **Weltliteratur** allgemein, für eine **Nationalliteratur**, für eine bestimmte **Gattung** <122>, für eine Periode oder für einen einzelnen Autor aufgestellt werden. Die Auswahl der in den Kanon aufzunehmenden Werke folgt üblicherweise der Tradition oder der allgemeinen Meinung; eine wichtige Rolle spielen darüber hinaus Institutionen und Personen (Schulen, Universitäten, Verlage, Kritiker und Rezensenten), in deren Macht es steht, den bzw. einen Kanon zu etablieren. Im Gegensatz zum biblischen Kanon, der ein für allemal festgelegt wurde, ist der literarische, insofern man hier überhaupt von *einem* Kanon reden kann, jedoch für neue Werke und Autoren offen und einem steten Wandel sowie immerwährender Infragestellung unterworfen.

Seit einigen Jahrzehnten sind sowohl das Konzept des literarischen Kanons wie auch die ihm jeweils zu Grunde liegende Ideologie sowie die Frage der Kanonisierung heftig umstritten, da die Auswahlprinzipien für die Zugehörigkeit eines Werks zum Kanon bisher fast immer Frauen, soziale und ethnische Minderheiten sowie die Literaturen und Autoren der **postkolonialen** <618> Länder der Dritten Welt vernachlässigten. Dies wird klar ersichtlich, wenn man sich die Zahl der in den gebräuchlichen **Anthologien** <104> vertretenen weiblichen und nicht-weißen Autoren ansieht, vor allem in Ausgaben aus den 50er und 60er Jahren des letzten Jahrhunderts. Das Interesse an den Prinzipien der **Kanonbildung** (***canon formation***) und der Kanonisierung von Autoren sowie die Frage, wer überhaupt nach welchen Kriterien über die Zugehörigkeit eines Autors oder einer Autorin zum Kanon bestimmt, ist zu einem zentralen Thema der literaturwissenschaftlichen Diskussion geworden. Diese Fragen sind nicht nur von ästhetischer, sondern durchaus auch von wirtschaftlicher und politischer Bedeutung, wenn man bedenkt, welche Verkaufszahlen und welcher Bekanntheitsgrad sich für Autoren durch Aufnahme in Anthologien oder universitäre Leselisten ergeben können.

Ein Lösungsansatz, der diesen Erkenntnissen Rechnung trägt, liegt darin, den Kanon um die Werke bisher vernachlässigter Autorengruppen zu erweitern, ein anderer, das Konzept des einen Kanons durch das der vielen Kanons zu ersetzen, die je nach Interessengruppe, Auswahlkriterien und Zweck verschieden sind.

MK

Literatur: Guillory.

111 Character – Charakter/Figur

Fiktive Person in narrativen oder dramatischen Texten.

Fiktive Personen in narrativen oder dramatischen Texten werden meist als Charaktere (*characters*) bezeichnet; im Deutschen spricht man auch von **Figur**, um die Zweitbedeutung des Begriffes „Charakter" im Sinne eines Menschen von ausgeprägter Eigenart auszuschließen und zum Ausdruck zu bringen, dass fiktive Personen nur erzählerische Konstrukte sind. Weitere gebräuchliche Termini sind **Protagonist** (***protagonist***) als Bezeichnung für die Hauptfigur und **Antagonist** (***antagonist***) für deren Gegenspieler.

Die Konvention, von der Hauptfigur als **Held/Heldin** (***hero/heroine***) zu sprechen, ist problematisch und gilt inzwischen als überholt, da sich diese Begriffe nicht als wertneutrale Bezeichnungen eignen. Nur wenn es darum geht, die als heldenhafte Figuren gezeichneten Protagonisten eines **Epos** <312> zu bezeichnen, das dem heroischen Ideal verpflichtet ist, ist die Verwendung des Begriffs angebracht. Umgekehrt spielt gerade in der **modernen** <130> Literatur das Konzept des **Antihelden** (***anti-hero***) eine wichtige Rolle; dabei handelt es sich um einen Figurentypus, der vor dem Hintergrund konventioneller Wertmaßstäbe als Versager gilt. So können z. B. in Ken Keseys Roman *Sometimes a Great Notion* (1964) die beiden Hauptfiguren Hank und Lee Stamper, die in ihrem Kampf um die Durchsetzung unterschiedlicher Lebensziele als Protagonist und Antagonist fungieren, als *hero* und *anti-hero* bezeichnet werden. Hank verkörpert das in der ländlichen Umgebung des amerikanischen Westens gültige Ideal des maskulinen Helden, während Lee als verweichlichter und sensibler Schwächling einen typischen Antihelden darstellt.

Charakterdarstellung (***characterization*** bzw. ***character presentation***)

Charaktere können auf unterschiedliche Art und Weise dargestellt werden. Bei der **direkten** bzw. **expliziten Charakterisierung** wird eine Figur durch den **Erzähler** <411> (beim Drama u. U. durch die Regieanweisung), durch die Figur selbst (**Selbstcharakterisierung**) oder durch andere Figuren beschrieben. Das folgende repräsentative Beispiel für eine direkte Charakterisierung stammt aus Mark Twains Roman *Pudd'nhead Wilson* (1894):

> The chief citizen was York Leicester Driscoll, about forty years old, judge of the county court. [...] He was fine and just and generous. To be a gentleman – a gentleman without stain or blemish – was his only religion, and to it he was always faithful. He was respected, esteemed, and beloved by all the community. He was well off, and was gradually adding to his store. He and his wife were very nearly happy, but not quite, for they had no children. (ch. 1)

Die Zuverlässigkeit der Charakterisierung hängt natürlich von der Glaubwürdigkeit des Erzählers bzw. der beschreibenden Figur ab. Gerade Selbstcharakterisierungen sollten grundsätzlich mit Skepsis auf ihren Aussagewert hin betrachtet werden, da sie häufig unzuverlässig sind, auch wenn dies nicht immer so deutlich zum Ausdruck kommt wie in Shakespeares *Othello*, wo Iago von sich behauptet, „I'm an honest man".

Bei der **indirekten** bzw. **impliziten Charakterisierung** sind zwei Methoden gebräuchlich, die häufig nebeneinander vorkommen: Entweder lässt sich die Persönlichkeit einer Figur aus ihren Handlungen oder sprachlichen Äußerungen erschließen oder es wird dem Leser ein unmittelbarer Einblick in die Gedankengänge und Emotionen einer Figur gewährt. Die letztere Art der Charakterdarstellung findet sich vor allem in narrativen Texten, die in der ***stream-of-consciousness***-Technik <421> verfasst sind. Im Drama bietet sich dagegen die Möglichkeit, dem Zuschauer z. B. mit Hilfe von **Monologen** <527>, wie sie etwa im **Elisabethanischen Drama** beliebt waren, ungehinderten Einblick in den Charakter der betreffenden Figur zu gewähren.

Folgt man dem Sprachgebrauch des englischen *literary criticism*, so zählt man die direkte Art der Charakterdarstellung zur Methode des ***telling***, die indirekte zu der des ***showing*** <422>. Es dürfte aber wohl kaum ein literarisches Werk geben, in dem sich nur jeweils eine der beiden Arten der Charakterisierung finden ließe; meist werden verschiedene Methoden nebeneinander verwendet, wenn auch mit unterschiedlicher Gewichtung.

Komplexität

Ein weiterer wichtiger Aspekt bei der Analyse von fiktiven Figuren ist die Komplexität der dargestellten Persönlichkeitsstruktur. E. M. Forster setzte sich in *Aspects of the Novel* (1927) mit der Frage auseinander, ob fiktive Personen eher Individuen mit einer Vielzahl von Charaktereigenschaften gleichen oder ob sie eher typisierte Figuren sind. Er unterscheidet demgemäß zwischen ***flat characters***, „constructed around a single idea or quality", und ***round characters***, psychologisch komplex gezeichneten Individuen.

Flat characters sind oft **stereotype Figuren**; sie werden dann als ***stock characters***, ***types*** oder ***stereotypes*** bezeichnet. Als solche gehören sie zum Standard-Repertoire verschiedener literarischer Genres – wie z. B. der Bösewicht (*villain*) in der ***gothic novel*** <408>. Man findet sie aber auch als Nebenfiguren, die für die Handlung nur in Bezug auf eine bestimmte Charaktereigenschaft von Bedeutung sind.

Round characters, mit einer komplexen, mitunter sogar widersprüchlichen Persönlichkeit, finden sich besonders in der Erzählliteratur des 19. und 20. Jahrhunderts, in der die Psychologisierung der Figuren zunehmend an Bedeutung gewann. Ein Beispiel aus der Romanliteratur ist Edna Pontellier, die Hauptfigur in Kate Chopins *The Awakening* (1899). Diese Figur ist zwischen ihren gesellschaftlichen Pflichten als Ehefrau bzw. Mutter und ihrer Sehnsucht nach einem unkonventionellen Leben hin- und hergerissen.

Zudem kann man zwischen ***static*** und ***dynamic characterization*** differenzieren. Als *static* bezeichnet man Figuren, deren Persönlichkeit sich im Lauf der Handlung nicht wesentlich verändert; in *The Awakening* trifft dies z. B. auf Adèle Ratignolle zu, die von Anfang bis Ende des Romans ihre Rolle als liebende Ehefrau und Mutter erfüllt. Edna Pontelliers Entwicklung dagegen ist *dynamic*, da sich Edna von der Frau, die gesellschaftliche Normen respektiert, zu einer Figur wandelt, die sich zunehmend von diesen Konventionen löst. Unabhängig davon, ob die Figuren *static* oder *dynamic* sind, erwartet der Leser Konsistenz in der Charakterisierung, d. h. sämtliche Handlungen und Äußerungen einer Figur sollten mit der sonstigen Darstellung ihrer Persönlichkeit in Einklang stehen.

Figurenkonstellation

Bei der Untersuchung des Beziehungsgeflechts, das die verschiedenen Figuren in einem narrativen oder dramatischen Text miteinander verbindet, also der **Figurenkonstellation** (***character con-***

stellation), ergeben sich oft interessante Aspekte für die Textanalyse. Dies gilt vor allem für Gegensatzpaare, die in der Literatur eine lange Tradition haben. Als besonders konfliktträchtig und daher spannend gilt dabei die Vater-Sohn-Beziehung (z. B. in *Sometimes a Great Notion*); sie stellt seit der Antike das Grundgerüst vieler Erzählungen dar. Gegensatzpaare können aber auch dazu verwendet werden, gesellschaftliche Spannungen – z. B. die Spannung zwischen Individuum und Gesellschaft – zum Ausdruck zu bringen. In *The Awakening* repräsentiert z. B. die blonde und engelhafte Adèle Ratignolle die Welt der gesellschaftlichen Konventionen, die dunkelhaarige und leidenschaftliche Edna Pontellier dagegen die Suche nach einer individuellen Lebensweise.

Eine Figur, die zumindest in einigen Aspekten ihrer Persönlichkeit das Gegenteil des Protagonisten darstellt und durch diesen Kontrast die Charaktereigenschaften der Hauptfigur besonders hervorhebt, wird als ***foil*** bezeichnet. In *Hamlet* dient z. B. neben anderen Charakteren die Figur des aktiven Laertes als *foil* für den zaudernden Protagonisten Hamlet. In manchen Erzählungen, vor allem bei Edgar Allan Poe, tauchen geheimnisvolle **Doppelgänger** (***doppelganger/doppelgänger***) auf, die psychologisch als abgespaltene seelische Bereiche einer Person gedeutet werden können. Man spricht dann manchmal vom **Alter Ego** eines Charakters. Ein Beispiel ist die Figur des Claire Quilty in Nabokovs *Lolita* (1955), von dem sich die Hauptperson Humbert Humbert verfolgt fühlt. Quilty kann man als Verkörperung des schlechten Gewissens von Humbert Humbert deuten, der die Schuldhaftigkeit seines Verhaltens nicht in sein Bewusstsein integrieren kann.

HK

Literatur: Forster; Rimmon-Kenan.

112 Classicism – Klassizismus

Literarische Epoche oder Stilrichtung, die sich am Vorbild der klassischen Antike orientiert.

Die Begriffe *classicism* bzw. Klassizismus sowie die mit ihnen verwandten Begriffe ***classic*** (n.), ***classic(al)*** (adj.), ***classicist***, ***neoclassicism***, ***neoclassical*** bzw. **Klassik**, **Klassiker**, **klassisch**, **klassizistisch** sind mehrdeutig und bezeichnen eine ganze Reihe von verschiedenen, sich aber teilweise auch überschneidenden, Vorstellungen und Sachverhalten. Eine weitere Schwierigkeit besteht darin, dass einander entsprechende deutsche und englische Begriffe in einzelnen Fällen (wie z. B. bei *classicism* und Klassizismus) unterschiedliche Bedeutungsnuancen haben. Im Einzelnen gilt:

1. Die Begriffe ***(neo)classicism*** und ***(neo)classicist*** bzw. **Klassizismus** und **klassizistisch** werden in erster Linie verwendet, um Epochen, Stilrichtungen, Autoren oder Werke zu bezeichnen, die sich inhaltlich oder formal am Vorbild der antiken Literatur und Kunst orientieren. In der englischen Literatur werden vor allem Dramen und Versdichtungen des späten 17. und frühen 18. Jahrhunderts als klassizistisch bezeichnet; typische Dokumente einer klassizistischen Literaturauffassung sind Drydens *Essay on Dramatic Poesy* (1668) oder Popes *Essay on Criticism* (1711).

Als charakteristische Merkmale solcher klassizistischer Literatur gelten im Allgemeinen:

- die Beachtung des Horaz'schen Prinzips des ***decorum***, das die Angemessenheit des **Stils** <239> an den Gegenstand fordert, wie dies Pope in der folgenden Passage aus dem *Essay on Criticism* zum Ausdruck bringt:

  Expression is the dress of thought, and still
  Appears more decent, as more suitable;
  [...]
  For diff'rent styles with diff'rent subjects sort,
  As several garbs with country, town, and court.

- die bewusste Nachahmung antiker Vorbilder und die Orientierung am antiken **Gattungssystem** <122>; dies wird besonders am Beispiel Popes deutlich, der in unterschiedlichsten Werken und Genres das Vorbild der antiken Literatur nie aus den Augen verliert: so z.B. in den *Pastorals* (→ **Pastoral** <136>), im **Georgicon** <316> *Windsor Forest* (1913), in dem Horaz nachempfundenen *Essay on Criticism*, in seinen ovidischen **Heroidenbriefen** (z. B. „Eloisa to Abelard"), in dem **komischen Epos** <322> *The Rape of the Lock* (1714), in seinen Homer-Übersetzungen und in seinen **Satiren** <142>.
- Vorbehalte gegen unmittelbaren oder spontanen Gefühlsausdruck; stattdessen Orientierung an Regeln und Normen, deren Autorität sich von der antiken Literatur ableitet. Beides beruht auf der Vorstellung, dass Literatur eine Kunst (*art*) sei, in der nur

lange Übung und das gründliche Studium der Vorbilder zur Meisterschaft führen können:

> True ease in writing comes from art, not chance,
> As those move easiest who have learn'd to dance.
>
> (Pope, *Essay on Criticism*)

– im Drama die Anerkennung aristotelischer oder vermeintlich aristotelischer Normen (→ **Aristotelian Drama** <503>) – z. B. der **Ständeklausel** <538> oder der **drei Einheiten** <540>.

Den spezifisch englischen Klassizismus kennzeichnet allerdings immer – vor allem im Vergleich mit der französischen Literatur – eine gewisse Freiheit im Umgang mit dem klassizistischen Regelwerk, die sich z. B. bei Dryden in der Bewunderung für das Werk Shakespeares dokumentiert oder bei Pope in der folgenden Passage aus dem *Essay on Criticism* zum Ausdruck kommt:

> Some beauties yet no Precepts can declare,
> For there's a happiness as well as care.
> [...]
> If, where the rules not far enough extend,
> (Since rules were made but to promote their end)
> Some lucky Licence answers to the full
> Th'intent propos'd, that Licence is a rule.
> Thus Pegasus, the nearer way to take,
> May boldly deviate from the common track;
> From vulgar bounds with brave disorder part,
> And snatch a grace beyond the reach of art [...].

Im deutschen Sprachgebrauch verbinden sich die Begriffe Klassizismus und klassizistisch oft mit der negativen Vorstellung einer sterilen und epigonalen Kunst, während im Englischen die entsprechenden Wörter *(neo)classicism* und *(neo)classicist* in der Regel deskriptiv verwendet werden.

2. In einer allgemeineren Bedeutung können die Begriffe ***classicism*** sowie ***classic(al)*** (denen im Deutschen in etwa der Begriff des **Klassischen** entspricht) verwendet werden, um, unabhängig von der Epochenzugehörigkeit und von Bezügen zur Antike, jegliche Art der Literatur zu bezeichnen, in der Selbstbeschränkung und Anerkennung von Regeln und Normen mehr gelten als die Freiheit des schöpferischen Genies oder der spontane und uneingeschränkte Ausdruck von Gefühlen und Empfindungen. In dieser Bedeutung werden die Begriffe fast immer in positiver Bedeutung und polemisch verwendet, während ihre Gegenbegriffe ***romantic(ism)*** bzw.

romantisch und **Romantik** Egozentrik, Krankheit oder Zügellosigkeit signalisieren. Als ein *locus classicus* dieser Auffassung können die beiden folgenden Ausschnitte aus T. E. Hulmes Essay „Romanticism and Classicism“ (1911/12) gelten; in ihnen werden auch die philosophischen und politischen Konnotationen dieses Begriffspaares deutlich:

> Here is the root of all romanticism: that man, the individual, is an infinite reservoir of possibilities; and if you can so rearrange society by the destruction of oppressive order then these possibilities will have a chance and you will get Progress.
> One can define the classical quite clearly as the exact opposite to this. Man is an extraordinarily fixed and limited animal whose nature is absolutely constant. It is only by tradition and organisation that anything decent can be got out of him.

3. Wenn Autoren oder Werke, die allgemein anerkannt sind und einen festen Platz im literarischen **Kanon** <110> einnehmen, als *classic(al)* bzw. als klassisch oder Klassiker bezeichnet werden, so wird damit ein hohes Qualitätsurteil ausgesprochen: Es handelt sich um Werke von außerordentlichem Rang und überragender Bedeutung. Die Frage, aufgrund welcher Eigenschaften Autoren oder Werke als klassisch bezeichnet werden können, wird unterschiedlich beantwortet; für T. S. Eliot sind z. B. vor allem *maturity of mind*, *consciousness of history* und *comprehensiveness* ausschlaggebend („What is a Classic?“ 1944).

4. Die Ausdrücke ***the classics***, ***classical literature*** bzw. **die Klassiker** oder **die klassische Literatur** beziehen sich als deskriptive Termini fast immer auf die antike Literatur.

RB

Literatur: Secretan.

113 Discourse – Diskurs

1. Jede sprachliche Äußerung in ihrem kommunikativen Kontext.
2. Spezifische Redeweise einer gesellschaftlichen Gruppe.
3. In der Narratologie Gegenbegriff zu Story.

Der Begriff Diskurs oder *discourse* hat in der heutigen Literaturwissenschaft mehrere Bedeutungen (in der **Narratologie** <614>

wird er z. B. als Gegenbegriff zu ***story*** verwendet). In der umfassendsten, aus der Sprachwissenschaft entlehnten Definition bezeichnet Diskurs jegliche sprachliche Äußerung (Sprechakt), die man als Teil einer Kommunikationssituation mit Hilfe der Diskursanalyse (***discourse analysis***) analysieren kann.

Im Sprachgebrauch der zeitgenössischen **Literaturtheorie** <612>, vor allem im Rahmen **poststrukturalistischer** <619> Ansätze, versteht man unter Diskurs eine Sprech- und Ausdrucksweise, auf deren Gebrauch sich eine gesellschaftlich oder zum Beispiel durch gemeinsame Berufsinteressen definierte Gruppe verständigt hat. So spricht man z. B. vom *legal discourse* der Juristen oder dem *medical discourse* der Mediziner. Darüber hinaus hat der Begriff vor allem aber auch politische Konnotationen, weil sprachliche Kommunikation mit ihrem komplexen Regelwerk von Vorschriften, Tabus und versteckten Hierarchien zu einem Instrument der Machtausübung werden kann, das nicht mehr allen gesellschaftlichen Gruppen in gleichem Maße zugänglich ist und das deshalb bestimmte gesellschaftliche Gruppen privilegiert und es ihnen ermöglicht, andere zu kontrollieren und zu beherrschen. Deshalb beschreibt der amerikanische Literaturwissenschaftler Paul A. Bové die Ausrichtung von *discourse*-Studien im folgenden Ausschnitt als höchst politisch. Sie haben nämlich die Aufgabe, den oft versteckten, aber nichtsdestoweniger vorhandenen, machtpolitisch motivierten Gebrauch von Sprache in den verschiedenen gesellschaftlichen Kommunikationssituationen aufzudecken:

> „Discourse“ provides a privileged entry into the poststructuralist mode of analysis precisely because it is the organized and regulated, as well as the regulating and constituting, functions of language that it studies: its aim is to describe the surface linkages between power, knowledge, institutions, intellectuals, the control of populations, and the modern state as these intersect in the functions of systems of thought.

MK

Literatur: Bové; Chatman.

114 Editing – Editionstechnik

Erstellen zuverlässiger Texte auf der Basis wissenschaftlicher Kriterien.

Als Edition bezeichnet man im Deutschen sowohl den Vorgang, bei dem ein literarischer Text nach wissenschaftlichen Kriterien bearbeitet und herausgegeben wird, so dass er den Intentionen des Autors möglichst nahe kommt (engl. *editing*), als auch das Endergebnis dieser Arbeit, also den so erstellten Text (engl. *edition*). Für die Literaturwissenschaft hat die Editionstechnik ihre größte Bedeutung bei der Arbeit mit älteren Werken, denn bei diesen ist es meist am schwierigsten, zuverlässige Texte zu erstellen.

Die Edition eines literarischen Textes basiert auf dem kritischen Vergleich von verschiedenen Textvarianten, die als **Handschriften** (***manuscripts*, *mss.***) oder (eventuell vom Verfasser selbst autorisierte) Druckausgaben vorliegen könnnen. Zum einen kann man eine **Faksimile-Ausgabe** (***facsimile edition***) erstellen, die das genaue Textbild der Originalausgabe oder auch des Originalmanuskripts wiedergibt. Zum anderen gibt es die Möglichkeit einer **kritischen Ausgabe** (***critical edition***), in der man nach Abwägung unterschiedlicher Varianten versucht, den bestmöglichen Text zu erstellen, so wie ihn der Autor ursprünglich gewollt hat (→ Text <145>). Hierbei kann man wiederum wählen zwischen einer ***old-spelling edition***, die die historische, für heutige Leser ungewohnte Orthographie des Originals beibehält, oder einer ***modern-spelling edition***, die den Text den modernen Rechtschreibregeln anpasst. Die beim Erstellen einer kritischen Edition anfallenden **Anmerkungen** (***annotations***) zu **Varianten** und **Emendationen** (offensichtlich notwendige Korrekturen, z. B. von Druckfehlern) werden heute meist zu einem **kritischen Apparat** (***critical apparatus***) am unteren Rand der jeweiligen Seite oder am Ende einer Ausgabe zusammengefasst.

Wird der in der kritischen Ausgabe erstellte Text durch inhaltliche Kommentare ergänzt, so spricht man von einer **kommentierten Ausgabe** (***annotated edition***). In der **Variorum-Ausgabe** (***variorum edition***) eines Texts trägt man schließlich alle unterschiedlichen Lesarten und Interpretationen der früheren Editoren und Kommentatoren eines Textes zusammen.

In der Editionstechnik werden ältere Texte (so z. B. auch diejenigen Shakespeares) oft nach dem Druckformat der jeweiligen Ausgabe benannt. Die Begriffe **Folio** (*folio*) und **Quarto** (***quarto***) beziehen sich auf die Größe der Bücher: In der Druckpresse werden nicht einzelne Seiten gedruckt, sondern Druckbögen von unterschiedlicher Größe, auf die gleich mehrere Seiten gedruckt werden. Wird ein Papierbogen nun auf jeder Seite mit je zwei Druckseiten bedruckt, so dass man ihn nur einmal falten muss, um die normale Buchgröße zu erhalten, so nennt man diese Größe Folio. Wird das Papier ein zweites Mal gefaltet, so dass insgesamt acht Druckseiten entstehen, spricht man von Quarto. Bei erneutem Falten ergibt sich das **Oktavo** (***octavo***). Bei diesem Vorgehen ist das nachfolgende Format jeweils halb so groß wie das vorhergehende.

Als ***recto*** bezeichnet man die Vorderseite eines bedruckten Blattes, als ***verso*** die Rückseite. In Büchern sind die ungeraden Seitenzahlen *recto* und die geraden *verso*.

MK

Literatur: Fabian (2004).

115 Emblem – Emblem

Allegorisches Wort-Bild-Kunstwerk, dessen Bedeutung durch das Zusammenwirken seiner drei Bestandteile Motto (Bildüberschrift), Pictura (Abbildung) und Epigramm (deutendes Gedicht) zu Stande kommt.

Die Kunstform des Emblems trat erstmals 1531 mit der Drucklegung des *Emblematum liber* des Mailänder Humanisten Andrea Alciati in Augsburg in Erscheinung. Bei Alciati ist bereits die charakteristische Dreiteilung des Emblems zu finden: Unter einer knappen Überschrift (**Motto**, **Lemma** oder **Inscriptio**) ist eine meist **allegorisch** <102> verrätselte Abbildung (**Pictura** oder **Icon**) platziert, deren Sinn sich im Zusammenspiel mit Überschrift und einem angefügten deutenden Gedicht (**Epigramm** oder **Subscriptio**) erschließt. Das folgende Beispiel, das George Withers *Collection of Emblems, Ancient and Modern* (1635) entnommen ist, zeigt unter der englischen Übersetzung des lateinischen Mottos FORTUNA UT LUNA (Das Glück ist wie der Mond) ein Bild der Fortuna:

Emblem aus George Withers, *Collection of Emblems, Ancient and Modern* (1635)

Darunter werden im Epigramm die Details der bildlichen Darstellung erklärt und ausgelegt:

> [...]
> *She* hath a *Comely body*, to declare,
> How pleasing shee doth usually appeare
> To them, that love her Favours. [...]
> She *stands upon a ball*; that, wee may learne,
> Of outward things, the *tottering* to discerne:
> Her *Ball* hath *wings*; that it may signifie
> How apt her *Favours* are, away to *flie*.
> [...]
> Her *Head is hairlesse, all, except before*;

To teach thee, that thy care should be the more
To hold her *formost kindnesse*, alwayes fast;
Lest, she doe show thee slipp'ry tricks at last.
And, lastly, that her *changing* may be showne;
She beareth in her Hand a *Wayned-moone*.

Den Kern der emblematischen Tradition stellen die **Emblembücher** dar, von denen etwa tausend verschiedene überliefert sind. Das in ihnen verarbeitete Bildmaterial stammt aus einer Vielzahl von literarischen, mythologischen und volkstümlichen Quellen der Antike und des Mittelalters. Bei den Humanisten haben Embleme noch eine überwiegend moralisch-didaktische Funktion; später finden sich aber auch religiöse, politische oder erotische Emblembücher. Die Bedeutung des Emblems und der Emblembücher für die Kulturgeschichte des 16. und 17. Jahrhunderts kann nicht hoch genug eingeschätzt werden; ihre Wechselwirkung mit dem religiösen Schrifttum (z. B. der Puritaner), den bildenden Künsten und der Literatur ist unübersehbar. So bestehen z. B. deutliche Parallelen zu den ***conceits*** <213> in der Lyrik der **Petrarkisten** <138> und der ***Metaphysical Poets***; auch das Drama der Shakespeare-Zeit ist reich an Szenen, denen eine „emblematische" Funktion zugeschrieben werden kann: Wenn z. B. Titus Andronicus mit seiner Familie in einem grausig-grotesken Aufzug durch die Straßen Roms zieht, die Köpfe seiner Söhne tragend und gefolgt von Lavinia, die seine abgeschlagene Hand zwischen den Zähnen hält, dann kann dies als emblematische Veranschaulichung des trostlosen Zustandes des römischen Staatswesens gelten.

Schließlich darf auch nicht übersehen werden, dass die Tradition der emblematischen Darstellung bis ins 19. Jahrhundert fortlebt, wo sie z. B. in den literarischen und bildnerischen Werken der **Präraffaeliten** besonders deutlich fassbar wird.

RB

Literatur: Henkel/Schöne; Höltgen.

116 Epigraph – Epigraph

Motto, das einem Text vorangestellt wird.

Ursprünglich war ein Epigraph eine in Stein gehauene oder auf eine Münze geprägte Inschrift. In der Literaturwissenschaft versteht man heute darunter einen kurzen Text, der einem Werk vorangestellt ist.

Epigraphe sind oft Zitate, die aus bekannten Werken stammen und deren Aufgabe es ist, als **Motto** zu dienen, thematische Bezüge zum folgenden Text aufzuzeigen oder den Leser auf das Werk einzustimmen.

So stellt z. B. Graham Swift seinem Roman *Waterland*, der im Marschland von Norfolk spielt, zwei Epigraphe voran. Das erste, der Eintrag *historia* aus einem lateinisch-englischen Wörterbuch, stimmt auf ein Thema des Romans – Geschichte und Geschichten – ein:

> *Historia*, *-ae*, f. **1.** inquiry, investigation, learning. **2.** a) a narrative of past events, history. b) any kind of narrative: account, tale, story.

Das zweite, ein Zitat aus Charles Dickens' *Great Expectations* (1860-61), führt als „**intertextuelle**" <125> Parallele zum Schauplatz des Geschehens hin:

> „Ours was the marsh country ...".

MK

117 Fiction – Fiktion

1. Etwas Erfundenes oder Erdachtes.
2. Erzählliteratur.

Im Deutschen (und zum Teil auch im Englischen) wird der Terminus Fiktion (*fiction*) in der Regel allgemeinsprachlich benutzt und bezieht sich auf etwas Erfundenes oder Erdachtes, das keinen Anspruch darauf erhebt, als Widerspiegelung von Fakten aus der Wirklichkeit zu gelten.

Im Englischen bezeichnet *fiction* hingegen meist den Bereich (oder, als *a fiction*, manchmal auch nur einen Text) der literarischen **Narrativik**. Hier handelt es sich um Prosatexte (vor allem **Romane** <412> und **Kurzgeschichten** <419>), die einerseits im Gegensatz zu den **Gattungen** <122> **Lyrik** und **Drama** <512> stehen und sich andererseits aufgrund ihrer Fiktionalität von ***nonfiction*** abheben, eine Textsorte, die im Deutschen auch als **faktographische** oder **Sachliteratur** bezeichnet wird.

Die Grenze zwischen Fiktion und Realität ist nicht immer einfach zu ziehen: So können z. B. Fiktionen und fiktionale Figuren die Schwelle zur Wirklichkeit leicht überschreiten. Der italienische Semiotiker Umberto Eco zeigt an einem Beispiel aus dem Falkland-Krieg eindrucksvoll, wie ein nur in der Presseberichterstattung, nicht aber in der Realität existierendes U-Boot sogar zu einem politischen Faktum werden konnte. Auch die Autoren **historischer Romane** <409> bedienen sich mitunter fiktionaler Figuren, die den Lesern jedoch schon aus anderen literarischen Texten bekannt und somit „realer" sind als wirkliche (aber dafür unbekannte) historische Figuren. In dem Roman *Famous Last Words* (1981) des kanadischen Autors Timothy Findley trifft z. B. der amerikanische Dichter Ezra Pound während des Zweiten Weltkriegs in Italien mit der Titelfigur seines eigenen Gedichts „Hugh Selwyn Mauberley" (1920) zusammen.

Die Komplexität der Beziehung von Fiktion und Realität sowie das menschliche Bedürfnis, sich mit Hilfe von Fiktionen in der Realität zurechtzufinden, zeigt sich eindrucksvoll in Umberto Ecos Schlussbemerkung zu seinem Band *Im Wald der Fiktionen*:

> In jedem Fall werden wir nicht darauf verzichten, literarische Fiktionen zu lesen, denn sie sind es, in denen wir nach einer Formel suchen, die unserem Leben einen Sinn gibt. Im Grunde suchen wir unser Leben lang nach einer Geschichte unseres Ursprungs, die uns sagt, wann wir geboren sind und warum wir leben. Manchmal suchen wir nach einer kosmischen Geschichte, der Geschichte des Universums, machmal nach unserer persönlichen Geschichte (die wir unserem Beichtvater oder unserem Analytiker erzählen oder einem Tagebuch anvertrauen). Manchmal hoffen wir, unsere persönliche Geschichte mit der des Universums in eins zu bringen.

MK

Literatur: Eco (1994).

118 Foregrounding

Hervorhebung bestimmter Aspekte eines Textes durch den Bruch sprachlicher oder literarischer Konventionen.

Der Begriff *foregrounding* stammt aus dem Vokabular der russischen **Formalisten** <622>. In seinem umfassendsten Sinn bezeichnet er die Qualität aller literarischen Texte, sich gegen den

„Hintergrund" der Normen der Allgemeinsprache abzuheben und damit gleichsam „in den Vordergrund zu treten". In der Versdichtung tragen z. B. **Reim** <327>, **Metrum** <321> und poetische Sprache besonders deutlich zu diesem *foregrounding*-Effekt bei.

In einem spezielleren Sinn wird der Begriff *foregrounding* auf vergleichbare Erscheinungen innerhalb einzelner Texte angewandt, und zwar wenn Elemente eines Textes sich gegen ihre „Umgebung" abheben. Bei solchen Abweichungen kann es sich – um nur einige zu nennen – um Stilbrüche, Abweichungen vom Metrum oder vom Reimschema, Verstöße gegen die grammatische Norm oder um lautliche Besonderheiten (z. B. **Onomatopöien** <226>) handeln. Sie haben in der Regel die Funktion, die Aufmerksamkeit des Lesers auf eine spezielle Textstelle oder einen spezifischen Aspekt eines Textes zu lenken. Die Analyse von Texten konzentriert sich deshalb gerne auf diese Stellen, weil hier oft das Bild der uns vertrauten Wirklichkeit **verfremdet** wird (***defamiliarization***) oder eingefahrene Reflexe des Lesers **entautomatisiert** werden. Wenn z. B. Byron *Canto* 3 seines Versepos *Don Juan* (1819-1824) **parodistisch** <135> mit den Worten „Hail, Muse! *et cetera*" beginnt, so rückt der durch den Stilbruch hervorgerufene *foregrounding*-Effekt die Konvention des **Musenanrufs** ins Blickfeld und lädt den Leser ein, sie gleichsam „mit neuen Augen" zu sehen.

In der modernen und postmodernen Literatur dienen *foregrounding*-Effekte oft dem Zweck, die Aufmerksamkeit der Leser auf den Text als sprachliches Konstrukt zu lenken.

RB

Literatur: Leech, G. (1999).

119 Form (Formal Aspects) – Form

Summe aller die Gestalt eines literarischen Texts oder Genres bestimmenden Elemente.

Der Begriff „Form" ist in der Literaturwissenschaft nicht eindeutig definiert: Im weiteren Sinne versteht man unter Form meist das Produkt aller literarischen Gestaltungsmittel und Konventionen, die die **äußere** Gestalt und die **Struktur** (die **innere Form**) eines Texts beeinflussen.

In seiner engeren Bedeutung bezeichnet der Begriff die typische Gestalt der jeweiligen literarischen **Gattung** <122>, der ein Text zuzurechnen ist – z. B. **Sonett** <329> oder **Ode** <323>. Zur Form eines Texts gehören in diesem Sinne also **Strophenform** <330>, **Metrum** <321>, **Reim** <327> (bei lyrischen Texten) oder die Einteilung in **Akte** und **Szenen** <501> bzw. Kapitel (bei dramatischen bzw. narrativen Texten).

Vereinfachende Interpretationsansätze neigen dazu, Form und **Inhalt** literarischer Texte getrennt voneinander zu betrachten; demgegenüber ist jedoch festzuhalten, dass sich Form und Inhalt von Texten gegenseitig bedingen. In der englischen Literaturkritik unterscheidet man seit der Romantik zwischen ***conventional*** oder ***mechanic form*** und ***organic form***, die als völlige Durchdringung von innerer und äußerer Form, von Form und Inhalt verstanden wird. So schreibt Samuel Taylor Coleridge in seiner Vorlesung „Shakespeare's Judgment Equal to His Genius" (1836):

> The form is mechanic when on any given material we impress a predetermined form, not necessarily arising out of the properties of the material; as when to a mass of wet clay we give whatever shape we wish it to retain when hardened. The organic form, on the other hand, is innate; it shapes as it develops itself from within, and the fullness of its development is one and the same with the perfection of its outward form.

Coleridges Vorstellung von der *mechanic form* scheint literarische Entwicklungen in der Art des ***formula writing*** <120> vorwegzunehmen. Es ist jedoch zu beachten, dass sich auch die „mechanische" Form nicht auf ein Gefäß reduzieren lässt, das man mit beliebigem Inhalt füllen kann, denn auch die traditionell bestimmte Form eines literarischen Werks birgt immer schon gewisse überlieferte Bedeutungen in sich.

Die Ideen der Romantiker wurden im zwanzigsten Jahrhundert unter anderem von den Kritikern der ***Chicago School*** fortgeführt, die in ganz ähnlicher Weise zwischen ***form*** und ***matter*** unterscheiden wie Coleridge. So schreibt einer ihrer Vertreter, R. S. Crane:

> For form as we conceive it is simply that which gives definite shape, emotional power, and beauty to the materials of man's experience out of which the writer has composed his work. Hence it cannot be separated as mere „form" from the matter in which it exists, nor can we talk about it adequately [...] without talking at the same time about the human qualities of the actions, persons, feelings, and thoughts the

work brings before us and the very human, but no less poetic, responses these evoke in our minds.

Als **Formalismus** bezeichnet man Strömungen in der Literaturkritik des 20. Jahrhunderts, in denen Form vor allem mit den „äußerlichen“ Aspekten eines Textes – z. B. den sprachlichen Phänomenen oder der Erzähltechnik – gleichgesetzt wird, und zwar oft mit dem Argument, einer solchen formalen Analyse von Texten sei von jeher zu wenig Raum eingeräumt worden, aber auch mit der Begründung, die Interpretation formaler Aspekte sei sehr viel leichter verifizierbar und nachvollziehbar als die oft als subjektiv angesehenen Ansätze der Literaturkritik (→ **Russian Formalism** <622>, **New Criticism** <615>).

MK

Literatur: Coleridge; Crane.

120 Formula Writing

Texte, die nach einem konventionellen Muster verfasst sind.

Formula writing lehnt sich in Bezug auf **Handlung** <139>, **Charaktere** <111> und sprachliche Mittel stark an **konventionelle** literarische Muster und Klischees (***formulae***) an. Wenn es auch inhaltlich oft auf aktuelle Themen und Probleme eingeht, so ist es doch formal wenig innovativ und stellt somit weder große Anforderungen an die Experimentierfreudigkeit der Autoren, noch werden Erwartungshaltung und Lesegewohnheiten des Publikums, für das die Handlung großenteils vorhersagbar ist, herausgefordert.

Beispiele sind viele Kriminal- oder Liebesromane, vor allem solche, die in Serienform erscheinen, oder auch bestimmte Filme (sogenannte *B-movies*) und Fernsehserien.

Formula writing ist nicht zu verwechseln mit ***formulaic language*** <121>, deren konventionelle sprachliche Formeln eine spezielle Aufgabe erfüllen.

MK

121 Formulaic Language – Formelhafte Sprache

Verwendung feststehender und wiederkehrender Redewendungen in bestimmten literarischen Gattungen.

In der alt- und mittelenglischen Literatur war die Verwendung formelhafter Sprache ein gängiges Mittel. Feststehende und immer wiederkehrende Redewendungen stellten für den mündlich vortragenden Sänger eine Merkhilfe dar und waren für die Beherrschung eines reichen Formelschatzes sogar eine Notwendigkeit, da sie es dem Sänger erlaubten, eventuelle Gedächtnislücken damit aufzufüllen.

Wichtig ist, dass Formeln immer wieder variiert wurden. Zur Beschreibung des Kreuzes im bekannten altenglischen Gedicht „The Dream of the Rood“ wird z. B. einmal die Wendung „begoten mid golde“ (übergossen mit Gold), ein paar Zeilen später „gegyred mid golde“ (verziert mit Gold) verwendet. Eine wichtige Gruppe der formelhaften Wendungen sind die ***epic similes*** (→ **Simile** <238>).

Im Zuge der literarischen Entwicklung, der Hinwendung zur schriftlichen Form und der zunehmenden Individualisierung wurde immer größerer Wert auf die **Originalität** des Ausdrucks gelegt. Bis heute haben sich formelhafte Wendungen noch in Volksliedern und Märchen (typischer Beginn „Once upon a time“) erhalten.

HK

122 Genre – Gattung

Literarische Textsorte mit charakteristischen formalen oder inhaltlichen Merkmalen.

Gattung ist der Oberbegriff für literarische **Texte**, die in **formaler** (z. B. **Lyrik**, **Sonett** <329>, **Ode** <323>, **Kurzgeschichte** <419>) oder **inhaltlicher** Hinsicht (z. B. **Abenteuerroman**, **Science Fiction** <418>, **Pastorale** <136>) Gemeinsamkeiten aufweisen.

Historisch können die meisten Gattungen als Unterabteilungen der „klassischen“ Dreigliederung in die Gattungen **Epik** (**Erzählliteratur**), **Lyrik** und **Dramatik** interpretiert werden. Diese Gliederung geht letztendlich – wenn auch nicht in allen Einzelheiten und zum Teil anders motiviert – auf Platon und Aristoteles zurück. In der Germanistik ist der Begriff Gattung bei einigen Theoretikern deshalb auf diese ursprüngliche Trias von – in angelsächsischer

Terminologie – ***generic classes*** oder ***modes*** beschränkt, während der Begriff **Genre** (**Art**, **Typ**) sich auf deren Untergattungen (z. B. **Roman** und **Kurzgeschichte**) bezieht.

Trotz dieser auf den ersten Blick überzeugenden und übersichtlichen Aufteilung des Gattungssystems ist es ein illusorisches Unterfangen, ein der Stringenz der Naturwissenschaften nachempfundenes formales Klassifizierungssystem für literarische Texte erstellen zu wollen. Schon bei den oben angeführten Beispielen für literarische Gattungen sieht man, dass der Begriff Gattung auf literarische Gruppierungen Anwendung findet, die auf unterschiedlichen Ebenen angesiedelt sind, so dass eine Gattung wie die Kurzgeschichte durchaus ganz in einer anderen, z. B. der Erzählliteratur, aufgehen kann.

Außerdem sind Gattungen durchaus nach unterschiedlichen Kriterien definiert – einige (z. B. die **Initiationsgeschichte**) eher inhaltlich, andere eher formal. So kommt es zu wechselnden Zuordnungen ein- und desselben Texts oder Texttyps, je nachdem, ob man nach formalen oder inhaltlichen Kriterien urteilt. Zum Beispiel gibt es pastorale Gedichte, Erzählungen und sogar **Schäferdramen**, die inhaltlich alle als Vertreter der Gattung **Pastorale** <136> – aber auch formal jeweils als Angehörige lyrischer, narrativer oder dramatischer Gattungen – interpretiert werden können.

Solange die Antike als verbindliches literarisches Vorbild galt, hielt man an einer festen Hierarchie der Gattungen fest, die ein scheinbar stabiles System bildeten, an dessen Spitze in England bis ins 18. Jahrhundert das **Epos** <312> stand. Heute muss man das Gattungssystem wohl eher als in steter Entwicklung befindlich sehen, so dass sein Gefüge sich durch die Weiterentwicklung alter und das Entstehen neuer Gattungen ständig verändert und an seiner Spitze jeweils andere Gattungen dominieren – wie z. B. im 19. Jahrhundert der Roman.

Auch zu ein und demselben Zeitpunkt kann das Gattungssystem von Vertretern konkurrierender Kritikerschulen durchaus unterschiedlich interpretiert werden. Während die nordamerikanische Literaturkritik z. B. oft zwischen den narrativen Gattungen ***novel*** (**bürgerlicher, realistischer Roman** <412>) und ***romance*** <417> unterscheidet, kennt man in der deutschen Terminologie meist nur die eine Gattung Roman.

MK

Literatur: Dubrow; Fowler.

123 Indeterminacy – Unbestimmtheit

Phänomen, demzufolge in einem literarischen Text nicht alles erklärt werden kann und immer Lücken bleiben, die von den Lesern ausgefüllt werden müssen.

Indeterminacy ist ein Konzept, das im zwanzigsten Jahrhundert in die Literaturwissenschaft Einzug gehalten hat. Während man früher davon ausging, dass ein Text eine klare Aussage beinhaltet – selbst wenn er durchaus verschiedene Auslegungen gestattet (→ **Four Senses of Interpretation** <124>) – legen Verfechter der *indeterminacy* Wert darauf, dass jeglicher literarische Text Lücken und Spielräume enthält, die der Leser auszufüllen hat.

Das Prinzip der *indeterminacy* wurde zum einen wichtig im Rahmen der genauen Textanalysen (→ **Close Reading** <602>) des ***New Criticism*** <615>, die sich vor allem auf jene Textstellen konzentrierten, die unterschiedlich interpretiert werden konnten.

Zum anderen wendet die **Rezeptionsästhetik** <621> bei der Interpretation ihr Augenmerk auf im Text enthaltene Lücken (von Wolfgang Iser als **Leerstellen** bezeichnet), die Leser beim Akt des Lesens füllen müssen.

Schließlich spezialisiert sich der **dekonstruktionistische** <604> Ansatz der Literaturkritik gerade auf solche Widersprüche, die dazu führen, dass der Aussagewert des Textes im Endeffekt unbestimmbar und unentscheidbar ist (→ **Aporia** <106>).

Eine der frühesten – auch von Iser erwähnten – Aussagen zu Leerstellen oder Unbestimmtheitsstellen in literarischen Texten stammt aus Laurence Sternes Roman *Tristram Shandy* (1759):

> Writing, when properly managed, (as you may be sure I think mine is) is but a different name for conversation: As no one, who knows what he is about in good company, would venture to talk all; – so no author, who understands the just boundaries of decorum and good breeding, would presume to think all: The truest respect which you can pay the reader's understanding, is to halve this matter amicably, and leave him something to imagine, in his turn, as well as yourself. (bk. 2, ch. 11)

In *Tristram Shandy* findet sich im neunten und letzten Buch auch die literarische Leerstelle par excellence in Form von zwei – bis auf die Kapitelüberschriften „Chapter Eighteen" und „Chapter Nineteen" – absichtlich leeren, weißen Seiten, auf denen der Leser sich das schicksalhafte Treffen von Tristrams Onkel Toby mit der Witwe Wadman selbst ausmalen soll. Bevor der Erzähler die betreffenden Kapitel im Anschluss an Kapitel 25 doch noch nachliefert, gibt er seine Erklärung für die ursprüngliche Leerstelle: „All I wish is, that it may be a lesson to the world, ‚*to let people tell their stories their own way.*'"

MK

Literatur: Iser (1975a).

124 Interpretation, The Four Senses of – Die vier Schriftsinne

Unterschiedliche Verfahren zur Auslegung von Bibelstellen (und, im weiteren Sinne, auch anderer Texte) durch Analyse, Paraphrase und Kommentar.

In einer Interpretation werden Inhalt und Bedeutung eines Textes erklärt. Die Ursprünge solcher Interpretationen liegen in unserem Kulturkreis in der Auslegung der Bibel, doch sind die Regeln, nach denen man hierbei vorgeht, unter bestimmten Voraussetzungen auch auf andere Texte übertragbar. Im religionswissenschaftlichen Sinne sind diese Regeln in der **Hermeneutik** <611> festgelegt.

Im Anschluss an die Bibelexegese der Kirchenväter und des Mittelalters unterscheidet man verschiedene (und oft unterschiedlich viele, meist jedoch vier) Arten und Ebenen der Interpretation (*senses of interpretation* bzw. *senses of Scripture*, Schriftsinne). Diese sollen hier anhand des „Musterbeispiels" (Ohly) des Worts *Jerusalem* (bzw. *Zion*) erläutert werden. Ein zentrales Zitat über Jerusalem stammt z. B. von dem alttestamentarischen Propheten Jesaja (engl. Isaiah):

> How beautiful upon the mountains are the feet of him that bringeth good tidings, that publisheth peace; that bringeth good tidings of good, that publisheth salvation; that saith unto Zion, Thy God reigneth!
> Thy watchmen shall lift up the voice; with the voice together shall they sing: for they shall see eye to eye, when the LORD shall bring again Zion.
> Break forth into joy, sing together, ye waste places of Jerusalem: for the LORD hath comforted his people, he hath redeemed Jerusalem. (Isaiah 51: 7-9)

Der **wörtliche** oder geschichtliche **Schriftsinn** (***literal, historical meaning***, lat. ***sensus historicus***) bezieht sich auf die Realien (die tatsächlich existierenden Personen, Ereignisse oder Lokalitäten), die einem biblischen Text zu Grunde liegen, und ist normalerweise leicht erschließbar: „Jerusalem“ bedeutet in diesem Sinne die alttestamentarische Stadt im heiligen Land.

Der **allegorische** <102> **Sinn** (***allegorical meaning***, lat. ***sensus allegoricus***, hierzu gehört auch der **typologische Sinn** <148>) erschließt sich, wenn man die im Text genannten Realien nicht in ihrer wörtlichen, sondern im ihrer übertragenen Bedeutung interpretiert; er bezieht sich im Kontext einer christlich-religiösen Interpretation auf die heilsgeschichtliche Bedeutung des Textes; „Jerusalem“ stünde in diesem Sinn für die christliche Kirche und ihre Niederlagen und Erfolge.

Der **moralische Sinn** (***moral, tropological meaning***, lat. ***sensus moralis***) gibt an, welche Bedeutung ein Text für das Verhalten der einzelnen Leser hat. „Jerusalem“ – als Bild für die Seele des Christen – bezöge sich hier also auf christliches Idealverhalten.

Der **anagogische Sinn** (***anagogical meaning***, lat. ***sensus anagogicus***) ist auf die christliche Eschatologie (d. h. die Lehre von den „Letzten Dingen“) ausgerichtet. „Jerusalem“ wäre hier das himmlische Jerusalem als Zielpunkt des christlichen Lebens.

Knapp zusammengefasst lassen sich die verschiedenen Schriftsinne des Worts Jerusalem so formulieren: „geschichtlich eine Stadt auf Erden, allegorisch die Kirche, tropologisch die Seele des Gläubigen, anagogisch die himmlische Gottesstadt“ (Ohly).

Über die Bibelinterpretation hinaus ist dieses Interpretationsschema auch auf andere, eher literarische Texte angewendet worden. Zum einen wird das Verständnis großer Teile der christlich geprägten und inspirierten mittelalterlichen und Renaissance-Literatur durch das Wissen um diese verschiedenen Interpretationsebenen erleichtert, deren sich Autoren wie Edmund Spenser (1552-99), John Milton (1608-74) oder John Bunyan (1628-88) beim Schreiben ihrer Werke sehr wohl bewusst waren.

Zum anderen hat – in einem weiteren Schritt – sogar die im Nachhinein vorgenommene allegorische Interpretation zu einer „Verchristlichung“ vor- oder nichtchristlicher Texte geführt, wenn z. B. Texte wie Vergils vierte Ekloge als Weissagung der Geburt Christi interpretiert wurden.

MK

Literatur: Fischer; Ohly.

125 Intertextuality – Intertextualität

Bezugnahme eines Texts auf frühere Texte.

Intertextualität bezeichnet generell den Bezug literarischer **Texte** <145> (einschließlich ihrer Verfilmungen und Dramatisierungen) auf andere, frühere Texte. Der Terminus geht zurück auf die rumänisch-französische Literaturtheoretikerin Julia Kristeva, für die er ursprünglich den literarischen Text als Einflusssphäre verschiedener, auch sozial und historisch bedingter Zeichensysteme bezeichnete, doch heute hat sich großenteils die oben angedeutete Verengung auf textliche Aspekte durchgesetzt.

Je nachdem, ob dieser intertextuelle Bezug zwischen Texten durch die **Textproduzenten** selbst erstellt wird oder sich erst im Akt des Lesens bei den **Textrezipienten** einstellt, unterscheidet die Forschung heute oft zwischen dem **produktionsästhetischen** und dem **rezeptionsästhetischen** Aspekt der Intertextualität.

Bei der traditionellen produktionsästhetischen Intertextualität handelt es sich meistens um inhaltliche oder strukturelle Elemente, die ein Autor aus einem früheren Text wissentlich und willentlich übernimmt. So kann man z. B. von einer intertextuellen Beziehung zwischen David Lodges Roman *Nice Work* (1988) und Elizabeth Gaskells *North and South* (1854-55) reden: Die Handlungsstruktur beider Romane, mit der jeweiligen Konfrontation zwischen einem männlichen Vertreter und einer weiblichen Kritikerin der jeweils in eine Krise geratenen Industriegesellschaft, weist so offensichtliche Parallelen auf, dass Lodges Roman unschwer als **Parodie** <135> seines Vorbilds aus dem 19. Jahrhundert zu erkennen ist. Ähnliche, wenn auch weitaus ernstere Parallelen ergeben sich zwischen Francis Ford Coppolas Vietnam-Film *Apocalypse Now* und seinem Vorbild, Joseph Conrads in Afrika spielendem Roman *Heart of Darkness* (1902).

Die hier beschriebene Art der wissentlichen, intentionalen Aneignung der Strukturen oder Inhalte eines früheren Textes unterscheidet sich nur graduell vom Konzept des **literarischen Einflusses** und von traditionellen Formen der literarischen Bezugnahme. Eine Möglichkeit der produktionsästhetischen Intertextualität ist die Parodie, bei der Autoren sich vom wiederaufgegriffenen Text ironisch distanzieren. Besteht die ironische Distanzierung nicht, so spricht man eher von einem **Pastiche**, also einer dem Original möglichst nahe kommenden stilistischen Imitation.

Sind die Parallelen zwischen Texten nur angedeutet, ohne weiter ausgeführt zu werden, so spricht man auch von **Anspielung** oder ***allusion***. Ist in einem intertextuellen Zusammenhang der Wille zur Distanzierung nicht vorhanden und wird der „neue" Text nicht als **Zitat** kenntlich gemacht, so nähert man sich dem **Plagiat**, der unerlaubten Übernahme der Texte und Ideen anderer Autoren.

Im Zusammenhang mit dem Thema Intertextualität fällt oft das Schlagwort **Palimpsest**. Der Begriff bezeichnet ursprünglich das seit dem Altertum von Schreibern praktizierte Verfahren, alte Texte vom Pergament abzuschaben und zu überschreiben, wobei dann oft unter der neuen Schrift der alte Text noch teilweise sichtbar war. Im übertragenen Sinne bezeichnet man mit Palimpsest deshalb den Sachverhalt, dass ein neuer Text noch Bruchstücke einer vorhergehenden Version oder früherer Texte durchscheinen lässt.

Manche Theoretiker gehen in ihrer Definition von Intertextualität sogar so weit, dass sie darunter auch solche Fälle literarischer Parallelen fassen, deren sich die Autoren vermutlich gar nicht bewusst waren, da die betreffenden Themen und Motive bereits zum literarischen Allgemeingut geworden waren. Hier spielt dann die **Intention** der Autoren, die in der oben genannten Art der Intertextualität von großer Bedeutung war, keine Rolle mehr. Ein Grenzfall der Intertextualität wäre es demnach, wenn gleiche oder ähnliche Textstrukturen oder Inhalte bei verschiedenen Autoren unabhängig voneinander entstehen. In der extremsten, aber kaum noch brauchbaren Definition nimmt jeder Text auf vorher Geschriebenes Bezug; nach dieser Auffassung ist jeder Text mit allen vorhergehenden Diskursen intertextuell verbunden. Die Rolle des Autors als Textproduzent rückt bei einer solchen Betrachtungsweise natürlich in den Hintergrund. Es ist der Leser, der hier „rezeptionsästhetisch" die intertextuellen Bezüge als Textrezipient wahrnimmt. Der Literaturwissenschaftler Michael Riffaterre sieht in seinen Analysen z. B. vollkommen von einer historischen Untersuchung literarischer Einflüsse ab und bezieht sich nur „synchron" auf parallele Strukturen in Texten, ohne auf deren „diachrone" Quellensituation einzugehen. Eine unterhaltsame Weiterführung dieses Ansatzes findet sich im Roman *Small World* von David Lodge: Auf einer Konferenz versucht ein junger Literaturwissenschaftler verzweifelt, als origineller Kopf zu erscheinen, und behauptet deshalb, er erforsche nicht nach der traditionellen Methode den Einfluss eines früheren Schriftstellers, nämlich Shakespeares, auf einen späteren, nämlich T. S. Eliot, sondern er studiere den Einfluss Eliots auf Shakespeare: „we can't avoid reading Shakespeare through the lens of T. S. Eliot's poetry. I mean, who can read *Hamlet* today without thinking of ‚Prufrock'? Who can hear the speeches of Ferdinand in *The Tempest* without being reminded of ‚The Fire Sermon' section of *The Waste Land*?"

MK

Literatur: Broich.

126 Irony – Ironie

Diskrepanz von augenscheinlichem und verborgenem Sinn in einer literarischen Kommunikationssituation. Diese Diskrepanz manifestiert sich folgendermaßen:

1. *In der* ***verbalen (rhetorischen) Ironie*** *zwischen dem, was vom Sprecher gesagt wird, und dem, was er damit meint,*
2. *in der* ***dramatischen Ironie*** *zwischen dem, was der dramatische Charakter weiß, und dem, was Leser oder Zuschauer wissen,*
3. *in der* ***romantischen Ironie*** *zwischen illusionsaufbauendem und illusionszerstörendem Erzähler.*

1. Ironie im engeren Sinne ist **verbale Ironie** (***verbal irony***), ein rhetorisches Stilmittel (**Tropus** <242>), das sich den Unterschied zwischen Gesagtem und Gemeintem zu Nutze macht. Man sagt, wenn man ironisch spricht, *eine* Sache, meint aber etwas ganz *anderes*, oft das Gegenteil vom Gesagten.

Typischerweise bedient sich der Sprecher bei der verbalen Ironie des Vokabulars seiner Gegner, wie z. B. Antony in Shakespeares *Julius Caesar* (III. 2) insistierend wiederholt, Brutus sei ein „honourable man", wobei jedem Zuschauer klar ist, dass er den Mörder Cäsars eben nicht für einen ehrenwerten Mann hält.

Ein Beispiel aus diesem Jahrhundert ist Wilfred Owens Kriegsgedicht „Dulce et Decorum Est" (1920). Während es auf den ersten Blick so scheint, als ob der Titel dieses Gedichts den Kriegsgedanken verherrlichte, so wird bei genauer Lektüre des Textes klar, dass das Horaz-Zitat, es sei süß und ehrenvoll, für das Vaterland zu sterben, hier ironisch gemeint ist und als Lüge entlarvt wird:

> My friend, you would not tell with such high zest
> To children ardent for some desperate glory,

> The old Lie: Dulce et decorum est
> Pro patria mori.

Der Sprecher muss durch kontextuelle Einbettung und Signale (***ironic markers***, wie hier die direkte Anrede) dafür Sorge tragen, dass der Zuhörer/Leser seine Botschaft nicht wörtlich versteht und die Distanzierung von dem, was gesagt wird, wahrnimmt. Im folgenden Beispiel, dem Anfang von Jane Austens Roman *Pride and Prejudice* (1813), übernimmt unter anderem die offensichtliche Übertreibung im Adverb *universally* diese Rolle:

> It is a truth universally acknowledged, that a single man in possession of a good fortune must be in want of a wife.

Eine extreme, starker Verbitterung Ausdruck gebende Variante der Ironie ist der **Sarkasmus**.

2. **Dramatische Ironie** (***dramatic irony***) ist eine vor allem im Drama vorkommende Form der strukturellen, durch die Handlung bedingten (pragmatischen) Ironie: Eine Figur ist sich der Doppeldeutigkeit dessen, was sie sagt und tut, gar nicht bewusst, wohingegen Autor und Zuschauer, die einen Wissensvorsprung haben, sich darüber im klaren sind. Für Ödipus ergibt sich z. B. ein scharfer ironischer Kontrast zwischen der Absicht, seinen vermeintlichen Vater, Polybos, nicht zu töten, die ihn aus Korinth fortführt, und dem „Erfolg", dass er gerade deshalb auf dem Weg in die Fremde seinen wirklichen Vater, Laios, trifft und tötet. In Oliver Goldsmiths Komödie *She Stoops to Conquer* (1773) meint der junge Londoner Marlow, in einem Gasthaus abgestiegen zu sein, während er sich in Wirklichkeit im Haus des Landadligen Mr. Hardcastle aufhält. Die vermeintliche *bar-maid*, der seine nicht allzu vornehmen Annäherungsversuche gelten, entpuppt sich zu seiner (zum Glück vorübergehenden) Blamage letztendlich als die Tochter Mr. Hardcastles.

Der **Wissensvorsprung** der Zuschauer kann wie in diesen Beispielen auf der Handlungsebene zum Ausdruck kommen, am augenscheinlichsten z. B. in Belauschungsszenen. Er kann sich aber zusätzlich auch auf der sprachlichen Ebene manifestieren, indem ein Charakter, ohne sich dessen bewusst zu sein, eine Formulierung wählt, die einen ihm unbekannten Nebensinn hat: „Dramatic Irony becomes even more effective when accompanied by *double entendre*, the victim saying quite innocently or accepting in all innocence something which is true in another sense than he imagines" (Muecke). In Goldsmiths Komödie weiß Marlow noch nicht, dass die ehrliche Bezahlung, auf die er anspielt, auch die Eheschließung mit der von ihm erwähnten „bar-maid of an inn" mit einschließt:

> Pshaw! pshaw! we all know the honour of the bar-maid of an inn. I don't intend to *rob* her, take my word for it, there's nothing in this house, I shan't honestly *pay* for. (IV. 1)

Im Falle der Sonderform der **tragischen Ironie** (***tragic irony***) ist sich eine Figur (im Gegensatz zum Publikum) nicht bewusst, dass sie durch eine Aussage ihr eigenes Schicksal beschreibt. So ist sich in *Macbeth* (I. 4) König Duncan nicht darüber im Klaren, dass das, was er über den verräterischen Thane of Cawdor sagt, genauso auf Macbeth zutrifft:

> There's no art
> To find the mind's construction in the face.
> He was a gentleman on whom I built
> An absolute trust.

Als er Macbeth überschwänglich für seine Dienste dankt, weiß er nicht, dass er wenig später dafür mit seinem Leben bezahlen muss:

> Only I have left to say,
> More is thy due than all can pay.

3. Der Begriff der **romantischen Ironie** (***romantic irony***) geht auf Gedanken zurück, die in der Literaturtheorie der deutschen Romantik formuliert wurden; er ist nur bedingt auf das in den beiden anderen Arten der Ironie vorhandene Grundmuster zurückzuführen. Der Begriff ist auch kaum auf die englische Literatur anzuwenden. In der romantischen Ironie werden vom **Erzähler** <411> oder Sprecher die von ihm selbst zuvor konstruierten Gedankengebäude oder die zuvor aufgebauten Stimmungen in Frage gestellt. Ein Beispiel findet sich in der 55. Strophe des ersten Cantos von Byrons *Don Juan*, wo der Sprecher die Suche der Mutter seines Helden nach einer Geliebten für ihren Sohn schildert und am Ende seinen eigenen Bildgebrauch kritisiert:

> Amongst her numerous acquaintance, all
> Selected for discretion and devotion,
> There was the Donna Julia, whom to call
> Pretty were but to give a feeble notion
> Of many charms in her as natural

As sweetness to the flower, or salt to ocean,
Her zone[3] to Venus, or his bow to Cupid
(But this last simile is trite and stupid).

Der Literaturkritiker D. C. Muecke bestreitet allerdings, dass es sich bei der Byron'schen Ironie um eine vollgültige Variante der romantischen Ironie handelt; er sieht in ihr nur eine vergleichsweise unkomplizierte ***proto-romantic irony***. Muecke konstatiert, dass die von Friedrich Schlegel definierte romantische Ironie in der französischen und in der englischen Literatur kaum eine Rolle spielte; andererseits sollte man nicht vergessen, dass umgekehrt der Engländer Laurence Sterne mit dem Roman *Tristram Shandy* (1759-65) ein wichtiger Einfluss auf Schlegel war (Garber).

Seit der Romantik hat sich im literaturwissenschaftlichen Verständnis von Ironie eine Begriffserweiterung durchgesetzt, die den Begriff auf die **moderne** <130> und **postmoderne** <140> Weltsicht und Literatur mit ihrer Tendenz, sich selbst in Frage zu stellen, überträgt. So argumentiert z. B. Ernst Behler:

> Irony is inseparable from the evolution of the modern consciousness. In one respect, irony is a traditional subject, as old as human speech, codified in manuals, defined in its structure, but as unexciting as these scholastic topics are. In another regard, however, irony is virtually identical with that self-reflective style of poetry that became accentuated during the romantic age, and it is a decisive mark of literary modernity.

Der von Behler erwähnte selbstreflektierende Stil der romantischen Dichtung kommt z. B. auch schon in Byrons oben zitierter parenthetischer Bemerkung über seinen Bildgebrauch zum Ausdruck.

MK

Literatur: Behler; Garber; Muecke.

127 Magic Realism – Magischer Realismus

Genre der Erzählliteratur, bei dem die Trennung zwischen fantastischen und realistischen Elementen aufgehoben ist.

In der englischsprachigen Literaturwissenschaft versteht man unter *magic realism* meist einen mit der lateinamerikanischen Literatur

[3] **zone** Gürtel

assoziierten Schreibstil, der von Autoren wie Gabriel García Márquez und Jorge Luis Borges geprägt wurde. Der Begriff „magischer Realismus“ wurde allerdings ursprünglich von dem deutschen Kunstkritiker Franz Roh geprägt, der ihn 1923 auf die nachexpressionistische zeitgenössische bildende Kunst bezog. Bald wurde der Terminus jedoch auch auf Tendenzen in der deutschen und dann auch in der lateinamerikanischen Literatur angewandt.

In der angelsächsischen Diskussion definiert man den magischen Realismus meist als eine literarische Art des Schreibens, die sich den Anforderungen und Zwängen des **Realismus** <141> widersetzt und eine Welt konstruiert, in der die Trennung zwischen Träumen und Mythen einerseits und der alltäglichen Realität andererseits aufgehoben ist. Logik und Kausalität sind in der Welt des magischen Realismus nicht mehr die einzigen (und schon gar nicht privilegierte) Grundmuster, auf denen die oft surreale Handlung basiert. Von Lateinamerika ausgehend hat der magische Realismus großen Einfluss auf andere „neue“, **postkoloniale** <618> Literaturen genommen, z. B. auf die Indiens (Salman Rushdie), Nigerias (Ben Okri) oder Kanadas (Jack Hodgins).

Ein solches Beispiel für den Einfluss des magischen Realismus auf postkoloniale Literaturen ist der Roman *What the Crow Said* (1978) des kanadischen Autors Robert Kroetsch. Schon gleich zu Beginn des Romans mischt Kroetsch mythische Elemente wie die Legende einer Frau, die von Bienen geschwängert wird, mit der durchaus realistischen Beschreibung einer Kleinstadt im kanadischen Westen. Hierbei nimmt – ähnlich wie in der traditionellen kanadischen Biertischgeschichte (***tall tale***) – der Erzähler keinerlei Unterscheidung zwischen fantastischen und realistischen Bestandteilen vor:

> People, years later, blamed everything on the bees; it was the bees, they said, seducing Vera Lang, that started everything. How the town came to prosper, and then to decline, and how the road never got built, the highway that would have joined the town and the municipality to the world beyond, and how the sky itself, finally, took umbrage: it was all because one afternoon in April the swarming bees found Vera Lang asleep, there in a patch of wild flowers on the edge of the valley.

MK

Literatur: Scheffel; Slemon.

128 Metafiction, Meta-Writing – Metafiktion

Literarische Texte, in denen der Prozess und die Bedingungen des Verfassens von Literatur thematisiert werden.

So wie **Metasprache** „Sprache über Sprache“ ist, bezeichnet *metafiction* als *fiction about fiction* allgemein solche literarischen Texte, in denen der Vorgang und die Bedingungen des Schreibens von Texten thematisiert werden. Während traditionelle Literatur sich oft um die Beschreibung einer Realität bemüht, die außerhalb des Textes liegt, ist ein wesentlicher Aspekt der Metafiktion die Auseinandersetzung mit dem Akt des Schreibens selbst, z. B. mit den Schwierigkeiten beim Verfassen von Literatur im allgemeinen oder – wie in vielen experimentellen zeitgenössischen Texten – beim Schreiben eben jenes Texts, den der Leser gerade vor sich hat.

Ein frühes Beispiel für den letzteren Fall sind die Bemerkungen des Erzählers in Laurence Sternes *Tristram Shandy* (1759-65) (→ **Aporia** <106>), ein zeitgenössisches sind die Überlegungen von Margaret Atwoods Protagonistin Offred in dem **antiutopischen** <423> Roman *The Handmaid's Tale* (1985), als sie über das Verhältnis von Fiktion und Wahrheit in ihrem Tagebuch philosophiert:

> I would like to believe this is a story I'm telling. I need to believe it. I must believe it. Those who can believe that such stories are only stories have a better chance.
> If it's a story I'm telling, then I have control over the ending. Then there will be an ending, to the story, and real life will come after it.

Für unser Verständnis von *The Handmaid's Tale* ist es auch von zentraler Bedeutung, ob die Tagebuchaufzeichnungen der Hauptfigur Offred „wirkliche“ Erinnerungen sind oder ob sie von ihr (bzw. von den im Epilog des Romans auftretenden Herausgebern ihres Tagebuchs) erfunden wurden.

Wie das Beispiel *Tristram Shandy* aus dem 18. Jahrhundert zeigt, sind metafiktionale Kommentare keineswegs etwas Neues oder nur auf die Literatur des zwanzigsten Jahrhunderts beschränkt. Schon immer haben literarische Texte metafiktionale Elemente enthalten, in denen das Verhältnis des Autors zu seinem Medium reflektiert wird. Patricia Waugh behauptet sogar: „metafiction is a tendency or function inherent in *all* novels“.

Es erscheint aber sinnvoll, zwischen – meist zur traditionellen Literatur gehörenden – Texten zu unterscheiden, in denen es zwar metafiktionale Elemente gibt, die aber nicht den Charakter eines Textes bestimmen, und solchen Texten, in denen die Metafiktionalität zum bestimmenden Element wird. Zu der ersten Gruppe gehören die Kommentare von **auktorialen Erzählern** <411> in Romanen wie Henry Fieldings *Tom Jones* (1749), die z. B. über die Schwierigkeiten des Schreibprozesses berichten. Zu der zweiten Gruppe, also jenen Texten, bei denen die Metafiktion als solche im Zentrum des Interesses steht und dem Bezug zur Realität an Bedeutung mitunter gleichkommt, gehören besonders viele Werke der zeitgenössischen nordamerikanischen (John Barth, Donald Barthelme, Robert Coover) und britischen Literatur (John Fowles, Julian Barnes).

Während es in der traditionellen Literatur eher selten vorkommt, dass metafiktionale Elemente den Charakter eines literarischen Texts bestimmen, ist dies im zwanzigsten Jahrhundert, in der Literatur der **Moderne** <130> und vor allem der **Postmoderne** <140>, immer häufiger der Fall. Literaturtheoretiker und -theoretikerinnen wie die Kanadierin Linda Hutcheon sehen deshalb das Vorherrschen metafiktionaler Züge in den verspielten, sich ihrer **Intertextualität** <125> besonders stark bewussten *narcissistic narratives* als ein Grundelement der postmodernen Literatur. Diese Literatur neigt auch eher dazu, alle ihre formalen und inhaltlichen Möglichkeiten bis zum Exzess durchzuspielen und zu reflektieren.

Metafiktion ist jedoch nicht nur eine verspielte und selbstverliebte Art eskapistischer Literatur ohne jegliche „ernste" Funktion. Sie hat auch oft die Aufgabe, dem Leser die Funktion von Texten und Textformen in der literarischen Kommunikation zu verdeutlichen und auf ihre politischen und ideologischen Implikationen hinzuweisen. So stellt Patricia Waugh fest:

> Metafiction, then, does not abandon „the real world" for the narcissistic pleasures of the imagination. What it does is to re-examine the conventions of realism in order to discover – through its own self-reflection – a fictional form that is culturally relevant and comprehensible to contemporary readers. In showing us how literary fiction creates its imaginary worlds, metafiction helps us to understand how the reality we live day by day is similarly constructed, similarly „written".

MK

Literatur: Hutcheon (1991); Waugh.

129 Mimesis – Mimesis

Die Abbildung der Realität im literarischen Kunstwerk.

Der Begriff Mimesis (im Deutschen oft auch als „Nachahmung“ übersetzt) geht auf Platon und Aristoteles zurück und bezeichnet die Abbildung der Wirklichkeit in literarischen Texten oder, in Erich Auerbachs Worten, „die Interpretation des Wirklichen durch literarische Darstellung“. So heißt es bei Aristoteles in der *Poetik*:

> Die Epik und die tragische Dichtung, ferner die Komödie und die Dithyrambendichtung sowie – größtenteils – das Flöten- und Zitherspiel: sie alle sind, als Ganzes betrachtet, Nachahmungen. Sie unterscheiden sich jedoch in dreifacher Hinsicht voneinander: entweder dadurch, dass sie durch je verschiedene Mittel, oder dadurch, dass sie je verschiedene Gegenstände, oder dadurch, dass sie auf je verschiedene und nicht auf dieselbe Weise nachahmen. (Buch 1)

Das Prinzip der Mimesis – im Englischen oft auch als ***imitation (of reality)*** oder ***representation*** übersetzt – geht also davon aus, dass es möglich ist, die Realität im sprachlichen Kunstwerk abzubilden; diese Annahme liegt z. B. der literarischen Konvention des **Realismus** <141> zu Grunde.

Eine solche Abbildungsbeziehung ist jedoch nicht problemlos. Manche Kritiker betonen deshalb, dass Mimesis (wie auch in der oben zitierten Definition Auerbachs) als künstlerisches *enactment* verstanden werden muss, also nicht als bloße und rein statische (quasi fotografische) Eins-zu-eins-Beziehung zwischen Gegenstand und Abbildung (*imitation*): „Though both terms [i. e. *imitation* and *mimesis*] denote an art of representation or resemblance, the emphasis is different. Imitation, a Latinate abstraction, implies something static, a copy, a final product; mimesis involves something dynamic, a process, an active relation with a living reality“ (Baxter).

MK

Literatur: Aristoteles; Auerbach; Baxter.

130 Modernity/Modernism/The Modern – Die Moderne

1. Die Epoche der Neuzeit im Gegensatz zu Antike und Mittelalter.
2. In der Literatur und Kunst: die Epoche nach dem Ersten Weltkrieg.

Das Adjektiv modern, von dem sich der Begriff Moderne ableitet, hat eine ganze Reihe unterschiedliche Bedeutungen: Umgangssprachlich wird modern z. B. vor allem als „gegenwärtig" oder gar „der Mode, dem Zeitgeschmack entsprechend" definiert; in diesem Sinne unterliegt das, was man als „modern" versteht, einem stetigen Wechsel. Diese Bedeutung des Wortes hat sogar eine lange Geschichte: In einem historischen Überblick hat Hans Robert Jauß gezeigt, dass sich seit der Antike junge Künstler programmatisch – mit einem „Schritt über eine Epochenschwelle" – von ihren älteren Vorläufern als „modern" absetzen. Auch in der englischen Literaturgeschichte des 17. Jahrhunderts wird das Wort *modern* in diesem Sinn verwendet, und zwar um die zeitgenössische von der antiken Literatur abzugrenzen: Im *Quarrel of the Ancients and Moderns* – dem englischen Gegenstück zu der im klassischen Frankreich des späten 17. Jahrhunderts stattfindenden *Querelle des Anciens et des Modernes* – geht es um die Frage, ob den zeitgenössischen oder den antiken Wissenschaftlern und Schriftstellern das höhere Ansehen gebühre – eine Auseinandersetzung, die Jonathan Swift in seiner *Battle of the Books* (geschrieben 1697) **satirisch** <142> darstellt.

Im heutigen wissenschaftlichen Sprachgebrauch bezieht sich der Begriff „modern" – im Deutschen wie im Englischen – dagegen meist auf die Ära der Neuzeit, also auf diejenige historische Epoche, die unter anderem vom wachsenden Einfluss der Naturwissenschaften und von der Entstehung moderner (demokratischer) politischer Theorien geprägt ist. Die zeitliche Abgrenzung der Neuzeit ist allerdings umstritten und vom jeweiligen Fachgebiet bzw. -interesse abhängig. So werden z. B. im Untertitel des *New Penguin Dictionary of Modern History* die Jahreszahlen 1789-1945 genannt; andere Historiker dagegen setzen den Beginn der neuzeitlichen Moderne etwa um das Jahr 1500 an.

Im spezifisch literatur- und kulturwissenschaftlichen Diskurs hingegen wendet man die Termini Moderne und modern (bzw. *modernism* und *modernist* im Englischen) – abweichend von den eben dargestellten Definitionen – vor allem auf die Epoche nach dem Ersten Weltkrieg an.

Die **literarische Moderne** (***Modernism***) ist ein internationales Phänomen. In der englischen Literatur setzte die sogenannte **modernistische Revolution** um das Jahr 1910 mit der Entstehung einer literarischen Avantgarde ein und gewann nach dem Ersten Weltkrieg zunehmend an Einfluss und Verbreitung. Sie wurde von Schriftstellern wie Wyndham Lewis und dem Amerikaner Ezra Pound angeführt; ihre ersten Höhepunkte fand sie im Jahr 1922 mit der Publikation von James Joyces Roman *Ulysses* und T. S. Eliots Gedicht *The Waste Land*. Das Zentrum der englischsprachigen literarischen Moderne war damals London; die eigentlichen Brennpunkte des internationalen Modernismus lagen jedoch auf dem europäischen Festland. Bezeichnenderweise kamen auch einige der bedeutendsten modernistischen Neuerer in der englischsprachigen Literatur (sowohl James Joyce und William Butler Yeats als auch Eliot und Pound) nicht aus England selbst, sondern aus literarischen „Randgebieten" wie Irland oder aus den Vereinigten Staaten, und Joyces *Ulysses* erschien 1922 nicht etwa in London (wo der Roman sofort der Zensur zum Opfer gefallen wäre), sondern in Paris.

Die literarische Moderne bedeutet einen radikalen Bruch mit der Tradition; sie kann zugleich als eine Reaktion auf das im Ersten Weltkrieg und in den darauf folgenden Revolutionen zusammenbrechende traditionelle Weltbild verstanden werden: „In or about December, 1910, human character changed," fasst Virginia Woolf rückblickend im Jahr 1924 die typisch „moderne" Erfahrung zusammen. Mehrere der Modernisten reagieren auf die Bedrohung der traditionellen Weltsicht mit einem – im Grunde konservativ motivierten – Rückgriff auf **mythische** <131> Strukturen aus der Literatur der Antike oder des Mittelalters: T. S. Eliot nimmt z. B. im *Waste Land* Bezug auf den Gralsmythos, William Butler Yeats rekurriert in vielen seiner Werke auf irische Mythen, und James Joyce strukturiert seinen Roman *Ulysses* nach dem Vorbild von Homers *Odyssee*.

Auf der formalen Seite sahen sich die Modernisten als Erneuerer und lehnten überkommene literarische **Konventionen** ab: T. S. Eliot experimentierte z. B. in seinem aus fragmentartigen Teilen zusammengesetzten **Langgedicht** <320> *The Waste Land* mit

Montage- und **Collage**-Techniken. James Joyce griff im „Oxen of the Sun"-Kapitel des *Ulysses* zum Mittel der **Parodie** <135>, um spielerisch verschiedene Entwicklungsstadien des englischen Prosastils zu evozieren; im gleichen Roman experimentierte er an anderer Stelle mit neuen Erzählmodi wie dem ***stream of consciousness*** <421> oder dem **inneren Monolog** <410>. Solche formalen Neuerungen ermöglichten auch einen neuen literarischen Zugang zur Psyche literarischer Figuren, wie sich nicht nur bei Joyce, sondern z. B. auch in Romanen Virginia Woolfs, wie etwa *Mrs Dalloway* (1925), zeigt.

David Lodge liefert in *The Modes of Modern Writing* folgendes zusammenfassendes „identi-kit portrait of the modernist novel":

> Modernist fiction, then, is experimental or innovatory in form, displaying marked deviations from preexisting modes of discourse, literary and non-literary. Modernist fiction is concerned with consciousness, and also with the subconscious and unconscious workings of the human mind. Hence the structure of external „objective" events essential to traditional narrative art is diminished in scope and scale, or presented very selectively and obliquely, or is almost completely dissolved, in order to make room for introspection, analysis, reflection and reverie.

Während, wie Jauß gezeigt hat, jede moderne Literaturströmung eigentlich dazu verdammt ist, von einer anderen als veraltet abgelöst zu werden, die sich daraufhin selbst wiederum als modern bezeichnet, hat sich im zwanzigsten Jahrhundert die im Jauß'schen Sinne terminologische „Absurdität" ergeben, dass man die Nachfolge- bzw. Gegenbewegung zur Moderne oft als **Postmoderne** <140> bezeichnet.

MK

Literatur: Jauß (1997); Lodge; Woolf, V.

131 Myth – Mythos

1. *Eine anonym überlieferte Geschichte, mit deren Hilfe Menschen ihr Weltbild und ihre religiösen Wertvorstellungen erklären und begründen (engl. Adjektiv:* mythic *oder* mythical*).*
2. *Im pejorativen Sinn eine unwahre Geschichte oder ein auf einer Unwahrheit basierender Glaube (engl. Adjektiv:* mythical*).*

Ein Mythos ist eine Geschichte, die von den – meist übernatürlichen – Ursprüngen der Welt handelt und in der sich die Menschen über ihre Herkunft, Identität und Bestimmung Rechenschaft ablegen. Mythen werden traditionell mündlich überliefert und sind erst in späterer Zeit schriftlich aufgezeichnet worden. Man unterscheidet Mythen mit eher religiöser Bedeutung (wie z. B. der klassisch-griechische Prometheus-Mythos) von national und historisch orientierten **Sagen** oder **Legenden** (wie der Artus-Legende).

Da Mythen traditionelle und relativ einfach strukturierte Erzählungen sind, haben sie von jeher den Anthropologen (z. B. James Frazer, dem Verfasser des seinerzeit berühmten ethnographischen Werks *The Golden Bough*) zu vergleichenden Untersuchungen auf der Suche nach **Archetypen** <107> gedient, die in mehr als einem einzelnen Kulturkreis vorkommen. Im Rahmen dieses Vergleichs sind die Mythen auch zu einem wichtigen Untersuchungs- und Anschauungsobjekt **strukturalistischer** <625> Methoden (wie z. B. bei dem französischen Anthropologen Claude Lévi-Strauss) geworden.

Im Gegensatz zum heute in der Literaturwissenschaft üblichen Gebrauch wird bei Aristoteles der Begriff Mythos eher im Sinne von **Handlung** oder ***plot*** <139> gebraucht. So schreibt er in Kapitel 6 der *Poetik*: „Die Nachahmung von Handlung ist der Mythos."

In der zeitgenössischen Literaturtheorie bedient sich auch der kanadische Literaturwissenschaftler Northrop Frye des Begriffs Mythos: In seiner *Anatomy of Criticism* entwickelt er ein Modell, nach dem er systematisch literarische Texte auf vier grundlegende mythische Grundmuster zurückführt (→ **Archetypal Criticism** <601>).

In der heutigen Umgangssprache wird das Wort Mythos auch in einem weiter gefassten Sinn auf Themen (der Mythos des Bermuda-Dreiecks) oder Personen (der Mythos von Elvis Presley) angewendet, die zur „lebenden Legende" geworden sind und über die immer neue Geschichten entstehen oder kolportiert werden. Von hier ist es nur ein kleiner Schritt hin zu der Bedeutung von Mythos als unwahre Geschichte oder Behauptung, kurz, als Lüge.

MK

Literatur: Frye.

132 Naturalism – Naturalismus

Literarische Strömung gegen Ende des 19. und zu Beginn des 20. Jahrhunderts, die auf einer naturwissenschaftlichen Weltsicht basiert.

Der Naturalismus kann als Reaktion der Literatur auf verschiedene Entwicklungen im Bereich der Wissenschaften, z. B. der Biologie, Soziologie und Medizin, betrachtet werden, die das Weltbild des späten 19. Jahrhunderts prägten. Aus naturalistischer Sicht ist das Leben des Menschen durch Erbmasse und animalische Triebe biologisch determiniert und kann somit rein naturwissenschaftlich verstanden werden. Weitere Faktoren, die das Schicksal des einzelnen bestimmen, sind die Einflüsse, die von seiner Umwelt ausgehen: das jeweilige Milieu sowie die vorherrschende geschichtliche Situation. Seinen Ursprung hat dieses Menschenbild vor allem in den Lehren Darwins, aber auch in den soziokulturellen Theorien von Karl Marx (→ **Marxist Criticism** <613>).

In der Literatur des Naturalismus hat sich diese Sichtweise sowohl thematisch als auch erzähltechnisch niedergeschlagen. Zu den bevorzugten Themen gehört die Darstellung sozialen Elends im proletarischen Milieu, Gewalt in den Beziehungen zwischen Mann und Frau, Geisteskrankheiten und Alkoholismus sowie sexuelle Triebhaftigkeit und Prostitution. Mit der detaillierten Beschreibung dieser Aspekte des menschlichen Lebens griffen die Naturalisten Themenbereiche auf, deren ungeschminkte Darstellung in der Literatur der vorigen Jahrhunderte weitgehend tabuisiert war. Das Leben wird (in Anlehnung an Darwin'sche Vorstellungen) nicht selten als Kampf ums Überleben geschildert und endet oft tragisch in dem Sinn, dass das Individuum sich gegen die widrigen Umstände nicht durchsetzen kann. Gleichzeitig kommt aber auch vielfach soziales Mitgefühl zum Ausdruck, das die Ausbeutung der Armen und Unterdrückten anprangert und somit eine gesellschaftskritische Botschaft vermittelt. Nicht in allen Werken steht jedoch das soziale Milieu im Vordergrund, manche Autoren legen den Schwerpunkt eher auf die Darstellung menschlicher Triebe und Begierden (z. B. Geldgier), die zusammen mit den Erbanlagen das Leben ganzer Generationen bestimmen.

Die wissenschaftliche Sichtweise naturalistischer Schriftsteller kommt auch auf der Ebene der Erzähltechnik zum Ausdruck. Im Mittelpunkt steht die präzise Nachahmung der Wirklichkeit (so wie diese von den Naturalisten wahrgenommen wurde). Oft wird der Naturalismus als besondere Spielart des **Realismus** <141> bezeichnet, da es auch dort um die Darstellung des Alltäglichen geht; allerdings konzentriert sich der Naturalismus dabei im Unterschied zum Realismus vor allem auf Aspekte des Primitiven, „Rohen" und „Niedrigen". Charakteristisch für die Erzähltechnik der Naturalisten sind außerordentlich detaillierte Beschreibungen, die nicht nur nach wissenschaftlicher Exaktheit, sondern auch nach Objektivität streben und die möglichst frei von moralischer Wertung sein sollen. Die Anwendung wissenschaftlicher Methoden schließt nicht selten die Benutzung dokumentarischen Materials mit ein – z. B. Definitionen aus medizinischen Wörterbüchern oder die wortwörtliche Wiedergabe von Wetterberichten.

Dieser literarische Darstellungsmodus beruht auf der Vorstellung, dass man die Wirklichkeit mit wissenschaftlichen Methoden beschreiben und auch verstehen kann. In diesem Zusammenhang wird besonders der Einfluss des französischen Romanciers Emile Zola erkennbar, der die Entwicklung der naturalistischen Literatur maßgeblich prägte. Seine Theorie des ***roman expérimental*** (1880), in der er der Literatur die Bedeutung eines wissenschaftlichen Experimentes zuschreibt, wurde zum Manifest des Naturalismus. Nach Zola übernimmt der Schriftsteller die Rolle eines Pathologen, der bestimmte Momente im Leben eines Menschen, die ihm besonders repräsentativ und aussagekräftig erscheinen, auswählt und „seziert", also im Detail beschreibt. Dabei soll wie bei einem wissenschaftlichen Experiment überprüft werden, ob die Hypothesen, auf denen die Weltsicht des Autors beruht, zutreffen. Zola war seinerseits von den Theorien des französischen Literaturkritikers Hippolyte Taine beeinflusst, der in seiner *Geschichte der englischen Literatur* (1863) das literarische Werk durch die drei Faktoren ***race*** (die Herkunft des Autors), ***milieu*** (Schauplatz des geschilderten Geschehens) und ***moment*** (historischer Zeitpunkt) determiniert sah.

Im englischsprachigen Raum hat sich der Naturalismus vor allem auf die Literatur Nordamerikas ausgewirkt. Zu den bekanntesten Vertretern auf dem Gebiet der Erzählliteratur gehören Theodore Dreiser (1871-1945), Frank Norris (1870-1902), Stephen Crane (1877-1900) und Jack London (1876-1916); zu den Dramatikern, die vom Naturalismus beeinflusst wurden, zählt Eugene O'Neill (1888-1953). Bei den einzelnen Autoren lassen sich allerdings durchaus unterschiedliche Ausprägungen des Naturalismus finden: Während sich Frank Norris z. B. darauf beschränkt, einen Ausschnitt aus der amerikanischen Wirklichkeit relativ wertfrei wiederzugeben, benutzt Theodore Dreiser den naturalistischen Roman als Mittel, um heftige Sozialkritik an der amerikanischen Gesellschaft zu üben; so stellt er die Großstadt als Ort dar, in dem der Überlebenskampf im Sinne von Darwins *survival of the fittest* ausgetragen wird. In die englische Literatur hat der Naturalismus nur sehr begrenzt Eingang gefunden; als Beispiele gelten die Werke von George Moore und George Gissing. Dagegen lassen bis heute zahlreiche literarische Texte eine naturalistische Färbung erkennen; ein vielzitiertes Beispiel aus dem späten 19. Jahrhundert ist Thomas Hardys *Tess of the d'Urbervilles* (1891). In der amerikanischen und vor allem in der kanadischen Literatur macht sich der Einfluss des Naturalismus häufig in Naturbeschreibungen bemerkbar – oder in der Darstellung von Naturkatastrophen, denen die Protagonisten hilflos ausgeliefert sind: Der Überlebenskampf findet hier in der freien Natur statt. Naturalistische Züge finden sich auch in vielen Großstadtromanen zu Beginn des 20. Jahrhunderts, z. B. in Upton Sinclairs *The Jungle* (1906), in denen die sozialen Missstände der damaligen Gesellschaft kritisch beleuchtet werden.

HK

Literatur: Furst/Skrine.

133 Neoplatonism – Neoplatonismus

Philosophisches System, das auf der Basis von Vorstellungen des griechischen Philosophen Platon entwickelt wurde.

Der sogenannte Neoplatonismus greift auf Vorstellungen zurück, die der griechische Philosoph Platon in den beiden Werken *Der Staat* und *Timaeus* entwickelt. Im *Staat* trägt Platon den Gedanken vor, dass die mit den Sinnen wahrnehmbare Wirklichkeit nur eine Schein-Wirklichkeit sei, ein schwacher Abglanz oder Schatten der „eigentlichen" Wirklichkeit, des sogenannten „Reichs der Ideen." So erklärt der Philosoph im 10. Buch seinem Dialogpartner den Unterschied zwischen einem Stuhl und der „Idee" des Stuhls:

> „Nun aber der Stuhlmacher! Du sagtest eben, er mache nicht die Idee des Stuhls, also den Stuhl in seiner Wirklichkeit, sondern nur einen einzelnen Stuhl."

> „Ja."
> „Macht er aber nicht den wirklichen Stuhl, so hat auch seine Schöpfung keine Wirklichkeit, sondern ist bloß etwas der Wirklichkeit Verwandtes. [...]"

Dieser Gedanke wird im *Timaeus* erweitert: Dort behauptet Platon, dass im Reich der Ideen eine Idee von besonderer Bedeutung sei, nämlich die „Idee der Idee", die Platon auch die „Idee des Guten" nennt. Sie ist als der „höchste Gegenstand" absolut vollkommen und hat infolgedessen die Eigenschaft der ***autarkia*** – d. h. sie genügt sich selbst und verdankt ihre Existenz nichts anderem. Paradoxerweise wird sie aber gerade durch diese Vollkommenheit zum Ursprung alles Existierenden: Da sie vollkommen ist, kennt sie auch den Neid nicht und gestattet deshalb die Existenz von Anderem, ja, sie muss dieses Andere sogar erschaffen. Dieser Schöpfungsprozess wird im Bild des Überströmens (**Emanation**) dargestellt; die so erschaffene Welt zeichnet sich aus durch die folgenden Merkmale:

– Fülle (sie enthält alles; nichts fehlt);
– Kontinuität (alle Übergangsformen sind vertreten; es gibt keine „Lücken");
– Gradation (sie ist hierarchisch geordnet).

Zugleich strebt alles, was ursprünglich im Prozess der Emanation aus der Idee der Idee hervorgegangen sind, zu dieser zurück, mit dem Ziel, sich wieder mit ihr zu vereinigen.

Platons Gedanken, die in dialogischer Form eher unsystematisch vorgetragen worden waren, wurden in der Spätantike vor allem von dem Philosophen Plotin (3. Jh. n. Chr.) aufgegriffen und systematisiert. Nicht zuletzt weil sich der Neoplatonismus unschwer mit christlichen Vorstellungen verbinden ließ, wurde er zu einer der einflussreichsten Denkrichtungen des Mittelalters und vor allem der Renaissance.

Neoplatonistische Motive und Themen spielen in der Literatur bis ins 19. Jahrhundert eine nicht zu unterschätzende Rolle; in trivialisierter Form („platonische Liebe") sind sie bis heute lebendig geblieben. Als wichtigste unter ihnen wären hervorzuheben:

1. Das Thema des Gegensatzes von Sinnenwelt und Reich der Ideen (Transzendenz). Es erscheint in religiöser oder religiös gefärbter Literatur oft als Spannung zwischen Diesseits und Jenseits; in der Liebesdichtung – z. B. in der **petrarkistischen Liebesdichtung** <138> – taucht es im Motiv der platonischen Liebe auf, die

in der Überwindung der sinnlichen Begierde die Läuterung der Liebenden oder sogar die Vereinigung mit dem Göttlichen anstrebt. Platonistische **Literaturtheorien** tendieren dazu, den Dichter als jemanden zu porträtieren, der über die Sinnenwelt hinaus greift:

> A poet participates in the eternal, the infinite, the one; as far as relates to his conceptions, time and place and number are not. (Shelley, „A Defence of Poetry", 1821)

Ironischerweise steht diese Vorstellung in radikalem Gegensatz zu Platos eigener – im *Staat* vertretener – Auffassung vom Dichter als jemandem, der nur Abbilder von Abbildern zu schaffen in der Lage ist:

> „[...] Der Dichter, der Abbilder nachahmt, kennt also die Dinge nicht, wie sie sind, sondern nur, wie sie aussehen. Nicht wahr?"
> „Ja." [...]
> „Also sind wir uns vollkommen einig, dass der Nachahmer so gut wie gar nichts von den Sachen versteht, die er vorführt. Nachahmung ist ein Spiel, nichts Ernstes."

2. Die Vorstellung von der kontinuierlich ansteigenden und hierarchisch gegliederten „Stufenleiter" der Schöpfung (***catena aurea***; ***great chain of being***), wie sie z. B. in der ersten der vier *Epistles* von Popes *Essay on Man* auftaucht:

> Vast chain of being! which from God began,
> Natures ethereal, human, angel, man,
> Beast, bird, fish, insect, what no eye can see,
> No glass can reach; from infinite to thee,
> From thee to nothing.

3. Der **Topos** <147> vom Buch der Natur: die Vorstellung, dass sich infolge der Emanation die Spuren Gottes überall in der Natur erkennen lassen. So erscheinen z. B. im VI. Buch von William Wordsworths (1770-1850) *Prelude* die Einzelheiten einer urtümlichen Alpenlandschaft als

> Characters of the great Apocalypse,
> The types and symbols of Eternity.

RB

Literatur: Lovejoy.

134 Nonsense

Literarische Gattung, in der eine abstrus-unsinnige Welt dargestellt wird, die sich den „normalen" Denkgewohnheiten und Realitätsvorstellungen entzieht und oft auch gegen die Gesetze der Menschlichkeit und die Konventionen des Anstandes verstößt.

Die Nonsense-Literatur ist ein Produkt des 19. Jahrhunderts; ihre Popularität verdankt sie in erster Linie Edward Lears *Book of Nonsense* (1845) und Lewis Carrolls Romanen *Alice's Adventures in Wonderland* (1865) und *Through the Looking-Glass* (1872). Die Nonsense-Literatur entführt den Leser in eine autonome Welt universalen Unsinns, deren Inkongruenzen in erster Linie auf dem Widerspruch zwischen der dargestellten Nonsense-Welt und der vertrauten empirisch-pragmatischen Ordnung der Dinge beruhen:

– In der Nonsense-Welt sind die Naturgesetze aufgehoben: Die Sonne scheint bei Nacht (Carroll, „The Walrus and the Carpenter"), oder es ist möglich, in einem Sieb zur See zu fahren:

  They went to sea in a sieve, they did;
    In a sieve they went to sea;
  In spite of all their friends could say,
  On a winter's morn, on a stormy day,
    In a sieve they went to sea.
  (Lear, „The Jumblies")

  Was das Sieb seetauglich macht, scheint vor allem die **Alliteration** <201> von *sea* und *sieve* zu sein: An die Stelle der Naturgesetze tritt die autonome Logik der Sprache.

– Die Nonsense-Welt ist bevölkert von farcenhaft-monomanen Figuren wie Lears

  [...] old person of Wick
  Who said, „Tick-a-Tick, Tick-a-Tick"

  oder von fantastischen Wesen wie dem Carroll'schen Jabberwocky oder den Lear'schen Jumblies („Their heads are green and their hands are blue"); in dieser Welt können auch Tiere und Menschen – wie z. B. in Carrolls „Walrus and Carpenter" – einträchtig und in vertraulichem Gespräch am Strand spazieren gehen.

– Das Verhalten der Bewohner der Nonsense-Welt ist unmotiviert oder beruht auf Voraussetzungen, die jeglicher Erfahrung oder Vernunft widersprechen. Als z. B. in „The Jumblies" das Wasser in das ungewöhnliche Sieb-Boot eindringt, ergreifen die Schiffspassagiere Gegenmaßnahmen, deren abstruse Unangemessenheit durch die pseudo-vernünftige Logik des Verhaltens (das lediglich auf der falschen Voraussetzung beruht, wenn das Wasser in ein Schiff eindringe, sei das wichtigste, die Füße trocken zu halten) noch gesteigert wird:

> The water it soon came in, it did;
>   The water it soon came in.
> So, to keep them dry, they wrapped their feet
> In a pinky paper all folded neat;
>   And they fastened it down with a pin.

– Verhalten, das in der „normalen“ Welt Tabus aufs gröblichste verletzen würde, wird in der Nonsense-Welt vorbehaltlos akzeptiert bzw. mit Indifferenz zur Kenntnis genommen. Beispiele sind Carrolls „Walrus and Carpenter“, wo die beiden Titelfiguren die jungen Austern zu einem Spaziergang einladen, um sie ungestört aufessen zu können, oder Carrolls „Brother and Sister“:

> „Sister, sister, go to bed,
> Go and rest your weary head,“
> Thus the prudent brother said.
>   „Do you want a battered hide
> Or scratches to your face applied?“
> Thus the sister calm replied.
>   „Sister! do not rouse my wrath,
> I'd make you into mutton broth
> As easily as kill a moth.“ [...]

– Auch die Sprache der Nonsense-Literatur folgt gelegentlich mehr ihren eigenen Gesetzen als den „normalen“ Erwartungen. Dies wird nicht nur an den Nonsense-Wörtern in Carrolls „Jabberwocky“ deutlich –

> 'Twas <u>brillig</u>, and the <u>slithy</u> <u>toves</u>
>   Did gyre and <u>gimble</u> in the <u>wabe</u> [...]

– sondern auch in dem folgenden Beispiel aus einem Gedicht von Edward Lear, wo in den Zeilen 3 und 4 semantisch inkompatible sprachliche Elemente miteinander verknüpft werden:

> Cold are the crabs that crawl on yonder hills,
> Colder the cucumbers that grow beneath,
> And colder still the brazen chops that wreathe
>   The tedious gloom of philosophic pills!

Obwohl sich die Nonsense-Literatur immer auch implizit auf die „normale“ Welt oder auf andere Literatur bezieht, hat sie nach allgemeiner Auffassung keine primär **satirische** <142> oder **parodistische** <135> Funktion. Ihre literatur- und kulturgeschichtliche Bedeutung besteht vielmehr vor allem darin, dass sie auf spielerische Weise aus den Zwängen der „normalen“ Alltagswelt befreit: Ähnlich wie die **Farce** <517> ermöglicht sie es, unbefangen aggressive und lustvolle Impulse auszuleben und sich dem Druck des Rationalitäts- und Realitätsprinzips zu entziehen.

RB

Literatur: Petzold.

135 Parody – Parodie

Variierende, sich bewusst vom Original distanzierende, oft spöttische Imitation eines Texts oder Genres und der für sie charakteristischen (meist formalen) Eigenschaften und Konventionen.

In der traditionellen Literaturwissenschaft wird Parodie verstanden als eine Nachahmung, die **Form** <119> und **Stil** <239> eines Originaltexts imitiert und dabei das Werk, den Autor oder dessen Ansichten verspottet. So kann der folgende Text von Gwen Foyles, die Nachdichtung einiger berühmter Zeilen aus John Keats' Gedicht „Endymion“ (1818), als Kritik an der allzu idealistischen Gesinnung oder dem eskapistischen Kunstbegriff des englischen Romantikers gelesen werden. Während Keats nämlich schreibt,

> A thing of beauty is a joy for ever:
> Its loveliness increases; it will never
> Pass into nothingness [...].

bemerkt die Parodie ironisch:

> A thing of plastic is a plague forever:
> Its ugliness increases; it will never
> Pass into nothingness [...].

Das traditionelle Verständnis der Parodie als „Gegengesang“ ergibt sich auf den ersten Blick problemlos aus der Etymologie des Wortes, wenn man die Vorsilbe *para* als „gegen“ übersetzt. Jedoch beruft sich die neuere – und inzwischen sehr unübersichtlich gewordene – Parodieforschung darauf, dass *para* nicht nur „gegen“

sondern auch „neben“ bedeuten kann und dass man deshalb Parodie etymologisch nicht nur als Gegengesang, sondern auch als eher alternativen Nebengesang verstehen kann. Demnach wäre die Parodie eine Form der **produktionsästhetischen Intertextualität** <125>, eine zwar andersartige, aber der Aussage des Originaltextes nicht unbedingt diametral entgegengesetzte und auch nicht unbedingt spöttische Wiederholung. Linda Hutcheon prägte hierfür den Ausdruck „repetition with a difference“. In diesem Sinne könnte man der oben genannten Keats-Parodie sicherlich auch eine politisch-umweltschützerische Intention unterstellen, die sich nicht gegen Keats oder seinen Text, sondern vor allem gegen die ästhetischen und ökologischen Sünden des zwanzigsten Jahrhunderts richtet.

Die von Hutcheon erwähnte parodistische „difference“ kann sich auch dadurch ergeben, dass man einen Text oder ein Textstück in einen neuen Kontext überführt und ihm so einen neuen Sinn gibt (***trans-contextualization***). Zum Beispiel wirkt der das Vorbild des klassischen **Epos** <312> parodierende **Musenanruf** (→ **Topos** <147>) in Henry Fieldings Roman *Joseph Andrews* (1742) zwar einerseits unangemessen; er dient aber andererseits nicht nur als Anlass zu einigen bösen Bemerkungen über Fieldings Konkurrenten Colley Cibber, sondern stellt das neue Genre **Roman** <412> – wenn auch zuerst einmal nur ironisch – in die Nachfolge des klassischen Epos:

> Now, thou, whoever thou art, whether a muse, or by what other name soever thou chusest to be called, who presidest over biography, and hast inspired all the writers of lives in these our times: thou who didst infuse such wonderful humour into the pen of immortal Gulliver, who hast carefully guided the judgment, whilst thou hast exalted the nervous manly style of thy Mallet[4]: thou who hadst no hand in that dedication, and preface, or the translations which thou wouldst willingly have struck out of the *Life of Cicero*: lastly, thou who without the assistance of the least spice of literature, and even against his inclination, hast, in some pages of his book, forced Colley Cibber[5] to write English; do thou assist me in what I find myself unequal to. Do thou introduce on the plain, the young, the gay, the brave Joseph Andrews, whilst men shall view him with admiration and envy; tender virgins with love and anxious concern for his safety. (bk. 3, ch. 6)

---

4 **David Mallet** schottischer Autor, Zeitgenosse Fieldings.

5 **Colley Cibber** Zeitgenosse Fieldings und *poet laureate*.

In dem gerade definierten umfassenden Sinn – also als „repetition with a difference" – wird die Parodie, die jahrhundertelang zu den weniger bedeutenden und sekundären Gattungen gezählt wurde, vor allem im 20. Jahrhundert aufgewertet. Zwar weisen schon manche Renaissance-Theoretiker darauf hin, dass es von jeher so etwas wie eine ***parodia in honore*** gab, die man als Wertschätzung des Originals ansah, und vom 16. bis zum 18. Jahrhundert kannte man zahlreiche ***imitations*** klassischer Vorbilder wie Horaz und Vergil, die man im hier entwickelten Sinn als Parodien bezeichnen könnte, aber erst im 20. Jahrhundert wurde der Parodie eine größere Bedeutung zuerkannt. Zum Beispiel interpretierten **russische Formalisten** <622> wie Viktor Shklovsky das parodistisch abgewandelte Wiederholen literarischer Modelle als wichtiges Grundmuster der literarischen Entwicklung.

Vor allem im Kontext der literarischen **Moderne** <130> und **Postmoderne** <140>, wo man eher Wert auf metafiktionale Intertextualitätsbeziehungen als auf das Streben nach künstlerischer **Originalität** legt, wird Parodie als eine intertextuell auf andere literarische Werke und weniger auf die Außenwelt bezogene Erzähltechnik immer bedeutender (→ METAFICTION <128>). Im gleichzeitigen Aufgreifen und Verändern von literarischen und künstlerischen Traditionen – „Parodic art both deviates from an aesthetic norm and includes that norm within itself as backgrounded material" – sieht Linda Hutcheon die überragende Bedeutung der Parodie nicht nur in der zeitgenössischen Literatur, sondern in vielen Kunstformen des zwanzigsten Jahrhunderts. So greift z. B. Weills Musik zu Brechts *Aufstieg und Fall der Stadt Mahagonny* auf Motive aus Händels *Messias* zurück. Die postmoderne Architektur ist geradezu geprägt von den „Zitaten" älterer Baustile. In der Malerei nutzen Künstler wie Picasso die Grundstrukturen bekannter Bilder ihrer Vorgänger, die sie dann durch Abstraktion verfremden.

Akzeptiert man die weit gehende Definition von Parodie als „repetition with a difference" als Oberbegriff, so lässt sich ihr das im traditionellen Sinn verstandene Begriffspaar Parodie/Travestie unterordnen: Die traditionelle Parodie behält Form und Stil des Originals bei und verändert den Inhalt; die **Travestie** (***travesty***) hingegen verändert Form und Stil des Originals und behält den Inhalt in ihrer verspottenden Nachahmung bei. Ein Beispiel ist die Darstellung der Geschichte von Pyramus und Thisbe aus Ovids *Metamorphosen* durch die Handwerker in Shakespeares *Midsummer Night's Dream*.

Auch der Terminus **Burleske** (***burlesque***) wird gelegentlich als Oberbegriff für die verschiedenen Spielarten der Parodie verwendet. Im Allgemeinen versteht man jedoch unter Burleske ein parodistisches Genre, das eine bestimmte literarische Form lächerlich macht und dessen Wirkung auf der großen Diskrepanz zwischen Stil und Inhalt beruht (→ **Mock Heroic** <322>). Ganz anders wird das Wort Burleske in der Allgemeinsprache verwendet: Dort bezeichnet es nicht eine Spielart der intertextuellen Parodie, sondern derb-komische Theater- oder Musikstücke; Varieté- oder Vaudeville-Shows (oft mit Striptease-Einlage).

MK

Literatur: Hutcheon (1985); Rose.

136 Pastoral – Pastorale

Schäfergedicht, in dem das einfache Landleben idealisiert wird.

Die Tradition der Pastorale wurde von dem griechischen Dichter Theokrit (3. Jh. v. Chr.) begründet und von Vergil in seinen *Bucolica* weitergeführt. Während sich die in der Nachfolge von Vergils *Georgica* entstandenen ***Georgics*** <316> als Lehrgedichte mit der Realität des Landlebens befassen, spielen die Pastoralen zumeist in einem idealisierten fiktionalen Land (z. B. Arkadien). Hirten oder Schäfer treten in einen – in der Regel stark konventionalisierten – Dialog miteinander, bei dem es meist um eines von drei Themen geht:

– um einen Sängerwettstreit (**Ekloge**, ***eclogue***), wie er im folgenden Beispiel aus der vierten *Eclogue* (April) von Edmund Spensers *Shepheardes Calender* (1579) dargestellt wird:

Thenot

[...]
I pray thee Hobbinoll, recorde some one[6]:
The whiles[7] our flockes doe graze about in sight,
And we close shrowded in thys shade alone.

Hobbinoll

Contented I: then will I singe his laye[8]

[6] **recorde some one** singe irgendeins (der Lieder des Hirten Colin)
[7] **whiles** während
[8] **laye** Lied

Of fayre Elisa[9], Queene of shepheardes all:
Which once he made, as by a spring he laye,
And tunèd it unto the Waters fall.

„Ye dayntye[10] Nymphs, that in this blessèd Brooke
doe bathe your brest,
Forsake[11] your watry bowres, and hether looke,
at my request;
And eke[12] you Virgins, that on Parnasse dwell,[13]
Whence floweth Helicon the learnèd well,
Help me to blaze
Her worthy praise,
Which in her sexe doth all excell."

- um die Klage eines unglücklich Verliebten (***monologue, plaint***)
- oder um die Trauer über einen Verstorbenen (***elegy, lament***). Auch die Natur ist hier in den Trauerprozess mit einbezogen. Gegen Ende der *pastoral elegy* setzt sich jedoch meist die Freude durch, und die Trauernden werden durch den Gedanken an die Unsterblichkeit getröstet.

Wie man sieht, hat die Schäferdichtung ganz offensichtlich nicht viel mit dem wirklichen Leben der Schäfer und Hirten zu tun.

Die Pastorale wurde ab der Mitte des 16. Jahrhunderts – auch in der Form des populären **Schäferromans** (***pastoral romance***) und des **Schäferdramas** (***pastoral drama***) – zu einer beliebten konventionellen Gattung, in der die urbane und höfische Aristokratie sich in einer Art Rollenspiel in das idealisierte Hirtendasein hineinversetzte (vgl. Spensers Hinweis auf die „fayre Elisa").

In der englischen Literatur lässt sich die Tradition der Pastorale von Edmund Spenser (1552-99) über John Milton („Lycidas", 1637) und Alexander Pope (1688-1744) bis hin zu ihrer ironischen Brechung bei William Wordsworth („Michael: A Pastoral Poem", 1800) verfolgen. Umgekehrt hat die idealisierte pastorale Welt immer wieder **Parodisten** <135> herausgefordert – mit welchem Ergebnis, zeigt sich an den Stilbrüchen und obszön-erotischen Anspielungen im folgenden Ausschnitt aus Jonathan Swifts „A Pastoral Dialogue" (1729):

---

9 **Elisa** gemeint ist Königin Elizabeth I.
10 **dayntye** *dainty* (zierlich)
11 **forsake** verlasst
12 **eke** auch
13 **Virgins, that on Parnasse dwell** die Musen

Sheelah
My Love for gentle *Dermot* faster grows
Than yon tall Dock[14] that rises to thy Nose.
Cut down the Dock, 'twill sprout again: but O!
Love rooted out, again will never grow.

Dermot
No more that Bry'r[15] thy tender Leg shall rake:
(I spare the Thistle for Sir *Arthur's* sake.)[16]
Sharp are the Stones, take thou this rushy Matt;
The hardest Bum will bruise with sitting squat.

Sheelah
Thy Breeches Torn behind, stand gaping wide;
This Petticoat shall save thy dear Back-side;
Nor need I blush, although you feel it wet;
Dermot, I vow, 'tis nothing else but Sweat.

Im weiteren Sinne wird das Adjektiv pastoral für alle das einfache Landleben idyllisch verklärende Textpassagen (auch in Romanen und Dramen) verwendet. Als Beispiel sei hier auf einen Ausschnitt aus D. H. Lawrences Roman *Sons and Lovers* (1913) verwiesen, in dem die Hauptfigur, Paul Morel, sich auf dem Lande von einer Lungenentzündung erholt und dort „a strange gentleness and lovableness" verspürt:

> He used to lie with the three brothers in the hay piled up in the barn and tell them about Nottingham and about Jordan's.[17] In return, they taught him to milk, and let him do little jobs – chopping hay or pulping turnips – just as much as he liked. At mid-summer he worked all through hay-harvest with them, and then he loved them. The family was so cut off from the world actually. They seemed, somehow, like „les derniers fils d'une race épuisée."[18]

---

14 **dock** Ampfer

15 **bry'r** *briar* (Dornstrauch)

16 **I spare the Thistle for Sir *Arthur's* sake** Die Distel als Symbol Schottlands sollte verschont bleiben, weil Sir Arthur Acheson, der Besitzer des Landguts, auf dem die beiden arbeiten, Schotte ist.

17 **Jordan's** Pauls Arbeitsstelle in Nottingham

18 **les derniers fils d'une race épuisée** (frz.) die letzten Söhne einer erschöpften Rasse.

Interessanterweise sieht Pauls spätere Freundin Miriam ihn im gleichen Kapitel in romantisch-verklärter, pastoraler Perspektive als Prinzen und sich selbst als *swine-girl.*

Nach dem Verständnis des britischen Kritikers William Empson lassen sich diffizile Sachverhalte in einer pastoralen Situation – mit Hilfe des „pastoral process of putting the complex into the simple“ – einfacher ausdrücken als in der komplexen urbanen Welt des 20. Jahrhunderts. Somit kann die Pastorale auch der Sozialkritik dienen und hat dies in England auch spätestens seit der Romantik getan.

MK

Literatur: Empson (1950); Marinelli.

137 Pathos – Pathos

Stilistische oder inhaltliche Eigenschaft eines Textes, die das Mitgefühl der Leser anspricht.

Im antiken Griechenland, z. B. in der *Poetik* des Aristoteles, bezeichnet Pathos das Leiden einer Figur und die Schmerzen, die sie durchlebt.

Heute bezieht man den Begriff eher auf die emotionale Wirkung von Texten und somit auf ihre Eigenschaft, beim Leser starkes Mitgefühl oder Mitleid mit unschuldigen oder hilflosen Opfern hervorzurufen. Ein Beispiel für einen solchen pathetischen Textausschnitt ist das Ende von James Fenimore Coopers *The Last of the Mohicans* (1826), das sich – auch heute noch nachvollziehbar – mit der aussichtslosen Lage des indianischen Volks auf dem nordamerikanischen Kontinent befasst:

> Chingachgook grasped the hand that, in the warmth of feeling, the scout had stretched across the fresh earth, and in that attitude of friendship these two sturdy and intrepid woodsmen bowed their heads together, while scalding tears fell to their feet, watering the grave of Uncas like drops of falling rain.
>
> In the midst of the awful stillness with which such a burst of feeling, coming, as it did, from the two most renowned warriors of that region, was received, Tamenund lifted his voice to disperse the multitude.
>
> „It is enough,“ he said. „Go, children of the Lenape, the anger of the Manitou is not done. Why should Tamenund stay? The palefaces are masters of the earth, and the time of the Red Men has not yet come

> again. My day has been too long. In the morning I saw the sons of Unamis happy and strong; and yet, before the night has come, have I lived to see the last warrior of the wise race of the Mohicans."

Im heutigen Sprachgebrauch bringt das Wort Pathos – vor allem im Deutschen (aber auch im umgangssprachlichen Gebrauch des englischen Adjektivs *pathetic*) – eine nicht nur positive ästhetische Wertung zum Ausdruck, und zwar immer dann, wenn es einen hohen Stil bezeichnet, der an das Mitgefühl der Leser appelliert, der dabei aber ins Lächerliche abzugleiten droht oder zumindest so missverstanden werden kann (→ **Bathos** <109>). Zum Beispiel wirken für heutige Leser pathetische Passagen in der Literatur des 19. Jahrhunderts, wie z. B. die Sterbeszenen in den Romanen von Charles Dickens, oft übertrieben und sentimental.

MK

138 Petrarchism – Petrarkismus

Stilrichtung in der europäischen Liebesdichtung, die nach dem italienischen Dichter Petrarca benannt ist.

Der Gedichtzyklus *Canzoniere* (1356-60; Druck 1470) des Italieners Francesco Petrarca (anglisierte Form: Petrarch) begründet die Tradition eines Typs der Liebesdichtung, der in Europa weit verbreitet und in England im 16. und frühen 17. Jahrhundert zu den dominanten Formen der Versdichtung gehörte. Die typische Erscheinungsform der petrarkistischen Liebesdichtung sind das **Sonett** <329> bzw. der **Sonett-Zyklus**. In diesen Gedichten ist die geliebte Frau fast immer von außergewöhnlicher Schönheit und überragenden geistigen Fähigkeiten, aber für den liebenden Mann aus verschiedenen Gründen unerreichbar – weil sie bereits einem anderen gehört, weil sie den Liebenden grausam zurückweist oder lediglich mit ihm spielt, oder weil der Liebende **neo-platonischen** <133> Vorstellungen gemäß geläutert werden muss, um in der Geliebten letztlich die Vollkommenheit bzw. das Prinzip des Göttlichen selbst zu verehren.

Zu den charakteristischen Themen petrarkistischer Lyrik gehört neben der Darstellung der unterschiedlichen Gefühlslagen des Liebhabers vor allem der Lobpreis der Schönheit der geliebten Frau (***blazon***). Zu den typischen Stilmitteln zählen **Antithese** <206>,

Hyperbel <219> und **Oxymoron** <227>; wie die zum ***conceit*** <213> tendierende **Bildlichkeit** <220> haben diese Stilmittel fast immer nicht nur dekorative Funktion, sondern tragen auch wesentlich zur gedanklichen Pointierung bei und ermöglichen es dem Autor, seinen ***wit*** (→ **Conceit** <213>) zu demonstrieren.

Petrarkistische Sonett-Dichtung ist höfische Dichtung, die in der Regel zunächst im Manuskript unter Freunden kursierte. Sie enthält zwar meist autobiographische Bezüge, ist aber ansonsten ein stark ritualisiertes höfisches Rollenspiel, in dem das Persönliche und Private hinter dem Allgemeinen und Typischen zurücktreten und die geschickte Variation konventioneller Themen und Motive im Vordergrund steht.

Der englische Petrarkismus beginnt mit den sogenannten *courtly makers* am Hofe von Henry VIII, unter ihnen an vorderster Stelle Sir Thomas Wyatt (ca. 1503-42) und Henry Howard, Earl of Surrey (ca. 1517-47); in den 80er und 90er Jahren des 16. Jahrhunderts entstehen im Umkreis des Hofes zahlreiche Sonett-Zyklen, darunter die von Sir Philip Sidney (1554-86), Edmund Spenser (ca. 1552-99) und Shakespeare. Die englischen **Petrarkisten** übernehmen von ihren kontinentalen Vorbildern das Thema der sowohl schmerzhaften wie beglückenden „Schmerzliebe"; bei ihnen spielt allerdings das **neoplatonische** Thema der Läuterung des Liebenden eine geringere Rolle: In Sidneys Sonett-Zyklus *Astrophel and Stella* steht am Ende die Entfremdung der Liebenden, in Spensers *Amoretti* die Ehe. Shakespeare verändert dagegen in seinem Sonett-Zyklus (1598? publ. 1609) sogar die Figurenkonstellation, in der nun vier Personen – der Dichter, sein adeliger Freund, die „dark lady" und der Dichterrivale – in einem engen Beziehungsgeflecht miteinander verbunden sind. Mit Ausnahme von Mary Wroth, einer Nichte Sidneys, deren Sonett-Zyklus *Pamphilia to Amphilanthus* 1621 in ihrem höfischen Roman *The Countesse of Mountgomeries Urania* erschien, sind alle englischen Petrarkisten männlichen Geschlechts.

Zu Beginn des 17. Jahrhunderts erlöscht das Interesse an den petrarkistischen Sonett-Zyklen mehr und mehr; zugleich machen sich anti-petrarkistische Tendenzen zunehmend bemerkbar: so z. B. in den Gedichten John Donnes oder in Shakespeares Komödien.

RB

Literatur: Waller.

139 Plot – Handlung/Fabel

1. Allgemein: die Handlung eines narrativen oder dramatischen Texts.
2. Speziell: die nach bestimmten Prinzipien strukturierte Handlung eines narrativen oder dramatischen Texts.

Der englische Begriff *plot* tritt in unterschiedlichen Bedeutungen auf, die nicht miteinander verwechselt werden sollten. In einem ganz allgemeinen Sinn (1) ist damit die Handlung eines narrativen oder dramatischen Texts gemeint, so dass man z. B. sagen kann: „This book has an interesting plot".

Eine besondere Bedeutung (2) von *plot*, die auch Eingang in die deutsche Literaturwissenschaft gefunden hat, geht auf den englischen Schriftsteller und Kritiker E. M. Forster (1879-1970) zurück. In seinem Buch *Aspects of the Novel* definiert er *plot* als den Handlungsverlauf einer Geschichte, der vom Autor nicht einfach chronologisch, sondern nach bestimmten Prinzipien, vor allem dem Kausalitätsprinzip, strukturiert ist. Entsprechend unterscheidet er zwei verschiedene Handlungsstrukturen: ***Story*** als „a narrative of events arranged in their time-sequence" und *plot* als „a narrative of events, the emphasis falling on causality". Den Unterschied zwischen *time-sequence* und *causality* erläutert Forster an Hand folgender Beispiele: „The king died and then the queen died" ist eine *story*; „the king died, and then the queen died of grief" gilt – wegen der kausalen Verknüpfung der beiden Ereignisse – als *plot*. In der deutschen Terminologie, die allerdings auch nicht immer einheitlich verwendet wird, lässt sich *story* mit **Geschichte** wiedergeben, während *plot* weitgehend dem Begriff **Fabel** entspricht. In der aktuellen Diskussion um die narrative Struktur literarischer Texte spielt Forsters Unterscheidung zwischen *story* und *plot* allerdings nur mehr eine untergeordnete Rolle; in den neueren Erzähltheorien dreht sich die Diskussion um ein anderes Begriffspaar, nämlich ***story*** und ***discourse*** <420>.

Bei der Analyse des *plot* in literarischen Texten sind einige Aspekte von besonderer Bedeutung: die Frage nach dem Handlungsaufbau (z. B. linear oder episodisch), nach dem eventuellen Vorhandensein fester Handlungsmuster sowie nach dem Auftreten und der Verknüpfung mehrerer Handlungsstränge.

Es gibt verschiedene Grundtypen des Handlungsaufbaus. Eine Erzählung kann z. B. so strukturiert sein, dass sich die Handlung auf einen krisenhaften Moment konzentriert (***crisis narrative***), zu dem alle Ereignisse in Beziehung stehen; dies ist häufig in **Kurzgeschichten** <419> der Fall. Es ist aber genauso gut möglich, dass sich der *plot* relativ gleichmäßig entwickelt (***developmental narrative***), wie es z. B. für den **Bildungsroman** <413> typisch ist, in dem die fortschreitende Persönlichkeitsentwicklung der Hauptfigur das Handlungsgerüst abgibt. Für die Form des **pikaresken Romans** (→ NOVEL <412>) ist wiederum die Aneinanderreihung einzelner Episoden typisch.

Im Lauf der Literaturgeschichte haben sich einige relativ feste Handlungsmuster (***plot patterns***) herausgebildet, die oft als genretypische Merkmale gelten. Autoren **postmoderner** <140> Texte spielen gelegentlich mit solchen *plot patterns* und verwenden sie zum Teil zu **ironischen** <126> Zwecken – so z. B. der Kanadier George Bowering, der in *Caprice* (1987) das für einen amerikanischen Western typische Ende ironisch umkehrt: statt des männlichen Helden, der am Ende des Romans nach Westen reitet, lässt er eine Frau Richtung Osten ziehen.

Das Vorhandensein fester Strukturelemente heißt natürlich nicht, dass kein Raum für Variationen bliebe. Gerade in diesem Punkt unterscheidet man manchmal literarische Werke von der sogenannten **Trivialliteratur** (→ FORMULA WRITING <120>), in der die Ereignisse stets nach dem gleichen Handlungsschema erzählt werden.

In narrativen und dramatischen Texten finden sich oft mehrere Handlungsstränge (man spricht z. B. von ***double*** oder ***multiple plot***). So kann z. B. die Haupthandlung (***main plot***) durch eine oder mehrere **Nebenhandlungen** (***subplots***) ergänzt werden. Derartige Nebenhandlungen waren besonders im **Elisabethanischen Drama** beliebt; ein Beispiel ist die komische Nebenhandlung um Falstaff in Shakespeares *Henry IV*. *Subplots* können in struktureller oder thematischer Beziehung zum *main plot* stehen, diesen also widerspiegeln oder sich gegenläufig zu ihm verhalten.

Mehrere Handlungsstränge ergeben sich auch dann, wenn eine Geschichte in eine **Rahmenerzählung** (***frame story***) eingebettet ist. Die **Rahmengeschichte** gibt den Hintergrund für die eigentliche Erzählung ab, hat aber oft auch eine bestimmte Funktion, z. B. die der thematischen Widerspiegelung der Haupterzählung wie in Joseph Conrads *Heart of Darkness* (1902). *Frame stories* gehörten zu den Konventionen mittelalterlicher Erzählweisen und lassen sich in vielen Werken finden, u. a. in Chaucers *Canterbury Tales*. Sie sind dort weitgehend unabhängig von der Haupthandlung und nur lose mit ihr verknüpft. Relativ häufig sind *frame stories* auch bei Romanen und Geschichten, die der Literatur des **Fantastischen** <406>zuzurechnen sind, die aber von einem „normalen", vernünftigen **Erzähler** <411> vermittelt werden, der dem Leser rationale Erklärungen bietet. Ein bekanntes Beispiel ist Emily Brontës Roman *Wuthering Heights* (1847). Einen Sonderfall bildet die ***mise-en-abyme***, in der sich mehrere ineinander verschachtelte Geschichten spiegeln, manchmal bis ins Unendliche.

HK

Literatur: Forster.

140 The Postmodern – Die Postmoderne

Kulturelle Strömung, die auf die Moderne folgt und deren künstlerisches Programm zum Teil ablehnt, zum Teil weiterführt.

Wie alle kulturellen Strömungen, die nicht nach ihren eigenen Eigenschaften benannt sind, sondern eher aus ihrer Reaktion auf ein vorangehendes Phänomen heraus, ist die Postmoderne nicht leicht zu definieren. Während manche Kritiker sie als Gegenbewegung zur **Moderne** <130> sehen, ist sie für andere eher deren Fortsetzung. Auch die Zuordnung von bestimmten Künstlern zur Moderne oder Postmoderne ist oft ein Streitpunkt. Die Postmoderne ist nämlich keine homogene Bewegung, und in verschiedenen Bereichen der Kultur – wie z. B. in Literatur, Kunst, Geschichte, Architektur oder Musik – haben sich sogar ganz verschiedene Definitionen der Postmoderne herausgebildet, die zum Teil auch zu ganz verschiedenen Zeiten entstanden sind. Die Postmoderne ist außerdem ein internationales Phänomen, das in verschiedenen Ländern unterschiedliche Ausprägungen gefunden hat.

Gemeinsam ist allen Versionen der Postmoderne der Verzicht auf eine kohärente, alles umfassende Weltsicht – auf jegliche Versuche einer Kohärenzbildung durch übergreifende Erklärungsmodelle (der französische Philosoph Lyotard nennt sie ***grands récits*** oder ***master narratives***), wie sie durch die traditionellen Naturwissenschaften, Philosophien oder Ideologien vermittelt werden. Dieser Position liegt die Erkenntnis zu Grunde, dass im 20. Jahrhundert sogar die Naturwissenschaften – von denen man meinte, sie könnten alle Abläufe mit überall und jederzeit gültigen Gesetzen erklären, an ihre Grenzen stoßen: Bei gewissen Sachverhalten und Problemfällen sind auch sie nicht mehr in der Lage, allen Aspekten mit jeweils nur einer Theorie oder einem Erklärungsmodell gerecht zu werden. In *Unsere moderne Postmoderne* führt Wolfgang Welsch hierfür Beispiele aus der modernen Physik wie Einsteins Relativitätstheorie und Heisenbergs Unschärferelation an:

> Einsteins Spezielle Relativitätstheorie von 1905 hob den Begriff des Ganzen als wissenschaftlich brauchbaren Gesichtspunkt auf. Er ist nicht praktikabel, weil kein Bezugssystem ausgezeichnet ist. Es gibt nur eine Vielzahl eigenständiger und eigenzeitiger Systeme, und man kann nur deren Relationen, nicht aber ein absolutes Ganzes darstellen – daher der Name „Relativitätstheorie". Heisenbergs Unschärferelation von 1927 setzte dann diese Linie der Verabschiedung von Ganzheit und Totaltransparenz fort und radikalisierte sie: Nicht erst im Ganzen, sondern schon im einzelnen System herrscht keine vollständige Transparenz.

Dies zwingt auch die Naturwissenschaften zur Methodenvielfalt, weil sich mit einem bestimmten Ansatz jeweils nur ein Teilaspekt des Gesamtproblems – des Ganzen – abdecken lässt. So lässt sich z. B. das physikalische Phänomen Licht entweder mit der Teilchentheorie oder mit der Wellentheorie erklären, wobei beide Theorien aber nur jeweils unterschiedliche Aspekte dieses Phänomens darstellen können.

In ganz ähnlicher Weise verzichten postmoderne Ansätze in anderen Bereichen der Kultur darauf, die in einem Problemfeld aufgedeckten Widersprüchlichkeiten aufzulösen oder in einem übergreifenden Ganzen zu harmonisieren: Man sieht die spielerischen Möglichkeiten, die eine solche nicht klar strukturierte und fragmentierte Welt eröffnet, als Chance. So hat z. B. die postmoderne Architektur in ihrem Interesse und ihrer Freude an architektonischen „**Zitaten**" und bei ihren Anlehnungen an die verschiedensten Baustile das Ideal stilistischer Reinheit aufgegeben.

Die literarische Postmoderne setzt sich als internationales Phänomen zum einen ab von der **Moderne** <130>, vor allem von den sogenannten *high modernists* wie Eliot, Joyce und Pound. Das Präfix *post* drückt also auch hier nicht nur zeitliche Nachfolge, sondern auch einen konzeptionellen Gegensatz aus. Während nämlich schon zur Zeit der *modernists*, spätestens seit dem Ersten Weltkrieg, der gesamtgesellschaftliche Konsens, der bis zum Beginn des 20. Jahrhunderts vorgeherrscht hatte, zu zerbrechen begann, schufen die *high modernists* in ihrem literarischen Werk durch „all encompassing metaphors“ (Wasson) eine gewisse Kohärenz, eine zusammenhängende Kosmologie, die sie sonst nirgendwo mehr vorfanden. T. S. Eliot erreichte dies z. B. im *Waste Land* durch seine ***mythical method***, indem er den Gralsmythos zum Strukturprinzip seines modernen **Langgedichts** <320> erhob. Im Gegensatz dazu wendet sich die literarische Postmoderne in den 60er und 70er Jahren sehr viel radikaleren, spielerischen Experimenten mit narrativen **Konventionen** zu. Wenn noch Bezug auf antike Mythen genommen wird, so verzichtet man meist auf die für die *high modernists* noch bedeutsame Rückbindung an antike Vorbilder als Erklärungs- oder Strukturmodell und benutzt die Antike eher als Fundgrube von literarischen Versatzstücken.

Zu den Vertretern der literarischen Postmoderne gehören in den USA Autoren wie Thomas Pynchon, John Barth, Kurt Vonnegut und Richard Brautigan. Manche Kritiker zählen auch den französischen ***nouveau roman*** und den **magischen Realismus** <127> in der lateinamerikanischen Literatur (z. B. die Romane und Geschichten des Kolumbianers Gabriel García Márquez und des Argentiniers Jorge Luis Borges) zur postmodernen Literatur.

In der postmodernen Literatur gehorcht die dargestellte Welt nicht mehr den uns vertrauten Gesetzen der Chronologie oder Logik. In dem Roman *What the Crow Said* (1978) des kanadischen Schriftstellers Robert Kroetsch ist z. B. die chronologische Abfolge der Ereignisse aufgehoben, so dass ein Journalist und Setzer namens Liebhaber über einen Todesfall berichtet, der noch in der Zukunft liegt:

> That was the first time he remembered the future. A figure walked by, strode past or seemingly through the frost patterns of leaf and fern, hands pressed to bare ears, jacket open. And Liebhaber, then, remembered: Martin Lang was going to die during the night. He started to set the story, slightly in advance of the event; that too was simple enough. Time was something of a mystery to Liebhaber. Page one of the *Big Indian Signal* needed filling. He returned from the window to the composing room. He picked up the composing stick; he bent to the Hamilton drawers; he flicked the letter M into place: *Martin Lang, long-time resident of the Municipality of Bigknife, passed away unexpectedly* [...].

Ein eher erzähltheoretisch orientierter Ansatz, die Postmoderne zu erklären, stammt von der kanadischen Literaturtheoretikerin Linda Hutcheon. Für sie ist die **Selbstreflexivität** (→ **Metafiction** <128>) von literarischen Werken das wichtigste Charakteristikum postmoderner Texte. Diese Selbstreflexivität, die Problematisierung des Akts des Schreibens selbst, ist eine Eigenschaft, die auch Kroetsch' Roman über einen Journalisten und seine Schwierigkeiten zu schreiben aufweist. Für Hutcheon ist demnach in der postmodernen Literatur nicht nur die **Referenzfunktion** (also das, **was** erzählt wird) wichtig, sondern vor allem auch der selbstreflexive Rückbezug auf den darstellenden Diskurs selbst (also, **wie** erzählt wird): Wie man sich in der postmodernen Architektur mit stilistischen Zitaten und Anspielungen auf traditionelle Baustile und -konventionen bezieht, so bedienen sich auch postmoderne Schriftsteller literarischer Zitate und spielen mit überkommenen Erzählkonventionen, die sie zwar einerseits verwenden, aber auch gleichzeitig hinterfragen.

MK

Literatur: Barth; Hassan; Hutcheon (1988); Wasson; Welsch.

141 Realism – Realismus

1. *Literarischer Darstellungsmodus, der den Anspruch erhebt, die Wirklichkeit wahrheitsgetreu abzubilden.*
2. *Ära der Literatur im 19. Jahrhundert, die durch das Vorherrschen dieses Darstellungsmodus geprägt war.*

Den Vertretern des literarischen Realismus geht es darum, die Welt in ihren Werken so darzustellen, als ob das fiktionale Geschehen, das sich im **Roman** <412>, in der **Kurzgeschichte** <419> oder im **Drama** <512> ereignet, in der Realität genau so stattgefunden hätte oder hätte stattfinden können. Dieser Eindruck ist jedoch nur ein Effekt literarischer Illusionsbildung, und es wäre völlig naiv anzunehmen, dass die Elemente der dargestellten Welt – die Personen und ihre Handlungen, die Schauplätze und Ereignisse – irgendwann irgendwo außerhalb der Fantasie des Autors wirklich existiert haben müssten. Eine realistische Darstellung bedarf also keiner festen Rückbindung an eine Realität außerhalb des literarischen Werks, solange sie den Schein der Authentizität wahrt und den jeweils gültigen konventionellen Realitätsvorstellungen der Gesellschaft verpflichtet ist. Selbst wenn es im literarischen Realismus einen direkten Bezug auf die außertextuelle Welt gäbe, könnte es bei einer realistischen Darstellung nie um eine vollständige Wiedergabe aller Details gehen, sondern es wird sich immer nur um eine Auswahl von Elementen handeln, die ein Autor oder eine Autorin trifft.

Daniel Defoes früher Roman *Moll Flanders* (1722) liefert Beispiele für Elemente und Techniken, die eine Schilderung realistisch wirken lassen. Hierzu gehören neben der Vielfalt an Details (***circumstantial detail***) vor allem die genaue Nennung von Schauplätzen und Daten (so z. B. 1683 als Abschlussdatum des Erzählvorgangs) sowie die Verwendung von authentisch wirkenden Eigennamen, die im Unterschied zu ***telling names*** nicht als „künstliche", den Charakter von Personen präjudizierende auktoriale Eingriffe empfunden werden können:

> My true Name is so well known in the Records, or Registers at *Newgate*, and in the *Old-Baily*,[19] and there are some things of such Consequence still depending there, relating to my particular Conduct, that it is not to be expected I should set my Name, or the Account of my Family to this Work [...].
> It is enough to tell you, that as some of my worst Comrades, who are out of the Way of doing me Harm, having gone out of the World by the Steps and the String, as I often expected to go, knew me by the Name of *Moll Flanders*; so you may give me leave to speak of myself, under that Name till I dare own who I have been, as well as who I am.

Ferner legt die realistische Schilderung Wert auf die psychologische Wahrscheinlichkeit der Handlung und auf die plausible Verknüpfung von Handlungselementen (***verisimilitude***; → **Mimesis** <129>). Als der Wirklichkeit verpflichtete Darstellung setzt sie sich deshalb dezidiert von anderen, „literarischen" Mustern und Konventionen ab. Ein vor allem im 18. Jahrhundert häufig angewandtes erzählerisches Mittel ist hierbei die **Herausgeberfiktion**, wie sie auch Defoe im Vorwort des Romans verwendet. Der „Herausgeber" Defoe präsentiert sein fiktionales Werk als wahre **Biographie** <401> der „Autorin" Moll Flanders:

> The Author [Moll Flanders] is here suppos'd to be writing her own History, and in the very beginning of her Account, she gives the Reasons why she thinks fit to conceal her true Name, after which there is no Occasion to say any more about them.

---

19 **Newgate** Londoner Gefängnis; **Old Bailey** Londoner Gerichtshof

> It is true, that the original of this Story is put into new Words, and the Stile of the famous Lady we here speak of is a little alter'd, particularly she is made to tell her own Tale in modester Words than she told it at first; the Copy which came first to Hand, having been written in Language, more like one still in *Newgate*, than one grown Penitent and Humble, as she afterwards pretends to be.

Trotz aller gegenteiligen Beteuerungen des jeweiligen Erzählers und trotz allen Anscheins der Authentizität ist die realistische Schreibweise natürlich eine literarische **Konvention** wie andere auch, und sie ist schon seit langem ein wichtiges Element der Erzählliteratur und des Dramas. Durch sie hebt sich z. B. der realistische **bürgerliche Roman** <412> (engl. ***novel***) von der „unrealistischeren" ***romance*** <417> ab, die eher in einer Welt der Fantasie und Wunschvorstellungen spielt. So schreibt George Levine: „much nineteenth-century realism defined itself against romance because that form implied wish fulfillment rather than reality" (Levine 9).

Zur vorherrschenden Schreibkonvention wurde der Realismus in der englischsprachigen Literatur ab der Mitte des 19. Jahrhunderts bei Autoren wie George Eliot und Charles Dickens in England oder William Dean Howells in den Vereinigten Staaten. Diesen Zeitraum bezeichnet man deshalb auch in der Literaturgeschichte als die Epoche des Realismus.

Der Realismus ist auch heute noch ein weit verbreiteter Schreibstil, wenn ihm auch mit der literarischen Moderne andere Konventionen den Rang als avantgardistisches Medium abliefen. Eine um die Jahrhundertwende dominante Spielart des Realismus ist der **Naturalismus** <132>. In der marxistisch inspirierten Literaturkritik wurde der Terminus **sozialistischer Realismus**, in dem die Machtverhältnisse zwischen den Klassen der marxistischen Ideologie getreu abgebildet werden sollten, zu einem wichtigen Schlagwort (→ **Marxist Criticism** <613>).

MK

Literatur: Grant; Levine.

142 Satire – Satire

Literarische Form, die Missstände oder menschliche Laster kritisiert; zu ihren charakteristischen Mitteln zählen Ironie, Spott,

Beleidigungen sowie verzerrende und übertreibende Darstellung.

Die in der Satire angeprangerten Missstände können politischer, sozialer oder auch literarischer Art sein. Sie werden vor dem Hintergrund einer als allgemeinverbindlich angesehenen Norm kritisiert, die von einem **satirischen Sprecher** vertreten wird. Der Kritiker Alvin Kernan beschreibt die Rolle dieses satirischen Sprechers folgendermaßen:

> the satirist, in those satires where he appears, is always indignant, dedicated to truth, pessimistic, and caught in a series of unpleasant contradictions incumbent on practising his trade [...].

Nach Meinung Kernans ist das lateinische Adjektiv *saturus* („gefüllt") als etymologische Wurzel des Worts Satire anzusehen: „The scene is always crowded, disorderly, grotesque." In der elisabethanischen Zeit konstruierte man aber zusätzlich eine etymologische Verbindung zwischen der Satire und den Satyren, den bocksfüßigen, als unverschämt und lasziv verschrienen Göttern der Antike. Diese Theorie beruhte zwar auf einem Irrtum, sie hatte aber Konsequenzen für die Gestaltung der Figur des Satirikers: Dieser wurde oft als durchaus ambivalente Figur dargestellt, als jemand, der einerseits die Laster der anderen kritisiert, dessen voyeuristischer Genuss der kritisierten Umstände sich andererseits aber nicht verbergen ließ.

Generell unterscheidet man zwischen **formaler** und **indirekter Satire**. In der formalen Satire wird oft ein Gegenspieler, der sogenannte ***Adversarius***, oder – wie im unten zitierten Beispiel – der Leser direkt angesprochen. Als indirekte Satire bezeichnet man solche Texte, die nicht die formale Anrede eines Adversarius oder der Leser enthalten, sondern in denen die Kritik mittelbar, etwa durch die Art der Handlungsführung, ausgedrückt wird.

Die radikalste Form der formalen Satire, in der von einer rigiden, ernsthaften Position her Missstände aufgezeigt und in aggressiver Art und Weise lächerlich gemacht werden, nennt man in Anlehnung an die *saeva indignatio* (heftige Entrüstung) des römischen Schriftstellers Juvenal (60-136) **Juvenal'sche Satire** (***Juvenalian satire***). Ein Beispiel aus der Blütezeit der englischen **Verssatire** (***formal verse satire***) im 18. Jahrhundert ist das Ende von Jonathan Swifts „Satirical Elegy On the Death of a Late Famous General" aus Anlass des Todes des Duke of Marlborough:

Come hither, all ye empty things,
Ye bubbles raised by breath of kings!
Who float upon the tide of state;
Come hither, and behold your fate,
Let Pride be taught by this rebuke,
How very mean a thing's a duke;
From all his ill-got honours flung,
Turn'd to that dirt from whence he sprung.

Im Gegensatz zu dieser aggressiven Haltung, die in Stilmitteln wie **Hyperbeln** <219> oder **Invektiven** (Beleidigungen) ihren Ausdruck findet, zeigt die auf Horaz zurückgehende ***Horatian satire*** – in eher verbindlichem Ton – Wege zur Besserung auf. Ein gutes Beispiel sind die folgenden Zeilen aus Alexander Popes „First Satire of the Second Book of Horace Imitated", in denen er seine Satire als einen Spiegel bezeichnet, den er seinen Zeitgenossen vorhält:

[...]
In this impartial Glass, My Muse intends
Fair to expose myself, my Foes, my Friends;
Publish the present Age, but where my Text
Is Vice too high, reserve it for the next:
My Foes shall wish my Life a longer date,
And ev'ry Friend the less lament my Fate.
My Head and Heart thus flowing thro' my Quill,
Verse-man or Prose-man, term me which you will,
Papist or Protestant, or both between,
Like good *Erasmus* in an honest Mean,
In Moderation placing all my Glory,
While Tories call me Whig, and Whigs a Tory.
Satire's my Weapon, but I'm too discreet
To run a Muck, and tilt at all I meet [...].

Bis ins 17. Jahrhundert waren Satiren fast ausschließlich **Versdichtungen**; heute bezeichnet der Terminus alle Texttypen mit satirischer Intention – seien es **Romane, Streitschriften, Dramen** oder **Gedichte**. Eine frühe Mischgattung war die ursprünglich auf Menippos von Gadara (3. Jh. v. Chr.) zurückzuführende **menippeische Satire**, in der Prosa- und Versabschnitte, Diskussionen und Dialoge über menschliche Schwächen sich abwechseln konnten. Bekanntestes Beispiel für eine menippeische Satire in der englischen Literatur ist Robert Burtons *Anatomy of Melancholy* (1621), aufgrund deren Northrop Frye auch die Bezeichnung ***anatomy*** für dieses Genre vorgeschlagen hat. Ferner können natürlich Texte aller Art satirische Passagen enthalten.

Zu den Techniken der Satire gehören auch **ironische** <126> Verfahren wie Lob durch Tadel oder Tadel durch Lob und die aus Swifts *Gulliver's Travels* bekannte Vergrößerung oder Verkleinerung sowie die Mechanisierung und Enthumanisierung der Darzustellenden.

MK

Literatur: Kernan; Pollard.

143 Setting – Schauplatz

1. Ort und Zeit der Handlung eines narrativen (oder auch dramatischen) Textes.
2. Das soziale, politische und geistige Umfeld der Figuren.

Unter *setting* versteht man Ort und Zeit der Handlung in literarischen Texten; bei Nathaniel Hawthornes *The Scarlet Letter* (1850) würde man z. B. auf die Frage nach dem *setting* einfach mit „Boston in den 40er Jahren des 17. Jahrhunderts“ antworten. Bei einer detaillierten Beschreibung kann man noch genauere Unterscheidungen treffen: Manche Szenen spielen auf dem Marktplatz, andere im Wald oder im Haus der Hauptfigur, um nur einige Schauplätze zu nennen.

Setting kann aber noch mehr bedeuten als den konkreten Ort und die konkrete Zeit der Handlung: Zum *setting* in literarischen Werken gehören auch das soziale, kulturelle, geistige und politische Umfeld der Handlung, das im jeweiligen Text geschildert wird oder das der Leser mit einer bestimmten Orts- oder Zeitangabe assoziiert. In *The Scarlet Letter* ist z. B. das religiöse Umfeld, das die gesellschaftlichen Normen und die Denkweise der Figuren bestimmt, von ausschlaggebender Bedeutung. Auch das soziale Milieu, in dem sich die **Figuren** <111> bewegen, ist meist ein wichtiger Teil des *setting*. In vielen Romanen und Kurzgeschichten von Henry James z. B. sind die gesellschaftlichen Verhaltensregeln der britischen Oberschicht, die das *setting* abgeben, von großer Bedeutung für die Handlung.

Raum

Ein Aspekt des *setting*, nämlich die Darstellung des **Raums** (***space***), verdient bei der Analyse literarischer Texte besondere Aufmerksamkeit. Der Raum kann verschiedene Funktionen haben: Er kann einfach den Handlungshintergrund bilden, er kann andererseits aber auch so dargestellt werden, dass er direkten Einfluss auf die Handlung nimmt, vor allem, wenn es sich um die freie Natur handelt. Die Natur als selbstständig handelnde Kraft tritt zum Beispiel besonders in der **naturalistischen** <132> Literatur Nordamerikas auf. In Erzählungen, die in der Wildnis oder an der *Frontier* spielen, bestimmen nicht selten Schneestürme, reißende Wasser oder vernichtende Dürrephasen die Handlung. Daneben kann der Raum auch eine **metaphorische** <224> Bedeutung übernehmen, wenn z. B. bei dramatischen Geschehnissen plötzlich ein Gewittersturm einsetzt. Eine andere Funktion von Außen- und Innenräumen liegt vor, wenn sie der **Charakterisierung** <111> von Personen dienen; der Leser kann z. B. von der Beschreibung eines Hauses oder einer Wohnungseinrichtung auf die Persönlichkeit des Bewohners schließen.

An einem Text wie Edgar Allan Poes Kurzgeschichte „The Fall of the House of Usher" (1839) zeigt sich, wie der Raum auf verschiedene Art eingesetzt werden kann: Die äußere Natur und das Wetter spiegeln den Ablauf der Handlung wider, der Verfall des morschen Gebäudes geht mit dem Zusammenbruch von Roderick Ushers Persönlichkeit einher, und die Beschaffenheit der Innenräume unterstreicht dessen morbiden Bewusstseinszustand.

Bei der Darstellung des Raumes gibt es bestimmte Konstellationen, die besonders aussagekräftig sind. Oft finden sich räumliche Gegensatzpaare wie Außenraum (z. B. freie Natur) und Innenraum (z. B. Haus), Stadt und ländlicher Raum, öffentliche und private sowie hoch- und tiefgelegene Orte. In der nordamerikanischen Literatur spielt der Gegensatz zwischen freier Natur und Wohngebäuden eine besondere Rolle, da er die verschiedenen Formen menschlicher Zivilisation widerspiegelt, wobei offen ist, ob die Assoziationen mit dem jeweiligen Raum positiver oder negativer Art sind. Die unberührte Natur kann sowohl Freiheit als auch Bedrohung zum Ausdruck bringen; Häuser können eine schützende Funktion haben, sie können aber auch wie ein Gefängnis die seelische oder gesellschaftliche Gefangenheit einer Person symbolisieren. Diese Ambivalenz der Raumsymbolik findet sich z. B. besonders deutlich in Margaret Laurences Roman *The Stone Angel*

(1964). Während sich die Hauptfigur Hagar hauptsächlich in Innenräumen aufhält, bewegt sich ihr Mann überwiegend in der freien Natur. Hagar definiert sich in ihrer Rolle als Erzählerin selbst als kultivierte und gebildete Person, die in der Stadt aufgewachsen ist und auf die ländlichen Verhaltensweisen ihres Mannes herabblickt. In der Raumsymbolik des Romans kann der Leser jedoch erkennen, dass Hagar in ihren eigenen Moralvorstellungen und in denen ihres puritanischen Erbes gefangen ist, wohingegen ihr Mann frei davon ist.

Neben solchen Gegensatzpaaren haben auch noch andere räumliche Konstellationen eine wichtige Funktion, z. B. die verschiedenen Räume innerhalb eines Gebäudes. Die Bedeutung der einzelnen Räume kann konventioneller Art sein – z. B. der Keller als Raum des Unbewussten, die Küche als Ort der weiblichen Identität –, sie kann aber auch jeweils individuell gestaltet werden, wie dies in Margaret Laurences *The Diviners* (1972) der Fall ist: Dort symbolisiert die Küche u. a. den Ort künstlerischer Kreativität. Der Symbolik der Dachkammer sowie anderer Räume in der englischsprachigen Literatur wenden sich Sandra Gilbert und Susan Gubar in ihrer aufschlussreichen Studie *The Madwoman in the Attic: The Woman Writer and the Nineteenth-Century Literary Imagination* (1979) zu. Eine hohe Symbolkraft haben auch Verbindungsstellen zwischen Außen- und Innenräumen, z. B. Fenster und Türen. So kann das Öffnen von Fenstern oder das Überschreiten von Türschwellen bedeutende Veränderungen und persönliche Entwicklungsschritte andeuten wie in Charlotte Brontës Roman *Jane Eyre* (1847).

HK

Literatur: Hoffmann.

144 Symbol – Symbol

Bildhaftes Zeichen, das über den bezeichneten Gegenstand hinaus auf eine andere Bedeutungsebene verweist.

In der Allgemeinsprache wird Symbol oft nur in der Bedeutung „konventionelles Zeichen für etwas anderes“ verstanden. Wörter, Verkehrszeichen oder Piktogramme sind in diesem weitgefassten Sinn immer Symbole.

Im literaturwissenschaftlichen Sprachgebrauch versteht man unter Symbolen meist Objekte, Personen oder Tiere, die über ihre Eigenbedeutung auf der **konkreten** Darstellungsebene hinaus auf eine **abstrakte** oder allgemeine Bedeutungsebene verweisen. So kann z. B. Joan in George Bernard Shaws Theaterstück *Saint Joan* (1924) als symbolische Figur interpretiert werden, die über ihre konkrete historische Bedeutung hinaus – als Retterin Frankreichs im Hundertjährigen Krieg – auch eine abstrakte Idee wie die des Nationalismus verkörpert.

Man unterscheidet oft zwischen **universellen**, innerhalb einer bestimmten Kultur oder Gruppe allgemein anerkannten Symbolen und **privaten Symbolen**, die von einzelnen Autoren speziell für bestimmte Werke entwickelt werden. Die Bedeutung gerade dieser privaten Symbole lässt sich, wie auch am folgenden Beispiel klar wird, nie ganz eindeutig erschließen. Ein solches privates Symbol (das von dem universellen Symbolpaar Licht/Dunkelheit abgeleitet ist) ist z. B. die Dunkelheit in Joseph Conrads Erzählung *Heart of Darkness* (1902). „Darkness" steht dort zum einen für die Bedrohlichkeit des aus europäischer Sicht „fremden" afrikanischen Kontinents, zugleich aber auch für einen Aspekt der Persönlichkeit des Elfenbeinhändlers Kurtz:

> His was an impenetrable darkness. I looked at him as you peer down at a man who is lying at the bottom of a precipice where the sun never shines.

„Darkness" lauert zum anderen aber auch in der Rahmenhandlung der Geschichte, z. B. in der Beschreibung der abendlichen Stimmung auf der Themse außerhalb Londons:

> [...] the tranquil waterway leading to the uttermost ends of the earth flowed sombre under an overcast sky – seemed to lead into the heart of an immense darkness.

Wie die Beispiele zeigen, ist das Symbol der Dunkelheit in seiner Mehrdeutigkeit – sei es als Verweis auf die Psychologie des Erzählers oder seiner Figuren oder als Ausdruck der kulturellen oder geographischen Fremdheit – weder völlig zu erfassen noch eindeutig festzulegen.

Die Unterscheidung zwischen **Allegorie** <102> und Symbol erklärt man im Deutschen oft so, dass sich in der Allegorie das Abstrakte im Konkreten ausdrücke, während im Symbol das Konkrete das Allgemeine durchscheinen lasse. Demnach läge bei der

Allegorie die Hauptbetonung auf der abstrakten Ebene und beim Symbol auf der konkreten. In der englischen Literaturkritik trifft Coleridge eine ähnliche Unterscheidung: Während in der Allegorie die Zuordnung der beiden Bedeutungsebenen etwas Willkürliches an sich hat, sieht Coleridge im Symbol eine unauflösbare, aber nicht immer einfach zu durchschauende, oft vieldeutige Verbindung zwischen konkretem Zeichen und abstraktem Bezeichneten:

> Now an Allegory is but a translation of abstract notions into a picture-language which is itself nothing but an abstraction from objects of the senses; the principal being more worthless even than its phantom proxy, both alike unsubstantial, and the former shapeless to boot. On the other hand a Symbol is characterized by a translucence of the Special in the Individual or of the General in the Especial or of the Universal in the General. Above all by the translucence of the Eternal through and in the Temporal; and while it enunciates the whole, abides itself as a living part in that Unity, of which it is the representative. (Coleridge, *The Statesman's Manual*)

In unserem Eintrag zur Allegorie <102> werden die Figuren der Hester Prynne und ihrer Tochter Pearl in Hawthornes *romance The Scarlet Letter* (1850) als Allegorien erklärt – man könnte z. B. Pearl als allegorische Verkörperung des (abstrakten) Prinzips des unbeschwerten Neuanfangs in Amerika oder der natürlichen Unschuld interpretieren. Man könnte die beiden Figuren aber auch als komplexe Symbole interpretieren, – eine Möglichkeit, auf die Richard Ruland und Malcolm Bradbury in ihrer Literaturgeschichte hinweisen:

> Hester's daughter, Pearl, comes to signify natural innocence, and the forest seems to promise an Edenic release from fallen guilt and sin. Still, the Emersonian idea of the guiltless new start is not Hawthorne's. Like the Puritans, he could be a moral and providential allegorist, seeing the signs of nature and individual human acts as emblems in the world's sin-laden drama. But he persistently qualifies those meanings. Forced to wear her sign, Hester by her life amends and complicates it, turning the „A" from Adulteress to Able, to Angel, to any of several meanings available to a responsive reader. *The Scarlet Letter* can be read as a work of either allegory or symbolism. In a sense it is a work where allegory is dispersed, freed of fixed moral meanings, and then reconstituted.

MK

Literatur: Kurz; Ruland/Bradbury.

145 Text – Text

1. Eine (schriftliche) Äußerung von einer gewissen Länge, die für sich alleine stehend einen Sinn ergibt.
2. Die schriftliche Fixierung eines literarischen Werks.

Die erste, eher allgemeinsprachlich-linguistische Definition von Text ist in der Literaturwissenschaft von geringerer Bedeutung, findet aber in Bezug auf literarische Werke öfters Anwendung, wenn man diese Werke mit **textlinguistischem** Instrumentarium auf ihre Gliederungsprinzipien oder auf Phänomene wie Kohäsion hin untersucht und sie dabei aus wissenschaftlichem Interesse zunächst nicht von anderen, nichtliterarischen Texten unterscheidet.

Die zweite Definition, die sich auf literarische Werke bezieht, kann man auf zwei verschiedene Arten verstehen. Zum einen kann man unter dem Text eines Werks die durch einen **Editionsprozess** <114> erstellte idealtypische Version verstehen, die allgemein als solche anerkannt wird. Im Englischen spricht man dann von ***text-type***. Ein Beispiel wäre Shakespeares *Hamlet*, so wie er heute in wissenschaftlich edierten Ausgaben vorliegt.

Zum anderen kann es sich bei einem Text auch um das jeweils materiell verschiedene individuelle Exemplar eines Werkes handeln, welches man im Englischen als ***text-token*** bezeichnen würde. Demnach wäre auch ein handschriftliches Original von Shakespeare selbst nur ein *text-token*, genauso wie eine billige moderne Taschenbuchausgabe, bei der einige Seiten verdruckt sind, und womöglich gar das Drehbuch einer *Hamlet*-Verfilmung.

MK

Literatur: Fabian (2004).

146 Tone – Ton

Einstellung eines Erzählers oder Sprechers zum Inhalt dessen, was er vorträgt, und gegenüber seinen Adressaten.

Auch wenn der Terminus *tone* etwas vage erscheint und oft undifferenziert verwendet wird, hat sich heute im Englischen die Definition von I. A. Richards durchgesetzt: **Ton** beschreibt die Einstellung des **Erzählers** <411> oder des lyrischen Sprechers seinem

Material und seiner „Zuhörerschaft“ gegenüber. Der Ton kann z. B. **ironisch** <126>, tragisch, ernsthaft, vertraut, herablassend, leidenschaftlich oder ungezwungen sein.

In Alexander Popes mock epic „The Rape of the Lock“ (1714) kommt die ironische Haltung des Autors zum Inhalt gleich in den ersten Gedichtzeilen zum Ausdruck:

> What dire offense from amorous causes springs,
> What mighty contests rise from trivial things,
> I sing – This verse to Caryll, Muse! is due:
> This, even Belinda may vouchsafe to view:
> Slight is the subject, but not so the praise,
> If she inspire, and he approve my lays.

Sowohl der **Musenanruf** als auch die Wortwahl zur Bezeichnung des Geschehens („dire offense“, „mighty contest“) erscheinen bei der Trivialität des Inhalts unangebracht und lassen Popes ironische Distanzierung deutlich hervortreten.

HK

147 Topos – Topos[20]

Seit der Antike bis in die Gegenwart gebräuchlicher formelhafter Ausdruck in rhetorischen und literarischen Texten.

Als Topoi (wörtlich: „Gemeinplätze“) bezeichnet man feststehende Formeln, Bilder oder Motive, die seit der Antike bis ins 19. und 20. Jahrhundert hinein zum literarischen und rhetorischen Repertoire gehören.

Zu den bekanntesten Topoi gehört z. B. der **Musenanruf** zu Beginn eines **Epos** <312>, in dem der Dichter die Götter oder Musen um Unterstützung und Inspiration beim Verfassen seines Werkes bittet:

> Of Man's First Disobedience, and the Fruit
> Of that Forbidden Tree, whose mortal taste
> Brought Death into the World, and all our woe,
> With loss of *Eden*, till one greater Man
> Restore us, and regain the blissful Seat,
> Sing Heav'nly Muse [...].
> (John Milton, *Paradise Lost*)

[20] Der Plural von *Topos* lautet im Deutschen wie im Englischen *Topoi*.

Ein anderes Beispiel für einen Topos ist die ***ubi-sunt***-Formel, in der die Vergänglichkeit der Welt beklagt wird:

> Where are the blossoms of those summers! Fallen, one by one. So all of my family departed, each in his turn, to the land of the spirits. I am on the hilltop, and must go down into the valley; and when Uncas follows in my footsteps, there will no longer be any of the blood of the Sagamores, for my boy is the last of the Mohicans. (James Fenimore Cooper, *The Last of the Mohicans*)

Weitere bekannte Topoi sind das ***carpe-diem***-Thema, also der Aufruf an den Leser, das Leben zu genießen, solange man es noch genießen kann, oder der ***locus amoenus***, die Schilderung eines „lieblichen Ortes“ mit dem traditionellen Inventar einer Lichtung mit leise rauschendem Bach.

Topoi sind, wie die hier aufgeführten Beispiele zeigen, traditionelle Wendungen, die sich **konventioneller** literarischer Formen bedienen. Sie haben deshalb auch nicht das Ziel, direkte persönlich-spontane Reaktionen beim Leser hervorzurufen, und heutige Leser sollten in diesem Zusammenhang keine **Originalität** erwarten.

Heutzutage wird der Begriff Topos oft auch losgelöst von dieser Tradition einfach als allgemeiner Terminus für jegliche Art von rhetorischem oder literarischem Gemeinplatz, Versatzstück oder Klischee benutzt. So könnte man in der literaturwissenschaftlichen Diskussion vom Topos des Niedergangs des Romans reden oder im universitären Diskurs vom Topos des zerstreuten Professors.

MK

Literatur: Curtius.

148 Typology – Typologie

1. *Theologischer Interpretationsansatz, der Figuren aus dem Alten Testament als Vorläufer (Typen) für Figuren aus dem Neuen Testament deutet.*
2. *Denkansatz, der solche Beziehungen zwischen biblischen und historischen oder literarischen Figuren herstellt.*

Die typologische Interpretation kommt aus der Theologie und zieht Parallelen zwischen biblischen Figuren aus dem Alten Testament (z. B. Adam oder Jona) und solchen aus dem Neuen Testament (z. B.

Christus). Dabei werden alttestamentarischen **Typen** (***types***) neutestamentarische bzw. apokalyptische **Antitypen** (***antitypes***) gegenübergestellt. So wird z. B. Jona, der vom Wal verschlungen und wieder ausgespien wird, gedeutet als Vorläufer Christi, der in das Reich des Todes hinabsteigt, um danach wieder aufzuerstehen.

Die typologische Deutung von Personen und Ereignissen ist aber auch außerhalb der Theologie, z. B. in Literatur und Geschichtsschreibung, weit verbreitet. Das folgende Beispiel aus John Donnes „Hymn to God my God, in My Sickness" (1635) greift zwar zunächst in den ersten zwei Zeilen auf die bekannte typologische Beziehung zwischen Adam und Christus zurück:

> We think that Paradise and Calvary,
> Christ's cross, and Adam's tree, stood in one place;
> Look, Lord, and find both Adams met in me [...].

Der gleiche Textausschnitt liefert allerdings auch ein Beispiel für die über den biblischen Rahmen hinausgehende Art der Typologie, indem die biblischen Figuren Adam und Christ wiederum als Typen des Antitypen „John Donne" im 17. Jahrhundert interpretiert werden. Solch eine Art der über den biblischen Rahmen hinausgehenden Typologie ist in der englischen Literatur, vor allem auch im 19. Jahrhundert, von großer Bedeutung.

Eine besonders wichtige Rolle spielte die typologische Betrachtungsweise in der Literatur der Puritaner, die auf der Flucht vor religiöser Verfolgung aus England nach Nordamerika auswanderten. Sie stellten ihrerseits (wie auch John Donne im obigen Beispiel) typologische Beziehungen zwischen biblischen Vorbildern und sich selbst her. William Bradford zieht z. B. in seinem Bericht *Of Plymouth Plantation* (1651) direkte Parallelen zwischen dem Schicksal des Apostel Paulus auf Malta und den in der Neuen Welt angekommenen Siedlern:

> [...] they had now no friends to welcome them nor inns to entertain or refresh their weatherbeaten bodies; no houses or much less towns to repair to, to seek for succor. It is recorded in Scripture as a mercy to the Apostle and his shipwrecked company, that the barbarians showed them no small kindness in refreshing them, but these savage barbarians, when they met with them [...] were readier to fill their sides full of arrows than otherwise. (bk. 1, ch. 9)

In der Nachfolge dieses puritanischen Gebrauchs ist die Typologie bis heute ein zentrales Stilmittel in der amerikanischen Literatur geblieben, wie sich an immer wieder auftretenden Topoi wie dem des *American Adam* oder des Gartens unschwer ablesen lässt.

MK

Literatur: Miner.

Sprache

201 Alliteration – Alliteration

Lautlicher Gleichklang im Anlaut von aufeinander folgenden oder nahe beieinander stehenden Wörtern.

Als Alliteration wird der Gleichklang am Wortanfang benachbarter Wörter bezeichnet, vor allem wenn die betreffende Silbe betont ist und mit einem Konsonanten beginnt:

> O wild West Wind, thou breath of Autumn's being
> (Percy Bysshe Shelley, „Ode to the West Wind")

Aber auch anlautende Vokale und Diphthonge können (wegen des ihnen vorausgehenden Kehlkopfverschlusslautes) alliterieren, und zwar jeder Vokal bzw. Diphthong mit jedem anderen, wie das folgende Beispiel zeigt:

> Earnest, earthless, equal, attuneable [...]
> (Gerard Manley Hopkins, „Spelt from Sibyl's Leaves")

Gelegentlich wird der Begriff Alliteration auch auf Laute am Anfang von betonten Silben im Wortinnern angewendet:

> With swift, slow; sweet, sour; adazzle, dim
> (Gerard Manley Hopkins, „Pied Beauty")

Alliterationen werden nicht nur zu Zwecken der **Lautmalerei** <226> oder der **Emphase** <215> verwendet; sie können auch eine strukturelle Funktion erfüllen, indem sie die inhaltliche Zusammengehörigkeit der alliterierenden Wörter hervorheben. Dies wird besonders an dem Beispiel aus „Pied Beauty" deutlich, wo die antithetischen Wortpaare *swift – slow*, *sweet – sour* sowie *adazzle – dim* durch Alliteration miteinander verbunden sind.

Der Terminus **Stabreim** wird manchmal synonym mit Alliteration verwendet; meistens bezeichnet er jedoch die in der altenglischen Dichtung als durchgängiges Formprinzip geläufige Form der Alliteration (→ **Alliterative Poetry** <302>).

RB

Literatur: Adams; Lausberg; Leech, G. (1999).

202 Allusion – Anspielung

Redefigur, die einen direkten oder indirekten Bezug zu anderen literarischen Werken oder zu bekannten Personen, Objekten, Tatsachen und Ereignissen herstellt.

Die Anspielung auf ein anderes literarisches Werk ist eine Form der **Intertextualität** <125> und mit der **Parodie** <135> eng verwandt. In allen ihren Varianten kann sie ganz unterschiedliche Funktionen erfüllen. Sie kann z. B. dazu dienen,

- die Bildung des Autors oder der Autorin unter Beweis zu stellen;
- die Bildung der Leser auf die Probe zu stellen;
- eine gemeinsame Basis zu finden, auf der sich Autor und Leser verständigen können;
- die literarische Tradition in Erinnerung zu rufen, auf die sich der Autor bezieht, mit der er spielt oder von der er sich distanziert;
- den Sinn eines Textes oder einer Textpassage zu verdeutlichen;
- die Autorität eines Textes zu untermauern.

Die Technik der literarischen Anspielung lässt sich besonders gut an der Versdichtung des 17. und 18. Jahrhunderts, z. B. am Werk Alexander Popes, beobachten, aber auch an Beispielen aus der Literatur des 20. Jahrhunderts, z. B. an T. S. Eliots *Waste Land* (1922) oder den Romanen von James Joyce (*Ulysses*, 1922; *Finnegans Wake*, 1939). Während jedoch Autoren wie Pope (1688-1744) noch für ein relativ homogenes und gebildetes Publikum schrieben, dem es wenig Mühe bereitete, literarische Anspielungen zu erschließen, so ist die Technik in der **Moderne** <130> problematisch geworden. Wenn z. B. die Widmung von T. S. Eliots *Waste Land* lautet

> for Ezra Pound
> *il miglior fabbro*

so werden einige Leser die Anspielung auf Dantes *Divina Comedia* vielleicht gerade noch erkennen oder erraten, sie aber sicher in ihrer komplexen Bedeutung nicht erschließen können, weil ihnen der Kontext, in dem dieses **Zitat** bei Dante auftaucht, nicht geläufig ist. Als *miglior fabbro* (der bessere Künstler) wird im *Purgatorio* (dem II. Teil der *Divina Comedia*) nämlich der provenzalische Dichter Daniel Arnaut bezeichnet, dem Dante im Fegefeuer begegnet. Wenn man außerdem berücksichtigt, dass Ezra Pound Eliot bei der Fertigstellung von *The Waste Land* behilflich war und z. T. noch umfangreiche Korrekturen anbrachte, so wird erst die ganze Vielschichtigkeit der Anspielung erkennbar, die neben Anerkennung möglicherweise auch versteckte Kritik enthält.

RB

203 Ambiguity – Ambiguität

Doppel- oder Mehrdeutigkeit einer sprachlichen Äußerung.

Sprachliche Äußerungen können sowohl syntaktisch wie auch semantisch mehrdeutig sein. **Syntaktische** Ambiguität liegt dann vor, wenn Teile einer Äußerung hinsichtlich ihrer syntaktischen Funktion verschieden gedeutet werden können, wie in dem folgenden Textausschnitt (dem Anfang von Shakespeares Sonett 129); hier kann jeder der beiden durch die Kopula *is* miteinander verbundenen Satzteile sowohl als Subjekt wie auch als Prädikatsnomen interpretiert werden:

> Th'expense of spirit in a waste of shame
> Is lust in action [...].

Semantische Ambiguität liegt dann vor, wenn Teile einer Äußerung mehrere Bedeutungen haben. Ein bekanntes Beispiel für semantische Ambiguität sind die **Wortspiele** <235> in Shakespeares Sonett 135 –

> Whoever hath her wish, thou hast thy Will,
> And Will to boot, and Will in overplus [...]

– wo das Wort *Will* mindestens vier verschiedene Bedeutungen haben kann: (1) Wille; (2) sexuelles Verlangen; (3) männliches und weibliches Genitale; (4) ein Liebhaber mit Vornamen Will(iam) (Shakespeare?).

Schon in der **klassischen Rhetorik** <236> gilt die Doppel- oder Mehrdeutigkeit sprachlicher Äußerungen als erlaubtes Kunstmittel, solange sie die Verständlichkeit einer sprachlichen Äußerung nicht gefährdet. Die Ambiguität kann je nach Kontext ganz unterschiedliche Funktionen erfüllen, wie das Beispiel Shakespeares Sonett 135 zeigt: Sie kann sprachlichen ***wit*** (→ **Conceit** <213>) demonstrieren, **Ironie** <126> zum Ausdruck bringen, mehrere Bedeutungsebenen gleichzeitig ansprechen oder auch Eingeweihten eine Mitteilung machen, die für andere nicht verständlich ist.

Neuerdings haben sich im englischen Sprachgebrauch neben *ambiguity* auch die Begriffe ***multiple meaning*** bzw. ***plurisignification*** eingebürgert.

RB

Literatur: Empson (1949); Leech, G. (1999).

204 Anacoluthon – Anakoluth

Absichtlicher oder unabsichtlicher Bruch in der Satzkonstruktion.

Als Anakoluth werden Abweichungen von einer bereits begonnenen Satzkonstruktion bezeichnet. Als Illustration mag das folgende Beispiel aus Shakespeares Drama *The Winter's Tale* dienen. Leontes, der König von Sizilien, verdächtigt seine Frau Hermione der Untreue mit Polixenes (hier *Bohemia* genannt), dem König von Böhmen:

> *Leontes.*
> [...] he that wears her like a medal, hanging
> About his neck – Bohemia: who – if I
> Had servants true about me, that bare eyes
> To see alike mine honour as their profits,
> Their own particular thrifts, – they would do that
> Which should undo more doing [...].
> (Shakespeare, *The Winter's Tale*, I. 2)

Bei *who* beginnt zunächst ein Relativsatz, der von *Bohemia* abhängt, jedoch nicht regulär zu Ende geführt wird (dann müsste nämlich das *they* in der vorletzten Zeile entfallen); mit der **Parenthese** *if I / Had servants* beginnt dann ein Bedingungssatz, der seinerseits ganz regulär zu Ende geführt wird.

An der zitierten Textstelle ist die anakoluthische Konstruktion nicht als grammatischer Verstoß Shakespeares zu werten, sondern als Kunstmittel mit einer ganz bestimmten Funktion: Sie reflektiert die chaotische Gemütsverfassung des maßlos eifersüchtigen Leontes.

RB

205 Anaphora – Anapher; Epistrophe – Epipher

Anapher: *Wiederholung desselben Wortes oder Ausdrucks zu Beginn von zwei oder mehreren aufeinander folgenden (Haupt- oder Neben-) Sätzen oder Verszeilen.*
Epipher: *Wiederholung desselben Wortes oder Ausdrucks am Ende von zwei oder mehreren aufeinander folgenden (Haupt- oder Neben-)Sätzen oder Verszeilen.*

Bei der Anapher handelt es sich um eine spezielle Form der **Wiederholung**; in der Regel hat sie **emphatische** <215> Funktion, wie in den folgenden Beispielen:

> In every cry of every Man,
> In every Infant's cry of fear,
> In every voice, in every ban,
> The mind-forg'd manacles I hear
> (William Blake, „London")

> Fog everywhere. Fog up the river, where it flows among green aits[1] and meadows; fog down the river, where it rolls defiled among the tiers of shipping, and the waterside pollutions of a great (and dirty) city. Fog on the Essex Marshes, fog on the Kentish heights.
> (Charles Dickens, *Bleak House*, ch. 1)

Auch die Epipher (engl. ***epistrophe***) hat in der Regel emphatische Funktion, wie das folgende Beispiel aus T. S. Eliots *Waste Land* (1922) zeigt:

> If there were water
> And no rock
> If there were rock
> And also water
> And water
> A spring
> A pool among the rock

RB

Literatur: Leech, G. (1999).

[1] **aits** kleine Inseln

206 Antithesis – Antithese

Verbindung von Wörtern, Ausdrücken, Sätzen oder Gedanken mit gegensätzlicher Bedeutung.

Antithesen beruhen fast immer auf **Antonymen**, d. h. auf Wörtern mit gegensätzlicher Bedeutung.

Die Antithese ist ein beliebtes und weit verbreitetes Stilmittel in der **petrarkistischen** <138> Liebeslyrik, bei den ***Metaphysical Poets*** (→ **Conceit** <213>) und in der **satirischen** <142> Versdichtung des 18. Jahrhunderts. Die 4. Strophe von John Donnes (1572-1631) „Canonization“ ist z. B. durchgängig antithetisch strukturiert:

We can die by it, if not live by love,
And if unfit for tombs or hearse
Our legend be, it will be fit for verse;
And if no piece of chronicle we prove,
We'll build in sonnets pretty rooms;
As well a well-wrought urn becomes
The greatest ashes, as half-acre tombs.

In der ersten Zeile sind *die* und *live* antithetisch aufeinander bezogen, in den folgenden Zeilen zunächst *tombs or hearse* (gemeint sind Inschriften auf Grabdenkmälern und Bahren) und *verse*, sodann *piece of chronicle* und *sonnets* sowie *well-wrought urn* und *half-acre tombs*.

Wie in diesem Beispiel dienen Antithesen oft der Pointierung einer Aussage; sie können aber auch verwendet werden, um komplexe Bewusstseinszustände wiederzugeben wie in dem folgenden Auszug aus dem Gedicht „Merced“ von Adrienne Rich (*1929):

For weeks now a rage
has possessed my body, driving
now out upon men and women
now inward upon myself

Die Wirkung von Antithesen kann – wie aus beiden Beispielen ersichtlich – durch **chiastische** <211> oder **parallele** <229> Satzkonstruktionen verstärkt werden. Wenn sich antithetische Begriffe auf **paradoxe** <228> Weise zusammenfügen, spricht man von einem **Oxymoron** <227>.

In einem erweiterten Sinn kann der Begriff der Antithese nicht nur auf sprachliche Phänomene angewandt werden, sondern auch auf die Struktur literarischer Texte: So können sich z. B. Kapitel eines Romans, Szenen eines Dramas oder – wie in William Blakes *Songs of Innocence and Experience* (1789/94) – ganze Teile eines Werks zueinander antithetisch verhalten.

RB

207 Apostrophe – Apostrophe

Direkte Anrede eines – meist nicht gegenwärtigen – Gegenübers.

Die Apostrophe ist die direkte Anrede eines (meist abwesenden) Gegenübers, bei dem es sich um ein überirdisches Wesen, eine Person, ein Tier, einen Gegenstand oder ein Abstraktum handeln kann. Die Apostrophe impliziert zugleich die Abwendung des Sprechers von den Zuhörern. Sie signalisiert oft heftige Gefühlsbewegung oder einen feierlichen Redeanlass, wie sie z. B. für die **Ode** <323> typisch sind:

> Thou still unravish'd bride of quietness,
> Thou foster-child of silence and slow time,
> Sylvan historian, who canst thus express
> A flowery tale more sweetly than our rhyme [...]
> (John Keats, „Ode on a Grecian Urn")

Wird, wie in dem zitierten Beispiel, ein unbelebtes Gegenüber angesprochen, so hat dies oft den Effekt einer **Personifikation** <232>. Auch in der politischen Rede kann die Apostrophe als Mittel der emotionalen Steigerung eine wichtige Rolle spielen. In Shakespeares Tragödie *Julius Caesar* bedient sich z. B. Marc Antony mehrfach dieses Mittels in seiner Trauerrede auf Caesar; in dem folgenden Textausschnitt ruft er zunächst ein Abstraktum (*judgement*) an, dann die Götter:

> O judgement! thou art fled to brutish beasts,
> And men have lost their reason. [...]
> [...]
> For Brutus, as you know, was Caesar's angel.
> Judge, O you gods, how dearly Caesar loved him!
> (Shakespeare, *Julius Caesar*, III. 2)

Eine typische Form der Apostrophe ist der **Musenanruf** (→ **Topos** <147>; → **Epic Poem** <312>).

RB

Literatur: Lausberg; Leech, G. (1999).

208 Archaism – Archaismus

Verwendung von veralteten, in der Allgemeinsprache nicht mehr gebräuchlichen sprachlichen Formen und Ausdrücken.

Archaismen sind in der Literatur weit verbreitet: So gehören Wörter wie *behold*, *quoth* oder *yonder*, Pronomina wie *thou*, *thy* oder *ye* sowie Flexionsendungen wie *-eth* und *-est* bis herauf ins 20. Jahrhundert zum Repertoire der poetischen Sprache. In der Regel dienen derartige Archaismen dazu, einem Text Autorität zu verleihen oder seine **Literarizität** zu betonen.

Archaismen können aber auch für spezifischere Zwecke genutzt werden – z. B. um **intertextuelle** <125> oder **parodistische** <135> Bezüge herzustellen. So parodiert z. B. James Joyce im 14. Kapitel („Oxen of the Sun") von *Ulysses* (1922) – parallel zur gleichzeitig stattfindenden Geburt eines Kindes – in einer *tour de force* sonder gleichen die englische Literatur von ihren Anfängen bis zur Gegenwart. Er bedient sich dabei – vor allem dort, wo er ältere Autoren imitiert – einer von Archaismen durchsetzten Sprache. Der folgende Textausschnitt orientiert sich am Stil der Reiseerzählungen von Sir John Mandeville (1336-71):

> And whiles they spake the door of the castle was opened and there nighed a mickle noise as of many that sat there at meat. And there came against the place as they stood a young learningknight yclept[2] Dixon.

Auch in Texten wie Ezra Pounds (1885-1972) bekanntem „Ancient Music" dienen Archaismen dem **satirischen** <142>, parodistischen oder **ironischen** <126> Spiel mit der literarischen Tradition:

> Winter is icumen in,
> Lhude[3] sing Goddamm,
> Raineth drop and staineth slop
> And how the wind doth ramm!
> Sing: Goddamm.

In T. S. Eliots *Four Quartets* (1943) reflektiert dagegen die Mischung von archaischen und modernen Formen die Durchdringung verschiedener Zeitebenen:

---

2 **yclept** genannt

3 **lhude** laut

[...] you can hear the music
Of the weak pipe and the little drum
And see them dancing around the bonfire
The association of man and woman
In daunsinge, signifying matrimonie –
A dignified and commodious sacrament.

Ein besonderer Fall ist das folgende Beispiel eines durchgängig archaisierenden Textes aus dem Jahr 1777:

O! synge[4] untoe mie roundelaie,[5]
O! droppe the brynie[6] teare wythe[7] mee,
Daunce[8] ne moe[9] atte hallie daie,[10]
Lycke[11] a reynynge[12] ryver bee;
Mie love ys dedde,[13]
Gon to hys bedde,
Al under the wyllowe tree.
(Thomas Chatterton, „Mynstrelles Song")

Hier dienen die Archaismen dazu, einen vorgeblich mittelalterlichen Text authentisch erscheinen zu lassen. Eine solche Verwendung ist jedoch eher die Ausnahme.

RB

Literatur: Lausberg; Leech, G. (1999).

209 Asyndeton – Asyndeton; Polysyndeton – Polysyndeton

***Asyndeton:** Reihung von Wörtern oder Ausdrücken ohne verbindende Konjunktionen.*

---

4 **synge** *sing*
5 **roundelaie** *roundelay* (einfaches Lied mit Refrain)
6 **brynie** *briny* (salzig; vgl. *brine* Meerwasser)
7 **wythe** *with*
8 **daunce** *dance*
9 **ne moe** *no more*
10 **hallie daie** *holyday*
11 **lycke** *like*
12 **reynynge** *running*
13 **dedde** *dead*

Polysyndeton: *Reihung von Wörtern oder Ausdrücken, die durch koordinierende Konjunktionen (and, or) miteinander verknüpft sind.*

Asyndeton und Polysysndeton (man spricht auch von **asyndetischer** bzw. **polysyndetischer Reihung**) haben meist die Funktion, einer Aussage besonderen Nachdruck oder steigernde Wirkung zu verleihen. John Donne (1572-1631) bedient sich z. B. des Asyndetons in der zweiten und vierten Zeile des „Holy Sonnet" 14:

> Batter my heart, three-personed God; for you
> As yet but knock, breathe, shine, and seek to mend;
> That I may rise and stand, o'erthrow me, and bend
> Your force to break, blow, burn and make me new.

Die Wirkung des Asyndetons wird durch die Kombination mit **rhythmischen** <321> Effekten wie dem unmittelbaren Aufeinandertreffen zweier betonter Silben (**Hebungsprall**) und – in Zeile 4 – mit **Alliterationen** <201> noch verstärkt; zugleich vermeidet Donne rhythmische Monotonie durch die Anbindung des längeren Schluss-Gliedes der Reihung mit der Konjunktion *and.*

Die asyndetische Reihung nicht zusammenpassender Ausdrücke hat meist **ironische** <126> oder **satirische** <142> Funktion, wie in der berühmten Beschreibung des Toilettentischs der Heldin Belinda in Alexander Popes **komischem Epos** <322> *Rape of the Lock* (1714). Die betreffende Passage endet mit den Zeilen:

> Here files of pins[14] extend their shining rows,
> Puffs,[15] powders, patches,[16] Bibles, billet-doux.[17] (Canto 1)

Die satirisch-ironische Wirkung geht hier vor allem von *Bibles* aus, daneben aber auch von *billet-doux*: Es wird deutlich, dass Kosmetika für Belinda genauso bedeutsam sind wie Religion und Liebe.

Ein eher humorvolles Beispiel eines aus heterogenen Elementen zusammengefügten Polysyndetons findet sich in der letzten Strophe von Edward Lears (1812-88) Gedicht „The Jumblies"; es hat allerdings keine satirische oder ironische Funktion, sondern soll die

---

[14] **pins** Haarnadeln

[15] **puffs** Puderquaste

[16] **patches** Schönheitspflästerchen

[17] **billet-doux** Liebesbriefchen

absurden Verhältnisse in der dargestellten **Nonsense-Welt** <134> veranschaulichen:

They sailed to the Western Sea, they did,
 To a land all covered with trees,
And they bought an Owl, and a useful Cart,
And a pound of Rice, and a Cranberry Tart,
 And a hive of silvery bees.
And they bought a Pig, and some green Jack-daws,
And a lovely Monkey with lollipop paws,
And forty bottles of Ring-Bo-Bee,
 And no end of Stilton Cheese.

RB

210 Catachresis – Katachrese

Unpassende Verwendung eines Wortes oder Ausdrucks.

Am weitesten verbreitet ist die Bezeichnung Katachrese für die Kombination nicht zusammenpassender **Bilder** (→ **Imagery** <220>. Das folgende (konstruierte) Beispiel stammt von Geoffrey Leech:

The ship of state is getting down to brass tacks and putting its best foot forward in the teeth of adversity.

Der unfreiwillig komische Effekt solcher Fügungen kommt vor allem dann zu Stande, wenn **tote Metaphern** <224>, deren metaphorische Bedeutung verblasst ist, miteinander kombiniert werden; so ergeben sich unvorhergesehene Bedeutungs-Interferenzen.

Von Katachresen dieser Art, für die Leech den Begriff ***mixed metaphor*** vorschlägt, sind (**nicht-katachrestische**) Überblendungen verschiedener Bildbereiche zu unterscheiden, die Leech als ***compound metaphors*** bezeichnet. Wenn z. B. in der folgenden Zeile aus Seamus Heaneys (*1939) Gedicht „Requiem for the Croppies" der Hang (*hillside*) zuerst als Gesicht (*blushed*), dann aber als Ufer (*soaked in our broken wave*) erscheint, so ist dieser Übergang vielleicht ungewöhnlich, aber nicht lächerlich:

The hillside blushed, soaked in our broken wave.

In der klassischen **Rhetorik** <236> wird die Katachrese etwas anders definiert: Dort ist sie ein der Metapher verwandter **Tropus** <242>, der anstelle eines nicht-existierenden „richtigen" Wortes (***verbum proprium***) eine semantische Lücke füllt. Ein Beispiel wäre das Wort *leg*, wenn es den Teil eines Möbelstücks bezeichnet, für den es kein eigenes Wort gibt. Für diese Art des Wortgebrauchs hat sich allerdings inzwischen die Bezeichnung Metapher bzw. tote Metapher eingebürgert.

RB

Literatur: Lausberg; Leech, G. (1999).

211 Chiasmus – Chiasmus

Überkreuzstellung von einander semantisch oder syntaktisch entsprechenden Wörtern oder Ausdrücken.

Das Schema des Chiasmus ist A-B-B-A: Die Überkreuzstellung kann auf der syntaktischen oder der semantischen Ebene oder auf beiden zugleich realisiert sein. Beim **semantischen Chiasmus** stehen an den einander entsprechenden Positionen Wörter oder Ausdrücke mit gemeinsamen Bedeutungsmerkmalen. Dies ist in dem folgenden Beispiel aus Alexander Popes **komischem Epos** <322>*Rape of the Lock* (1714) der Fall –

> [...] mighty hearts [A] are held in slender chains [B].
> With hairy springes[18] [B] we the birds [A] betray [...]

– und zwar sowohl bei [A] *mighty hearts* und *birds* (in beiden Fällen handelt es sich um „Gefangene“ der Liebe) wie auch bei [B] *slender chains* und *hairy springes* (beides sind „Fangwerkzeuge“). In dem Beispiel

> Trees [A] cut to statues [B], statues [B] thick as trees [A],

das Popes *Epistle to Richard Boyle* (1731) entnommen ist, sind die einander entsprechenden Positionen der chiastischen Überkreuzstellung sogar mit denselben Wörtern gefüllt.

Ein sowohl semantischer wie auch **syntaktischer Chiasmus** liegt dagegen in der folgenden Verszeile aus Popes *Rape of the Lock* (1714) vor:

> Favours [A] to none [B], to all [B] she smiles [A] extends.

---

[18] **springes** Fallen, Schlingen

Favours und *smiles* entsprechen einander nicht nur semantisch (weibliche Gunstbezeigungen), sondern auch syntaktisch (als direkte Objekte); dasselbe gilt für *to none* und *to all*: Auch diese beiden Ausdrücke entsprechen einander semantisch (Mengenangaben) wie auch syntaktisch (als Präpositionalobjekte).

Der Chiasmus tritt oft – wie an den Beispielen zu beobachten ist – in Verbindung mit **Antithese** <206> oder **Alliteration** <201> auf; er dient wie sein Gegenstück, der **Parallelismus** <229>, in erster Linie sprachlicher Prägnanz und **aphoristischer** <105> Kürze.

RB

212 Climax – Klimax

1. Steigernde Anordnung von Wörtern, Wortgruppen oder Gedanken.
2. Das letzte Glied in einer solchen Reihe.

Die Klimax ist eine Stilfigur der **Worthäufung** (**Akkumulation**) mit überwiegend **emphatischer** <215> Funktion. Die folgende Passage aus Francis Bacons (1561-1626) Essay „On Truth" enthält zwei parallel (→ **Parallelismus** <229>) geführte Sätze, die jeweils auf eine Klimax zulaufen:

> The first creature of God, in the works of the days, was the light of the sense; the last was the light of reason; and his sabbath work ever since is the illumination of his Spirit. First he breathed light upon the face of matter, or chaos; then he breathed light into the face of man; and still he breatheth and inspireth light into the face of his chosen.

Die erste klimaktische Reihe beginnt bei *light of the sense*, wird mit *light of reason* fortgesetzt, um in der Formulierung *illumination of his Spirit* zu gipfeln, die zweite Reihe läuft von *matter, or chaos* über *man* zu *his chosen*.

Als **Antiklimax** (***anticlimax***) kann eine absteigende Klimax bezeichnet werden oder auch eine klimaktisch beginnende Reihe, die statt der erwarteten Bedeutungssteigerung plötzlich ins Gegenteil umschlägt. Der **ironische** <126> Effekt einer absteigenden Klimax lässt sich am Beispiel der beiden letzten Zeilen von Soame Jenyns (1704-87) „Epitaph" auf Samuel Johnson beobachten:

Fond of, and overbearing in dispute,
A Christian, and a scholar – but a brute.

Eine unbeabsichtigte Antiklimax ist eine charakteristische Erscheinungsform des **Bathos** <109>.

RB

213 Conceit

Form der Bildlichkeit, die auf einer Analogie zwischen weit auseinanderliegenden Gegenstandsbereichen beruht.

Das Wort *conceit* stammt aus dem Italienischen (*concetto*) und bedeutet ursprünglich so viel wie „Idee", „Bild". In der englischen Literatur wird der Begriff vor allem im Zusammenhang mit der Versdichtung, teilweise aber auch mit der Prosa, des 16. und 17. Jahrhunderts verwendet. Zu jener Zeit waren *conceits* ein weit verbreitetes Stilmittel und galten als typische Ausdrucksform des ***wit*** – ein Begriff, der damals unter anderem die Fähigkeit bezeichnete, selbst weit auseinanderliegende Sinnbereiche auf überraschende und originelle Weise miteinander zu verbinden. *Conceits* tauchen insbesondere in der **petrarkistischen Lyrik** <138> sowie in Gedichten der sogenannten ***Metaphysical Poets*** auf. Demgemäß unterscheidet man auch ***Petrarchan conceits*** und ***metaphysical conceits***. Die *Petrarchan conceits* sind oft konventionell; der Beginn eines Sonetts von Bartholomew Griffin († 1602) ist in dieser Hinsicht typisch:

My lady's hair is threads of beaten gold,
Her front the purest crystal eye hath seen,
Her eyes the brightest stars the heavens hold,
Her cheeks red roses such as seld[19] have been [...].

Metaphysical conceits sind dagegen oft originell, ja sogar spitzfindig; sie arbeiten mit Überraschungseffekten und elaborierten Analogien, wie der folgende berühmte Vergleich aus John Donnes (1572-1631) Liebesgedicht „A Valediction, Forbidding Mourning", in dem die beiden Liebenden mit einem Zirkel verglichen werden:

If they [i. e. our souls] be two, they are two so
  As stiff twin compasses are two,

---

[19] **seld** *seldom*

Thy soul the fixed foot, makes no show
To move, but doth, if th'other do.
And though it in the center sit,
Yet when the other far doth roam,
It leans, and hearkens after it,
And growes erect, as it comes home.

An diesem Beispiel wird zugleich deutlich, dass es sich bei *conceits* nicht immer nur um einzelne **Vergleiche** <238> oder **Metaphern** <224> handeln muss, sondern dass auch längere Textpassagen oder sogar ganze Gedichte auf einem *conceit* beruhen können.

Im späten 17. und im 18. Jahrhundert nimmt der Begriff *conceit* bei neoklassizistischen Kritikern wie John Dryden (1631-1700) oder Samuel Johnson (1709-1784) eine zunehmend negative Bedeutung an: „The most heterogeneous ideas are yoked by violence together" (Johnson). Seit der Renaissance der *Metaphysical Poets* zu Beginn des 20. Jahrhunderts – in der Folge von Herbert Griersons Anthologie *The Metaphysical Poets* (1912) und von T. S. Eliots literaturkritischen Aufsätzen – wird der Begriff überwiegend wertneutral und deskriptiv verwendet; obwohl er überwiegend auf Texte des 16. und 17. Jahrhunderts angewendet wird, kann er auch auf verwandte stilistische Phänomene aus anderen Epochen übertragen werden. Der erste Vergleich in T. S. Eliots Gedicht „The Love Song of J. Alfred Prufrock" (1917) könnte z. B. als *conceit* bezeichnet werden:

Let us go now, you and I
As the evening is laid out against the sky
Like a patient etherized upon a table [...].

RB

Literatur: Ruthven.

214 Ellipsis – Ellipse

Auslassung von Teilen eines Satzes, die aus dem Kontext erschlossen werden können.

Die Ellipse gehört in den meisten europäischen Sprachen zum festen syntaktischen Repertoire der Allgemeinsprache. Als rhetorisches Mittel kann sie ganz unterschiedliche Funktionen haben:

Kürze, Pointierung, **Emphase** <215> oder, wie in dem folgenden Textausschnitt, die Nachahmung kolloquialer Sprachformen:

> Notice anything unusual? Just two brown men, falling hard, nothing so new about that, you may think; climbed too high, got above themselves, flew too close to the sun, is that it? (Salman Rushdie, *The Satanic Verses*, ch. 1)

Häufig – z. B. im **inneren Monolog** <410> – wird der **elliptische Stil** aber auch dazu verwendet, um Vorgänge im Bewusstsein eines Menschen darzustellen. Das folgende Beispiel ist dem 4. Kapitel von James Joyces Roman *Ulysses* (1922) entnommen; der innere Monolog beginnt im zweiten Satz:

> He heard then a warm heavy sigh, softer, as she turned over and the loose brass quoits of the bedstead jingled. Must get those settled really. Pity. All the way from Gibraltar. Forgotten any little Spanish she knew. Wonder what her father gave for it. Old style. Ah yes! of course. Bought it at the governor's auction.

In elliptischen Sätzen werden, wie die Beispiele zeigen, Redeteile aus satzökonomischen Gründen eingespart; wird dagegen ein Satz einfach abgebrochen, wie z. B. in dem folgenden Ausschnitt aus Astons Erzählung im zweiten Akt von Harold Pinters *Caretaker* (1960), so spricht man von **Aposiopese**:

> They weren't hallucinations, they ... I used to get the feeling I could see things.

RB

215 Emphasis – Emphase

Nachdrückliche Betonung eines Wortes oder Ausdrucks.

Jede Form der Ausdruckssteigerung – durch rhetorische, prosodische oder grafische Mittel – kann als Emphase bezeichnet werden. So haben z. B. in den meisten Fällen **Wiederholungen**, **Antithesen** <206> oder **Aufzählungen**, die auf eine **Klimax** <212> zulaufen, emphatische Funktion.

In der klassischen **Rhetorik** <236> wird die Emphase den **Tropen** <242> zugeordnet, weil der emphatische Gebrauch eines Wortes oft eine spürbare Abweichung von seiner „normalen" Bedeutung darstellt. Die folgende Passage aus Shakespeares Tragödie *Macbeth* enthält einige Beispiele, die dies verdeutlichen können:

Macbeth. Pr'ythee, peace,
I dare do all that may become a man;
Who dares do more, is none.
Lady Macbeth. What beast was't then,
That made you break this enterprise to me?
When you durst do it, then you were a man [...].
(Shakespeare, *Macbeth*, I. 7)

Zunächst verwendet Macbeth das Wort *man* in einer emphatischen (d. h. von der „normalen" Bedeutung merklich abweichenden) Bedeutung, die auf dem Kontrast von *man* und *none* beruht und die sich mit „ein Wesen, dem bestimmte Grenzen gesetzt sind, die es nicht überschreiten sollte" paraphrasieren ließe. In ihrer Antwort verwendet Lady Macbeth zunächst *beast*, dann *man* emphatisch. Die emphatische Bedeutung von *beast* („ein erbärmliches Wesen, das weit unter dem Menschen steht") kommt durch die antithetische Beziehung zu Macbeths *man* zu Stande; das emphatische *man* Lady Macbeths, das sowohl mit *beast* wie auch mit dem *man* Macbeths kontrastiert, könnte man mit „ein Wesen, das höchste Bewunderung verdient, weil es keinerlei moralische Rücksichten kennt" umschreiben.

RB

216 Epithet – Epitheton

Adjektiv oder adjektivischer Ausdruck mit der Funktion, eine Person oder Sache zu charakterisieren.

Im allgemeinsten Sinne ist jeder adjektivische Ausdruck, der eine Person oder Sache charakterisiert, ein Epitheton: *the merciless Macdonwald*; *brave Macbeth*; *shipwracking storms* (Shakespeare, *Macbeth*, I. 2). Im homerischen **Epos** <312> werden solche Epitheta oft formelhaft und wie feste Bestandteile von Eigennamen verwendet: Beispiele sind *the rosy-fingered dawn* oder *swift-footed Achilles*.

Als ***Epitheta ornantia*** (Singular: ***Epitheton ornans***) bezeichnet man solche adjektivischen Ausdrücke, wenn sie in erster Linie dem rhetorischen Schmuck dienen und keine wesentliche semantische

Information enthalten. Die folgende Passage aus Joseph Wartons *Enthusiast* (1744-8), die die Vorzüge der freien Natur gegenüber der landschaftsarchitektonisch gestalteten Gartenlandschaft von Landsitzen wie Stow preist, ist durchsetzt von solchen *Epitheta ornantia*:

> [...] can Stow
> With all her Attic fanes[20], such raptures raise,
> As the thrush-haunted copse[21], where lightly leaps
> The fearful fawn[22] the rustling leaves along,
> And the brisk squirrel sports from bough to bough,
> While from an hollow oak, whose naked roots
> O'erhang a pensive rill[23], the busy bees
> Hum drowsy lullabies?

Die Verwendung solcher Epitheta ist ein charakteristisches Merkmal der klassizistischen ***poetic diction*** <234>, die Wordsworth im „Preface" (1800) zu den *Lyrical Ballads* wegen ihrer Unnatürlichkeit und Formelhaftigkeit kritisiert.

RB

217 Euphemism – Euphemismus

Ersatz eines als unangenehm oder anstößig empfundenen Ausdrucks durch eine indirekte, meist beschönigende Formulierung.

Euphemismen sind in der Alltagssprache weit verbreitet; so sind z. B. zahlreiche Verben, die sich auf den Tod und das Sterben beziehen, euphemistisch, wie die folgende Liste zeigt: *decease*, *expire*, *depart*, *pass away*, *meet one's Maker*, *pay the debt of nature*, *go the way of all flesh*, *snuff it*, *hop the twig*, *kick the bucket*, *turn up one's toes*, *push up the daisies*. An den Beispielen wird deutlich, dass Euphemismen aus ganz unterschiedlichen Motiven verwendet werden können: um unliebsame Tatsachen zu verschleiern, um Tabus nicht zu verletzen, um die eigenen Gefühle oder die anderer Menschen zu schonen, um **ironische** <126> Distanz zu schaffen.

---

[20] **fane** Tempel
[21] **copse** Hain
[22] **fawn** Hirschkalb
[23] **rill** Bach

Auch im Bereich der Sexualität und der Körperfunktionen sind Euphemismen weit verbreitet.

In der Literatur werden Euphemismen oft mit ironischer oder **satirischer** <142> Intention verwendet. Als charakteristisches Beispiel kann Jonathan Swifts (1667-1745) satirisches Gedicht „A Beautiful Young Nymph Going to Bed“ gelten, dessen Überschrift den Umstand euphemistisch umschreibt, dass es sich bei der Titelfigur keineswegs um eine Gestalt aus der Welt der **Pastorale** <136> handelt, sondern um eine Prostituierte – genauso wie in der zweiten Zeile ihre Kunden als *shepherds* bezeichnet werden.

RB

Literatur: Enright.

218 Euphuism – Euphuismus

Überladener Prosastil des späten 16. Jahrhunderts; benannt nach John Lylys Roman Euphues *(1578).*

Hauptkennzeichen des euphuistischen Stils ist die Häufung rhetorischer Mittel, vor allem von **Parallelismen** <229>, **Antithesen** <206>, **Alliterationen** <201>, **rhetorischen Fragen** <237>, gelehrten **Anspielungen** <202> und überladener **Bildlichkeit** <220>. Oft werden mehrere dieser Mittel sogar miteinander kombiniert, was den Eindruck des Artifiziellen noch erhöht. Der folgende Ausschnitt aus John Lylys Roman *Euphues* lässt die Besonderheiten des euphuistischen Stils in aller Deutlichkeit hervortreten. Geschildert werden die Besucher im Hause des jungen Euphues in Athen:

> There frequented to this lodging and mansion house as well the spider to suck poison of his fine wit, as the bee to gather honey, as well the drone as the dove, the fox as the lamb, as well Damocles[24] to betray him as Damon[25] to be true to him: Yet he behaved himself so warily, that he singled his game wisely. He could easily discern Apollo's music, from Pan his pipe, and Venus's beauty from Juno's bravery [...].

[24] **Damocles** Günstling des Tyrannen Dionysos von Syrakus; Schmeichler.

[25] **Damon** Syrakusaner, bekannt für seine unverbrüchliche Freundschaft mit Phintias.

Der Euphuismus erfüllt das elisabethanische Stilideal der ***copia*** (Fülle); er war gegen Ende des 16. Jahrhunderts eine höfische Modeerscheinung und wurde oft parodiert, z. B. von Shakespeare in Falstaffs Rede in *1 Henry IV* (II. 4), wo er die Rolle des Königs spielt, der dem jungen Henry Vorwürfe macht:

> *Falstaff.* [...] Harry, I do not only marvel where thou spendest thy time, but also how thou art accompanied. For though the camomile, the more it is trodden on the faster it grows, yet youth, the more it is wasted the sooner it wears. [...] If then thou be son to me, here lies the point – why, being son to me, art thou so pointed at? Shall the blessed sun of heaven prove a micher[26], and eat blackberries? A question not to be asked. Shall the son of England prove a thief, and take purses? A question to be asked. [...]

RB

Literatur: Leech, G. (1999).

219 Hyperbole – Hyperbel

Übertreibung.

Die Hyperbel gehört zu den **Tropen** <242>. Es handelt sich also um eine der Stilfiguren, bei denen Wörter oder Ausdrücke abweichend von ihrer „normalen" Verwendung gebraucht werden, wie sich an Beispielsätzen wie „I have invited *millions* of people to my party" oder „this chair weighs a *ton*" verdeutlichen lässt. Die Hyperbel dient meist der **Emphase** <215>, der Ausdruckssteigerung oder auch der **Verfremdung**; in der Liebesdichtung und in der politischen **Rhetorik** <236> ist sie weit verbreitet. Ein Beispiel für politische Rhetorik findet sich in dem folgenden Ausschnitt aus einer Rede des englischen Gewerkschaftsführers Arthur Scargill aus dem Jahr 1987:

> Today our nation, after eight years under the Tories, is on the brink of utter chaos, facing both social and economic collapse. Our basic industries have been butchered. Our manufacturing base has been eroded [...].

Der **hyperbolische Stil** (z. B. *utter chaos*; *collapse*; *butchered*; *eroded*) hat hier – im Zusammenspiel mit der **Bildlichkeit** <220>

---

[26] **micher** Schulschwänzer (*to mich* die Schule schwänzen)

– vor allem emphatische Funktion und die Aufgabe, den politischen Standpunkt des Sprechers aufzuwerten und den seiner Gegner (der Tories) abzuwerten. Die Hyperbel kann aber auch mit **ironischer** <126> Intention verwendet werden, wie das folgende Beispiel einer hyperbolischen Liebeserklärung aus Andrew Marvells (1621-1678) Gedicht „To His Coy Mistress“ deutlich macht:

My vegetable love should grow
Vaster than empires, and more slow;
An hundred years should go to praise
Thine eyes, and on thy forehead gaze;
Two hundred to adore each breast,
But thirty thousand to the rest;
An age at least to every part,
And the last age should show your heart.

Satirische <142> Funktion haben die Hyperbeln in dem folgenden Auszug aus Alexander Popes *Epistle to Richard Boyle* (1731): Sie werden eingesetzt, um den unangemessenen und unnatürlichen Kolossalstil eines englischen Landsitzes anzuprangern und zu demonstrieren, wie unbedeutend sein Besitzer Timon ist:

Greatness, with Timon, dwells in such a draught
As brings all Brobdingnag[27] before your thought.
To compass this, his building is a town.
His pond an ocean, his parterre[28] a down[29]:
Who must but laugh, the master when he sees,
A puny insect, shiv'ring at a breeze!
Lo, what huge heaps of littleness around!
The whole, a laboured quarry above ground.

Die Hyperbel ist nicht nur ein Stilmittel; unter den entsprechenden Voraussetzungen können Teile von Werken, ganze Werke oder sogar **Gattungen** <122> als hyperbolisch bezeichnet werden: wie z. B. die **petrarkistische** <138> Liebeslyrik, die Satire, die amerikanische ***tall tale*** oder die **Farce** <517>.

RB

[27] **Brobdingnag** das Land der Riesen in *Gulliver's Travels*
[28] **parterre** Ziergarten
[29] **down** baumloser Höhenzug

220 Imagery – Bildlichkeit

1. Alle Elemente eines Textes, die sinnlich (vor allem visuell) Wahrnehmbares anschaulich wiedergeben.
2. Alle Formen des übertragenen Sprachgebrauchs, insbesondere Vergleiche, Metaphern, Metonymien und Synekdochen.
3. Alle Elemente eines Textes, die über sich hinaus auf eine tiefere Bedeutung verweisen, wie Symbole oder allegorische Elemente.

Die erste der drei genannten Bedeutungen ist aus verschiedenen Gründen problematisch. Einerseits gehen die Meinungen einzelner Leser darüber auseinander, ob bestimmte Textpassagen Sinneseindrücke wiedergeben oder nicht. Andererseits ist umstritten, inwieweit neben optischen Wahrnehmungen auch akustische, taktile, Geruchs- und Geschmackseindrücke der Bildlichkeit zuzurechnen sind.

Texte oder Teile von Texten können oft in mehr als nur einer Hinsicht bildlich sein; dies gilt z. B. oft für poetische Landschaften wie die folgende, die Percy Bysshe Shelleys Gedicht „Mont Blanc" (1817) entnommen ist:

[...] The glaciers creep
Like snakes that watch their prey, from their far fountains,
Slow rolling on; there, many a precipice,
Frost and the Sun in scorn of mortal power
Have piled: dome, pyramid, and pinnacle,
A city of death, distinct with many a tower
And wall impregnable of beaming ice.
Yet not a city, but a flood of ruin
Is there, that from the boundaries of the sky
Rolls its perpetual stream [...].

Die Darstellung dieser Gebirgslandschaft kann aus mehreren Gründen als bildlich bezeichnet werden:
- insofern sie anschaulich ist (z. B. in der Passage *many a tower/ And wall impregnable of beaming ice*);
- insofern sie **Metaphern** <224> und **Vergleiche** <238> enthält (z. B. *creep like snakes; fountains; rolling; dome; pyramid; pinnacle; city* usw);
- insofern sie als **symbolische** <144> Landschaft über die Dingwelt hinaus auf ein transzendentes Prinzip verweist. (Dies deutet sich in Formulierungen wie *in scorn of mortal power* oder *perpetual stream* an).

Dass sich die verschiedenen Arten von Bildlichkeit überschneiden können, wird an diesem Textausschnitt gleichfalls deutlich: Veranschaulichende Passagen können zugleich Metaphern oder Vergleiche enthalten oder als Mittel der Darstellung einer symbolischen Landschaft dienen.

Die Bildlichkeit eines Textes hat nur selten ausschließlich deskriptive oder dekorative Funktion; oft hat sie die Aufgabe, Vertrautes zu verfremden oder Fremdes vertraut zu machen. Sie kann auch, wie z. B. bei den ***conceits*** <213>, dazu dienen, den ***wit*** und das sprachliche Können eines Autors zu demonstrieren. In vielen Texten ist die Bildlichkeit sogar eines der zentralen sinntragenden Elemente. Dies ist z. B. in den Gedichten der **Imagisten** der Fall, einer Gruppe amerikanischer und englischer Schriftsteller im London des frühen 20. Jahrhunderts, die ein **antiromantisches** Dichtungsideal propagierten. Ausgangspunkt jedes Gedichts sollte ein präzise definiertes Bild mit scharfen Konturen sein; es sollte aber gleichzeitig der Vorstellungskraft genügend Raum lassen, um das Bild mit all seinen Assoziationen im Bewusstsein des Lesers voll zu entfalten. Besonders deutlich macht sich der Einfluss imagistischer Ideen in den Gedichten von H. D. bemerkbar, wie zum Beispiel in „Oread“:

> Whirl up, sea –
> whirl your pointed pines,
> splash your great pines
> on our rocks,
> hurl your green over us,
> cover us with your pools of fir.

Bilder oder Gruppen zusammengehöriger Bilder (sogenannte ***image clusters***) können auch **leitmotivisch** auftreten, wie z. B. in den Dramen Shakespeares (Tier-Bilder in *Othello* oder *King Lear*; das Bild der Sonne in *Richard II*) oder in zahlreichen Romanen des 19. Jahrhunderts (Nebel in Charles Dickens’ *Bleak House*; die Heide in Thomas Hardys Wessex-Romanen). Solche wiederkehrenden Bilder und Gruppen von Bildern tragen nicht nur wesentlich zur Kohärenz eines Textes bei; meistens haben sie auch wichtige thematische Funktionen. So kommen z. B. in den Tierbildern in *Othello* einerseits elisabethanische Vorstellungen von einem hierarchisch geordneten Kosmos zum Ausdruck, in dem der Mensch über dem Tier steht; zugleich verweisen diese Bilder aber auch auf das Triebhafte und Irrationale im Menschen. Außerdem spiegelt sich in Iagos häufigem Gebrauch von Tierbildern sein zynisches Welt- und Menschenbild; als später Othellos Sprache von diesen Bildern infiziert wird, signalisiert dies den beginnenden Zusammenbruch seiner Persönlichkeit.

RB

Literatur: Bohn.

221 Inversion – Inversion

Abweichen von der üblichen Wortstellung.

Typische Beispiele für Inversionen sind:
– die Nachstellung des Adjektivs hinter sein Bezugswort:

> It was the Winter wild [...]
> (John Milton, „On the Morning of Christ's Nativity");

– die Voranstellung des Objekts (oder eines seiner Teile):

> Little we see in Nature that is ours [...]
> (William Wordsworth, „The World is too Much with Us");

– die Voranstellung verneinender bzw. einschränkender Adverbialien (die auch in der Allgemeinsprache üblich ist):

> Never did sun more beautifully steep
> In his first splendour, valley, rock, or hill [...]
> (William Wordsworth, „Composed upon Westminster Bridge");

– die Voranstellung des *of*-Genitivs vor sein Bezugswort, die in der folgenden Passage mit einer weiteren Inversion des Typs Objekt-Verb kombiniert ist (der Satz ist aufzulösen als *choosing the shortest [way] of many ways to die*):

> Of many ways to die the shortest choosing
> (John Milton, *Paradise Lost*, bk. 10).

Inversionen werden in der Regel als Mittel der Hervorhebung oder Ausdruckssteigerung verwendet. Sie finden sich in ähnlicher Funktion auch in der nicht-literarischen Sprache. Zu beachten ist, dass Inversions-Typen, die im „normalen" Sprachgebrauch unüblich sind, in der Literatur nicht als Regelverletzung empfunden werden, sofern sie im Einklang mit den literarischen **Konventionen** stehen.

Eine besondere Spielart der Inversion ist das **Hyperbaton**, die Trennung zweier eng zusammengehörender Wörter durch ein anderes Satzglied – wie in dem folgenden Beispiel *world* und *time* durch das (sich auf beide beziehende) *enough* getrennt werden:

> Had we but world enough and time [...]
> (Andrew Marvell, „To His Coy Mistress")

RB

222 Litotes – Litotes

Untertreibende Formulierung, die das Gemeinte durch die Negation seines Gegenteils umschreibt und dadurch ironisch bekräftigt.

Die Litotes ist eine spezielle Variante der **Untertreibung** (***understatement***); der Begriff wird allerdings auch oft synonym mit Untertreibung verwendet. Wie alle Arten der Untertreibung ist die Litotes eine Form der **ironischen** <126> Rede; in der Allgemeinsprache ist sie gerade im Englischen relativ weit verbreitet (*not bad* für *very good*). In der Literatur wird die Litotes ebenfalls gerne für ironische oder **satirische** <142> Zwecke verwendet, wie z. B. in der folgenden Passage aus Jonathan Swifts Roman *Gulliver's Travels* (1726). Als Gulliver rückblickend sein Werk kommentiert, legt ihm Swift die folgende, mit einer Bescheidenheitsfloskel eingeleitete, Bemerkung in den Mund:

> I am not a little pleased that this work of mine can possibly meet with no censures [...]. (Jonathan Swift, *Gulliver's Travels*, bk. 4)

Not a little pleased heißt hier natürlich so viel wie *extremely pleased*; die Ironie der Passage verkehrt allerdings die Intention des Erzählers Gullivers in ihr Gegenteil und lässt seine vorgebliche Bescheidenheit als Hochmut erkennen. – Weniger auffällig ist die ironische Funktion der Litotes, die sich in den ersten Zeilen von William Wordsworths Verserzählung *Michael* (1800) findet. Ein ungeordneter Haufen Steine weckt im Erzähler die Erinnerung an die bedrückende Lebensgeschichte des Protagonisten Michael:

> Beside the brook
> Appears a straggling heap of unhewn stones!

> And to that simple object appertains
> A story – unenriched with strange events,
> Yet not unfit, I deem, for the fireside,
> Or for the summer shade.

Hier verbirgt sich hinter der unauffälligen Formulierung *not unfit* sogar ein wesentliches Element der Wordsworth'schen Dichtungstheorie: nämlich dass gerade schlicht anmutende Geschichten bedeutende Erkenntnisse vermitteln können.

RB

Literatur: Leech, G. (1999).

223 Malapropism – Malapropismus

Verwechslung eines Ausdrucks mit einem anderen, dem er lautlich ähnelt.

Der Begriff leitet sich vom Namen der Dramenfigur Mrs. Malaprop aus Richard Brinsley Sheridans Komödie *The Rivals* (1775) ab. Ihre Sprache ist durch das gehäufte Auftreten solcher Malapropismen charakterisiert:

> I would by no means wish a daughter of mine to be a progeny [*prodigy*] of learning [...] . I would send her, at nine years old, to a boarding-school, in order to learn a little ingenuity [vgl. *ingenious*] and artifice [vgl. *art*]. – Then, Sir, she should have a supercilious [*superficial*] knowledge of accounts; – and as she grew up, I would have her instructed in geometry [*geography*], that she might know something of the contagious [*contiguous*] countries. (I. 2)

Wie in dem Beispiel aus Sheridans Komödie haben Malapropismen in der Literatur meist **komische** <506> Funktion und sagen als sprachliche Normabweichung etwas über Bildungsstand oder Intelligenz der Figur aus, der sie in den Mund gelegt werden. Ein berühmtes Beispiel für einen Malapropismus dieser Art ist Molly Blooms Wiedergabe des Wortes *metempsychosis* (Seelenwanderung) durch *met them pike horses* (James Joyce, *Ulysses*). Gelegentlich können Malapropismen aber auch – ähnlich wie die von Freud analysierten sprachlichen Fehlleistungen – eine von der Figur nicht intendierte Wahrheit enthalten. Wenn z. B. im 9. Kapitel des I. Buches von Charles Dickens' Roman *Hard Times* (1854) die im Zirkus aufgewachsene Sissy infolge ihrer mangelhaften Schulbildung *stutterings* statt *statistics* sagt, so hat dieser sprachliche Fehlgriff nur am Rande die Funktion, Sissy in komischem Licht erscheinen zu lassen; in erster Linie dient er dazu, Dickens' Kritik an den zu seiner Zeit so populären statistischen Erhebungen Ausdruck zu verleihen.

RB

Literatur: Leech, G. (1999).

224 Metaphor – Metapher

Verwendung eines Wortes oder Ausdrucks im übertragenen Sinn; die Übertragung beruht auf der Analogie zwischen der normalen („wörtlichen") und der übertragenen Wortbedeutung.

Die Metapher ist ein **Tropus** <242> und eine Form der **Bildlichkeit** <220>. Sie ist in der Allgemeinsprache weit verbreitet und gilt in der Literatur als eines der wichtigsten und geläufigsten sprachlichen Kunstmittel. In dem folgenden Textausschnitt – dem Beginn von Emily Dickinsons (1830-1886) Eisenbahn-Gedicht „I like to see it lap the Miles" – wird z. B. die Eisenbahn mit Hilfe von Metaphern aus dem Tierreich dargestellt:

> I like to see it lap the Miles –
> And lick the Valleys up –
> And stop to feed itself at Tanks
> [...]

Bei der Analyse von Metaphern (wie auch von **Metonymien** <225> und **Synekdochen** <241>) unterscheidet man die folgenden Strukturelemente:

1. ***tenor*** – das, wovon die Rede ist (im Textbeispiel: der Zug und die verschiedenen Phasen seiner Fahrt);

2. ***vehicle*** – der Ausdruck bzw. das **Bild**, mit dessen Hilfe das Gemeinte wiedergegeben wird (die im übertragenen Sinn gebrauchten Wörter und Wendungen, z. B. *lap* oder *lick up*);

3. ***ground*** – die Ähnlichkeitsbeziehung (auch *tertium comparationis* genannt), auf der die Metapher beruht (z. B. im Falle von *lap* oder *lick* up die Analogie zwischen dem Zug, der sich rasch vorwärts bewegt und einem Tier, das eine Flüssigkeit bzw. Futter vom Boden aufleckt). In diesem Punkt unterscheidet sich die Metapher

von der Metonymie und der Synekdoche, deren *ground* nicht auf der Analogie von *tenor* und *vehicle* beruht.

Die in der **Rhetorik** <236> seit Quintilian geläufige Definition der Metapher als verkürzter **Vergleich** <238> ist zwar nicht falsch, aber irreführend und sollte nach Möglichkeit vermieden werden. Zwar haben beide Figuren dieselbe Grundstruktur, insofern sie auf einer Analogie beruhen; bei dem Versuch, Metaphern in Vergleiche umzuformen, treten jedoch die Unterschiede zwischen den beiden Figuren deutlich hervor. Die Metapher in *I [...] see it lap the Miles* könnte z. B. folgendermaßen in Vergleiche umgewandelt werden:

– *I [...] see it lap the Miles like a cat*; oder
– *I [...] see it lap the Miles like milk*; oder
– *I [...] see it lap the Miles as a cat laps up milk*; oder
– *I [...] see it lap the Miles as a tiger laps up water*; oder
– *I [...] see it lap the Miles as a feline laps up liquids*.

Der Unterschied zwischen der Metapher und den Vergleichen besteht hier nicht nur darin, dass die Metapher kürzer ist und dass in ihr die Vergleichspartikel (*as*, *as if*, *like*) fehlt, sondern vor allem darin, dass der Vergleich das *vehicle* formulieren muss (um was für ein Tier handelt es sich? was leckt es auf?) Die Metapher eröffnet also in Beipielen wie dem angeführten einen größeren Interpretationsspielraum als der Vergleich, der in Bezug auf *vehicle* (und oft auch *ground*) spezifischer ist.

Von einer **toten Metapher** (***dead metaphor***) spricht man, wenn der ursprüngliche Wortsinn des *vehicle* vollkommen verblasst ist, wie in *headland* oder *the legs of the sofa* (vgl. auch **Katachrese** <210>).

Das Wort Metapher kann manchmal selbst im übertragenen Sinn, also metaphorisch, gebraucht werden; es bedeutet dann oft in etwa dasselbe wie **Symbol** <144>. So ist es z. B. möglich zu sagen, der Gipfel des Mont Blanc in Percy Bysshe Shelleys Gedicht „Mont Blanc" (1817) sei eine Metapher für die Transzendenz.

RB

Literatur: Hawkes; Lakoff; Lausberg; Leech, G. (1999).

225 Metonymy – Metonymie

Verwendung eines Wortes oder Ausdrucks im übertragenen Sinn; die Übertragung beruht weder auf einer Analogie noch auf einer

Teil-Ganzes-Beziehung zwischen ursprünglicher und übertragener Bedeutung, sondern auf einer anderen Art von – meist räumlicher oder logischer – Beziehung.

Die Metonymie ist ein **Tropus** <242> und eine Form der **Bildlichkeit** <220> wie die **Metapher** <224>. Sie lässt sich wie die Metapher in ***tenor***, ***vehicle*** und ***ground*** analysieren; allerdings beruht die Bedeutungsübertragung bei der Metonymie weder wie bei der Metapher auf einer Analogie, noch wie bei der **Synekdoche** <241> auf einer Teil-Ganzes-Beziehung. (Manchmal wird allerdings die Synekdoche als eine Spielart der Metonymie verstanden).

Am besten lässt sich die Art der Bedeutungsübertragung bei der Metonymie an typischen Fällen erläutern. Solche liegen z. B. vor, wenn

- der Name des Autors an die Stelle (eines) seiner Werke tritt *(are you familiar with Dickens?)*;
- ein Amtsträger durch das Symbol des Amtes bezeichnet wird *(these lands belong to the crown)*;
- ein Ortsname als Bezeichnung für die Bewohner des Ortes verwendet wird *(all Birmingham came out to celebrate)*;
- der Inhalt eines Gefäßes durch das Gefäß bezeichnet wird *(we had a few glasses before we left)*;
- eine Person durch eines ihrer Bekleidungsstücke *(there were a lot of uniforms around)* oder durch eine Anredefloskel *(and of course it was yours truly who came last)* bezeichnet wird;
- ein Abstraktum eine Institution oder Person vertritt *(watch out, here comes the law)*;
- das Mittel an die Stelle des Zwecks tritt *(his native tongue is English)*.

Der Metonymie wird oft ein **elliptischer** <214> Effekt zugeschrieben; in dem folgenden Ausschnitt aus Thomas Grays „Elegy Written in a Country Churchyard" (1751) machen z. B. die Metonymien *Ambition, Grandeur, boast of heraldry* und *pomp of power* aufwändigere Formulierungen – etwa *men of great social importance* anstelle von *Grandeur* – überflüssig:

> Let not Ambition mock their useful toil,
> Their homely joys and destiny obscure;
> Nor Grandeur hear, with a disdainful smile,
> The short and simple annals of the poor.

The boast of heraldry, the pomp of pow'r,
And all that beauty, all that wealth e'er gave,
Awaits alike the inevitable hour.
The paths of glory lead but to the grave.

RB

Literatur: Jakobson; Lausberg; Leech, G. (1999).

226 Onomatopoeia– Onomatopöie

Lautmalerei.

Jede Sprache enthält eine relativ kleine Anzahl von Wörtern, deren Lautgestalt ihre Bedeutung nachzuahmen scheint *(buzz, hiss, miaow, cuckoo, bow-wow).* Sie werden in der Sprachwissenschaft als **Onomatopoetika** bezeichnet. Bei den in der Literatur, vor allem aber in der Versdichtung weit verbreiteten Onomatopöien handelt es sich um ein verwandtes Phänomen: Die Lautung von Wörtern oder Ausdrücken (die selbst nicht unbedingt Onomatopoetika sein müssen) wird genutzt, um bestimmte Effekte zu erzielen, z. B. um den Sinn einer Textpassage deutlicher hervortreten zu lassen oder um Wohlklang zu erzeugen. So unterstützen in der ersten Zeile von Percy Bysshe Shelleys „Ode to the West Wind" (1819) die Laute /w/ und /θ/ lautmalerisch die Darstellung des Herbststurms:

O wild West Wind, thou breath of Autumn's being [...].

Allerdings gilt es in diesem Zusammenhang stets Folgendes zu bedenken: Da die Verbindung von sprachlichem Zeichen und Bedeutung per definitionem **arbiträr** (willkürlich) ist, haben potenziell onomatopoetische Laute oder Lautkombinationen (wie /w/ oder /θ/) nur im Kontext, aber nicht für sich genommen eine bestimmte Bedeutung. Sie eröffnen bestenfalls ein bestimmtes Bedeutungsspektrum (der Laut /θ/ ist z. B. besser geeignet, Wind und Wasser onomatopoetisch zu untermalen als den Gesang der Nachtigall) bzw. stützen Bedeutungen, die ohnehin schon in einem Text oder einer Textstelle angelegt sind.

In der folgenden Passage aus dem *Essay on Criticism* (1711) beschreibt Alexander Pope eine ganze Reihe lautmalerischer Mittel und führt sie zugleich vor; dabei ist er sich – wie das Wort *seem* in der 2. Zeile des Textausschnitts zeigt – durchaus der konventionell-arbiträren Verknüpfung von Klang und Sinn bewusst:

'Tis not enough no harshness gives offense,
The sound must seem an echo to the sense.
Soft is the strain when Zephyr gently blows,
And the smooth stream in smoother number flows;
But when loud surges lash the sounding shore,
The hoarse, rough verse should like the torrent roar.
When Ajax strives some rock's vast weight to throw,
The line too labours, and the words move slow;
Not so when swift Camilla scours the plain,
Flies o'er the unbending corn, and skims along the main.

Nicht immer sind lautmalerische Effekte so unmittelbar verständlich wie bei diesem Beispiel, wo z. B. die ganz unterschiedliche Lautqualität der Zeilen 3/4 und 5/6 dazu beiträgt, die Differenz zwischen dem sanften Geräusch des Zephyrs und des Baches von dem Tosen des stürmischen Meeres zu unterstreichen und sogar fast hörbar werden zu lassen. In den folgenden ersten vier Zeilen von Alfred Tennysons (1809-1892) Gedicht „Mariana“ dagegen lässt sich die – unbestreitbare – onomatopoetische Funktion der verschiedenen /s/-, /st/- und /ts/-Lautkombinationen nur schwer erfassen: Tragen sie (als wenig wohlklingende Laute) mit dazu bei, die desolate Stimmung der dargestellten Szenerie zu steigern, oder betonen sie (infolge der zahlreichen Wiederholungen sowie des Verzögerungseffekts von /st/ und /ts/) den Stillstand der Zeit – oder trifft etwa beides zu?

With blackest moss the flower-pots
  Were thickly crusted, one and all;
The rusted nails fell from the knots
  That held the pear to the garden wall.

RB

Literatur: Leech, G. (1999).

227 Oxymoron – Oxymoron[30]

Wortverbindung, deren Bestandteile kontrastierende oder gegensätzliche Bedeutungen haben.

30 Beachte die unterschiedliche Betonung des Wortes im Deutschen (Oxymoron) und im Englischen (oxymoron).

Jedem Oxymoron liegt eine **paradoxe** <228> Aussage zu Grunde, wie sich am Beispiel der folgenden Werktitel (die alle ein Oxymoron enthalten) leicht nachvollziehen lässt: *She Stoops to Conquer* (Oliver Goldsmith); *The Earthly Paradise* (William Morris); *Sour Sweet* (Timothy Mo); *Oh What a Lovely War* (Joan Littlewood und Theatre Workshop).

Oxymora sind in der **petrarkistischen** <138> Liebeslyrik weit verbreitet, wo sie in der Regel dazu dienen, schwankende Gefühlslagen zu veranschaulichen; ihr stereotyper Gebrauch wird allerdings von Zeitgenossen häufig verspottet oder kritisiert, wie auch in der vierten Zeile des folgenden Ausschnitts aus einem Sonett von Sir Philip Sidney (1554-86):

> Some lovers speak, when they their muses entertain,
> Of hopes begot by fear, of wot not what[31] desires,
> Of force of heavenly beams, infusing hellish pain,
> Of living deaths, dear wounds, fair storms and freezing fires.

Oxymora können ansonsten – ähnlich wie Paradoxa – die Funktion haben, Sachverhalte zu formulieren, die sich dem Zugriff der Ratio entziehen; D. H. Lawrence (1885-1930) z. B. bedient sich in der letzten Zeile seines Gedichts „Bavarian Gentians“ eines doppelten Oxymorons, um den Abstieg in die Unterwelt (und zugleich den Tod) darzustellen:

> [...]
> among the splendour of torches of darkness, shedding darkness on the lost bride and her groom.

RB

Literatur: Lausberg; Leech, G. (1999).

228 Paradox – Paradoxon

Absurd oder widersprüchlich erscheinende Aussage, die sich aber bei genauerer Analyse als sinnvoll erweist.

Die **Paradoxie** als intellektuelles Problem beschäftigte bereits in der Antike die Philosophen. Paradoxe Formulierungen (zu denen das **Oxymoron** <227> gehört), Aussagen oder Strukturen sind auch

---

[31] **wot not what** ich weiß nicht was für

in einigen literarischen Gattungen (z. B. in der religiösen Lyrik) weit verbreitet; in bestimmten Epochen (z. B. in der **Postmoderne** <140>) erfreuen sie sich relativ großer Beliebtheit. In der ***Metaphysical Poetry*** sind Paradoxa eine der typischen Ausdrucksformen des ***metaphysical wit*** und dienen, ähnlich wie die ***conceits*** <213>, der Pointierung des Gedankens. John Donnes (1572-1631) Liebesgedicht „The Sun Rising" ist beispielsweise auf der Basis einer Serie von Paradoxien konstruiert, die in der folgenden Aufforderung des Sprechers an die Sonne gipfeln, das Bett der beiden Liebenden zum Mittelpunkt ihrer Umlaufbahn zu machen:

> [...] and since thy duties be
> To warm the world, that's done in warming us.
> Shine here to us, and thou art everywhere,
> This bed thy centre is, these walls thy sphere.[32]

Diese Paradoxie löst sich im Kontext des erotischen Gedichts als **hyperbolische** <219> Geste auf, die die „Welt" der beiden Liebenden zur eigentlichen Welt macht.

In der Lyrik des 20. Jahrhunderts, insbesondere der klassischen **Moderne** <130>, hat das Paradoxon häufig die Aufgabe, Sachverhalte zu formulieren, die sich dem Zugriff der Ratio entziehen. Dies gilt z. B. für die ersten Zeilen von T. S. Eliots *Four Quartets* (1943) mit ihren multiplen Paradoxien, die sich nur der religiösen Erfahrung erschließen können:

> Time present and time past
> Are both perhaps present in time future
> And time future contained in time past.
> If all time is eternally present [...].

Die spielerische Seite des Paradoxons kommt oft in **Aphorismen** <105> zum Ausdruck; die folgenden Beispiele stammen von Oscar Wilde (1854-1900):

> Only the shallow know themselves.
> A truth ceases to be true when more than one person believes in it.
> Art is the only serious thing in the world. And the artist is the only person who is never serious.

RB

Literatur: Lausberg; Leech, G. (1999).

---

[32] **sphere** Sphäre, hier: Umlaufbahn

229 Parallelism – Parallelismus

Wiederholung gleichartiger syntaktischer Strukturen.

Der Parallelismus ist in zahlreichen volkstümlichen Formen, z. B. in Volksballaden, Kinderliedern oder auch in Sprichwörtern wie den folgenden, weit verbreitet:

> In like a lion, out like a lamb.
> Fool me once, shame on you; fool me twice, shame on me.
> Dream of a funeral and you hear of a marriage.
> While there's life there's hope.

An den Beispielen wird deutlich, dass die Wirkung von Parallelismen durch **Antithesen** <206> – wie z. B. *lion / lamb* oder *funeral / marriage* – oder durch parallele **rhythmische** <321> Muster (wie z. B. ó o o ó o | ó o o ó im ersten Beispiel) unterstützt werden kann.

Parallelismen können ganz unterschiedliche Zwecke erfüllen, wie sich am folgenden Beispiel, einer vielzitierten Passage aus Alexander Popes *Essay on Man* (1733/34) – zeigen lässt:

> Know then thyself, presume not God to scan;
> The proper study of mankind is man.
> Placed on this isthmus of a middle state,
> A being darkly wise, and rudely great:
> With too much knowledge for the sceptic side,
> With too much weakness for the stoic's pride,
> He hangs between; in doubt to act, or rest,
> In doubt to deem himself a god, or beast;
> [...]

Die Parallelkonstruktionen haben hier, wie in den oben zitierten Sprichwörtern, in erster Linie die Funktion der gedanklichen Pointierung, so z. B. in der 4., 5./6. sowie 7./8. Zeile. Außerdem vermitteln hier die Parallelkonstruktionen zugleich den Eindruck eines geordneten und harmonischen Gedankengebäudes. An dem Beispiel in der 7. und 8. Zeile wird außerdem erkennbar, dass parallel konstruierte Sätze oder Satzteile keineswegs immer gleich lang sein oder gleich viele Elemente enthalten müssen; so wird allzu große Eintönigkeit vermieden.

Wie Parallelismen in Verbindung mit einem gleichförmigen Rhythmus die politische Botschaft eines Gedichts unterstreichen können, sei an folgendem Beispiel aus Percy Bysshe Shelleys „Song to the Men of England“ (1819) demonstriert. Die unerwartete Durchbrechung des Prinzips der Parallelkonstruktion in der letzten Zeile lenkt die Aufmerksamkeit des Lesers gerade auf diese Stelle:

> The seed ye sow, another reaps;
> The wealth ye find, another keeps;
> The robes ye weave, another wears;
> The arms ye forge, another bears.
> Sow seed, – but let no tyrant reap;
> Find wealth, – let no impostor keep;
> Weave robes, – let not the idle wear;
> Forge arms, – in your defence to bear.

RB

Literatur: Leech, G. (1999).

230 Parataxis – Parataxe; Hypotaxis – Hypotaxe

Parataxe: *Verknüpfung von Sätzen oder Satzteilen durch Aneinanderreihung oder koordinierende (nebenordnende) Konjunktionen.*
Hypotaxe: *Verknüpfung von Sätzen oder Satzteilen durch subordinierende (unterordnende) Konjunktionen.*

Wenn Parataxen gehäuft auftreten, so spricht man von **parataktischem Stil**:

> The whole town seemed to be frying in oil. There was a stifling smell of hot oil everywhere. The steam-engines shone with it, the dresses of the Hands were soiled with it, the mills throughout their many stories oozed and trickled it. (Charles Dickens, *Hard Times*, bk. 2, ch. 1)

In diesem Beispiel wird die Parataxe durch bloße (**asyndetische** <209>) Reihung der einzelnen Sätze realisiert. Ein parataktischer Stil kann unterschiedliche Funktionen erfüllen: In dem zitierten Ausschnitt dient er wohl – im Kombination mit den **Parallelismen** <229> des dritten Satzes – in erster Linie dazu, die bedrückende Atmosphäre der in der Sommerhitze brütenden Industriestadt möglichst unmittelbar spürbar werden zu lassen.

Wenn Hypotaxen gehäuft auftreten, so spricht man von **hypotaktischem Stil**:

> Their religion was of a simple, semi-pagan kind, but there was no heresy in it, if heresy properly means choice, for they didn't know there was any other religion, except that of chapel-goers, which appeared to run in families, like asthma. (George Eliot, *The Mill on the Floss*, bk. 4, ch. 2)

Diese Passage ist trotz der parataktischen Verknüpfung zu Beginn (*but*) als hypotaktisch zu bezeichnen, da der Charakter des Satzes in der Folge ganz überwiegend von Hypotaxen bestimmt wird. Der hypotaktische Stil ist – wie in der zitierten Passage – besonders gut geeignet, komplexe Sachverhalte oder Gedankengänge darzustellen.

Die Termini Parataxe und Hypotaxe überschneiden sich teilweise mit den Begriffen **Satzperiode** und **nicht periodischer Satz**. Eine Satzperiode (***periodic sentence***) liegt dann vor, wenn in einem hypotaktisch strukturierten Satzgebilde der übergeordnete Satz erst nach einem oder mehreren eingeschobenen Nebensätzen zu Ende geführt wird und damit die zu Beginn erzeugte syntaktische Spannung gelöst wird. Im folgenden Beispiel, dem Anfang von John Miltons *Paradise Lost*, löst sich die syntaktische Spannung erst in der 6. Zeile mit der Nennung des Verbs *sing*; der Satz beginnt mit einem fünf Zeilen langen Genitivobjekt (*of man's first disobedience, and the fruit*), das zwei Hypotaxen (beginnend mit *whose* und *till*) enthält:

> Of Man's First Disobedience, and the Fruit
> Of that Forbidden Tree, whose mortal taste
> Brought Death into the World, and all our woe,
> With loss of *Eden*, till one greater Man
> Restore us, and regain the blissful Seat,
> Sing Heav'nly Muse [...].
> (John Milton, *Paradise Lost*)

Das Gegenteil der Satzperiode ist der nicht-periodische Satzbau (***non-periodic/loose sentence***), wie er am Beispiel der folgenden Passage aus Daniel Defoes Roman *Moll Flanders* (1722) besonders gut beobachtet werden kann:

> The first account that I can recollect, or could ever learn of myself, was that I had wandered among a crew of those people they call gypsies, or Egyptians; but I believe it was but a very little while that I had been among them, for I had not had my skin discoloured or blackened, as they do very young to all the children they carry about with them; nor can I tell how I came among them, or how I got from them.

Diese nicht-periodische Satzkonstruktion enthält nur einen einzigen eingeschlossenen Nebensatz (*that I can recollect, or could ever learn of myself* wird eingeschlossen von *The first account [...] was that*). Alle anderen Sätze und Teilsätze sind teils durch parataktische Fügungen (*but, for, nor)* teils durch Hypotaxen (*that, as*) miteinander verbunden, aber – im Gegensatz zum periodischen Satzbau – in absteigender Reihe, d. h. ohne jemals auf eine übergeordnete syntaktische Ebene zurückzukehren. Die Funktion einer derartigen Syntax ist es häufig – und gerade bei Defoe – den mündlichen Sprachgebrauch bzw. Konversationston nachzuahmen.

RB

231 Periphrasis – Periphrase

Umschreibung eines kürzeren und einfachen Ausdrucks durch eine längere, stilistisch anspruchsvolle Formulierung.

Periphrastische Wendungen sind ein traditioneller Bestandteil des **hohen Stils** <239>, vor allem im **Epos** <312>. Dort haben sie in erster Linie die Funktion, einem erhabenen Gegenstand die ihm gebührende Würde zu verleihen. So werden z. B. zu Beginn von Edmund Spensers höfischem Epos *Faerie Queene* (1580-96) die Muse Clio als *holy Virgin chief of nine*, Amor/Cupido als *dreaded imp of highest Jove* bzw. als *fair Venus' son* und King Arthur als *that most noble Briton Prince* apostrophiert, in Buch I von John Miltons Epos *Paradise Lost* z. B. Eva als *mother of mankind* oder Moses als *that shepherd that first taught the chosen seed* (wobei *chosen seed* selbst wieder eine Periphrase für das Volk Israel ist).

Als konventionelles Element gehören Periphrasen zu den typischen Stilfiguren der ***poetic diction*** <234> des 18. Jahrhunderts: Sie können dort dekorative Funktion haben wie im folgenden Beispiel –

> The Attic warbler[33] pours her throat,
> Responsive to the cuckoo's note [...]
>
> (Thomas Gray, „Ode on the Spring")

---

[33] **Attic warbler** Nachtigall

– oder auch ironisch gemeint sein wie in den beiden folgenden Londoner Straßenszenen, wo Besen zu *broomy stumps* werden, Eis dagegen zu *hardened waters* und *slipp'ry tide:*

The youth with broomy stumps began to trace
The kennel-edge, where wheels had worn the place.
(Jonathan Swift, „A Description of the Morning")

Wheels o'er the hardened waters smoothly glide,
And rase with whitened tracks the slipp'ry tide.
(John Gay, *Trivia*, bk. II)

Paraphrase wird manchmal synonym mit Periphrase verwendet. Ansonsten versteht man jedoch unter einer Paraphrase etwas ganz anderes – nämlich die Umformulierung eines Sachverhaltes oder Gedankens zum Zwecke der Verdeutlichung oder Erläuterung; in diesem Falle handelt es sich also nicht um eine rhetorische Figur oder ein Stilmittel.

RB

Literatur: Leech, G. (1999); McCoy.

232 Personification – Personifikation

Darstellung von Dingen, abstrakten oder kollektiven Begriffen, als ob es sich um menschliche Wesen handelte.

Die im Englischen gebräuchlichen Pronominalformen für Autos, Schiffe, Länder, den Mond (*she*) sowie die Sonne (*he*) oder auch Ausdrücke wie *Father Thames* zeigen, dass Personifikationen in der englischen Allgemeinsprache keineswegs selten sind. In der Literatur ist die Personifikation ein typischer Stilzug der ***poetic diction*** <234>; in dem folgenden Ausschnitt aus Thomas Grays „Ode on a Distant Prospect of Eton College" (1753) werden z. B. die verschiedenen Leidenschaften personifiziert, die den jetzt noch so lebensfrohen Schülern eines Tages ihr Leben verderben werden:

These[34] shall the fury[35] Passions tear,
The vultures of the mind,

[34] Gemeint sind die vom Sprecher beobachteten Schüler, die am Ufer der Themse spielen.

[35] **fury** hier Adjektiv

Disdainful Anger, pallid Fear,
And Shame that skulks behind;
Or pining Love shall waste their youth,
Or Jealousy with rankling[36] tooth,
That inly[37] gnaws the secret heart,
And Envy wan, and faded Care,
Grim-visaged comfortless Despair,
And Sorrows's piercing dart.

Die Textpassage lässt erkennen, dass die Personifikation der **Allegorie** <102> nahesteht; umgekehrt bedient sich die Allegorie gerne der Personifikation, um abstrakte Begriffe oder Sachverhalte in einem konkreten Bild zu veranschaulichen. So werden z. B. in der sogenannten **Psychomachie** innere Konflikte als Kampf zwischen personifizierten Seelenkräften (z. B. von Stolz und Demut) dargestellt. Das folgende Beispiel für die Personifikation eines theologischen Begriffs ist Edmund Spensers allegorischem Ritterepos *The Faerie Queene* (1580-96) entnommen; „Error", der religiöse Irrtum, erscheint hier personifiziert als

[...] ugly monster [...]
Half like a serpent horribly displayed,
But th'other half did woman's shape retain,
Most loathsome, filthy, foul, and full of vile disdain.
(bk 1, canto 1).

Auch in der feierlichen **Ode** <323> wird nicht selten der angesprochene Gegenstand personifiziert, um so die Intensität des Ausdrucks zu verstärken, wie z. B. zu Beginn von John Keats' „Ode on a Grecian Urn" (1820):

Thou still unravished bride of quietness,
  Thou foster-child of silence and slow time,
Sylvan historian, who canst thus express
  A flowery tale more sweetly than our rhyme [...].

Die Personifikation kann aber auch ganz anderen Zwecken dienen als dem der Sublimierung oder der Veranschaulichung abstrakter Sachverhalte. In dem folgenden Beispiel etwa, einer Passage aus Charles Dickens' Roman *Great Expectations* (1860/61), hat die anthropomorphisierende Darstellung von unbelebten Dingen und Tieren die Funktion, das schlechte Gewissen des Protagonisten Pip

[36] **rankling** vgl. *rankle* (wurmen)
[37] **inly** innerlich

Gestalt annehmen zu lassen, zugleich aber auch die distanzierende Ironie des Erzählers zum Ausdruck zu bringen:

> The mist was heavier [...] when I got out upon the marshes, so that instead of my running at everything, everything seemed to run at me. This was very disagreeable to a guilty mind. The gates of dykes and banks came bursting at me through the mist, as if they cried as plainly as could be, „A boy with Somebody-else's pork pie! Stop him!" The cattle came upon me with like suddenness, staring out of their eyes, and steaming out of their nostrils, „Holloa, young thief!" One black ox, with a white cravat on – who even had to my awakened conscience something of a clerical air – fixed me so obstinately with his eyes [...], that I blubbered out to him, „I couldn't help it, sir! [...]" (ch. 3)

RB

Literatur: Paxson.

233 Pleonasm – Pleonasmus

Sprachliche Redundanz, die dadurch zu Stande kommt, dass Bedeutungen wiederholt werden, die schon in anderen Teilen eines Ausdrucks enthalten sind.

Divide an apple into <u>two</u> <u>halves</u> oder *I have <u>seen</u> it <u>with my own eyes</u>* sind Beispiele für Pleonasmen, wie sie in der Allgemeinsprache vorkommen. Die Beispiele zeigen, dass es sich bei solchen Formulierungen keineswegs um Verstöße gegen sprachliche Normen handelt, sondern um ganz „normale" sprachliche Redundanzerscheinungen; gelegentlich haben sie die Funktion, einer Aussage Nachdruck zu verleihen. In der Literatur können Pleonasmen manchmal auch dekorative Funktion haben; in dem folgenden Beispiel aus John Gays *Trivia* (1716; Bk. II) sind sie z. B. ein charakteristisches Element der ***poetic diction*** <234>:

> Winter my theme confines; whose nitry[38] wind
> Shall crust the <u>slabby mire</u>, and kennels[39] bind;
> She bids the <u>snow</u> descend in <u>flaky</u> sheets,
> And in her hoary <u>mantle clothe</u> the street.

---

38 **nitry** eisig

39 **kennels** Rinnsteine

Eng verwandt mit dem Pleonasmus ist die **Tautologie**; aber obwohl beide Begriffe sprachliche Redundanzerscheinungen bezeichnen und daher manchmal auch synonym verwendet werden, scheint es sinnvoll, die folgende Unterscheidung zu treffen:

- als pleonastisch bezeichnet man sprachliche Äußerungen, die – wie die bisher genannten Beispiele – trotz teilweiser Redundanz einen Informationsgehalt haben; sie vermitteln lediglich dieselbe Information mehrfach;
- tautologisch sind dagegen redundante Aussagen, in denen z. B. das Prädikat oder ein *complement* lediglich Information wiederholt, die bereits im Subjekt enthalten ist, und die infolgedessen keinerlei Informationsgehalt haben. Clifford Leech nennt u. a. *That lie is false* und *My grandmother is female* als Beispiele.

Tautologische Sätze sind in „normaler" Kommunikation von keinem oder nur sehr geringem Wert; in der Literatur können sie dagegen für ganz spezielle Zwecke genutzt werden. In dem folgenden Ausschnitt aus Shakespeares Komödie *As You Like It* haben sie z. B. komische Funktion. Dem einfältigen Schäfer Corin fallen auf die Frage des Clowns Touchstone „Hast any philosophy in thee, shepherd?" nur Tautologien ein:

> *Corin*. [...] I know [1] the more one sickens, the worse at ease he is, and [2] that he that wants money, means, and content is without three good friends; [3] that the property of rain is to wet and [4] fire to burn; [5] that good pasture makes fat sheep; and [6] that a great cause of the night is lack of the sun [...]. (Shakespeare, *As You Like It*, III. 2)

In jeder einzelnen Lebensweisheit Corins wird in einem Satzteil Information wiederholt, die schon in einem anderen enthalten sind. In [1] z. B. wiederholt *worse at ease* nur Information, die schon in *sickens* enthalten ist; in [2] wiederholt *three good friends* nur das, was in *money, means, and content* bereits impliziert ist: dass es sich bei diesen dreien um erstrebenswerte Güter handelt.

RB

Literatur: Leech, G. (1999).

234 Poetic Diction

Rede- oder Schreibstil, der sich deutlich vom „normalen" Sprachgebrauch abhebt und als spezifisch literarisch empfunden wird.

Dem Begriff *poetic diction* liegt die Vorstellung zu Grunde, dass jeglicher „poetische“ Sprachgebrauch auf irgendeine Weise von der Allgemeinsprache abweicht. Im engeren Sinne wird der Begriff *poetic diction* in Bezug auf den **gehobenen Stil** <239> der Versdichtung des 18. Jahrhunderts verwendet, unter dessen charakteristischen Merkmalen vor allem **Periphrasen** <231>, **Personifikationen** <232>, schmückende **Epitheta** <216> und archaisierende oder latinisierende Wendungen hervorzuheben sind. Im 18. Jahrhundert ist die Sonderstellung einer derartigen poetischen Sprache weitgehend unumstritten; sie erfüllt die Konvention des ***decorum***, die besagt, dass in literarischen Texten Stil und Gegenstand einander entsprechen sollten. Die folgende winterliche Szene aus James Thomsons *Seasons* (1730) kann als repräsentativ gelten:

> [...] The wanderers of heaven,
> Each to his home, retire; save those that love
> To take their pastime in the troubled air,
> And, skimming, flutter round the dimply flood.
> The cattle from th'untasted fields return,
> And ask, with meaning low, their wonted stalls,
> Or ruminate in the contiguous shade:
> Thither the household, feathery people crowd,
> The crested cock with all his female train,
> Pensive and wet. Meanwhile, the cottage-swain
> Hangs o'er th'enlivening blaze and, taleful, there
> Recounts his simple frolic [...]

Einige der typischen Stilzüge der *poetic diction* sind hier versammelt:

- Periphrasen (*wanderers of heaven* für Vögel; *the household, feathery people* und *female train* für Hühner);
- schmückende Epitheta (*troubled air; dimply flood; crested cock; enlivening blaze*);
- archaisierende (*wonted; o'er; th'*), poetisch-gewählte (*taleful*) und latinisierende (*ruminate; contiguous; pensive*) Wörter und Wendungen.

Gegen Ende des 18. Jahrhunderts wird die *poetic diction* zunehmend als unnatürlich empfunden. William Wordsworth fordert im „Preface“ (1800) zu den *Lyrical Ballads*, die Sprache der Versdichtung solle sich an „the language really spoken by men“ orientieren und bezeichnet die *poetic diction* als „wanton deviation from good sense and nature" und „a motley masquerade of tricks, quaintnesses, hieroglyphics, and enigmas."

RB

Literatur: Leech, G. (1999); Marks; Sherbo (1975).

235 Pun – Wortspiel

Spiel mit Worten, das auf der Doppel- oder Mehrdeutigkeit von gleich- oder ähnlichlautenden Wörtern beruht.

Puns sind im Englischen infolge der historischen Sprachentwicklung (Flexionsendungsverfall, Entstehung neuer Homophone durch Verstummen von Konsonanten) ein in der Allgemeinsprache weit verbreitetes Phänomen. Sie sind allgegenwärtig im Gespräch, in der Werbung, in Buchtiteln, oder – wie im folgenden Beispiel – in Schlagzeilen:

> Capital punishment: Should developing countries try to control short-term capital inflow? (*The Economist*, Feb 4th 1995)

Nicht immer beruhen *puns* wie bei diesem Beispiel auf der Doppeldeutigkeit eines einzigen Ausdrucks (*capital punishment*). In dem folgenden Ausschnitt aus Shakespeares Drama *Richard III*, IV. 4 kommt das *pun* durch die Wiederholung homophoner, aber in ihrer Bedeutung ganz unterschiedlicher Wörter zu Stande:

> *King Richard.* You speak as if that I had slain my cousins.
> *Elizabeth.* Cousins indeed! And by their uncle cozen'd[40]
> Of comfort, kingdom, kindred, freedom, life [...]

An diesem Beispiel wird zugleich deutlich, dass das *pun cousin – cozen* nicht nur dem Vergnügen am Spiel mit Worten dient, sondern hier auch eine durchaus ernst zu nehmende Funktion hat: nämlich Elizabeths Vorwurf gegen den Mörder ihrer Söhne durch den Hinweis auf die verwandtschaftlichen Beziehungen zwischen Mörder und Ermordeten zuzuspitzen. Wortspiele wie dieses, die weder auf der Mehrdeutigkeit eines Wortes (Polysemie) noch auf Homonymie beruhen, sondern auf geringfügigen Abweichungen in Schreibung

---

[40] **cozen** betrügen

oder Lautung, werden in der klassischen **Rhetorik** <236> auch als **Paronomasie** bezeichnet.

In der Literatur sind *puns* gerade zur Shakespeare-Zeit populär und weit verbreitet, und zwar im Drama wie in der Versdichtung, wo sie – ähnlich wie ***conceits*** <213> – unterschiedliche Bedeutungsbereiche miteinander verknüpfen. So wird im folgenden Beispiel aus Ben Jonsons (1572-1637) **Epitaph** auf seinen verstorbenen ersten Sohn neben der geläufigen Bedeutung von *poetry* (‚Poesie') auch die der griechischen Wurzel des Wortes (*poiein* ‚machen') mit ins Spiel gebracht:

> Rest in soft peace, and asked, say, „Here doth lie
> Ben Jonson his best piece of poetry."
>
> („On My First Son")

Mit dem Vordringen klassizistischer Normen nach der ***Restoration*** verliert das *pun* zunehmend an Bedeutung; es wird zwar in der Konversation und in literarischen Formen wie **Komödie** <506> oder **Satire** <142> geschätzt, in der „hohen" Literatur aber als Verstoß gegen das ***decorum*** (→ **Poetic Diction** <234>) empfunden. John Dryden (1631-1700) kritisiert Shakespeares „comic wit declining into clenches[41]" (*Of Dramatic Poesy*), und Samuel Johnson (1709-84) setzt diese Kritik im *Preface to Shakespeare* fort:

> A quibble[42] is to Shakespeare, what luminous vapours[43] are to the traveller; he follows it at all adventures; it is sure to lead him out of his way, and sure to engulf him in the mire. [...] A quibble, poor and barren as it is, gave him such delight, that he was content to purchase it, by the sacrifice of reason, propriety, thought.

In dem Maße, in dem im 20. Jahrhundert – nicht zuletzt unter dem Einfluss der Psychoanalyse und der strukturalistischen Linguistik – der Glaube an die Sprache als ein System stabiler Bedeutungen ins Wanken geraten ist, hat auch das *pun* wieder an Bedeutung gewonnen. Geschätzt wird nun vor allem seine anarchische Tendenz, ohne Rücksicht auf gesellschaftliche Normen oder Tabus alles mit allem zu verknüpfen bzw. all das zur Sprache zu bringen, was im normalen Alltagsdiskurs unterdrückt oder verschwiegen wird. In der Literatur der klassischen **Moderne** <130> spielen *puns* z. B. bei James Joyces Sprachexperimenten in *Finnegans Wake*

---

[41] **clench** spitzfindiges Wortspiel

[42] **quibble** Wortspiel

[43] **luminous vapours** hier: Irrlichter

(1939) eine große Rolle. So wird gleich zu Beginn des Romans ein Sir Tristram, *violer d'amores*, erwähnt; in dieser Formulierung überlagern sich die folgenden Bedeutungen:

- jemand, der die Viola d'amore spielt;
- jemand, der Liebeslieder spielt;
- jemand, der seiner Geliebten Schlimmes antut (frz. *violer* Gewalt antun; vergewaltigen).

Seit den 60er und 70er Jahren hat das *pun* auch in die Geisteswissenschaften Einzug gehalten und sich bei Theoretikern wie Lacan oder Derrida zu einem wichtigen Bestandteil der Wissenschaftssprache entwickelt – Derridas Wortprägung *différance* ist eines der bekanntesten Beispiele für ein solches Wortspiel. (→ **Deconstruction** <604>).

RB

Literatur: Leech, G. (1999); Redfern.

236 Rhetoric – Rhetorik

1. Die Kunst der Rede.
2. Die Lehre von der Kunst der Rede.

Die Tradition der Rhetorik reicht bis in die Antike zurück. Als *ars bene dicendi* ist ihr oberstes Ziel die Überzeugung der Zuhörer. Auf der Basis zahlreicher theoretischer Schriften – darunter Aristoteles' *Rhetorik* (ca. 320 v. Chr.), verschiedene Schriften von Cicero (106 – 43 v. Chr.) sowie Quintilians *Institutio Oratoria* (ca. 90 n. Chr.) – entstand im Lauf der Zeit ein hoch differenziertes System, das bis ins 18. Jahrhundert, teilweise sogar länger, seine Gültigkeit bewahrte. Innerhalb dieses Systems unterschied man z. B.drei „Gattungen" der Rede:

- die **Gerichtsrede** (***genus iudiciale***; ***judicial/forensic rhetoric***);
- die **deliberative Rede** (***genus deliberativum***; ***deliberative rhetoric***), deren Ziel es war, Entscheidungen in Fragen von öffentlichem Interesse herbeizuführen;
- die **epideiktische Rede** (***genus demonstrativum***; ***demonstrative/epideictic rhetoric***), die Lobrede auf Menschen oder Götter.

Von zentraler Bedeutung war darüber hinaus die Lehre von der Verarbeitung des Stoffs, die sich in fünf Teilgebiete gliederte:

– ***inventio***, das Sammeln geeigneter Argumente und Gedanken; die Lehre von der Beweisführung;
– ***dispositio***, die Anordnung der Gedanken sowie des sprachlichen Materials; der Aufbau orientierte sich gewöhnlich an der Reihenfolge ***exordium*** (Einleitung), ***narratio*** (Darlegung des Sachverhaltes), ***propositio*** (Ziel der Rede), ***divisio*** (Hauptpunkte der Rede), ***confirmatio*** (Beweisführung), ***refutatio*** (Widerlegung von Gegenargumenten), ***conclusio*** (Schluss);
– ***elocutio***, der sprachliche Ausdruck (**Tropen** und **Figuren** <242>);
– ***memoria***, das Auswendiglernen der Rede;
– ***pronuntiatio***, der Vortrag.

Der Wert der Rhetorik war von allem Anfang an umstritten. Sokrates bestritt z. B. in *Gorgias* und *Phaedrus* nachdrücklich ihren moralischen Rang, da sie nicht der Wahrheit verpflichtet sei und für jeglichen Zweck missbraucht werden könne. Aristoteles, Cicero und Quintilian dagegen definierten den guten Redner als guten Menschen – in der Formulierung Ciceros: *vir bonus dicendi peritus* (ein guter Mensch, der des Redens kundig ist). Diese Vorstellung erwies sich im Laufe der Geschichte als sehr einflussreich; sie trug ganz wesentlich mit dazu bei, dass die Rhetorik seit der Antike eine zentrale Rolle in der Erziehung spielte und folglich den Gebildeten bis ins 18. Jahrhundert vertraut war. Im Mittelalter bildete sie zusammen mit Grammatik und Logik das ***Trivium***, einen Teil des Bildungskanons; als schulische Disziplin wurde sie in England im 16. Jahrhundert ein fester Bestandteil des Lehrplans der *grammar schools*. Allerdings begann man zu jener Zeit die Rhetorik mehr und mehr ausschließlich mit Formen der epideiktischen Rede zu assoziieren; im Mittelpunkt des Interesses standen folglich die *elocutio* und die dekorative Funktion der sprachlichen Mittel. Dies hing teilweise mit der politischen Situation zusammen, in der es nicht immer ungefährlich war, sich politisch zu äußern, und die deshalb nicht unbedingt geeignet war, die Kunst der öffentlichen Rede zu fördern. Teilweise ist die einseitige Ausrichtung der Rhetorik aber auch mit dem Einfluss des französischen Humanisten Petrus Ramus (Pierre de la Ramée, 1515-72) zu erklären, der *inventio* und *dispositio* der Logik zuordnete und damit die Rhetorik im Wesentlichen auf die *elocutio* einschränkte.

Auch die von Sokrates begonnene Kritik an der Rhetorik als einer weder der Wahrheit verpflichteten noch moralisch verantwortlichen Disziplin verstummte im Laufe der Geschichte keineswegs. In England griff z. B. Francis Bacon in *The Advancement of Learning* (1605) „the affectionate study of eloquence“ an (wobei er selbst keineswegs auf **Antithesen** <206>, **Parallelismen** <229> oder die steigernde Reihung bis hin zur **Klimax** <212> verzichtete):

> [...] men began to hunt more after words than matter, and more after the choiceness of the phrase, and the round and clean composition of the sentence, and the sweet falling of the clauses, and the varying and illustration of their works with tropes and figures than after the weight of the matter, worth of subject, soundness of argument, life of invention, or depth of judgment.

Bacons Kritik wurde später im 17. Jahrhundert von Thomas Sprat in seiner *History of the Royal Society* (1667) fortgesetzt, der alle „ornaments of speech“ im Namen der noch jungen neuzeitlichen Naturwissenschaften heftig angriff:

> Who can behold, without Indignation, how many mists and uncertainties, these specious Tropes and Figures have brought on our knowledge?

Rhetorik und Literatur gelten seit der Antike als eng miteinander verwandt: Die Frage, in welchem Maße sich die Literatur rhetorischer Mittel bedienen oder das Regelwerk der Rhetorik nutzen dürfe, ist allerdings immer wieder verschieden beantwortet worden. Solange sich in England die Literatur als Form der öffentlichen Rede (und nicht der privaten Gefühlsaussprache) versteht bzw. ihr sogar eine wichtige öffentliche Funktion zugeschrieben wird – also vor allem im 16., 17. und 18. Jahrhundert – ist die enge Beziehung zwischen Rhetorik und Literatur unbestritten. Vor allem im 16. und frühen 17. Jahrhundert ist in der englischen und amerikanischen Literatur die Verwendung rhetorischer Formen und Mittel in fast allen literarischen Gattungen zu beobachten – vielleicht am deutlichsten in der **petrarkistischen Lyrik** <138>, in der ***Metaphysical poetry*** (→ **Conceit** <213>), im Drama, aber auch in der Prosa (→ **Euphuism** <218>), in der geistlichen **Lyrik** oder in der Predigt. Spätestens seit der Romantik wird dann in dem Maße, in dem Literatur ihren „öffentlichen“ Charakter verliert und zunehmend als „privater“ Ausdruck verstanden wird, Kritik an jeglicher Art von „rhetorischer“ Literatur laut. Diese Kritik dokumentiert sich am deutlichsten in Wordsworths Angriff auf die ***poetic diction*** <234>; wenig später definiert John Stuart Mill in seinem einflussreichen

Essay „What is Poetry?“ (1833) *poetry* sogar als Gegensatz von *eloquence*:

> Eloquence supposes an audience; the peculiarity of poetry appears to us to lie in the poet's utter unconsciousness of a listener [...]. All poetry is of the nature of soliloquy [...].

Im 20. Jahrhundert sind solche Vorbehalte gegenüber „rhetorischer“ Literatur weitgehend geschwunden; allerdings wird der Begriff Rhetorik heute in einem sehr viel umfassenderen Sinn als etwa noch im 18. Jahrhundert verwendet. Vor allem neigt man inzwischen der Auffassung zu, jedes literarische Werk als einen Akt der Überredung zu begreifen und insofern als rhetorisch zu bezeichnen. Die Rhetorik eines Werkes zu untersuchen heißt, das gesamte Repertoire der Überredungsstrategien seines Autors zu analysieren. So versteht z. B. Wayne Booth unter „rhetoric of fiction“

> [...] the rhetorical resources available to the writer of epic, novel, or short story as he tries, consciously or unconsciously, to impose his fictional world upon the reader.

Solchen Strategien der Überredung gilt auch das Interesse der neueren **poststrukturalistischen Literaturkritik** <619>, die sich bemüht, die hinter ihnen liegenden Widersprüche aufzudecken und zu dekonstruieren.

RB

Literatur: Booth; Dixon; Doran; Göttert; Ottmers; Plett; Ueding.

237 Rhetorical Question – Rhetorische Frage

Frage, die alleine um ihrer Wirkung willen gestellt wird und keine Antwort erfordert.

Rhetorische Fragen sind in der Allgemeinsprache weit verbreitet. *Who wants to know?* oder *Who cares?* sind geläufige Beispiele, an denen zugleich deutlich wird, warum eine solche Frage keine Antwort erfordert: weil diese Antwort – die in beiden Fällen *No one* lautet – selbstverständlich ist. De facto haben rhetorische Fragen also meist die Funktion von Aussagen oder Ausrufen; die Formulierung als Frage steigert lediglich die Wirkung des Ausgesagten. Dies ist auch der Grund, warum sie – wie am Ende der folgenden

Passage aus Thomas Jeffersons Rede zu seiner Amtseinführung als Präsident 1801 – in der politischen Rede so effektiv eingesetzt werden kann:

> Kindly separated by nature and a wide ocean from the exterminating havoc of one quarter of the globe; possessing a chosen country, with room enough for our descendants to the thousandth and thousandth generation; enlightened by a benign religion [...]; acknowledging and adoring an overruling Providence, which by all its dispensations proves that it delights in the happiness of man here and his greater happiness hereafter – with all these blessings, what more is necessary to make us a happy and prosperous people?

In der Literatur haben rhetorische Fragen ähnliche Funktionen wie in der Allgemeinsprache oder in der politischen Rede: Sie dienen in erster Linie der Ausdruckssteigerung. In dem folgenden Ausschnitt aus John Gays Versdichtung *Trivia, or, The Art of Walking the Streets of London* (1716) steht allerdings der dramatische Effekt der rhetorischen Fragen, mit denen der Unerfahrene vor Gaunern und Betrügern gewarnt wird, in **ironischem** <126> Kontrast zur Trivialität des Gegenstandes:

> Who can the various city frauds recite,
> With all the petty rapines[44] of the night?
> Who now the guinea-dropper's bait regards,
> Tricked by the sharper's[45] dice, or juggler's cards?
> Why should I warn thee, ne'er to join the fray,[46]
> Where the sham quarrel interrupts the way?

RB

Literatur: Leech, G. (1999).

238 Simile – Vergleich

Form der Bildlichkeit, bei der Bild (vehicle) und Bedeutung (tenor) mit Hilfe von Vergleichspartikeln verknüpft werden.

Die geläufigsten Vergleichspartikel sind *as* [1], *as if* [2] und *like* [3]:

---

[44] **rapines** Räubereien
[45] **sharper** Falschspieler
[46] **fray** Schlägerei

[1] Thou hadst a voice whose sound was like the sea:
Pure as the naked heavens, majestic, free [...]
(William Wordsworth, „London, 1802")

[2] [...] the solitary cliffs
Wheeled by me – even as if the earth had rolled
With visible motion her diurnal round!
(William Wordsworth, *The Prelude*, bk. I)

[3] „Lor' love you, sir!" Fevvers sang out in a voice that clanged like dustbin lids.
(Angela Carter, *Nights at the Circus*, bk. 1, ch. 1)

Breit ausgeführte Vergleiche, deren *vehicle* sich gegenüber dem *tenor* weitgehend verselbständigt hat, werden als **epische Vergleiche** (***epic simile***; ***Homeric simile***) bezeichnet. Es handelt sich dabei, wie der Name erkennen lässt, um ein charakteristisches Stilmittel des klassischen **Epos** <312>. Im folgenden Beispiel, das dem I. Buch von John Miltons *Paradise Lost* entnommen ist, ist die Rede von Satans Schild; der Vergleich, der mit *like the moon* beginnt, gewinnt Eigenwert nicht nur wegen seines schieren Umfangs, sondern auch, weil die zahlreichen Details des *vehicle* nicht mehr auf den *tenor* bezogen werden können und so die Aufmerksamkeit des Lesers vom eigentlichen Thema, nämlich Satan, zeitweilig ablenken:

[...] the broad circumference[47]
Hung on his shoulders like the moon, whose orb
Through optic glass the Tuscan artist[48] views
At evening, from the top of Fesolè,
Or in Valdarno, to descry new lands,
Rivers, or mountains in her spotty globe.

RB

Literatur: Lausberg; Leech, G. (1999).

239 Style – Stil

Gesamtheit aller sprachlichen Mittel, auf denen die Besonderheit eines Textes oder einer Gruppe von Texten beruht.

---

[47] **circumference** hier: der Schild

[48] **Tuscan artist** Galileo Galilei, der von Fiesole im Arno-Tal aus sein Fernrohr auf den Mond richtete.

Wenn man vom Stil eines Textes, eines Autors, einer literarischen Strömung oder einer literaturgeschichtlichen Epoche spricht, so setzt man stillschweigend voraus, dass die betreffenden Werke eine eindeutig fassbare, auf der sprachlichen Ebene nachweisbare Identität besitzen. Die **Stilistik** als wissenschaftliche Disziplin konzentriert sich folglich bei der Analyse von literarischen Texten nicht auf deren „Inhalt", sondern auf die Art und Weise, wie in ihnen Inhalte mit Hilfe von sprachlichen Mitteln präsentiert werden; die Aufmerksamkeit richtet sich also vor allem auf Wortwahl, Syntax und **Bildlichkeit** <220>, aber auch auf **Rhythmus** <321> und Lautung sowie auf satzübergreifende Phänomene wie Kohäsion oder Leser-Bezug. Jedes dieser stilistischen Merkmale kann für sich oder im Zusammenhang mit anderen untersucht werden; dabei kann man entweder statistisch vorgehen – z. B. durch Zählen oder mit Hilfe geeigneter Datenverarbeitungsprogramme – oder indem man sich auf die auffälligen Merkmale eines Textes oder einer Gruppe von Texten beschränkt. So ist es z. B. üblich, von einem **parataktischen** <230>, **elliptischen** <214> oder bilderreichen (**Imagery** <220>) Stil zu sprechen. Stilanalysen können dazu dienen, zu präziseren Erkenntnissen über ein Werk oder einen Autor zu gelangen; gelegentlich werden sie auch für die Datierung von Texten oder zur Identifizierung von Autoren anonymer Werke genutzt.

Die Stilistik hat schon immer verschiedene Stilvarianten unterschieden. Die antike **Rhetorik** <236> kannte z. B. die sogenannten ***genera elocutionis***:

- das ***genus humile***, das in erster Linie der Belehrung und der Information der Zuhörer dient und deshalb auf sprachlichen Schmuck weitgehend verzichtet;
- das ***genus mediocre***, das vor allem Vergnügen bereiten will und sich deshalb eines aufwändigeren sprachlichen Schmucks bedient, aber ohne allzu extreme Abweichungen von der Allgemeinsprache;
- das ***genus grande*** oder ***sublime***, das die Zuhörer rühren oder erschüttern will und daher aufwändigen und stark von der Allgemeinsprache abweichenden sprachlichen Schmuck verwendet.

Dieses Schema, dem die Vorstellung von der Anpassung des Stils an Gegenstand und Intention zu Grunde liegt, wurde als Lehre von den Stilebenen auf die Literatur übertragen. So orientierte sich z. B. die mittelalterliche Stillehre der sogenannten ***rota Virgilii*** („Rad des Vergil") an den Hauptwerken Vergils: Vergils **Pastoralen** <136>, die sog. *Eklogen*, galten als Beispiel des *genus humile*, seine *Georgica* (→ **Georgicon** <316>) als Beispiel des *genus mediocre*, das **Epos** <312> *Aeneis* als Beispiel des *genus grande*. Für die Gattungsgeschichte (→ **Genre** <122>) hatte die Lehre von den verschiedenen Stilebenen in zweierlei Hinsicht Bedeutung: Zum einen galt die Angemessenheit des Stils an den Gegenstand (***decorum***) lange Zeit als verbindliche Norm; zum anderen bestimmte die Stilhöhe auch die Gattungshierarchie, an deren Spitze die im *genus grande* verfassten Genres **Tragödie** <542> und Epos standen.

Die aus der antiken Rhetorik stammende Lehre von den drei Stilebenen ist heute fast nur noch von historischem Interesse: Einerseits ist eine präzise Abgrenzung verschiedener Stilebenen kaum mehr möglich; zum anderen überschneidet sich der Begriff Stil mit den in der Linguistik gebräuchlichen Termini **Varietät** und **Register**. Gerade wegen dieser Begriffsunschärfe empfiehlt es sich, bei Untersuchungen, die dem Stil eines Werkes, eines Autors oder einer Epoche gelten, von einer geeigneten – und unter Umständen am Gegenstand selbst entwickelten – Arbeitsdefinition auszugehen.

RB

Literatur: Anderegg; Leech, G. (1981).

240 Syn(a)esthesia – Synästhesie

Kombination von Wörtern, die verschiedenartige Sinneseindrücke wiedergeben; eines der Wörter wird in übertragener Bedeutung verwendet.

Synästhesien wie *dark voice*, *a quiet shade of blue*, *hot/cold scent* oder *sweet music* sind in der Allgemeinsprache weit verbreitet. Eines der beteiligten Wörter nimmt immer eine **metaphorische** <224> Bedeutung an – in den genannten Beispielen die Wörter *dark*, *quiet*, *hot* bzw. *cold* und *sweet*. In der romantischen und viktorianischen Lyrik dient die Synästhesie meist der Wiedergabe intensiver sinnlicher Erfahrung, wie auch im folgenden Ausschnitt aus John Keats' „Ode to a Nightingale" (1819):

> I cannot see what flowers are at my feet,
>   Nor what soft incense hangs upon the boughs,
> But, in embalmed darkness, guess each sweet [...].

Soft incense kombiniert Tast- und Geruchssinn; mit dem Verb *see*, von dem *soft incense* als Objekt abhängt, kommt außerdem indirekt der Gesichtssinn ins Spiel. In *embalmed darkness* kommen Geruchs- (*embalmed* ‚wohlriechend') und optische Eindrücke zusammen, und *sweet* spricht den Geschmackssinn an.

RB

241 Synecdoche – Synekdoche

Tropus, der darauf beruht, dass die Bezeichnung für einen Teil auf das Ganze übertragen wird oder umgekehrt.

Die Synekdoche ist eng mit der **Metonymie** <225> verwandt: Beides sind Formen der **Bildlichkeit** <220>, bei denen die Bedeutungsübertragung – anders als bei der **Metapher** <224> – nicht auf einer Analogie beruht. Im Unterschied zur Metonymie ist die Synekdoche auf ein einziges Prinzip (***pars pro toto*** ‚der Teil für das Ganze') und seine Umkehrung (***totum pro parte*** ‚das Ganze für den Teil') festgelegt, während die Metonymie als offene Kategorie alle übrigen Fälle umfasst. Synekdochen sind in der Allgemeinsprache relativ weit verbreitet; Beispiele sind *bread* für *food*; *sail* für *ship*; *the police* für *a policeman/two policemen*.

Die beiden folgenden Beispiele aus Ted Hughes' (1930-1998) Gedicht „Hawk Roosting" lassen erkennen, dass die Synekdoche, die auf dem *pars-pro-toto*-Prinzip beruht, meist ein einzelnes, scharf umrissenes Detail ins Blickfeld rückt und insofern wie ein „Kürzel" bzw. **elliptisch** <214> wirkt:

> It took the whole of Creation
> To produce my foot, my each feather:
> [...]
> For the one path of my flight is direct
> Through the bones of the living.

Synekdochen können infolge ihrer verkürzenden Wirkung auch politische Implikationen haben. Charles Dickens macht dies in seinem Roman *Hard Times* (1854) am Beispiel der im 19. Jahrhundert weit verbreiteten synekdochischen Floskel *hands* für *(manual) workers* deutlich, indem er auf die in ihr angelegte Reduktion der Arbeiter auf ihre Arbeitskraft indirekt hinweist:

> [...] among the multitude of Coketown, generically called „the Hands," – a race who would have found more favour with some people, if Providence had seen fit to make them only hands, or, like the lower creatures of the seashore, only hands and stomachs – lived a certain Stephen Blackpool, forty years of age. (bk. 1, ch. 10)

RB

Literatur: Lausberg; Leech, G. (1999).

242 Trope – Tropus

Verwendung eines Wortes oder Ausdrucks in einer übertragenen Bedeutung, die vom „normalen" Gebrauch abweicht.

Die klassische **Rhetorik** <236> unterscheidet in der Lehre von den sprachlichen Ausdrucksmitteln (***elocutio***) zwischen **Figuren** (engl. ***schemes***) und **Tropen** (engl. ***tropes***). Bei den Figuren handelt es sich in erster Linie um all jene sprachlichen Ausdrucksmittel, die mit Phänomenen der Wiederholung, der Häufung oder der Einsparung von Satzbestandteilen bzw. der Abweichung von der normalen Wortstellung zu tun haben. Von einem Tropus spricht man dagegen immer dann, wenn ein Wort oder Ausdruck in einer vom „normalen" Gebrauch abweichenden Bedeutung verwendet wird. Dies ist z. B. bei **Emphase** <215>, **Hyperbel** <219>, **Ironie** <126>, **Litotes** <222>, **Metapher** <224>, **Metonymie** <225>, **Periphrase** <231> sowie **Synekdoche** <241> der Fall.

Der englische Sprachgebrauch ist etwas verwirrend, weil neben *trope* und *scheme* auch die Termini ***figures of speech*** und ***figurative language*** verwendet werden, und zwar sowohl für die Tropen wie auch für die Figuren, manchmal sogar für beide zugleich.

Als Tropus wird auch eine variierende Erweiterung der kirchlichen Liturgie bezeichnet (→ **Mystery Plays**, <530>).

RB

Literatur: Lausberg; Leech, G. (1999).

243 Zeugma – Zeugma

Rhetorische Figur, bei der mehrere Wörter oder Ausdrücke von demselben Wort oder Ausdruck in jeweils unterschiedlicher Weise syntaktisch abhängen.

Die Ungleichartigkeit der Verknüpfung beruht in der Regel darauf, dass sich zwei oberflächlich ähnliche syntaktische Konstruktionen überlagern, wie in dem folgenden vielzitierten Beispiel aus Alexander Popes **komischem Epos** <322> *The Rape of the Lock* (1714), wo das Verb *take* einmal in einem abstrakten (*take counsel*) und einmal in einem konkreten Sinn (*take tea*) verwendet wird:

> Here thou, great Anna[49]! whom three realms obey,
> Dost sometimes counsel take – and sometimes tea.

Die Wirkung des Zeugmas beruht – ähnlich wie beim ***pun*** <235> oder beim ***conceit*** <213> auf Überraschung; die **satirische** <142> Wirkung kommt durch eine Art Nivellierungseffekt zu Stande, der an dem Beispiel gut zu beobachten ist: *take counsel* wird durch die Kombination mit *take tea* entwertet bzw. trivialisiert; umgekehrt wird die unangemessen große Bedeutung des Teetrinkens am Hofe von Queen Anne ironisch akzentuiert.

Manchmal wird auch die bloße Verknüpfung semantisch inkompatibler Satzglieder als Zeugma bezeichnet:

> Forever in a passion, or a prayer […].
> (Pope, „Epistle 2: To a Lady“)

> In Seville was he born, a pleasant city,
> Famous for oranges and women [...].
> (Byron, *Don Juan*)

RB

---

[49] **Anna** gemeint ist Queen Anne (1702-1714)

Versdichtung

301 Alexandrine – Alexandriner

Jambischer Hexameter mit einer Zäsur nach der sechsten Silbe.

Seinen Namen erhielt der Alexandriner vermutlich von altfranzösischen Gedichten aus dem Sagenkreis um Alexander den Großen. In der englischen Versdichtung verwendet insbesondere Edmund Spenser (1552?-1599) den Alexandriner, und zwar als Abschlusszeile der nach ihm benannten **Spenserstrophe** <330>. Bei dem folgenden Beispiel handelt es sich um die erste Strophe des I. Cantos von Spensers Versepos *The Faerie Queene*; auf acht **jambische Pentameter** (→ **Metre and Rhythm** <321>) folgt in der letzten Zeile ein Alexandriner (mit der Zäsur nach *giusts*):

> A Gentle Knight was pricking on the plaine,
> Y cladd in mightie armes and siluer shielde,
> Wherein old dints of deepe wounds did remaine,
> The cruell markes of many' a bloudy fielde;
> Yet armes till that time did he neuer wield:
> His angry steede did chide his foming bitt,
> As much disdayning to the curbe to yield:
> Full iolly knight he seemd, and faire did sitt,
> As one for knightly giusts and fierce encounters fitt.[1]

Alexander Pope (1688-1744) verspottet später Spenser wegen seiner Alexandriner wie im folgenden Couplet aus *An Essay on Criticism*, in dessen zweiter Zeile er einen Alexandriner im Stile Spensers imitiert:

> A needless Alexandrine ends the song,
> That, like a wounded snake, drags its slow length along.

HK

---

[1] Erläuterungen zu dieser Textstelle finden sich in dem Artikel **Allegory** <102>.

302 Alliterative Poetry – Stabreimdichtung

In Stabreimen verfasste alt- und mittelenglische Dichtung.

Der Stabreim, auch **Alliteration** <201> genannt, ist eine altgermanische Reimform, bei der betonte Silben einer Verszeile den gleichen Anlaut aufweisen. Ein Großteil der alt- und mittelenglischen Dichtung ist in Stabreimen verfasst. Zusätzlich zum rhetorischen Mittel der Alliteration weist die alliterative Dichtung noch folgende Merkmale auf:

Im germanischen **Vers** <331> besteht eine Voll- bzw. Langzeile aus zwei Halb- bzw. Kurzzeilen, die durch eine **Zäsur** <305> getrennt sind; jede Halbzeile hat gewöhnlich zwei betonte Silben. Von den vier betonten Silben einer Langzeile tragen insgesamt nur zwei oder drei den Stabreim, wobei die erste Betonung in der zweiten Halbzeile immer einen Stabreim aufweist.

Da nach den traditionellen Regeln der Stabreimdichtung im Gegensatz zu den Konsonanten nicht nur gleiche, sondern auch verschiedenartige Vokale miteinander staben bzw. alliterieren können (z. B. a mit e, e mit i usw. – wegen des vorausgehenden Kehlkopfverschlusslautes), sind die Stabreime einer Verszeile auf den ersten Blick nicht immer erkennbar. Es empfiehlt sich dann, von der ersten betonten Silbe in der zweiten Halbzeile, die eigentlich immer den Stabreim trägt, auf den alliterierenden Laut in der jeweiligen Verszeile zu schließen.

Der folgende Ausschnitt aus „Caedmon's Hymn" ist ein bekanntes Beispiel für altenglische Stabreimdichtung (die alliterierenden Laute sind durch Unterstreichung gekennzeichnet):

> Nu sculon hergen // hefenricaes uard
> metudaes maecti // end his modgidanc
> uerc uuldurfadur // sue he uundra gihuaes
> eci dryctin // or astelidae.
>
> Nun lasst uns preisen den Hüter des Himmelsreichs,
> Gottes Macht und seine Vorsehung,
> das Werk des Vaters der Herrlichkeit, wie er all die Wunder,
> der ewige Herr, ins Dasein rief.

Da die altenglischen Gedichte ursprünglich mündlich vorgetragen wurden, diente die Alliteration zusammen mit den immer wiederkehrenden formelhaften Wendungen (***formulaic language*** <121>) als eine wichtige Merkhilfe für den Vortragenden.

Mit dem Ende der altenglischen Periode (ca. 11. Jahrhundert) verlor die aus dem Germanischen ererbte alliterative Dichtung an Bedeutung. Unter dem Einfluss der französischen Dichtung setzte sich zusehends der **Endreim** <327> durch. Allerdings erfuhr die Tradition der Stabreimdichtung eine Neubelebung im späten 14. Jahrhundert. Zu diesem ***alliterative revival*** – wobei es weniger eine Neubelebung als vielmehr eine Fortsetzung der Tradition gewesen sein dürfte – zählt man eine Reihe von Gedichten, in denen sich noch Stabreimverse finden, wenn auch oft Hand in Hand mit Endreimen. Bekannte Beispiele sind William Langlands *Piers Plowman* sowie das anonyme *Sir Gawain and the Green Knight*. In der neueren englischen Lyrik experimentierten Hopkins und Auden mit dem Stabreim.

HK

Literatur: Lehnert.

303 Ballad – Ballade

Volksballade: *anonymes, mündlich tradiertes Erzählgedicht.*
Kunstballade: *kunstvolle und schriftlich überlieferte Nachahmung der Volksballade.*

Ursprünglich bezeichnete der Begriff Ballade ein kurzes, strophisch gegliedertes Tanzlied aus der Provence (das provenzalische Wort für Tanz war *balada*). Doch die Assoziation mit Tanz war schon in der mittelenglischen Periode nicht mehr vorhanden. Vom **Lied** <328>, das ebenfalls strophisch aufgebaut ist und dessen Inhalt gleichfalls eher einfach und folkloristisch anmutet, unterscheidet sich die Ballade vor allem durch ihren stark narrativen Charakter.

Trotz der Formenvielfalt, die die Ballade im Laufe der Zeit entwickelt hat, lassen sich mehrere gemeinsame Definitionsmerkmale anführen. Die Ballade ist eine Erzählung in Versen und somit eine Mischform aus lyrischen und epischen Elementen. Gleichzeitig steht sie aber auch dem Dramatischen nahe, da typische Ausdrucksformen des Dramas wie **Dialog** <527> und **Monolog** <527> verwendet werden. Charakteristisch für die meisten Balladen sind außerdem eine Atmosphäre des Grauens und Entsetzens, die Begegnung mit dem Übernatürlichen und der Bezug zu Stoffen aus der mündlichen Überlieferung, z. B. zu lokalen Sagen. Im übrigen unterscheidet man zwischen Volksballade (***folk ballad***, ***popular ballad***, ***traditional ballad***) und Kunstballade (***literary ballad***, ***art ballad***).

Die Volksballade ist eine gesungene Erzählung, die mündlich überliefert wird und deren Verfasser anonym ist. Aufgrund der „unverbindlichen" mündlichen Form der Weitergabe konnte sich jeder Balladensänger seine eigene Variante schaffen.

In einfacher Sprache erzählt die Ballade eine dramatisch aufgebaute Episode, die gewöhnlich von einer düsteren Grundstimmung geprägt ist. Neben der bereits erwähnten Dialogform fallen als Stilmittel vor allem **Refrain** und ***incremental repetition*** <326> auf. Auch **formelhafte Wendungen** <121> in all ihren Variationen tragen zum repetitiven Charakter dieser Gedichtform bei. Die bevorzugte Strophenform (→ **STANZA** <330>) ist die vierzeilige ***ballad stanza***, aber auch Zweizeiler finden sich häufig.

Viele der Volksballaden wären verloren gegangen, wenn sie nicht – vor allem im 18. Jahrhundert – gesammelt und gedruckt worden wären. Die erste Sammlung volkstümlicher Balladen, *Reliques of Ancient English Poetry* (1765), stammt von Thomas Percy. Eine der wichtigsten neueren Sammlungen ist Francis Childs *English and Scottish Popular Ballads* (1882-98). Immer wieder zitierte Beispiele für Volksballaden sind „Edward" und „Sir Patrick Spens". Die Tradition der Volksballade lebt heute noch fort, zum Beispiel in den Liedern von nordamerikanischen *folk singers* wie Bob Dylan, Gordon Lightfoot und Joan Baez.

Als Kunstballaden gelten Gedichte in Erzählform, die zwar die Volksballade bewusst in Ton und Form nachahmen, aber nicht aus einer mündlichen Überlieferung hervorgegangen sind. Sie sind reine „Kunstprodukte", die in der **Romantik** ihre Blütezeit erlebten; so nannten Wordsworth und Coleridge ihre gemeinsame Gedichtsammlung *Lyrical Ballads* (1798). Eines der bekanntesten Beispiele für eine Kunstballade ist Coleridges „Rime of the Ancient Mariner", ein Gedicht, das im Stil der Volksballade gehalten, aber wesentlich länger, kunstvoller und komplexer gestaltet ist als diese.

HK

Literatur: Müller, W.

304 Blank Verse – Blankvers

Reimloser jambischer Pentameter.

Wohl aufgrund seiner Nähe zum natürlichen **Rhythmus** <321> der englischen Sprache entwickelte sich der Blankvers zu einem der beliebtesten Versmaße in der englischen Dramen- und Versdichtung. William Shakespeare bevorzugte ihn für seine Dramen, John Milton wählte ihn für seine **epischen** <312> Gedichte. Da der Blankvers nicht reimt und weitgehende rhythmische Freiheit erlaubt, kann er vom Dichter flexibel verwendet werden. Besondere Akzente innerhalb einer Verszeile können durch Verschieben der **Zäsur** <305> sowie durch **Enjambements** <311> bewirkt werden.

Das folgende Beispiel aus *Love's Labour's Lost* (I. 1) ist typisch für Shakespeares Verwendung des Blankverses in den frühen **Komödien** <506>: Die Betonungen sind regelmäßig gesetzt (die erste Zeile ist insofern nicht ganz regelmäßig, als sie 11-silbig ist und auf eine unbetonte Silbe endet); das Ende der Verszeile fällt meist mit dem Ende einer syntaktischen Einheit zusammen (**Zeilenstil**):

> I can but say their protestation over;
> So much, dear liege, I have already sworn,
> That is to live and study here three years.

Ganz anders hingegen der Blankvers in dem folgenden Textauszug aus *King Lear*, einem der späteren Dramen, in dem das metrische Grundmuster durch den Rhythmus gesprengt wird (z. B. durch unmittelbar aufeinanderfolgende betonte Silben in „self-covered" oder „these hands"; lediglich drei Hauptbetonungen in der 2. Zeile in „bemonster", „feature" und „fitness"; außerdem Enjambements nach der 1., 2. und 4. Zeile sowie Zäsuren in der 2. und 5. Zeile):

> Thou changed and self-covered thing, for shame
> Bemonster not thy feature. Were't my fitness
> To let these hands obey my blood,
> They are apt enough to dislocate and tear
> Thy flesh and bones. Howe'er thou art a fiend,
> A woman's shape does shield thee. (IV. 2)

In England wurde der Blankvers zum ersten Mal vom Earl of Surrey in seiner Übersetzung der *Äneis* (*The Aeneid*, ca. 1540) verwendet. Bald darauf fand der Blankvers Eingang in das elisabethanische

Drama, wo er sich als Standardvers durchsetzte. Er erfreute sich aber auch zunehmender Beliebtheit in der Versdichtung. Im 19. Jahrhundert wurde er insbesondere von Dichtern wie William Wordsworth (*The Prelude*), Alfred Lord Tennyson (*Idylls of the King*) und Robert Browning (*The Ring and the Book*) wieder aufgenommen. Die Tradition des Blankverses lebt trotz einiger Abwandlungen auch noch im 20. Jahrhundert weiter, so bei T. S. Eliot, der ihn für weite Teile seines *Waste Land* verwendete, wie zum Beispiel im folgenden Ausschnitt:

> While I was fishing in the dull canal
> On a winter evening round behind the gashouse
> Musing upon the king my brother's wreck
> And on the king my father's death before him.

HK

305 Caesura – Zäsur

Rhythmischer Einschnitt innerhalb einer Verszeile.

Rhythmische Einschnitte in Gedichten können sich aus dem **Metrum** <321> ergeben wie zum Beispiel beim **Alexandriner** <301>, wo die Zäsur nach der sechsten Silbe, also in der Mitte der Verszeile, zu den Definitionsmerkmalen gehört. In den meisten Fällen handelt es sich aber um natürliche Sprechpausen zwischen einzelnen syntaktischen Einheiten, die vom metrischen Muster unabhängig sind. Zäsuren können zwischen zwei **Versfüßen** (→ **Metre and Rhythm** <321>) auftreten; in der antiken Verslehre bezeichnet man sie dann als **Diärese** (***dieresis***). Sie können aber auch innerhalb eines Versfußes (wenn der Versfuß zum Beispiel auf zwei Wörter verteilt ist) vorkommen. In der modernen Verslehre hat sich der Begriff Zäsur für beide Fälle durchgesetzt und wird gewöhnlich mit dem Zeichen // angegeben.

Die Zäsur kann an verschiedenen Stellen in der Verszeile vorkommen: in der Mitte (***medial caesura***), kurz nach Beginn (***initial caesura***) oder gegen Ende (***terminal caesura***). Natürlich gibt es auch Gedichtzeilen mit mehreren oder gar keinen Zäsuren. Zäsuren sind nicht immer eindeutig zu erkennen, so dass in manchen Fällen ein gewisser Interpretationsspielraum bleibt.

Man kann **männliche** (***masculine***) und **weibliche** (***feminine***) Zäsuren unterscheiden. Männliche Zäsuren folgen auf eine betonte, weibliche auf eine unbetonte Silbe. Ein Beispiel:

Oh deign to visit our forsaken seats,
The mossy fountains // and the green retreats!
Where'er you walk // cool gales shall fan the glade,
Trees where you sit // shall crowd into a shade:
Where'er you tread // the blushing flowers shall rise,
And all things flourish // where you turn your eyes.
(Alexander Pope, *Pastorals*: „Summer")

Abgesehen von der ersten Zeile dieses Ausschnitts, in der eine Sprechpause fehlt, verwendet Pope regelmäßig Zäsuren in der Mitte, und zwar eine weibliche in Z. 2 und 6 sowie männliche in den Zeilen 3,4,5.

Mit Zäsuren lassen sich rhythmische Effekte erzielen; **metrische** Muster können durchbrochen werden, so dass auch bei langen Gedichten keine Eintönigkeit entsteht, wie zum Beispiel in Popes „Epistle II. To a Lady – Of the Characters of Women":

Nothing so true // as what you once // let fall,
„Most women // have no characters at all."
Matter too soft // a lasting mark to bear,
And best distinguished // by black, // brown, // or fair.

HK

306 Concrete Poetry – Konkrete Poesie

Form der Versdichtung, die auf optische Effekte abzielt.

Unter dem Begriff *concrete poetry* versteht man zwei verschiedene, wenn auch ähnliche Arten von Versdichtung. Schon aus dem griechischen Altertum sind die sogenannten ***pattern poems*** bekannt, in denen die **Verse** <331> eines Gedichts so angeordnet werden, dass sie das darin beschriebene Objekt optisch erkennen lassen. Eines der anschaulichsten Beispiele aus der englischen Dichtung ist George Herberts „The Altar":

The Altar.

A broken ALTAR, Lord, thy ſervant reares,
Made of a heart, and cemented with teares:
Whoſe parts are as thy hand did frame;
No workmans tool hath touch'd the ſame.
A HEART alone
Is ſuch a ſtone,
As nothing but
Thy pow'r doth cut.
Wherefore each part
Of my hard heart
Meets in this frame,
To praiſe thy name.
That if I chance to hold my peace,
Theſe ſtones to praiſe thee may not ceaſe.
O let thy bleſſed SACRIFICE be mine,
And ſanctifie this ALTAR to be thine.

George Herbert, „The Altar“

Eine andere, geläufige Bezeichnung für *pattern poems* ist ***emblem poems*** (→ EMBLEM <115>). Die Literatur der Renaissance und des 17. Jahrhunderts ist reich an Beispielen.

Obwohl der Terminus *concrete poetry* diese frühere Form der Bilddichtung mit einschließt, wird er heute doch in erster Linie verwendet, um eine bestimmte Richtung der experimentellen Versdichtung zu bezeichnen, die in den 1950er und 1960er Jahren international in Mode kam. Obwohl sich sehr unterschiedliche Varianten von *concrete poetry* herausgebildet haben, lässt sich doch ein gemeinsames Definitionsmerkmal finden: Die Verse sind so gedruckt, dass sich das Gedicht dem Leser als bildliches Ganzes einprägt. Außerdem finden sich manchmal auch unterschiedliche Schrifttypen und mit eingefügtes fotografisches Material.

Manche Gedichte bestehen aus einer auf den ersten Blick unsinnigen Anordnung von einzelnen Buchstaben, Silben und/oder Zahlen, so wie in e. e. cummings' „r-p-o-p-h-e-s-s-a-g-r".

```
                        r-p-o-p-h-e-s-s-a-g-r
                   who
 a)s w(e loo)k
 upnowgath
           PPEGORHRASS
                         eringint(o-
 aThe):l
          eA
            !p:
S                                             a
                        (r
 rIvInG                       .gRrEaPsPhOs)
                                           to
 rea(be)rran(com)gi(e)ngly
 ,grasshopper;
```

e. e. cummings, „The Grasshopper"

Die durcheinandergeschüttelten Buchstaben des Gedichttitels ergeben das Wort *grasshopper*. Cummings wollte damit das hüpfende Insekt veranschaulichen, das man wegen seiner sprunghaften Bewegungen erst nach längerer Betrachtung als solches identifizieren kann. Das 1932/1935 entstandene Gedicht zeigt neben den Experimenten anderer Autoren (z. B. Ezra Pound), dass in der amerikanischen Versdichtung *concrete poetry* bereits auf eine längere Tradition verweisen kann, die deutlich vor 1950 beginnt.

HK

307 Confessional Poetry – Bekenntnislyrik

Lyrik, in der die Autoren mit radikaler Offenheit persönliche Erfahrungen festhalten.

Die als *confessional poetry* bezeichnete Lyrik ist während der späten 1950er bis 1960er Jahre in Amerika entstanden. Die bekanntesten Vertreter dieser Lyrik, Robert Lowell mit seinem Werk *Life Studies* (1959) sowie Sylvia Plath und Anne Sexton in ihren zahlreichen Gedichten, gewähren dem Leser tiefgreifende Einblicke in ihr von schweren Krisen gezeichnetes Seelenleben.

Anders als die **romantische** Lyrik, in der auch oft persönliche Gefühle und Erfahrungen im Vordergrund stehen, ist *confessional poetry* geprägt von einer brutal wirkenden Offenheit, mit der vor allem Tabuthemen behandelt werden. So erzählen Sylvia Plath und Anne Sexton von ihren Nervenzusammenbrüchen, Selbstmordversuchen und Aufenthalten in psychiatrischen Kliniken. Die Sprache ihrer Gedichte ist häufig psychoanalytisch gefärbt.

Der folgende Ausschnitt aus Sylvia Plaths „Lady Lazarus“ ist ein in Gedichtform künstlerisch verarbeitetes Bekenntnis zu ihren Suizidversuchen. Der Zynismus in der letzten Zeile des zitierten Ausschnitts wirkt besonders schockierend:

> […]
> The first time it happened I was ten.
> It was an accident.
>
> The second time I meant
> To last it out and not come back at all.
> I rocked shut

As a seashell.
They had to call and call
And pick the worms off me like sticky pearls.

Dying
Is an art, like everything else.
I do it exceptionally well.

Trotz der stark autobiographischen Note muss man auch bei dieser Form der Lyrik zwischen Autor und **Persona** <324> unterscheiden. In „Lady Lazarus" finden sich zum Beispiel eine Reihe von Stilisierungen, am auffälligsten die Identifikation der Sprecherin mit einer jüdischen Frau, die nicht der Realität von Plaths Leben entsprechen.

HK

Literatur: Phillips.

308 Dramatic Monologue – Dramatischer Monolog

Rollengedicht in Form eines Monologs, das dem Leser Einblick in die Persönlichkeit des Sprechers gewährt.

Im Mittelpunkt des *dramatic monologue* steht ein Sprecher (**Persona** <324>), der niemals mit dem Autor identisch ist; oft handelt es sich um eine Persönlichkeit aus Geschichte, Mythologie oder Literatur.

Die Bezeichnung *dramatic monologue* spielt auf die für diese Gedichtform typischen dramatischen Elemente an:

- Der Sprecher richtet seine Worte an fiktive Zuhörer, die selbst nicht zu Wort kommen, sondern nur impliziert werden; es kann sich aber auch um ein Selbstgespräch (***soliloquy*** <527>) handeln.
- Als Zeitpunkt wird oft ein kritischer Moment im Leben dieser Person gewählt.
- Der Sprecher offenbart im Monolog seine Persönlichkeit und seine charakteristischen Eigenschaften.

In seinem Redefluss überschreitet der Sprecher meist unbewusst die Grenze zwischen der von ihm intendierten Selbstdarstellung hin zu einer unfreiwilligen Selbstenthüllung, in der er Aspekte seines

Charakters, Denkens und Fühlens offenbart, die er vor anderen oder sich selbst zu verbergen wünscht. Solch **ironische** <126> Momente der unbeabsichtigten Selbstenthüllung sind durch die Eigenart des *dramatic monologue* bedingt, ähnlich wie der **innere Monolog** (<410>) ungehinderten Einblick in das Wesen der sprechenden Person zu gewähren, da keine vermittelnde (Erzähl-)Instanz dazwischengeschaltet ist. Gleichzeitig bietet der unmittelbare Zugang zu den Gedanken dem Dichter aber auch die Möglichkeit, im Leser Verständnis und ein gewisses Maß an Sympathie für den Sprecher zu erwecken.

Der *dramatic monologue* ist in der englischen Dichtung vor allem mit dem Namen Robert Browning verknüpft. In „My Last Duchess" lässt er den Herzog von Ferrara zu Wort kommen. Während dieser einem Besucher ein Gemälde seiner früh verstorbenen Frau zeigt, äußert er sich über deren Charakter. Für den Leser ist allerdings nicht so sehr die Persönlichkeit der Frau, sondern vielmehr die des Herzogs interessant. Durch seine Betrachtungen verrät der Herzog unfreiwillig, dass er seine junge Frau hasste und aus Eifersucht töten ließ:

> [...]
> Oh sir, she smiled, no doubt,
> Whene'er I passed her; but who passed without
> Much the same smile? This grew; I gave commands;
> Then all smiles stopped altogether. There she stands
> As if alive [...].

Als moderne Version eines *dramatic monologue* wird oft T. S. Eliots „The Love Song of J. Alfred Prufrock" angeführt.

In manchen Fällen ist es schwer, den *dramatic monologue* von verwandten Formen zu unterscheiden. Auf keinen Fall sollte er mit dem **dramatischen Gedicht** (***dramatic lyric***) verwechselt werden, obwohl Browning diesen Begriff selbst auf *dramatic monologues* anwandte. Nach der heutigen Terminologie unterscheidet man *dramatic lyrics* von *dramatic monologues* in zwei wichtigen Punkten: 1. In den *dramatic lyrics* kann die sprechende Persona durchaus mit dem Dichter identisch sein. 2. In den *dramatic lyrics* geht es weder um die unfreiwillige Selbstenthüllung noch um einen umfassenden Einblick in den Charakter der **Persona** <324>, sondern lediglich um die Entwicklung ihrer Gedanken und Gefühle zum Gegenstand ihrer Betrachtung. Als Beispiel wäre William Wordsworths „Tintern Abbey" zu nennen, das deutlich autobiographisch ist: Wordsworth spricht in seiner eigenen Person, und sein Ansprechpartner ist seine Schwester.

HK

Literatur: Langbaum; Sinfield.

309 Dub Poetry

In Jamaika und England unter Einfluss von Reggaemusik enstandene Form der Versdichtung.

Ursprünglich verstand man unter *dub poetry* die Improvisationen jamaikanischer Discjockeys, die synchron zu den aufgelegten Schallplatten mit Reggaemusik ihre eigenen Worte sprachen oder sangen. Inzwischen hat sich der Begriff auf populäre Gedichte ausgedehnt, die im *Patwah* (von frz. *patois* ‚grammatikalisch nicht korrekte Umgangssprache der Landbevölkerung') verfasst sind, also in einer Varietät des Englischen, die für die Bevölkerung aus der Karibik typisch ist. Begründer dieser Dichtung sind Mutabaruka und Oku Onuora aus Jamaika und Linton Kwesi Johnson aus England. Bevorzugte Themen sind Rassismus, die Brutalität der Polizei, Sex oder religiöse Themen.

In dem folgenden Ausschnitt aus Johnsons „Inglan Is A Bitch" werden die sprachlichen und inhaltlichen Besonderheiten von *dub poetry* deutlich:

w'en mi jus' come to Landan toun
mi use to work pan di andahgroun
but workin' pan di andahgroun
y'u don't get fi know your way aroun'

Inglan is a bitch
dere's no escapin' it
Inglan is a bitch
dere's no runnin' whey fram it

mi get a lickle jab in a big 'otell
an' awftah a while, mi woz doin' quite well
dem staat mi aaf as a dish-washah
but w'en mi tek a stack[2], mi noh tun clack-watchah![3]

[2] **stack** Stapel Teller

[3] **mi noh tun clock-watchah** wörtlich: *me no turn clock-watcher* (dann schaute ich nicht mehr ständig nach der Uhr)

Inglan is a bitch
dere's no escapin it
Inglan is a bitch
noh baddah try fi hide fram it

HK

310 Elegy – Elegie

In der Antike: ein in Distichen verfasstes Gedicht; heute: ein Trauer- oder Klagegedicht.

Im griechischen Altertum definierte man die Elegie nach formalen Kriterien und bezeichnete damit alle Gedichte, die im sogenannten **elegischen Versmaß** (***elegiac meter***) verfasst waren, also in **Distichen** (Zweizeiler mit Wechsel von **Hexameter** und **Pentameter**; → **Metre and Rhythm** <321>). Viele dieser Elegien handelten von Liebesklagen, doch die Themenwahl war für die Definition der Elegie nicht ausschlaggebend.

In der Literatur der Neuzeit wurde der Begriff unterschiedlich verwendet. Im Elisabethanischen Zeitalter verstand man zum Beispiel unter Elegien Liebesgedichte, besonders Liebesklagen. Dies erklärt auch, warum John Donne seine Liebesgedichte *elegies* nannte. Während des 17. Jahrhunderts vollzog sich dann ein endgültiger Bedeutungswandel, der auch schon bei Donne erkennbar ist: Die Form des Gedichtes trat zu Gunsten des Inhalts in den Hintergrund. Es setzte sich die heute übliche Definition der Elegie als Klagelied durch. Als einziges formales Kriterium blieb, dass die Elegie in einer anspruchsvollen Form geschrieben sein sollte.

Der Dichter kann in seinen Elegien den Tod eines Menschen beklagen, wie Alfred Lord Tennyson in seinem Gedicht *In Memoriam* (1830) oder Walt Whitman in „When Lilacs Last in the Dooryard Bloom'd" (1865-66). Er kann auch allgemein über Tod und Vergänglichkeit oder andere „erhabene" Inhalte reflektieren und Klage führen. Viele Elegien schließen mit tröstlichen Gedanken.

Eine besondere Form der Elegie ist die ***pastoral elegy*** (→ **Pastoral** <136>).

HK

Literatur: Sacks.

311 Enjamb(e)ment – Enjambement

Das Übergreifen einer syntaktischen Einheit in die folgende Verszeile eines Gedichts.

Enjambements, im Englischen häufig als ***run-on lines*** bezeichnet, stehen im Gegensatz zu den ***end-stopped lines***, wo das Ende einer Gedichtzeile mit einem Einschnitt in Sinn und Syntax zusammenfällt, oft erkennbar an entsprechenden Satzzeichen.

Das Enjambement ist ein weit verbreitetes Phänomen; auffällig ist es vor allem in relativ festgelegten Versformen, zum Beispiel dem ***heroic couplet*** (→ **Stanza** <330>), dessen strenge Form durch das Einflechten von *run-on lines* gesprengt werden kann, wie dies zum Beispiel in John Keats' *Endymion* (1818) erkennbar wird.

Mit Enjambements lässt sich der Eindruck einer fließenden Bewegung erzeugen; auf diese Weise können sie zum Beispiel den ungehinderten Gedankenfluss einer **Persona** <324> widerspiegeln. Sie können aber auch einen Verzögerungseffekt bewirken, da wegen der am Zeilenende üblichen Pause der Lesefluss an einem syntaktisch unerwarteten Punkt unterbrochen wird. So ist ein Überraschungseffekt möglich, wenn zum Beispiel die am Ende einer Verszeile aufgebaute inhaltliche Spannung sich erst zu Beginn der nächsten Zeile entlädt.

An dem folgenden Ausschnitt aus „Thou Didst Say Me", einem Gedicht der zeitgenössischen kanadischen Autorin Miriam Waddington (1917-2004), lassen sich die Effekte von *run-on lines* gut zeigen:

> year curves to ending now
> and thou dost say me, wife
> I choose another love, and oh
> the delicate del-
> icate serpent of your mouth
> stings deep, and bitter
> iron cuts and shapes
> my death, I was so fool.

Die hier vollzogene Trennung des Wortes „del-icate", die durch die übliche Sprechpause am Zeilenende eine Verzögerung bewirkt, drückt das genussvolle Verweilen der Sprecherin aus. Dagegen sorgt das Enjambement in Z. 5-6 für Überraschung: die syntaktische Einheit wird unterbrochen, indem das Verb und Adverb erst in der folgenden Zeile erscheinen. Es erfolgt ein plötzlicher inhaltlicher Wechsel: Der süße Genuss wandelt sich schlagartig innerhalb desselben Satzes in Bitterkeit. Die inhaltliche **Antithese** <206> wird hier also durch die Trennung der syntaktischen Einheit widergespiegelt. Gleichzeitig wechselt in diesen Zeilen der **Rhythmus** <321>, der durch die kurz aufeinander folgenden betonten Silben in Z. 5 und 6 die Hiebe und Stiche nachahmt. Die zusätzliche Verwendung von Plosivlauten in diesen Zeilen unterstützt diesen Effekt noch.

HK

312 Epic Poem – Epos

Umfangreiches Erzählgedicht.

Das Epos, im Deutschen manchmal auch als **Heldenlied** oder **Heldenepos** bezeichnet, ist eine umfangreiche Erzählung in Versform, die in der Regel die folgenden Merkmale aufweist:

- Als stoffliche Grundlage dienen gewöhnlich die Abenteuer heldenhafter Figuren, von deren Mut und Geschicklichkeit das Schicksal eines Stammes, eines Volkes oder einer ganzen Nation abhängt. Die Helden besitzen fast immer übernatürliche Kräfte, verfügen oft über magische Hilfsmittel (z. B. ein Zauberschwert) und verkehren mit übernatürlichen Wesen (z. B. mit den Göttern), die ihnen manchmal gewogen, manchmal feindlich gesonnen sind.
- Der Schauplatz, der nicht selten die ganze Erde oder den Kosmos umspannt, vermittelt den Eindruck eines umfassenden Weltbildes, in dem jeder einzelne seinen festen Platz hat.
- Epen beinhalten in der Regel einen historischen Kern oder basieren auf einem **Mythos** <131>, an dessen Wahrheit die Rezipienten ursprünglich glaubten.
- Der Inhalt des Epos wird in feierlichem, gehobenem Ton wiedergegeben, der sich deutlich von der Umgangssprache abhebt. Ein Merkmal dieser hohen **Stilebene** <239> ist u.a. das ***epic simile*** <238>.
- Als charakteristisches stilistisches Merkmal gilt die Wiederholung. Da Heldenlieder einst mündlich überliefert wurden, waren Wiederholungen wichtige Merkhilfen für den Vortragenden. Unter der sogenannten **epischen Wiederholung** versteht man die Wiederkehr **formelhafter Wendungen** <121>. Zu diesen gehört

auch das ***Epitethon ornans*** (***Homeric epithet***) <216>, ein Adjektiv, das regelmäßig in Verbindung mit einem bestimmten Namen verwendet wird, wie zum Beispiel „der listenreiche Odysseus“ bei Homer.

– Dem **Musenanruf** zu Beginn folgt ein ***in medias res***-Einstieg in die Handlung. Die Zuhörer bzw. Leser erfahren erst durch Rückblenden von der Vorgeschichte.

Wie beim **Lied** <328> und bei der **Ballade** <303> unterscheidet man auch beim Heldenlied zwischen einer „ursprünglichen“ Form und solchen Dichtungen, die später bewusst in Anlehnung an diese Tradition geschrieben wurden. Heldenlieder, die aus der mündlichen Überlieferung stammen und auf Mythen zurückgehen, werden als ***folk epics***, ***traditional epics*** oder ***primary epics*** bezeichnet. Die Urheber sind meist anonym, und es gibt Theorien, wie zum Beispiel bei den Epen Homers, dass die erst nach einer längeren Periode der mündlichen Überlieferung schriftlich fixierte Form das Werk verschiedener Autoren ist, die im Laufe der Zeit ihre eigenen Variationen eingebracht haben. Die abendländische Epentradition beginnt mit der *Ilias* und der *Odyssee*, die unter dem Namen Homers schriftlich überliefert wurden. Im Bereich der angelsächsischen Literatur ist *Beowulf* (wahrscheinlich im 8. Jahrhundert entstanden, schriftlich festgehalten im 10. Jahrhundert) das bekannteste Beispiel für ein *folk epic* aus dem Altenglischen.

Die Kunstepen (***literary*** oder ***secondary epics***) dagegen sind Schöpfungen späterer Autoren, die sich an den älteren Vorbildern orientierten. So baut Vergil in seinem römischen Nationalepos, der *Aeneis*, auf die Tradition Homers auf. In der englischen Literatur der Neuzeit ragt als Kunstepos John Miltons *Paradise Lost* (1667) heraus, das auf das Vorbild Vergil zurückgreift.

Das Epos verlor als einst dominante Gattung mit Beginn der Neuzeit zunehmend an Bedeutung. Nachdem das heroische Ideal nicht mehr als zeitgemäß empfunden wurde und die Aristokratie ihre führende gesellschaftliche Position einbüßte, wurde das Epos von anderen literarischen Formen abgelöst, besonders vom **Roman** <412>. Es gab aber immer wieder Versuche, an das tradierte Erzählmodell des Epos durch die Bearbeitung neuer Inhalte und das Experimentieren mit anderen Formen anzuknüpfen.

Neue Impulse erhielt die epische Tradition zum Beispiel im 17. Jahrhundert durch das Vordringen religiöser Themen wie in Miltons *Paradise Lost*, das bereits deutliche Abweichungen vom traditionellen Epos aufweist (Adam und Eva sind zum Beispiel nicht als heroische Helden konzipiert). Im ***mock heroic poem*** <322> wiederum, einer im 18. Jahrhundert beliebten Gattung, werden epische Konventionen mit **satirischer** <142> Intention aufgegriffen. Versuche in der amerikanischen Literatur, an die epische Tradition anzuknüpfen, sind Walt Whitmans *Leaves of Grass* aus der zweiten Hälfte des 19. Jahrhunderts sowie Ezra Pounds zu Beginn des 20. Jahrhunderts verfasste *Cantos*.

HK

Literatur: Merchant, P.

313 Epigram – Epigramm

Kurzes, pointiertes Gedicht.

In seiner ursprünglichen Bedeutung bezeichnete der Begriff Epigramm eine Inschrift, zum Beispiel auf einem Denkmal oder auf einem Grabstein. In der griechischen und römischen Antike waren Epigramme gewöhnlich in **Distichen** abgefasst, also in Zweizeilern mit Wechsel von **Hexameter** und **Pentameter** (→ **Metre and Rhythm** <321>). Auch wenn sich diese strenge Form nicht erhalten hat, sind bis heute die meisten Epigramme Zweizeiler. Es muss sich dabei aber nicht unbedingt um unabhängige Gedichte handeln; auch Verse, die Teil eines längeren Gedichts sind, können als Epigramme bezeichnet werden, wenn sie sich aus ihrem Kontext lösen lassen. So gelten zum Beispiel eine Reihe von Alexander Popes ***couplets*** (→ **Stanza** <330>) aus seinen längeren Versdichtungen als Epigramme. In solchen Fällen spricht man auch oft vom epigrammatischen Stil eines Werks.

Am ehesten unterscheidet sich das Epigramm von anderen Kurzformen durch seinen pointiert und scharfsinnig formulierten Inhalt. Dichterische Kunstfertigkeit und Eleganz im Ausdruck sind dabei unverzichtbar. Manche Epigramme überraschen den Leser durch eine effektvolle Schlusswendung. Nicht selten findet sich eine **antithetische** <206> Struktur: In der ersten Zeile wird beim Leser eine bestimmte Erwartung aufgebaut, in der zweiten folgt die oft überraschende Lösung.

In der englischen Literatur wurde die Kunst des Epigramms vor allem während des 16., 17. und 18. Jahrhunderts gepflegt, meist mit **satirischer** <142> Intention. Hier ein Beispiel von Alexander Pope (1738):

Engraved on the Collar of a Dog Which I Gave to His Royal Highness

I am his Highness' dog at Kew;
Pray tell me, sir, whose dog are you?

HK

Literatur: Erlebach.

314 Epithalamium/Epithalamion – Epithalamium

Hochzeitsgedicht.

Die Tradition des Epithalamiums lässt sich bis in die Antike zurückverfolgen. In der englischen Literatur war die Form besonders im 16. und 17. Jahrhundert beliebt. Als Beispiel wird oft Edmund Spensers „Epithalamion" (1595) angeführt, das der Dichter anlässlich seiner eigenen Hochzeit geschrieben hat. Charakteristisch für das Epithalamium ist der Reichtum an symbolischer Bildlichkeit (→ **Symbol** <144>), an Anspielungen auf christliche und heidnische **Mythen** <131> und Rituale. Oft beginnt das Gedicht mit einem Musenanruf und endet mit der Bitte, die Göttin Juno möge dem jungen Brautpaar ihren Segen erteilen.

Die erste Strophe aus Spensers „Epithalamion" lautet:

Ye learned sisters[4] which have oftentimes
Beene to me ayding, others to adorne:
Whom ye thought worthy of your gracefull rymes,
That even the greatest did not greatly scorne
To heare theyr names sung in your simple layes[5],
But joyéd in theyr prayse.
And when ye list[6] your owne mishaps to mourne,
Which death, or love, or fortunes wreck did rayse,
Your string could soone to sadder tenor turne,
And teach the woods and waters to lament
Your doleful dreriment[7].
Now lay those sorrowfull complaints aside,
And having all your heads with girland crownd,

---

[4] **sisters** hier: die Musen (die an dieser Stelle angerufen werden)
[5] **lay** Lied, Weise
[6] **list** wünschen
[7] **dreriment** Kummer

Helpe me mine owne loves prayses to resound,
Ne let the same of any be envide:
So Orpheus did for his owne bride,
So I unto my selfe alone will sing,
The woods shall to me answer and my Echo ring.

HK

315 Free Verse – Freivers/Freie Rhythmen

Reimlose und metrisch ungebundene Verse.

Gedichte in *free verse* weisen keine **metrischen** <321> Muster auf und **reimen** <327> nur in Ausnahmefällen; auch die Zeilenlängen variieren mitunter sehr stark. Trotz des Fehlens einer festen Form lassen sich aber in der Regel strukturbildende Elemente finden wie zum Beispiel eine starke **Rhythmisierung** <321> oder der Einsatz **rhetorischer Mittel** <236>, die dem Text – oder Teilen des Textes – eine kohärente Struktur verleihen.

Die Entwicklung des *free verse* in der englischsprachigen Literatur ist untrennbar mit Walt Whitman (1819-92) verbunden, der sich als radikaler Neuerer und als Prophet einer neuen Art von Dichtung im Amerika des 19. Jahrhunderts empfand. Whitman sah den Rhythmus des gesprochenen amerikanischen Englisch durch konventionelle formale Mittel wie Reim und Metrum eingeengt. Er wollte dem ursprünglich musikalischen Charakter von Dichtung wieder Geltung verschaffen; deshalb nannte er auch einige seiner Gedichte *Songs*. Um seinen Versen trotz der freien Form Zusammenhalt zu geben und Verschiedenartiges innerhalb einer **Strophe** <330> zu einem Sinnganzen zu verbinden, griff Whitman zu rhetorischen Mitteln wie **Alliteration** <201>, **Anapher** <205>, **Parallelismus** <229>.

In den ersten vier Zeilen von „Song of Myself" arbeitet Whitman zum Beispiel mit Anapher (Z. 1, 4, 5), Alliteration (Z. 1, 5), Wortwiederholung (1-5) und Parallelismus (1, 2, 3), wobei die syntaktische Wiederholung innerhalb der ersten zwei Verszeilen einen rhythmisierenden Effekt hat. Ferner ergibt sich ein rhythmischer Kontrast zwischen den relativ kurzen Zeilen 1 und 2 und der von der Silben- und Hebungszahl her längeren dritten Zeile:

I celebrate myself, and sing myself,
and what I assume you shall assume,
For every atom belonging to me as good belongs to you.

I loafe and invite my soul,
I lean and loafe at my ease observing a spear of summer grass.

Auch für eine spätere Generation amerikanischer Dichter hatte der *free verse* immer noch eine besondere Bedeutung: William Carlos Williams, Ezra Pound, T. S. Eliot u. a. knüpften in Theorie und Praxis an die Whitmansche Tradition des *free verse* an, den sie als typisch amerikanische Form sahen.

Natürlich gab es auch schon früher reimlose und metrisch ungebundene Dichtung, zum Beispiel die **Hymne** <318>. Aber erst seit dem 20. Jahrhundert wird der *free verse* so häufig verwendet, dass er für den Leser keinen Überraschungseffekt mehr birgt.

HK

Literatur: Hobsbaum.

316 Georgic – Georgicon

Form der Versdichtung, die sich am Vorbild von Vergils Lehrgedichten über ländliche Arbeit orientiert.

Seinem Namen nach – der sich von dem lateinischen Wort *georgicus* (Bauer) ableitet – ist das Georgicon ein Lehrgedicht über die ländliche Arbeit. In Vergils *Georgica*, dem Werk, an dessen Vorbild sich die spätere Tradition der Gattung orientiert, werden Getreideanbau (Buch I), Viehzucht (Buch II), Weinbau (Buch III) und Bienenhaltung (Buch IV) behandelt.

Vergils *Georgica* gehen jedoch über den Rahmen eines Lehrgedichts weit hinaus. Sie enthalten zum Beispiel auch Passagen, in denen das ländliche Leben als idyllische Daseinsform gepriesen wird, außerdem mythologische Episoden sowie historische und politische Reflexionen. Aus alledem wird deutlich, dass das Thema der ländlichen Arbeit in einen sehr viel umfassenderen Kontext eingebettet ist. Die eigentliche Intention Vergils ist politisch: Er entwirft in den *Georgica* die Vision eines augustäischen Friedensreiches nach den Schrecken des gerade beendeten Bürgerkriegs um die Nachfolge Caesars. Erst in diesem Zusammenhang wird auch die eigentliche Bedeutung der ländlichen Arbeit verständlich: Sie kann nur dort gedeihen, wo Frieden herrscht.

In England war das Georgicon vor allem in der ersten Hälfte des 18. Jahrhunderts weit verbreitet. Seine Popularität ist wohl nicht nur auf die Vorbildfunktion der antiken Literatur und insbesondere Vergils zurückzuführen, sondern auch auf die Vorstellung, dass in England – ähnlich wie in Rom unter Kaiser Augustus – nach einer Zeit der politischen Wirren ein friedliches ***Augustan Age*** angebrochen sei. Das Georgicon als politisches Gedicht entsprach zudem der zeitgenössischen Vorstellung von der öffentlichen Funktion der Literatur und konnte wegen seiner flexiblen Form zur Darstellung ganz unterschiedlicher menschlicher Tätigkeiten genutzt werden: In Popes *Windsor Forest* (1713) sind dies die Jagd und der englische Welthandel, in John Dyers *The Fleece* (1757) die Textilindustrie, in Richard Jagos *Edge Hill* (1767) die Metallindustrie in Birmingham. In den genannten Werken ist der patriotische Unterton unverkennbar; das Georgicon kann aber auch – wie in James Thomsons *Seasons* (1726-30) – für philosophisch-moralistische oder – wie in John Gays *Trivia: or, the Art of Walking the Streets of London* (1716) für **parodistische** <135> Zwecke genutzt werden.

RB

Literatur: Chalker; Feingold; Low.

317 Haiku – Haiku

Dreizeiliges japanisches Kurzgedicht.

Haikus sind reimlose Dreizeiler, die aus insgesamt 17 Silben (5-7-5) bestehen. Diese Gedichtform entstammt einer langen japanischen Tradition, fand ihren Weg aber auch in die westliche Lyrik. Bekannt sind vor allem die Versuche der Vertreter der frühmodernistischen Schule des **Imagismus** zu Beginn des 20. Jahrhunderts, Haikus in ihrer englischen Muttersprache zu verfassen. Da die Silben in der englischen Sprache meist länger sind als die im Japanischen, wählten manche Dichter statt der 17 nur 11 Silben (3-5-3). Es gibt auch andere Kombinationen in der Silbenzahl, doch allen ist gemeinsam, dass die zweite Zeile länger ist als die erste und dritte.

Haikus definieren sich allerdings nicht allein durch die Form, sondern auch durch die inhaltliche Gestaltung: Sie konzentrieren sich auf ein einziges Bild, das oft der Natur oder der Pflanzenwelt entnommen ist. Der Verfasser spielt dabei mit den Assoziationen, die von diesem Bild ausgehen, und versucht, im Leser bestimmte Emotionen oder Einsichten hervorzurufen.

Ezra Pound ist ein Meister des Haiku im Englischen. Das folgende Gedicht trägt den Titel „Fan-piece, for her Imperial Lord“ (1916):

> O fan of white silk,
> clear as frost on the grass-blade,
> You also are laid aside.

HK

318 Hymn – Hymne

1. Preisgedicht.
2. Kirchenlied.

Hymnen waren im klassischen Griechenland Lobgesänge auf Götter und Helden. Da weder Form noch Inhalt dieser Gedichtform festen Regeln unterliegen, lässt sich die Hymne nur schwer definieren. Die Grenze zur **Ode** <323> ist nur unscharf, da beide in gehobener Sprache verfasst sein sollen; die Ode muss allerdings strengeren formalen Kriterien genügen als die Hymne. Steigert sich der hymnische Lobgesang zu fast rauschhafter Ekstase, spricht man von einer **Dithyrambe** (***dithyramb***), einer Gedichtform, die sich nur durch diese Besonderheit von der Hymne abhebt und in der englischen Literatur keine große Rolle spielt. Obwohl auch Hymnen im angelsächsischen Sprachraum wenig verbreitet sind, gibt es doch einige bekannte Beispiele wie Shelleys „Hymn to Intellectual Beauty“ (1816).

Als Hymne wird auch der Kirchenhymnus bezeichnet, eine Form, die aus der lateinischen Tradition stammt. Diese Art von Hymne ist zwar auch ein Lobgesang, darüber hinaus aber **strophisch** <330> gegliedert und gereimt. Die vom Kirchenlied abgeleitete ***hymnal stanza*** entwickelte sich zu einer sehr beliebten Strophenform in der englischen Dichtung.

HK

319 Limerick

Fünfzeiliges Nonsense-Gedicht.

Limericks sind eine Form des ***light verse*** mit humorvollem, obszönem, komischem oder groteskem Inhalt; in vielen Fällen lassen sie sich der **Nonsense-Dichtung** <134> zurechnen. Formal handelt es sich um Fünfzeiler mit dem **Reimschema** <327> aabba. Alle fünf Zeilen sind **anapästisch** (→ **Metre and Rhythm** <321>), wobei die erste, zweite und fünfte Zeile dreihebig, die dritte und vierte jeweils zweihebig sind. Manche Limericks sind als Vierzeiler gedruckt: Dort sind die dritte und vierte Verszeile in einer Zeile zusammengefasst. Limericks beginnen häufig mit der charakteristischen Wendung „There was a young/an old lady/man [...]“.

Die Herkunft des Limericks ist ungeklärt; er dürfte der mündlich überlieferten, volkstümlichen Dichtung entstammen. Der Name geht auf ein irisches Gesellschaftslied des 19. Jahrhunderts zurück, in dem die Abenteuer der Bewohner der Stadt Limerick in unzähligen Strophen besungen wurden. Besonders populär wurde der Limerick durch Edward Lears *Book of Nonsense* (1846), aus dem folgender Limerick stammt:

> There was an Old Man who said, „How
> Shall I flee from this horrible Cow?
> I will sit on this stile,
> And continue to smile,
> Which may soften the heart of that Cow“.

HK

Literatur: Bibby.

320 Long Poem

Längere Form der Versdichtung, oft mit narrativem Charakter.

Obwohl natürlich jedes längere Gedicht als *long poem* bezeichnet werden kann, hat sich der Terminus speziell in der **postmodernen** <140> Literaturtheorie für Langgedichte durchgesetzt, zu deren besonderen Eigenschaften die Offenheit der Form sowie die Fähigkeit zählen, vielfältige **intertextuelle** <125> Einflüsse zu integrieren. Wegen dieser Offenheit des *long poem* gibt es allerdings kaum eindeutige Definitionsmerkmale.

Edgar Allan Poe hat Langgedichte in seinem **Essay** <404> „The Poetic Principle" (1850) noch als „a flat contradiction in terms" bezeichnet, da der Effekt eines Gedichts seiner Ansicht nach auf einer nur kurze Zeit verspürten Emotion beruhte. Heute wird der scheinbare Widerspruch zwischen kurzen lyrischen *excitements* und der längeren Form von Kritikern wie Rosenthal and Gall dadurch entschärft, dass sie das *long poem* als ***poetic sequence***, d. h. als Abfolge kurzer lyrischer Gedichte ansehen, die zusammen ein Ganzes ergeben. Für diese Kritiker stellt also das lyrische Element, der betont subjektive und unmittelbare Gefühlsausdruck, einen wesentlichen Bestandteil des *long poem* dar. Während sie durchaus narrative, dramatische und philosophische Strukturen und Elemente im *long poem* integriert sehen, ist für sie der Haupteffekt doch deutlich lyrischer Art: „its structure is finally lyrical".

Andere Kritiker betonen dagegen stärker die narrativen Elemente, welche auf die Verwandtschaft des *long poem* zum **Epos** <312> schließen lassen. Die kanadische Literaturwissenschaftlerin Smaro Kamboureli spricht zum Beispiel vom ***epic ethos*** des Langgedichts. Stephen Scobie, ebenfalls Kanadier, zeigt wiederum, wie in einer Art ***double voicing*** sowohl lyrische als auch narrative Elemente im *long poem* zusammenkommen und wie das postmoderne *long poem* zu einem **metafiktionalen** <128> **Genre** <122> werden kann. Für ihn ist das Langgedicht „a dialogue between the lyric impulse of the short poem and more extended forms of discursive strategy and practice; as the ‚long poem' becomes longer, it begins to question itself, and, almost inevitably, to turn back on itself, self-reflexive and self-referential".

Gerade in den nordamerikanischen Literaturen ist das *long poem* auch zu einem Medium geworden, in dem ähnlich wie früher im Epos nationale oder regionale Mythen vermittelt werden. Viele postmoderne Autoren in Nordamerika berufen sich auf Vorbilder wie William Carlos Williams, der in seinem Gedicht *Paterson* (1946-51) seinem *local pride* über die Zugehörigkeit zu einem neuen Land und einer neuen Gesellschaft Ausdruck geben will. In der anglokanadischen Literatur beschreibt zum Beispiel E. J. Pratts *Towards the Last Spike* (1952), wie der Bau der transkontinentalen Eisenbahnlinie im Jahr 1885 den schon 1867 erfolgten Zusammenschluss ehemaliger britischer Kolonien zur kanadischen Konföderation symbolisch nachvollzog. Robert Kroetsch benutzt die Form des *long poem*, zum Beispiel in *Seed Catalogue* (1977), als Ausdrucksmittel der literarischen Auseinandersetzung mit „neuen“ Regionen im kanadischen Westen, die noch keine – zumindest keine europäisch geprägte – literarische Tradition haben.

Für das zeitgenössische *long poem* lassen sich in der englischen und amerikanischen Literatur viele Vorläufer finden, von denen einige gleichzeitig der epischen Tradition zugerechnet werden. Im 19. Jahrhundert fällt der Blick auf amerikanische Autoren wie Walt Whitman mit *Leaves of Grass* und auf Emily Dickinsons Gedichte, die zwar kurz sind, aber auch als Teile eines umfassenden *long poem* interpretiert werden können. Zu den klassischen Langgedichten des frühen 20. Jahrhunderts gehören **modernistische** <130> Werke wie T. S. Eliots *The Waste Land* (1922) oder Ezra Pounds *Cantos* (1930-69). Aber auch zeitgenössische Autoren aus England – wie Ted Hughes (*Crow*) – oder aus der Karibik – wie Derek Walcott (*Omeros*) – werden zu den führenden Vertretern des *long poem* gerechnet.

HK

Literatur: Kamboureli; Rosenthal; Scobie (1995).

321 Metre and Rhythm – Metrum und Rhythmus

Metrum: *Regelmäßiges Betonungsmuster in der Versdichtung.*
Rhythmus: *Natürlicher Betonungs- und Tempowechsel in der Sprache.*

Das Metrum ist ein festes Betonungsmuster, das die regelmäßige Abfolge betonter und unbetonter Silben in einem Vers „künstlich“ bestimmt. Von diesem grundsätzlich invariablen metrischen Schema ist der Rhythmus eines **Verses** <331> zu unterscheiden, der sich auch aus den „natürlichen“, nie ganz gleichmäßigen Betonungs- und Tempowechseln der gesprochenen Sprache ergibt.[8] Nur in wenigen Gedichten decken sich Metrum und natürlicher

[8] Grundsätzlich gilt, dass man bei der Bestimmung von Metrum und Rhythmus – wie auch beim Reim – von der gesprochenen Sprache ausgeht und nicht vom Schriftbild, das oft eine vergangene Sprachstufe widerspiegelt, mit der die heute maßgebliche Betonungsstruktur und Aussprache der betreffenden Wörter nichts mehr zu tun haben.

Sprachrhythmus vollkommen; gerade die Spannung zwischen beiden kann sehr reizvoll sein. Auffällige Widersprüche zwischen rhythmischer Betonung und metrischer Gliederung sind ein wichtiges Ausdrucksmittel, das die Aufmerksamkeit der Leser auf bestimmte Stellen lenkt und somit sinntragende Bedeutung haben kann.

Metrum

Anders als bei der antiken Dichtung, in der das Metrum vom Wechsel zwischen langen und kurzen Silben bestimmt wurde, unterscheidet man in der deutschen wie in der englischen **Verslehre** (***metrics***) starke von schwachen Silbenbetonungen, auch **Hebungen** und **Senkungen** genannt. Zwar gab es auch in der englischsprachigen Dichtung Versuche einzelner Autoren (z. B. Samuel Taylor Coleridge und Ezra Pound), Gedichte zu schreiben, in denen das Metrum auf der Länge der Silben beruht (***quantitative verse***), doch handelt es sich hier um Sonderfälle.

Das einem Gedicht zu Grunde liegende Metrum kann man erkennen, wenn man Zeile um Zeile **skandiert** (engl. ***scan***), d. h. zunächst die betonten Silben und dann das metrische Schema identifiziert. Die kleinsten zusammenhängenden Einheiten der metrischen Betonungsfolgen werden als **Versfüße** bezeichnet. Ein Versfuß besteht jeweils aus einer bestimmten Kombination von betonten (Hebungen) und unbetonten Silben (Senkungen), die eine metrische Minimaleinheit ergeben. Die Bezeichnungen für die verschiedenen Arten von Versfüßen stammen aus dem Griechischen. Im Englischen finden sich fast ausschließlich folgende Typen:

- **Jambus** (***iamb***): to be
- **Trochäus** (***trochee***): accent
- **Spondäus** (***spondee***): heartbeat
- **Daktylus** (***dactyl***): loneliness
- **Anapäst** (***anapest***): engineer

Neben der Art bestimmt auch die Zahl der Versfüße das jeweilige Metrum einer Gedichtzeile. In der englischen Dichtung finden sich überwiegend folgende Formen:

- **Trimeter** (***trimeter***) mit 3 Hebungen:

  Life, and Death, and Giants –
  (Emily Dickinson, 706)

- **Tetrameter** (***tetrameter***) mit 4 Hebungen:

  My Life had stood – a Loaded Gun –
  (Emily Dickinson, 754)

– **Pentameter** (***pentameter***) mit 5 Hebungen:

> There was a time when meadow, grove, and stream […],
> (William Wordsworth, „Ode: Intimations of Immortality“)

– **Hexameter** (***hexameter***) mit 6 Hebungen:

> This is the forest primeval. The murmuring pines and the hemlocks
> (Henry Wadsworth Longfellow, *Evangeline*)

Um das Metrum einer Gedichtzeile korrekt zu benennen, muss man also sowohl die Anzahl der Hebungen als auch die Art der verwendeten Versfüße bestimmen. Findet man zum Beispiel in einer Zeile vier Hebungen und jambische Versfüße, dann handelt es sich beim Metrum um einen jambischen Tetrameter (wie im zweiten Beispiel oben). Innerhalb eines Gedichts können auch verschiedene Metren miteinander wechseln, zum Beispiel Tetrameter und Trimeter im häufig verwendeten ***common measure*** (→ **Stanza** <330>). Natürlich darf auch nicht vergessen werden, dass Unregelmäßigkeiten bzw. das gänzliche Fehlen eines Metrums (***free verse*** <315>) genauso aussagekräftig sein können wie deren regelmäßige Verwendung.

Rhythmus

Jede Sprache hat einen natürlichen Rhythmus: Die Betonung der Wörter, die individuelle Länge von Silben und deren Anzahl sowie Sprechpausen sorgen für Bewegung und ein bestimmtes Tempo. Von der **Rhythmisierung** eines Gedichts spricht man, wenn sich eine gewisse Regelmäßigkeit in der rhythmischen Bewegung erkennen lässt, die allerdings keineswegs so festgelegt ist wie das stets gleichmäßige Metrum. Gerade in metrisch ungebundenen Gedichten findet sich häufig eine starke Rhythmisierung, die dann strukturbildend wirkt (→ **Free Verse** <315> und **Prose Poem** <325>).

Man kann **fallende** (***falling/descending***) und **steigende** (***rising***) Rhythmen unterscheiden. Beim fallenden Rhythmus folgen unbetonte Silben den betonten. Häufiger findet man im Englischen den umgekehrten Fall, den steigenden Rhythmus, in dem unbetonte Silben als zu einer folgenden betonten Silbe gehörig empfunden werden.

Eine besondere Form der Rhythmisierung eines Gedichts liegt im ***sprung rhythm*** vor. So bezeichnet Gerard Manley Hopkins im Vorwort zu seinen *Poems* (postum 1918) eine Versart, in der Versfüße verwendet werden, auf deren erste, betonte Silbe eine beliebige Zahl von unbetonten Silben folgt; im Grenzfall können aber auch betonte Einsilber einander folgen. Als geeignete Versfüße kommen hierfür vor allem der Trochäus und der Daktylus in Betracht, da sie beide jeweils mit einer Hebung beginnen. Zu bedenken ist, dass manche Versfüße sich vom Ende einer Zeile in den Beginn der folgenden hinziehen können.

Ein gutes Beispiel für *sprung rhythm* ist der Beginn von Hopkins' „The Starlight Night":

> Look at the stars! look, look up at the skies!
>   O look at all the fire-folk sitting in the air!
>   The bright boroughs, the circle-citadels there!
> Down in dim woods the diamond delves! the elves-eyes!

Als Grund für seine Vorliebe für den *sprung rhythm* gibt Hopkins dessen Nähe zum ursprünglichen und natürlichen Rhythmus der englischen Sprache an. Dieser Rhythmus lässt sich tatsächlich in alten Kinderreimen (***nursery rhymes***) finden, aber auch in mittelenglischer Dichtung, so zum Beispiel in Piers *Plowman* (14. Jh.).

Bestimmung von Metrum und Rhythmus im Gedicht

Am Anfang der Versanalyse steht in der Regel der Versuch, das metrische Schema eines Gedichts zu bestimmen. Lässt sich ein solches erkennen, folgt in einem nächsten Schritt die Frage, ob und in welchem Maß „Unregelmäßigkeiten" in der metrischen Gliederung auffallen, d. h. Metrum und Rhythmus an einer bestimmten Stelle voneinander abweichen. Fehlt ein metrisches Schema, erhebt sich die Frage nach einer eventuellen Rhythmisierung des Gedichts. An Wordsworths „I Wandered Lonely as a Cloud" lassen sich bezüglich Metrum und Rhythmus folgende Beobachtungen machen:

> I wandered lonely as a cloud
> That floats on high o'er vales and hills,
> When all at once I saw a crowd,
> A host, of golden daffodils;
> Beside the lake, beneath the trees,
> Fluttering and dancing in the breeze.

Das Metrum des Gedichts ist ein jambischer Tetrameter. Es lassen sich jedoch rhythmische Abweichungen von diesem metrischen Schema feststellen. So tragen zum Beispiel *as* in der 1. Zeile und die Silbe *-dils* in der 4. Zeile statt eines vom Metrum her zu erwartenden Hauptakzents bestenfalls einen Nebenton. Eine deutliche und sinntragende Abweichung vom jambischen metrischen Schema findet sich dann zu Beginn der letzten Verszeile bei „Fluttering“ (bei diesem Wort ist sowohl eine drei- als auch eine zweisilbige Aussprache möglich): die Unregelmäßigkeit verleiht der flatternden Bewegung der Narzissen in der ansonsten ruhigen Landschaft Ausdruck.

HK

Literatur: Fabian (2004); Fenton.

322 Mock Heroic/Mock Epic – Komisches Epos

Komisches Heldenepos.

Die **Gattung** <122> des *mock heroic* bzw. *mock epic* stellt ein Gegenstück zum traditionellen **Epos** <312> dar; epische Konventionen werden dabei in **parodistischer** <135> Absicht verwendet. Es ist eine Form der **Burleske** (***burlesque***) (→ **Parody** <135>), also eine derb-komische Verspottung, in der mit karikaturistischer Übertreibung ein komischer Effekt erzielt wird. Gehobene Sprache und eine anspruchsvolle Form stehen meist in krassem Widerspruch zu einem höchst trivialen Inhalt.

Die Tradition des *mock heroic*, das in der englischen Literatur des 18. Jahrhunderts eine besondere Blütezeit erlebte, reicht bis in die Antike zurück. Obwohl über *Margites*, das verschollene komische Epos Homers, nur wenig bekannt ist, hat es Anregungen für die spätere Literatur gegeben. In der zweiten Hälfte des 18. Jahrhunderts tauchten *mock-heroic*-Passagen auch im **komischen Roman** (→ **Novel** <412>) auf, der damit Funktionen des komischen Epos übernahm, wie Henry Fielding im Vorwort zu seinem Roman *Joseph Andrews* (1742) behauptet.

Das bekannteste *mock epic* schuf Alexander Pope mit *The Rape of the Lock* (1712-14). Bereits der Titel bringt den Witz Popes zum Ausdruck: Die Anspielung auf epische Gedichte, die den Raub einer Frau zum Thema haben (z. B. auf den Raub der Helena in Homers Epos *Ilias*), kontrastiert mit dem unheroischen Stoff von Popes Gedicht. In geschliffenen Versen und sprachlich brillanten Formulierungen beschreibt Pope den banalen Streit zwischen zwei

Londoner Familien. Es entsteht dabei ein reizvoller Kontrast zwischen der gehobenen Sprache des Epos und der Trivialität des Londoner Alltagslebens, wie z. B. in der folgenden Beschreibung der Schlacht um die Locke, wo Pope eine epische Konvention, nämlich die Darstellung großer Schlachten, parodierend aufgreift, um die Keilerei zwischen den Lords und Ladies zu schildern:

> While through the press[9] enraged Thalestris flies,
> And scatters death around from both her eyes,
> A beau and witling perished in the throng,
> One died in metaphor, and one in song.
> „O cruel nymph! A living death I bear,"
> Cried Dapperwit, and sunk beside the chair.
> A mournful glance Sir Fopling upwards cast,
> „Those eyes are made so killing" – was his last.
> Thus on Maeander's flowery margin lies
> The expiring swan, and as he sings he dies.
> When bold Sir Plume had drawn Clarissa down,
> Chloe stepped in, and killed him with a frown;
> She smiled to see the doughty hero slain,
> But, at her smile, the beau revived again. (Canto 5)

HK

Literatur: Broich.

323 Ode – Ode

Gedicht, das in gehobenem Stil ein erhabenes Thema behandelt.

Ihren Ursprung hat die Ode in antiken griechischen Sprechgesängen, in denen ein Chor bei öffentlichen Feierlichkeiten zum Beispiel die sportlichen Leistungen der Wettkämpfer bei den Olympischen Spielen pries. Der griechische Dichter Pindar eignete sich die dreiteilige Struktur dieser Chorgesänge an, die aus **Strophe** (***strophe***), **Gegenstrophe** (***antistrophe***) und **Nachstrophe** (***epode***) bestanden, und schuf damit den Prototyp der **pindarischen Ode** (***Pindaric ode***), die wegen ihres gleichmäßigen Aufbaus auch ***regular ode*** genannt wird.

---

9 **press** Menschenmenge

Die pindarische Ode ist in drei **Strophen** <330> aufgeteilt, wobei Strophe und Gegenstrophe gleich lang und von der Form her, zum Beispiel in Bezug auf **Metrum** <321>, **Reimschema** <327> oder Zeilenlänge meistens ähnlich aufgebaut sind; sie unterscheiden sich aber von der Nachstrophe. In der englischen Dichtung ist diese strenge Form kaum zu finden. Als eines der wenigen Beispiele lässt sich Thomas Grays „The Progress of Poesy" (1757) anführen.

Großer Beliebtheit in England erfreute sich dagegen der Typus der ***irregular*** bzw. ***Cowleyan ode***, die im 17. Jahrhundert von Abraham Cowley geschaffen wurde. Cowley blieb zwar Pindar in Themenwahl und Stil treu, aber die Form seiner Oden war frei und ohne feste Strukturregeln. Bei ihm konnte zusätzlich zu Metrum und Zeilenlänge auch noch die Länge der einzelnen Strophen variieren. Damit gewährt die *Cowleyan ode* den Dichtern große Freiheit im Ausdruck. Der feierliche **Ton** <146>, in dem Personen, Künste, die Natur oder abstrakte Ideen verherrlicht wurden, lässt sich sehr deutlich in den Oden einiger **Romantiker** erkennen, zum Beispiel in Wordsworths „Ode: Intimations of Immortality".

Manche Dichter (z. B. Allen Tate in „Ode to the Confederate Soldiers") benutzen den feierlichen Ton und die gehobene Sprache der Ode, um gezielt einen Widerspruch zum Inhalt der Gedichte zu erstellen und somit **ironische** <126> Akzente zu setzen.

Auf einem antiken Vorbild beruht auch die **horazische Ode** (***Horatian ode***), die auf den römischen Dichter Horaz zurückgeht. Da sie im Gegensatz zur pindarischen Ode, in der sich die Nachstrophe von der Strophe und Gegenstrophe unterscheidet, in jeder Strophe gleich gebaut ist, wird sie auch ***homostrophic*** genannt. Ein weiteres Unterscheidungsmerkmal liegt im eher persönlichen, ruhigen, meditativen und nicht mehr leidenschaftlichen Ton. Keats' „Ode on a Grecian Urn" basiert auf dieser Tradition, doch hat er für seine Oden verschiedene regelmäßige und unregelmäßige Strophenformen entworfen, die meisten davon in Zehnzeilern mit **jambischen Pentametern** (→ **Metre and Rhythm** <321>).

HK

Literatur: Jump; Schlüter.

324 Persona – Persona

Fiktiver Sprecher eines Gedichts.

Der Begriff Persona (*persona*) bezeichnet den Sprecher, im Unterschied zum Verfasser eines Gedichts; in der Erzählliteratur entspricht der Persona der **Erzähler (*narrator*)** <411>. Das lateinische Wort bedeutete ursprünglich die Maske, die die Schauspieler im antiken Drama während ihres Auftritts trugen. In der heutigen Verwendung des Worts ist diese ursprüngliche Bedeutung noch erhalten: Der Dichter verwendet eine fiktive Person, auch ***poetic self*** genannt, als eine Art Maske, durch die er spricht.

Autor und Persona sollten bei der Analyse eines Gedichts voneinander getrennt werden, selbst in den Fällen, wo beide nahezu identisch erscheinen. Formulierungen wie „Der Dichter sagt hier ..." in der Analyse sind problematisch; stattdessen spricht man von der Persona, vom Sprecher oder vom (lyrischen) Ich, das seine Gedanken und Gefühle zum Ausdruck bringt. Von der Persona vertretene Ansichten oder Meinungen können nicht ohne weiteres mit denen des Autors gleichgesetzt werden. Im ***dramatic monologue*** <308> ist die Trennung des Dichters von der fiktiven Person, die er sprechen lässt, sogar eines der wichtigsten Definitionsmerkmale.

In manchen Gedichten treten zwei unterschiedliche Personae auf, zwischen denen sich im Dialog eine Ich-du-Beziehung entwickelt. Das Du kann dabei die Funktion eines ***alter ego*** übernehmen, das kein konkretes Gegenüber, sondern – als eine Art ***reflexive self*** – nur die andere Seite ein- und derselben Person darstellt wie im folgenden Gedicht (267) von Emily Dickinson:

> Me from Myself – to banish –
> Had I Art –
> Impregnable my Fortress
> Unto All Heart –
>
> But since Myself – assault Me –
> How have I peace
> Except by subjugating
> Consciousness?
>
> And since We're mutual Monarch
> How this be

Except by Abdication –
Me – of Me?

Anstatt eines Individuums wählen manche Autoren ein sogenanntes **mythopoetisches Selbst** (***mythopoetic/universal self***) als Maske. Dabei kann der Dichter bereits vorhandene Mythen (z. B. den *frontier myth*) aufgreifen oder selbst solche schaffen. Walt Whitman (1819-92) bedient sich zum Beispiel häufig einer solchen mythopoetischen Persona. Mit ihrer Hilfe versucht er, uramerikanische Erfahrungen in Worte zu fassen und somit zur Bildung eines amerikanischen Mythos beizutragen.

In „Song of Myself 10“ wird besonders deutlich, dass es um weit mehr als die Vermittlung der Erlebnisse eines einzelnen geht:

Alone far in the wilds and mountains I hunt,
Wandering amazed at my own lightness and glee,
In the late afternoon choosing a sage spot to pass the night,
Kindling a fire and broiling the fresh-killed game,
Falling asleep on the gather'd leaves with my dog and gun by my side.

The Yankee clipper is under her sky-sails, she cuts the sparkle and scud,
My eyes settle the land, I bend at her prow or shout joyously from the deck.
The boatmen and clam-diggers arose early and stopt for me,
I tuck'd my trowser-ends in my boots and went and had a good time;
You should have been with us that day round the chowder-kettle.

HK

325 Prose Poem – Prosagedicht

Gedicht in Prosaform.

Auch wenn die äußere Form des Prosagedichts der eines normalen Prosatextes gleicht, unterscheidet es sich von diesem doch durch einige Besonderheiten. So finden sich nicht selten eine starke **Rhythmisierung** <321> und die auffallende Verwendung verschiedener poetischer Klang- und Stilfiguren, ähnlich wie im ***free verse*** <315>. Im Gegensatz zu diesem lassen sich im Prosagedicht aber keine Verszeilen erkennen. Der Unterschied zur rhythmischen Prosa, also Prosatexten mit starker Rhythmisierung, ist schwebend; das einzige, aber auch zweifelhafte Unterscheidungsmerkmal dürfte die relative Kürze des Prosagedichts sein sowie die Tatsache, dass der Autor es explizit als solches bezeichnet.

Seine Entstehung verdankt dieses Genre Baudelaire, Rimbaud und anderen französischen Dichtern des 19. Jahrhunderts. In der englischsprachigen Dichtung lässt sich Robert Blys „The Left Hand" aus der Prosagedichtsammlung *This Body Is Made of Camphor and Gopherwood* (1977) als Beispiel anführen:

> My friend, this body is made of camphor and gopherwood. Where it goes, we follow, even into the Ark. As the light comes in sideways from the west over damp spring buds and winter trash, the body comes out hesitatingly, and we are shaken, we weep, how is it that we feel no one has ever loved us? This protective lamplit left hand hovering over its own shadow on the page seems more loved than we are [...]. And when we step into a room where we expect to find someone, we do not believe our eyes, we walk all the way over the floor and feel the bed [...].

Neben einer immer wieder deutlichen Rhythmisierung, zum Beispiel in Form eines **jambischen** (→ **Metre and Rhythm** <321>) Grundmusters in der ersten Zeile, lassen sich auch Klangfiguren wie **Alliteration** <201> bzw. **Konsonanz** erkennen.

HK

Literatur: Monroe.

326 Refrain – Kehrreim/Refrain

Identische oder variierende mehrfache Wiederholung einer Wortreihe in einem Gedicht oder Lied.

Refrains sind vor allem aus **Volksliedern** und **Balladen** <303> bekannt, in denen einzelne Verse regelmäßig und meist am Ende einer **Strophe** <330> wiederkehren. Refrains müssen nicht immer Wort für Wort identisch sein, sondern können auch in leicht abgewandelter Form wiederholt werden.

Ein dem Refrain verwandtes Phänomen ist die ***incremental repetition***: Einzelne Phrasen werden in einem Gedicht wiederholt und dabei jedes Mal so verändert bzw. erweitert, dass sie den Fortgang des Geschehens widerspiegeln. Auch diese Form der Wiederholung findet sich vorwiegend in Balladen, oft in der ersten Zeile einer neuen Strophe.

In der Ballade „Lord Randal“ kommen sowohl Refrain als auch *incremental repetition* vor:

„O where ha you been, Lord Randal, my son?
And where ha you been, my handsome young man?“
„I ha been at the greenwood; mother, mak my bed soon,
For I'm wearied wi hunting, and fain wad lie down.“

„An wha met ye there, Lord Randal, my son?
An wha met ye there, my handsome young man?“
„O I met wi my true-love; mother, mak my bed soon,
For I'm wearied wi huntin, and fain wad lie down.“

„And what did she give you, Lord Randal, my son?
And what did she give you, my handsome young man?“
„Eels fried in a pan; mother, mak my bed soon,
For I'm wearied wi hunting, and fain wad lie down.“

Während hier am Ende jeder Strophe derselbe Text als Refrain wiederkehrt, sind die Anfangszeilen, in denen die Fragen der Mutter immer einen entscheidenden Schritt weitergehen, ein typischer Fall von *incremental repetition*.

HK

327 Rhyme – Reim

Lautlicher Gleichklang im Vers.

Die Wiederholung gleicher oder ähnlicher Laute in bestimmten Abständen ist eines der durchgängigsten Merkmale von Versdichtung. Im allgemeinen Sprachgebrauch versteht man unter **Reim** den **Endreim**, also den Gleichklang am Ende von Gedichtzeilen. Auch wenn dies seit dem Ende des Mittelalters die dominante Form des Reims ist, muss man den Begriff Reim doch wesentlich weiter fassen. Man unterscheidet verschiedene Reimformen, abhängig erstens von der Qualität des Gleichklangs, zweitens von der Anzahl der reimenden Silben und drittens von ihrer Stellung im Vers. Dabei muss man beachten, dass sich Reime (wie auch **Metrum** und **Rhythmus** <321> eines Gedichts) immer auf die Lautung, nicht auf die Schreibung von

Wörtern beziehen. Dies ist gerade im Englischen wichtig, wo sich Aussprache und Schreibung oft nicht entsprechen.

1. In Bezug auf die Qualität des Lautgleichklangs unterscheidet man zwischen **reinen** und **unreinen** Reimen:

Von reinen (***perfect/full/pure***) Reimen spricht man, wenn der letzte betonte Vokal bzw. Diphthong und alle ihm folgenden Laute genau gleich klingen, zum Beispiel *catch* und *match* oder *rhyming* und *chiming*. Unter ***identical rhymes*** versteht man entweder die Verwendung des gleichen Wortes oder den Gleichklang sämtlicher Laute der reimenden Wörter, auch wenn in der Schreibung Unterschiede bestehen, so bei *rite* und *right*.

Bei unreinen Reimen, für die es im Englischen eine ganze Reihe von Bezeichungen gibt (***imperfect/impure/partial/near/slant/oblique***), findet sich nur ein unvollständiger Gleichklang, wie in *match* und *much*.

Von unreinen Reimen spricht man auch dann, wenn zwar die Vokale und Konsonanten übereinstimmen, aber ein jeweils unterschiedliches Betonungsmuster der betreffenden Silben trotzdem den Eindruck eines unreinen Reims erweckt; bei *good* und *childhood* reimt eine betonte mit einer unbetonten Silbe. Ein solcher Reim wird manchmal auch als ***ironic*** bezeichnet.

Eine andere Sonderform des unreinen Reims ist der sogenannte ***eye rhyme***, bei dem die entscheidenden Silben zwar der Schreibweise nach zu reimen scheinen, aber unterschiedlich ausgesprochen werden, wie zum Bcispiel *come* und *home*.

Zur Gruppe der *eye rhymes* gehört auch der ***historical rhyme***, bei dem inzwischen unterschiedlich ausgesprochene Wörter ursprünglich miteinander reimten, zum Beispiel *herd* und *beard* in Shakespeares Sonett 12. Sprachwissenschaftler benutzen diese *historical rhymes*, um Rückschlüsse auf die Aussprache früherer Formen des Englischen zu ziehen. Diese Methode ist natürlich umstritten, da sie von der Vorstellung ausgeht, frühere Dichter hätten nur mit reinen Reimen gearbeitet.

Als weitere Form des unreinen Reims findet man gelegentlich noch den dreisilbigen ***forced rhyme*** , bei dem der Reim die normale Betonung und Aussprache der Wörter „verbiegt". Mit dieser Form lassen sich vor allem komische Effekte erzielen, wie dieses Beispiel aus Byrons *Don Juan* (1818-20) zeigt:

But – Oh! ye lords of ladies intellectual
Inform us truly, have they not hen-pecked you all?

Die Verwendung unreiner Reime in einem Gedicht kann sehr effektvoll sein. So erzeugt Emily Dickinson bewusst lautliche Dissonanzen, die in dem folgenden Beispiel mit dem Thema des Gedichts – Gegensätze – korrelieren:

'Tis Opposites – entice –
Deformed Men – ponder Grace –
Bright fires – the Blanketless –
The Lost – Day's face –

The Blind – esteem it be
Enough Estate – to see –
The Captive – strangles new –
For deeming – Beggars – play –

To lack – enamor Thee –
Tho' the Divinity –
Be only
Me –
(355)

Die Grenze zwischen unreinen Reimen und dem Phänomen der **Konsonanz** (***consonance***) ist fließend. Konsonanz wird ganz allgemein als Übereinstimmung der Schlusskonsonanten einer betonten Silbe bei unterschiedlichen Vokalen definiert wie zum Beispiel bei *came* und *home* oder *love* und *have*. Ähnlich verhält es sich bei der **Assonanz** (***assonance***), bei der lediglich die betonten Vokale übereinstimmen, zum Beispiel in *life* und *like*.

2. Relativ einfach ist die Unterscheidung der Reime nach der Zahl der reimenden Silben. Beim **männlichen Reim** (***masculine rhyme***) endet die Zeile mit einer betonten Silbe, zum Beispiel *match – catch* oder *line – mine*. Beim **weiblichen Reim** (***feminine rhyme***) folgt auf die betonte Silbe im reimenden Wort noch eine unbetonte, zum Beispiel *rhyming* und *chiming*. Dreisilbige Reime, von denen der oben erwähnte *forced rhyme* eine Sonderform wäre, bestehen aus drei reimenden Silben, wobei auf die betonte Silbe zwei unbetonte folgen. Bekannt für diese ***triple rhymes*** ist Byrons *Don Juan*: zum Beispiel *mystery* und *history* (Canto I, Stanza 39).

3. Das dritte Unterscheidungskriterium der einzelnen Reimarten liegt in deren Position innerhalb der Verszeile. Bei **Anfangsreimen** (***initial/beginning rhymes***), die allerdings sehr selten sind, reimen die jeweils ersten Wörter aufeinander folgender Verszeilen. Ebenfalls eher selten finden sich ***internal rhymes***, bei denen Wörter

innerhalb einer Verszeile reimen. In der deutschen Verslehre unterscheidet man dabei als Sonderformen den **Binnenreim**, wenn das Versende mit einem Wort des Versinneren reimt, und den **Schlagreim**, wenn zwei in einer Verszeile unmittelbar aufeinander folgende Wörter reimen. Als eine spezielle Form des Binnenreims wäre der in der englischen Poetik bekannte ***leonine rhyme*** zu verstehen: wie im angegebenen Beispiel reimt dort das Versende mit der Silbe, die der **Zäsur** <305> unmittelbar vorangeht:

Once upon a midnight dreary, while I pondered, weak and weary
(Poe, „The Raven“)

Die am weitesten verbreitete Form in der englischen Dichtung ist, wie anfangs bereits angedeutet, der **Endreim** (***external/end rhyme***), der als der Gleichklang von Silben am Ende von Verszeilen definiert wird.

Bei Gedichten, die in Endreimen verfasst sind, ergeben sich ganz unterschiedliche **Reimschemata** (***rhyme schemes***) und Reimfolgen. Neben den gängigen **Paarreimen** (***rhyming couplets***), also dem Endreim zweier unmittelbar aufeinander folgender Verszeilen (aabb), spricht man von **Kreuzreimen** (***alternate rhyme***) bei dem Schema abab, von **verschränkten Reimen** (***embracing rhyme***) bei abba oder von **geschweiften Reimen** (***tail rhyme***) bei aabccb. Im Englischen werden die entsprechenden Termini nur selten verwendet, so dass man gewöhnlich, wenn überhaupt, einfach zwischen ***couplets*** und ***quatrain forms*** (abab/abcb/abba) unterscheidet.

Im Lauf der Geschichte der englischen Literatur taucht der inzwischen so geläufige Endreim erstmals gegen Ende der mittelenglischen Dichtung auf. Einer der ersten englischen Dichter, die mit Endreim arbeiten, ist Chaucer (ca. 1343-1400). Im Lauf der Zeit entwickelten sich dann ganz unterschiedliche Reimschemata mit Endreim. Selbstverständlich wurden starre Reimschemata mitunter auch als hinderliche Konventionen empfunden. Nicht erst seit dem 20. Jahrhundert, in dem „freien“ Formen der Vorzug gegeben wurde, experimentieren Dichter mit Gleichklängen, die im traditionellen Sinne gar nicht mehr als Reime betrachtet würden; zahlreiche Beispiele lassen sich bereits im 19. Jahrhundert in der Lyrik Emily Dickinsons finden.

HK

328 Song – Lied

Gedicht, das meist gesungen wird und sich metrisch an einer bestimmten Melodie orientiert.

Im allgemeinen Sprachverständnis ist das Lied eine Form der Versdichtung, die mit einer bestimmten Melodie verbunden, strophisch gegliedert und im Inhalt einfach ist. In diesem Sinne ist die lange Tradition der sogenannten ***popular songs*** (z. B. ***dance songs***, ***war songs***, ***love songs***) zu verstehen, zu denen auch die ***folk songs*** zählen, die aus der mündlichen Überlieferung stammen und deren Verfasser anonym sind. Beliebte *folk songs* wie ***Christmas carols*** oder **Balladen** <303> werden heute noch gesungen. Eine der bekanntesten Sammlungen alter Lieder im englischsprachigen Raum sind die von Robert Burns edierten *Scottish Folk Songs*, zu denen Lieder wie „Auld Lang Syne" gehören. In den USA ist die Tradition der *folk songs* bis heute lebendig, zum Beispiel in der Country-Musik.

Neben den *popular songs* gibt es auch eine reiche Tradition an vertonten Gedichten. Da Gedichte ursprünglich zur Begleitung von Musikinstrumenten (z. B. bei den Griechen zur Lyra, einem Saiteninstrument) vorgetragen wurden, bestand ohnehin von Anfang an eine sehr enge Verbindung zwischen Versdichtung und Musik. Als lyrische Form lassen sich *songs* während verschiedener Epochen der englischen Literatur finden. Eine Blütezeit besonderer Art erlebten sie während des **Elisabethanischen** Zeitalters; bekannte Beispiele sind die Lieder in Shakespeares Dramen.

Es gibt aber auch Gedichte, die als *songs* bezeichnet werden, obwohl sie nie vertont wurden. Die Bezeichnung *song* findet sich in der englischen und amerikanischen Literatur zum Beispiel bei einer Reihe von Gedichten und Gedichtzyklen, die keinen offensichtlichen Bezug zur Tradition vertonter Lyrik mehr aufweisen: Donnes *Songs and Sonnets* (als Sammlung 1633 veröffentlicht) sowie Whitmans „Song of Myself" (erste Fassung 1855). Die Grenze zwischen Lied und lyrischen Gedichten ist fließend, und man spricht manchmal von ***song-lyrics***, also Gedichten, die zwar mit keiner Melodie verbunden sind, aber die aufgrund ihrer **rhythmischen** <321> und klanglichen Gestaltung besonderen musikalischen Charakter tragen.

Obwohl die Begriffe Lied und *song* als Fremdwörter in der jeweils anderen Sprache vorkommen, können sie nicht einfach synonym verwendet werden. Im Deutschen hat das Wort Song eine Bedeutungseinschränkung erfahren: Man versteht darunter landläufig Schlager oder Chansons. Im Englischen bezieht sich das Fremdwort *lied* nur auf die **Kunstlieder**, wie sie aus der deutschen Romantik bekannt sind.

HK

Literatur: Booth, M.

329 Sonnet – Sonett

Vierzehnzeiliges Gedicht mit einem festen Strophen- und Reimschema, oft in jambischen Pentametern.

Entstanden ist das Sonett in Italien. Seine Beliebtheit verdankt es der Kunstfertigkeit Francesco Petrarcas (14. Jahrhundert), der es mit seinen Gedichten an Laura zu einer lyrischen Form entwickelte, die bald in anderen europäischen Ländern begeistert aufgenommen wurde (→ **PETRARCHISM** <138>). Im frühen 16. Jahrhundert gelangte das Sonett durch Thomas Wyatts Petrarca-Übersetzungen nach England und fand dort zahlreiche Nachahmer. Eine entscheidende Abwandlung erfuhr es in der Mitte des 16. Jahrhunderts unter Wyatts Freund Surrey, der sich von der strengen italienischen Form löste und damit neben dem **Petrarca-Sonett** einen eigenen englischen Typus schuf. Bekannt wurde diese Variante des Sonetts allerdings unter dem Namen Shakespeares.

In der englischen Literatur unterscheidet man demzufolge zwei Hauptformen des Sonetts:

1. Das Petrarca- bzw. italienische Sonett (***Petrarchan sonnet***): Hier setzen sich die 14 Zeilen aus einem **Oktett** <330> (Reimschema abba abba) und einem anschließenden **Sextett** <330> (häufig cdc cdc) zusammen. Dieses strenge Reimschema wird aber im Englischen meist abgewandelt, da es dort weniger Reimpaare als im Italienischen gibt. Bereits Wyatt schließt das Sonett oft mit einem **Paarreim** <327> ab (abba abba cdc cdd).

Der zweigeteilten Struktur entspricht meist ein klarer inhaltlicher Aufbau. An der Nahtstelle zwischen dem Oktett (bzw. den zwei **Quartetten**) und dem Sextett (bzw. den beiden **Terzetten**) lässt sich oft ein gedanklicher Übergang, ein inhaltlicher Wendepunkt (***volta***) oder ein Stimmungsumschwung feststellen. Auf ein im ersten Teil formuliertes Problem kann zum Beispiel im zweiten Teil die Lösung folgen; oder im Oktett wird eine Frage aufgeworfen, die im Sextett beantwortet wird.

Ein Beispiel für ein petrarkisches Sonett in der englischen Dichtung ist William Wordsworths „It Is a Beauteous Evening“ (1802):

It is a beauteous evening, calm and free,
The holy time is quiet as a Nun
Breathless with adoration; the broad sun
Is sinking down in its tranquility;
The gentleness of heaven broods o'er the Sea:
Listen! the mighty Being is awake,
And doth with his eternal motion make
A sound like thunder – everlastingly.
Dear Child! dear Girl! that walkest with me here,
If thou appear untouched by solemn thought,
Thy nature is not therefore less divine:
Thou liest in Abraham's bosom all the year,
And worship'st at the Temple's inner shrine,
God being with thee when we know it not.

Auch wenn keine Einteilung in **Strophen** <330> erkennbar ist, lässt das Reimschema ein Oktett (abba abba) und ein Sextett (cde ced) erkennen. Während Wordsworth im Oktett die Abendstimmung und die Erfahrung des Göttlichen in der Natur beschreibt, thematisiert er im Sextett die enge Beziehung des Kindes zu Gott. Die direkte Anrede „Dear Child“ zeigt den inhaltlichen Wechsel an.

2. Das **Shakespeare-Sonett** (***Shakespearean sonnet***): Auf drei Quartette folgt ein abschließendes Reimpaar (***rhyming couplet***). Das typische Reimschema lautet abab cdcd efef gg. Ähnlich aufgebaut ist das nach Spenser benannte, aber wenig verbreitete ***Spenserian sonnet***: abab bcbc cdcd ee.

Im Shakespeare-Sonett findet sich oft im abschließenden Reimpaar eine kurze pointierte Zusammenfassung des zuvor entwickelten Themas. Manchmal nehmen die Gedanken an dieser Stelle auch eine überraschende Wendung. Die Eigenarten dieses Sonett-Typs lassen sich an Shakespeares „When I do count the clock“ erkennen:

When I do count the clock that tells the time
And see the brave day sunk in hideous night,

When I behold the violet past prime
And sable curls all silver'd o'er with white,
When lofty trees I see barren of leaves,
Which erst from heat did canopy the herd,
And summer's green all girded up in sheaves
Borne on the bier with white and bristly beard –
Then of thy beauty do I question make
That thou among the wastes of time must go,
Since sweets and beauties do themselves forsake
And die as fast as they see others grow,
And nothing 'gainst Time's scythe can make defense
Save breed, to brave him when he takes thee hence.

Auch hier ist eine klare formale Struktur vorhanden (z. B. im Reimschema abab cdcd efef gg). Vom Oktett zum Sextett lässt sich ein inhaltlicher Umschwung erkennen, wenn Shakespeare nach der Beschreibung des Vergänglichen in der Natur zur Vergänglichkeit des Menschen übergeht. Im abschließenden ***couplet*** (→ **Stanza** <330>) überrascht Shakespeare mit dem Gedanken, dass das „thou" im Gedicht durch die Zeugung von Nachkommen der Sterblichkeit entgehen könnte.

Auch wenn das Sonett eine relativ festgefügte Form hat, gibt es Mischformen und Variationen der oben ausgeführten Schemata. So hat einer der bekanntesten Sonettdichter in Amerika, Robert Lowell (1816-91), eine reimlose Variante entwickelt (z. B. „Reading Myself"). Auch inhaltlich haben sich im Laufe der Zeit Veränderungen ergeben. War ursprünglich die Liebe mit all ihren Komplikationen Gegenstand der Sonettdichtung, so wandte sich John Donne (1572-1631) in seinen *Holy Sonnets* religiösen Themen zu. John Milton (1608-74) wiederum bezog auch politische Inhalte mit ein.

Einige Dichter folgten dem Beispiel Petrarcas und verfassten gegen Ende des 16. Jahrhunderts Sonettzyklen (***sonnet sequences*** bzw. ***sonnet cycles***), also eine Serie von Sonetten, denen ein bestimmtes Thema, zum Beispiel die Liebe, zu Grunde lag. Neben Shakespeare, dessen Sonette einen solchen Zyklus bilden, lassen sich Sidney (*Astrophel and Stella*) und Spenser oder, aus dem 19. Jahrhundert, Elizabeth Barrett Browning mit ihren *Sonnets from the Portuguese* anführen.

HK

Literatur: Fuller.

330 Stanza – Strophe

Aus mehreren Verszeilen bestehender Abschnitt eines Gedichts.

Die meisten Gedichte bestehen aus einzelnen Strophen, d. h. zusammengehörigen Gruppen von Verszeilen mit gleichem **Metrum** <321>, gleicher Zeilenlänge und oft auch gleichem **Reimschema** <327>. Selbstverständlich gibt es auch Gedichte mit unterschiedlich strukturierten Strophen: So können zum Beispiel die Anzahl der einzelnen Verszeilen oder das Reimschema variieren. Im gedruckten Text sind die einzelnen Strophen meist leicht erkennbar, da sie durch einen Leerraum voneinander abgesetzt und manchmal sogar einzeln durchnummeriert sind.

Grundsätzlich unterscheidet man die einzelnen Strophenformen nach der Anzahl ihrer Verse:

- **Zweizeiler** werden im Englischen als ***couplets*** bezeichnet; zwei aufeinander folgende Verse sind durch **Endreim** <327> miteinander verbunden. Oft bilden diese Zweizeiler auch eine inhaltliche Einheit.

  Eine Sonderform des Zweizeilers in der englischen Dichtung ist unter dem Namen ***heroic couplet*** bekannt; diese **Paarreime** <327> sind in **jambischen Pentametern** (→ **Metre and Rhythm** <321>) verfasst. Bereits von Chaucer in seinen *Canterbury Tales* benutzt, erfreuten sich die *heroic couplets* einer besonderen Beliebtheit im 18. Jahrhundert. Als besonders gelungene Beispiele gelten dabei die Paarreime von Alexander Pope:

  One science only will one genius fit;
  So vast is art, so narrow human wit:
  Not only bounded to peculiar arts,
  But oft in those confined to single parts.
  (*An Essay on Criticism*)

- Das **Terzett** (***tercet*; *triplet***) ist ein Dreizeiler, in dem nicht selten alle drei Zeilen durch Endreim miteinander verbunden sind. Besonders bekannt ist das Terzett als Teil des **Petrarca-Sonetts** <329>. Als ***terze rima*** bezeichnet man Terzette, die im Reimschema aba bcb usw. verfasst sind. Diese im Italienischen beliebte Form (z. B. in Dantes *Divina Comedia*) findet sich auch im Englischen. Eines der bekanntesten Beispiele dürfte Shelleys „Ode to the West Wind“ (1819) sein.

- **Quartett** (***quatrain***): Als die am weitesten verbreitete Strophenform in der englischsprachigen Versdichtung tritt der Vierzeiler in allen erdenklichen gereimten und ungereimten Variationen in Erscheinung. Von den Formen mit einer festen Struktur ist die ***ballad stanza*** die bekannteste: **Tetrameter** und **Trimeter** (→ METRE AND RHYTHM <321>) wechseln einander im Reimschema abcb (selten auch abab) ab. Tritt diese Strophenform in einer **Kirchenhymne** <318> auf, spricht man von ***hymnal stanza*** oder von ***common measure***. Das *common measure* findet sich aber auch häufig außerhalb der religiösen Dichtung wie zum Beispiel in der Lyrik Emily Dickinsons, wobei die konventionelle Form durchaus im Gegensatz zum Inhalt stehen kann.
  Eine weitere Sonderform des Vierzeilers, bekannt durch Thomas Grays „Elegy Written in a Country Churchyard", ist das ***heroic quatrain***, ein jambischer Pentameter in **Kreuzreimen** <327>.
- Der Begriff **Sextett** (***sestet***) bezeichnet in den meisten Fällen den Sechszeiler, der im Petrarca-Sonett dem Oktett folgt. Dort sind die Sextette auch oft in zwei Terzette unterteilt.
- Der ***rhyme royal*** (auch ***rime royal***) ist eine siebenzeilige Strophe in jambischen Pentametern (manchmal mit einem **Alexandriner** <301> in der 7. Zeile), die dem Reimschema ababbcc folgt. Chaucer benutzte diese Strophenform zum Beispiel in *Troilus and Criseyde*:

  The double sorwe of Troilus to tellen,
  That was the kyng Priamus sone of Troye
  In lovynge, how his aventures fellen
  Fro wo to wele, and after out of joie,
  My purpos is, er that I parte fro ye.
  Thesiphone, thow help me for t'endite
  Thise woful verse, that wepen as I write.

- **Oktett** (***octet***): Bezeichnung für eine achtzeilige Strophe, vor allem für den ersten Teil des Petrarkasonetts; dabei findet man das Oktett oft in zwei Quartette unterteilt. Aus dem Italienischen stammt die Sonderform der ***ottava rima*** aus jambischen Pentametern, die abababcc reimen. Sie erlangte im Englischen durch Byrons *Don Juan* (1818-20) – im Beispiel aus Canto I – besondere Berühmtheit:

  And Julia sate with Juan, half embraced
    And half retiring from the glowing arm,
  Which trembled like the bosom where 'twas placed;

Yet still she must have thought there was no harm,
Or else 'twere easy to withdraw her waist;
But then the situation had its charm,
And then – God knows what next – I can't go on;
I'm almost sorry that I e'er begun.

– **Spenserstrophe** (***Spenserian stanza***): Bei diesem Neunzeiler folgt auf acht Zeilen in jambischen Pentametern ein **Alexandriner** <301>. In der abschließenden Verszeile findet sich oft eine kurze Zusammenfassung der in den vorhergehenden acht Zeilen entwickelten Gedanken. Das Reimschema lautet ababbcbcc. Benannt ist diese Strophenform nach Edmund Spenser, der sie für *The Faerie Queene* (1589) entwickelt hatte (ein Beispiel findet sich unter **Allegorie** <102>).

Zu Missverständnissen in der Terminologie kann es kommen, wenn man den deutschen Begriff Strophe mit dem englischen *strophe* übersetzt. Dieses selten benutzte Wort wird von manchen Kritikern zur Bezeichnung unregelmäßiger und ungereimter Strophen verwendet, um diese von den eher regelmäßigen *stanzas* abzugrenzen. Der deutsche Begriff Stanze dagegen definiert eine besondere Strophenform, einen Achtzeiler, der vor allem in der Literatur der romanischen Sprachen vorkommt.

HK

331 Verse – Vers

1. Zeile eines Gedichts
2. Strophe
3. Versdichtung

Der Begriff *verse* kann im Englischen sowohl als Bezeichnung für eine Gedichtzeile als auch für eine **Strophe** <330> benutzt werden, während die Verwendung des Terminus im zweiten Sinn im Deutschen als unkorrekt gilt. Aber auch im Englischen kann es leicht zu Missverständnissen führen, wenn man Strophen als *verses* bezeichnet, da Strophen üblicherweise ***stanzas*** genannt werden.

In seiner dritten Bedeutung, also „Versdichtung", wird *verse* manchmal synonym für ***poetry*** (und gelegentlich auch ***poem***) verwendet, allerdings meist mit Bezug auf unterhaltende Dichtung, die **metrisch** <321> gebunden ist und reimt. Zu dieser Kategorie zählen insbesondere Gelegenheitsgedichte, Geburtstagsverse u. ä. Im Englischen spricht man in diesem Zusammenhang von ***society verse*** oder ***light verse***. Diese Bezeichnungen spiegeln oft das Vorurteil wider, dass diese Art von Dichtung künstlerisch anspruchslos sei. Abgesehen davon findet man den Terminus *verse* oft im Titel von Gedichtsammlungen, ohne dass dies in irgendeiner Weise abwertend gemeint ist. Beispiele sind die Anthologien *The Penguin Book of English Verse* und *The Faber Book of Modern Verse*.

HK

Erzählliteratur und andere Prosa

401 Biographical Literature – Biografische Literatur

Literarische Lebensbeschreibungen.

Der Terminus biografische Literatur umfasst ein weites Gebiet. Neben der **Biografie** und der **Autobiografie** gibt es noch eine ganze Reihe von Sonderformen, wie z. B. die **Memoiren**- und **Tagebuchliteratur**. Neuerdings findet sich als übergreifende Bezeichnung auch der direkt aus dem Griechischen übertragene Begriff ***life-writing***. Ein gemeinsames Merkmal aller Spielarten der biografischen Literatur ist der Versuch, das Leben bestimmter Personen möglichst authentisch zu beschreiben.

1. **Biografien (*biographies*)** sind seit dem Altertum überliefert und haben sich während der verschiedenen Epochen der Literaturgeschichte zu einem beliebten Genre entwickelt, sich dabei aber auch in Form und Zielsetzung verändert. Wenn heutigen Lesern Lebensbeschreibungen aus früheren Jahrhunderten oft als kritiklose Verherrlichungen historischer Personen erscheinen, erklärt sich dies durch die unterschiedlichen Schreibkonventionen, an denen sich die Verfasser damals im Gegensatz zu heute orientierten. Aus der englischen Literatur des Mittelalters sind Biografien vor allem in der Form von Heiligengeschichten (***hagiographies***) bekannt, in denen das vorbildliche Leben von Heiligen geschildert wird; daneben finden sich auch Lebensbeschreibungen von Königen, deren heldenhafte Taten gepriesen werden.

Erst mit Beginn der Neuzeit entwickelten sich biografische Darstellungen, die sich – im Gegensatz zu der bis dahin üblichen exemplarischen Sichtweise – für den Menschen als Individuum und als Privatperson interessieren. Die ersten Biografien im heutigen Sinn entstanden in der englischen Literatur des 17. Jahrhunderts: Die Persönlichkeit, die Taten und die Empfindungen eines Menschen wurden nun vor dem Hintergrund seines kulturellen und sozialen Umfeldes dargestellt. Zu dieser Zeit wurden erstmals auch Schriftsteller-Biografien, z. B. über John Donne und George Herbert, verfasst. Mit Dr. Johnsons *Lives of the Poets* (1779-81) und

James Boswells *Life of Samuel Johnson* (1791) etablierte sich die Biografie gegen Ende des 18. Jahrhunderts schließlich als bedeutendes literarisches Genre. Spätere Entwicklungen gehen auf den Einfluss der **romantischen** Bewegung, die subjektiven Empfindungen besondere Bedeutung beimaß, sowie auf die Erkenntnisse der Psychologie im 20. Jahrhundert zurück, mit deren Hilfe man die Entfaltung der individuellen Persönlichkeit zu erklären versuchte.

Als abgewandelte Form der Biografie hat sich die sogenannte ***fictional biography*** (es gibt auch den Begriff ***biofiction***) entwickelt, in der biografisches Material mit fiktiven Elementen angereichert wird. Aus dieser Mischung entstehen nicht selten spannende Erzählungen, die bei einigen Lesern größeren Anklang finden als tatsächliche Biografien. Ein zeitgenössisches Beispiel ist Lynne Reid Banks' *Dark Quartet* (1976), eine fiktive Lebensbeschreibung der Geschwister Brontë.

2. Die **Autobiografie (*autobiography*)** unterscheidet sich von der Biografie dadurch, dass der Verfasser über sein eigenes Leben schreibt. Als Vorläufer für moderne Autobiografien gelten Jean-Jacques Rousseaus *Confessions* (postum 1781-88), die dem Leser Einblick in die psychologische Entwicklung des Autors gewähren. In der englischen Literatur entstand mit Wordsworths *The Prelude* (postum 1850) ein in Versform verfasster Klassiker des Genres, der den aussagekräftigen Untertitel „Growth of a Poet's Mind: An Autobiographical Poem" trägt. *The Prelude* gehört aber auch in die lange Tradition der ***spiritual autobiographies***, die bis auf die im 4. Jahrhundert entstandenen *Confessiones* des heiligen Augustinus zurückgeht und die in der angelsächsischen Literatur zu einem wichtigen Ausdrucksmedium der Puritaner wurde. *Spiritual autobiographies* sind Lebensbeschreibungen, die sich auf eine entscheidende Lebensphase konzentrieren, in denen die betreffende Person eine schwere innere Krise durchlebt und danach ihre wahre Berufung erkennt, sei es im religiösen oder im künstlerischen Sinn.

Ebenfalls auf Augustinus' *Confessiones* geht das **Bekenntnis** (***confession***) zurück. Der **Bekenntnisliteratur** liegt die Intention des Autors zu Grunde, über eigene Fehler zu schreiben und Einblick in persönliche seelische Abgründe zu gewähren. Aus der englischen Literatur des 19. Jahrhunderts sind Thomas De Quinceys *Confessions of an English Opium Eater* (1822) bekannt. Auf dem Gebiet der Versdichtung entwickelte sich in der Mitte des 20. Jahrhunderts die sogenannte **Bekenntnislyrik** bzw. ***confessional poetry*** <307>.

Neben der eigentlichen Autobiografie und der *fictional biography* gibt es den **autobiografischen Roman**, der nicht mit den beiden anderen Formen verwechselt werden darf, auch wenn in ihm autobiografisches Material verarbeitet wurde (wie z. B. in *Portrait of the Artist as a Young Man* von James Joyce): Solche Romane sind als Fiktionen anzusehen; sie haben deshalb auch nur begrenzten Aussagewert über das Leben des Verfassers.

Die Form der Autobiografie diente manchen Schriftstellern auch als Vorbild für die Strukturierung ihrer **Romane** <412>. Einer der ersten Romane in der englischen Literatur, Daniel Defoes *Moll Flanders* (1722), orientiert sich z. B. an dem Muster der *spiritual autobiography*.

3. Eine Sonderform der autobiografischen Literatur sind die **Memoiren (*memoirs*)**, in denen meist weniger die Persönlichkeit des Autors im Mittelpunkt steht als vielmehr dessen Begegnungen mit (berühmten) Personen oder die Beschreibung bedeutender Ereignisse, deren Zeuge er wurde. Memoiren liegt die Idee zu Grunde, dass der Verfasser sein Leben rückblickend zusammenfasst, doch inzwischen ist ein großer Markt von sogenannter **Memoirenliteratur** entstanden, in denen auch relativ junge Personen, die im Blickpunkt des öffentlichen Interesses stehen, ihre Beziehungen zu anderen Berühmtheiten gewinnbringend vermarkten. Eines der klassischen Memoirenwerke in der amerikanischen Literatur ist Benjamin Franklins *Memoirs of the Life and Writings of Benjamin Franklin* (1818), die Erfolgsgeschichte eines armen Kerzenmachersohnes, der zu einem der berühmtesten Staatsmänner in der amerikanischen Geschichte wurde.

4. Von den bisher genannten Formen der Autobiografie unterscheidet sich das **Tagebuch (*diary* oder *journal*)**, das keine durchgängige Lebensbeschreibung darstellt, sondern das sich aus einzelnen Aufzeichnungen von besonderen, manchmal aber auch nur alltäglichen Erlebnissen und Gedanken zusammensetzt. Tagebücher sind persönliche Dokumente, die normalerweise nicht zur Veröffentlichung bestimmt sind und oft nur postum erscheinen. Das bekannteste Beispiel für **Tagebuchliteratur** in englischer Sprache ist Samuel Pepys' *Diary*, das im 17. Jahrhundert entstand, aber erst wesentlich später der Öffentlichkeit zugänglich gemacht wurde.

Besondere Bedeutung hatten Tagebücher für die Puritaner. Ihnen dienten die persönlichen Aufzeichnungen als ein Mittel der Introspektion, mit dessen Hilfe sie erkennen konnten, ob sie im Sinne der kalvinistischen Prädestinationslehre zu den von Gott Auserwählten gehörten oder nicht. Gerade die frühe amerikanische Literatur der Kolonialzeit ist reich an Tagebüchern. Auch wenn die religiöse Thematik zunehmend in den Hintergrund trat, blieb diese Tradition in den USA sehr lebendig. Für besonderes Aufsehen sorgte das Tagebuch von Anaïs Nin, das in sieben umfangreichen Bänden wichtige Ereignisse und Begegnungen im Leben der Schriftstellerin in der Zeit von 1931 bis 1974 wiedergibt.

Von der eigentlichen Tagebuchliteratur muss man die sogenannten **fiktiven** <117> Tagebücher unterscheiden, bei denen Tagebuchaufzeichnungen als strukturelle Grundlage für Romane und Erzählungen dienen, z. B. in Sinclair Ross' *As for Me and My House* (1941), einem Klassiker der kanadischen Literatur.

HK

Literatur: Shelston.

402 Documentary Novel – Dokumentarroman

Roman, der eine Mischung aus fiktiven und dokumentarischen Elementen darstellt.

Dieser Romantyp, der aufgrund seines dokumentarischen Charakters gelegentlich als Variante der ***historical novel*** <409> gilt, zählt zur ***documentary fiction*** (**Dokumentarliteratur**). Der Begriff *documentary novel* wurde eingeführt, als **naturalistische** <132> Schriftsteller wie Theodore Dreiser und John Dos Passos – z. B. in *U. S. A.* (1938) – Zeitungsartikel, Gerichtsreportagen, Interviews und anderes dokumentarisches Material in einer Art Collage in ihre Romane einflochten. Dahinter steckte die Absicht der Autoren, ihre Schilderungen der zeitgenössischen Welt möglichst authentisch erscheinen zu lassen und die Leser auf politische und gesellschaftliche Missstände aufmerksam zu machen. Bei der *documentary novel* stehen fast immer statt des privaten Erlebens gesellschaftliche Probleme im Mittelpunkt des Interesses. Nach dem 2. Weltkrieg wurde die Tradition dieses Romantyps u. a. von Norman Mailer (*The Naked and the Dead*, 1948) und E. L. Doctorow (*Ragtime*, 1975) fortgesetzt. Anders als bei Autoren wie Dos Passos, die fiktives und dokumentarisches Material noch typografisch voneinander absetzten, wurden später die Grenzen zwischen literarischen und nichtfiktiven Texten zunehmend verwischt.

Manche Autoren bedienen sich spezieller Bezeichnungen für diese Romanform: Mailer nannte z. B. *The Executioner's Song* (1979) eine ***real life novel***, und Truman Capote kreierte den Begriff ***nonfiction novel***. In seinem vielbeachteten dokumentarischen Roman *In Cold Blood* (1966) bezieht sich Capote auf einen tatsächlichen Mordfall; anhand von journalistischen Methoden (u. a. Interviews mit den Mördern und anderen Beteiligten) sammelte er das Material, das die Grundlage für eine möglichst objektive Darstellung des Geschehens bildete.

HK

Literatur: Foley.

403 Epiphany – Epiphanie

Augenblick der momentanen Erkenntnis, in dem gewöhnliche Gegenstände oder Ereignisse für den Betrachter plötzlich eine besondere Bedeutung annehmen.

Das Wort *epiphany* stammt aus der christlichen Theologie, wo es die Offenbarung des Göttlichen in der Welt bezeichnet. In die Literatur fand der Terminus Eingang durch James Joyce, der ihn zum ersten Mal in *Stephen Hero* (geschrieben 1906, veröffentlicht 1944), einem frühen Entwurf seines Romans *A Portrait of the Artist as a Young Man* (1916), verwendete. Er versteht darunter eine spirituelle Erfahrung, bei der eine Figur im trivialen Alltag eine ungewöhnliche Einsicht oder sogar eine Art Erleuchtung hat: Gewöhnliche Gegenstände offenbaren sich plötzlich in einem neuen und besonderen Licht. Joyce selbst bezeichnet die Epiphanie in *Stephen Hero* als „a sudden spiritual manifestation, whether in the vulgarity of speech or of gesture or in a memorable phase of the mind itself"; weiter schreibt er: „The soul of the commonest object [...] seems to us radiant".

In Joyces Romanen und Kurzgeschichten, überhaupt in der für die klassische **Moderne** <130> typischen ***short story*** <419>, finden sich zahlreiche Szenen, die als *epiphany* bezeichnet werden können. Als die bekannteste gilt die Beschreibung des Mädchens am Strand in Kapitel 4 von *A Portrait*:

> A girl stood before him in midstream, alone and still, gazing out to sea. She seemed like one whom magic had changed into the likeness of a strange and beautiful seabird. Her long slender bare legs were delicate as a crane's and pure save where an emerald trail of seaweed had fashioned itself as a sign upon the flesh. Her thighs, fuller and softhued as ivory, were bared almost to the hips where the white fringes of her drawers were like feathering of soft white down [...] – Heavenly God! cried Stephen's soul, in an outburst of profane joy.

Im zitierten Beispiel erlebt Stephen Dedalus, die Hauptfigur des Romans, die Epiphanie. Eine Epiphanie kann aber auch in der Art dargestellt werden, dass die **Figur** <111> diesen Moment der Erkenntnis nicht selbst erlebt, der Leser ihn aber als solchen versteht. Der Begriff *epiphany* hat sich in der englischen Terminologie inzwischen allgemein zur Bezeichnung solcher Szenen durchgesetzt, sei es in Gedichten oder in Prosaerzählungen.

Die Bedeutung, die der Moment einer besonderen Erkenntnis für Joyce und für andere Vertreter der Moderne hat, findet sich bereits in der Literatur der **Romantik**, wo er oft einfach als ***the moment*** bezeichnet wird. Besonders die Dichtung William Wordsworths, z. B. *The Prelude* (postum 1850), ist bekannt für Augenblicke der Offenbarung, von ihm auch *spots of time* genannt, in denen sich plötzlich das Göttliche zeigt und der Dichter insbesondere bei der Betrachtung der Natur einen Augenblick des Glücks erlebt, der gewöhnliche Erfahrungen übersteigt. In dem Gedicht „The Solitary Reaper“ (1807) z. B. macht das Ich eine ähnliche Erfahrung wie die Hauptfigur in Joyces Roman. Der Anblick einer jungen Frau bei der Erntearbeit löst bei ihm ein nachhaltiges Erlebnis aus:

> Whate'er the theme, the Maiden sang
> As if her song could have no ending;
> I saw her singing at her work,
> And o'er the sickle bending –
> I listened, motionless and still;
> And, as I mounted up the hill.
> The music in my heart I bore,
> Long after it was heard no more.

HK

Literatur: Müller, K.-P.

404 Essay

Form der nicht-fiktionalen Prosa, in der Themen aller Art kritisch, zugleich aber persönlich und ohne Anspruch auf eine systematische Darstellung behandelt werden.

Der Essay stellt im Englischen eine beliebte und häufig benutzte Form der Kurzprosa dar. Da sich im Lauf der Zeit viele verschiedene Varianten entwickelt haben, ist es fast unmöglich, eine Definition zu geben, die sämtlichen Erscheinungsformen gerecht wird. Am sinnvollsten erscheint die in der angloamerikanischen Literaturwissenschaft geläufige Unterscheidung von zwei Grundtypen, dem ***formal*** und dem ***informal essay***, die sich weniger in Form und Inhalt voneinander abheben als im **Ton** <146>, den der Verfasser für seine Darstellung gewählt hat. Natürlich gibt es auch bei dieser Klassifizierung Fälle, die weder dem einen noch dem anderen Typ eindeutig zugeordnet werden können.

Typisch für den relativ unpersönlich wirkenden *formal essay* ist, dass der Autor mit einem gewissen Anspruch auf wissenschaftliche Autorität schreibt und dem Essay durch gezielte Anordnung seiner Argumente eine logische Struktur gibt, dabei aber im Gegensatz zu einer wissenschaftlichen Abhandlung keinen Anspruch auf eine systematische Bearbeitung des Themas erhebt. Auch in einem weiteren Punkt unterscheidet sich der *formal essay* von der wissenschaftlichen Abhandlung: Statt sich einer objektiven Darstellung zu verpflichten, äußert sich der Autor eines Essays in eher persönlicher Form zu seinem Thema. Bekannte Beispiele für *formal essays* lassen sich in T. S. Eliots Sammlung *The Sacred Wood: Essays on Poetry and Criticism* (1920) finden.

Im Typ des *informal essay*, der noch stärker persönlich gefärbt ist, wendet sich der Autor vorzugsweise Themen aus dem alltäglichen Leben zu, die er meist humorvoll behandelt. Der Stil ist locker, oft unkonventionell, und die Gedanken erscheinen wenig strukturiert, so dass der Eindruck von Unverbindlichkeit entstehen kann. Als Beispiel für diese Form lässt sich Charles Lambs „A Dissertation Upon Roast Pig" (1822) anführen.

Die Bezeichnung Essay leitet sich von den *Essais* (1580) des Franzosen Michel de Montaigne ab, einer Sammlung von Abhandlungen über philosophische und ethische Themen. Im Deutschen findet man neben dem Terminus Essay auch die vom Französischen her direkt abgeleitete Bezeichnung **Versuch**, die verdeutlicht, dass es dem Autor nicht um die erschöpfende und systematische wissenschaftliche Bearbeitung, sondern einfach um die persönliche gedankliche Annäherung an ein bestimmtes Thema geht. Montaigne nahm **Aphorismen** <105>, Sprichwörter, Anekdoten oder Zitate als Ausgangspunkt für seine Überlegungen und wies dabei dem reflektierenden Ich des Autors eine – für die damalige Zeit neue – bedeutende Rolle zu.

Als erster englischer Essayist gilt Francis Bacon, der in Anlehnung an Montaignes Buchtitel eines seiner Werke *Essays* (1597-1625) nannte. Die beiden Veröffentlichungen unterscheiden sich allerdings inhaltlich: Bacons Essays bestehen im Gegensatz zu denen Montaignes eher aus Ratschlägen für die Lebenspraxis.

Zu einem bedeutenden **Genre** <122> wurde der englische Essay im 18. Jahrhundert, als er zu einem festen Bestandteil der neuen, zwei- bis dreimal in der Woche erscheinenden literarischen und moralischen Wochenschriften (***periodical essays***) wurde. Untrennbar verbunden mit dieser Entwicklung sind die Namen Addison und Steele. Für Richard Steele, der für den *Tatler* (1709-11) schrieb, hatte der Essay sowohl eine didaktische als auch eine unterhaltende Funktion. Später gründete Steele zusammen mit Joseph Addison den *Spectator* (1711-12; 1714); mit ihren darin veröffentlichten Essays, z. B. über philosophische Themen, die sie allgemein verständlich darzulegen versuchten, wollten sie zur besseren Bildung der Leser beitragen und anregenden Gesprächsstoff für die damals beliebten Gesellschaftsclubs und Kaffeehäuser liefern. Anliegen des *Spectator* war es „to enliven Morality with Wit, and to temper Wit with Morality".

Die neue Erscheinungsweise des Essay in Zeitschriften dieses Typus wirkte sich auf Form und Inhalt aus. Die Essays wurden kürzer, entwickelten eine größere thematische Vielfalt, und der Ton wurde zunehmend humorvoll oder sogar **satirisch** <142>. Addison selbst unterscheidet zwei Typen von Essays: zum einen den *serious essay* zu Themen wie Tod, Heirat, Erziehung und Freundschaft, zum anderen die sogenannten *occasional papers*, in denen das extravagante Verhalten einiger Zeitgenossen aufs Korn genommen wird, eine Form, die zur Entwicklung des *informal essay* entscheidend beitrug.

Im frühen 19. Jahrhundert entstand dann eine neue Art von periodisch erscheinenden Magazinen, z. B. *Blackwood's Magazine* und *London Magazine* sowie *The Edinburgh Review* und *The Quarterly Review*, in denen der Essay ebenfalls einen festen Platz hatte.

Unter dem Einfluss der Romantik kam durch Schriftsteller wie Lamb, Hazlitt und De Quincey eine insgesamt persönlichere Note hinzu, indem z. B. **autobiografische** <401> Elemente eingefügt wurden. Diese Essays sind in der Regel wesentlich umfangreicher als die *periodical essays* des 18. Jahrhundert, was mit Sicherheit in Zusammenhang mit der nur mehr monatlichen oder vierteljährlichen Erscheinungsweise dieser Magazine und Zeitschriften steht. Außerdem entstanden neue Varianten des Essay, z. B. ***critical essays***, die ausführliche Buchbesprechungen zum Inhalt hatten.

Der Essay hat sich aber nicht nur über den Zeitschriftenmarkt entwickelt. Als ein frühes Beispiel für einen formalen literarischen Essay gilt Drydens *Essay of Dramatick Poesie* (1668). Wegen ihres Titels werden manchmal auch Popes *Essay on Criticism* (1711) und *Essay on Man* (1732-34) angeführt, doch handelt es sich hier eigentlich um Lehrgedichte, die in ***heroic couplets*** (→ **STANZA** <330>) verfasst sind; aufgrund ihrer unsystematischen Form verdienen sie jedoch durchaus die Bezeichnung Essay.

In der amerikanischen Literatur finden sich ebenfalls zahlreiche bedeutende Essays, die nicht für den Zeitschriftenmarkt verfasst wurden. Als frühes Beispiel gilt Washington Irvings *Sketch-Book* (1829) mit Essays in Anlehnung an den Stil Addisons. Weitaus bekannter sind jedoch die Essays von Henry David Thoreau und Ralph Waldo Emerson. Besonders Emerson beeinflusste das amerikanische Denken mit seinen *Essays* (1841) in ungewöhnlichem Maße. In „Self-Reliance" und „The American Scholar" z. B. fasst er seine Gedanken über das Selbstverständnis der Amerikaner und der amerikanischen Schriftsteller in einer Art zusammen, die spätere Generationen von Schriftstellern und Denkern nachhaltig prägte.

HK

Literatur: Butrym; Weber, H.

405 Fable – Fabel

Lehrhafte, oft witzig-satirische Gleichniserzählung in Vers oder Prosa, deren Figuren vorwiegend aus der Tierwelt stammen.

Der Fabel liegt meistens ein moralisches Prinzip, eine Lebensweisheit oder eine allgemein anerkannte menschliche Wahrheit zu

Grunde. Diese wird anschaulich und gleichnishaft mit Hilfe einer Handlung vermittelt, in der Tiere, manchmal aber auch Pflanzen oder unbelebte Gegenstände, wie Menschen handeln und denken. Am weitesten verbreitet ist die **Tierfabel** (***beast fable***), in der menschliche Eigenschaften von Tieren verkörpert werden, z. B. Dummheit durch den Esel oder Listigkeit durch den Fuchs. Fabeln haben in aller Regel eine didaktische Funktion; gleichzeitig sollen sie aber auch der Unterhaltung dienen, damit die belehrende Absicht nicht als allzu aufdringlich empfunden wird.

Als erster Fabeldichter gilt der Grieche Aesop; für die spätere Entwicklung der Fabel von besonderer Bedeutung waren die Fabeln des Franzosen Jean de la Fontaine (1621-1695), die wegen ihrer humorvollen, witzigen und oft **satirischen** <142> Art auch in England ausgesprochen beliebt waren. Dieser Fabeltypus entwickelte sich zur dominanten Form. Wie La Fontaine benutzten viele Fabelerzähler ihre Geschichten als satirische Gesellschaftsspiegel, mit denen sie Kritik an ihren Zeitgenossen üben konnten, ohne jemanden direkt beschuldigen zu müssen. Einer der bekanntesten Verfasser von Tierfabeln in England ist John Gay, von dem zwei Fabelsammlungen überliefert sind (1727 und postum 1738).

Die Tradition der Fabel lebt auch noch im 20. Jahrhundert fort, z. B. in James Thurbers **ironisch** <126> gefärbten *Fables for Our Time* (1940). Zum **Genre** <122> der Tierfabel wird auch oft George Orwells *Animal Farm* (1945) gerechnet. Doch obwohl Orwell auf Fabelelementen aufbaut, ist dort das satirische Element so stark, dass es sinnvoller ist, von einer politischen und sozialen Satire auf totalitäre Systeme zu sprechen.

In der amerikanischen Literatur zählt Joel Chandler Harris (1848-1908) zu den bekanntesten Fabeldichtern. Ein Großteil seiner Uncle-Remus-Geschichten, die er in mehreren Sammlungen im Lauf der Jahre veröffentlichte, sind Tierfabeln. Sie basieren auf den Märchen und Erzählungen von Afro-Amerikanern und sind im Südstaatendialekt der Schwarzen verfasst.

In der deutschen Erzähltheorie bezeichnet der Terminus Fabel auch den einer erzählten Geschichte zu Grunde liegenden Handlungsablauf und entspricht somit in etwa dem im Englischen geläufigen Begriff ***plot*** <139>.

HK

Literatur: Blackham.

406 Fantasy Fiction – Fantasy; Literature of the Fantastic – Fantastische Literatur

Fantasy Fiction: *Sammelbegriff für literarische Werke, die in einer – von der real existierenden klar zu unterscheidenden – imaginären Welt spielen.*
Literature of the Fantastic: *Sammelbegriff für literarische Werke, in denen das Übernatürliche in eine realistisch gezeichnete Alltagswelt eindringt.*

Literatur, die ihre Leser in imaginäre Welten versetzt, hat eine lange Tradition, die bis ins Mittelalter zurück reicht, bis zu Werken wie dem altenglischen **Versepos** <312> *Beowulf*. Darüber hinaus hat dieses Genre in der literarischen **Utopie** <423> und – spätestens seit Lewis Carrolls *Alice's Adventures in Wonderland* (1865) – in der **Kinderliteratur** einen festen Platz.

Das als *fantasy fiction* – im Deutschen kurz als Fantasy – bezeichnete Genre greift mit Vorliebe auf Motive und Themen zurück, die aus **Märchen**, **Mythos** <131> oder **Folklore** stammen; die betreffenden Werke spielen in Traumwelten, an exotischen oder märchenhaften Schauplätzen und sind bevölkert mit Rittern, Zauberern, Elfen, Feen und Fabelwesen aller Art. Als Spielart der ***romance*** <417> und ähnlich wie **Science Fiction** <418> oder ***gothic novel*** <408> stellt die *fantasy fiction* eine Alternative zum realistischen **Roman** <412> dar; sie ermöglicht es ihren Lesern, der Banalität und den Zwängen der Alltagswelt zu entfliehen – ein Umstand, dem sie nicht zuletzt ihre außerordentliche Beliebtheit verdankt. Darüber hinaus ist *fantasy fiction* aber auch in der Lage, sich ähnlich wie die als ***speculative fiction*** bezeichnete **Science-Fiction**-Literatur <418> direkt oder indirekt mit ernsthaften – ethischen, philosophischen oder auch aktuellen politischen – Fragen auseinanderzusetzen. Dies trifft bereits auf den Klassiker der Fantasy-Literatur des 20. Jahrhunderts zu, J. R. R. Tolkiens Trilogie *The Lord of the Rings* (1954-5), ein Werk, das nicht lange nach dem Zweiten Weltkrieg und angesichts der nuklearen Bedrohung des Kalten Kriegs entstand und diese Erfahrungen verarbeitete. Dass sich die Fantasy-Literatur auch Themen zu erschließen vermag, die wegen ihrer Abstraktheit oder ihrer Abgründigkeit die Möglichkeiten des traditionellen realistischen Romans übersteigen, verdeutlicht die feministische *fantasy fiction*, z. B. die Romane und

Erzählungen Angela Carters (1940-1992) – etwa *The Infernal Desire Machines of Dr. Hoffman* (1972), *The Passion of New Eve* (1977) oder *Nights at the Circus* (1984), um nur einige der bekannteren Titel zu nennen.

Als **fantastische Literatur** (***literature of the fantastic***, auch ***fantastic literature***) bezeichnet man literarische Werke, in denen das Übernatürliche in die vertraute Erfahrungswelt eindringt, in denen also – im Unterschied zur Fantasy-Literatur – realistisch gezeichneter Alltag und Fantastik ineinander übergehen. Der Begriff überschneidet sich mit dem des **magischen Realismus** <127>. Nach Tzvetan Todorov (der das Fantastische u. a. am Beispiel von Henry James' Erzählung *The Turn of the Screw* erläutert) ist die fantastische Literatur an der Grenzlinie zwischen den Welten des Unheimlichen (*the uncanny*) und des Wunderbaren (*the marvelous*) angesiedelt. Todorov definiert das Unheimliche als furchterregendes, aber letztlich erklärbares Phänomen („the Supernatural explained"), das Wunderbare andererseits als etwas, das auf keine Erklärungen angewiesen ist („the Supernatural accepted"). Das Fantastische zeichnet sich seiner Meinung nach durch das Moment des Zögerns (*hesitation*) zwischen diesen beiden Möglichkeiten aus – der Leser verharrt in der Ungewissheit, ob er mit natürlichen (und daher erklärbaren) oder mit übernatürlichen (und daher nicht erklärbaren) Phänomenen konfrontiert ist. Gerade diese **Ambiguität** <203> bewirkt, dass das Fantastische – so Todorov – weder **allegorisch** <102> noch **poetisch** interpretierbar ist: Weder verweist das dargestellte Geschehen auf eine zweite (allegorische) Bedeutung, noch spielt es in einer in sich geschlossenen, nur auf sich selbst bezogenen Traumwelt.

Die anhaltende Popularität des Fantastischen, und vor allem aber von Fantasy lässt sich nicht nur am Erfolg internationaler Bestseller wie *Harry Potter* ermessen, sondern auch an der enormen Ausbreitung des Genres in anderen Medien: im Film und insbesondere in den virtuellen Welten der elektronischen Spiele.

RB

Literatur: Durst; Thomsen; Todorov.

407 Free Indirect Speech – Erlebte Rede

Erzähltechnik, die der Wiedergabe von sprachlichen Äußerungen, Gedanken und Bewusstseinsinhalten dient und dabei eine Mischform zwischen Erzählerbericht sowie Elementen der direkten und indirekten Rede darstellt.

Neben den gängigen Begriffen *free indirect speech* bzw. erlebte Rede existieren noch folgende Bezeichnungen: ***free indirect discourse***, ***free indirect style*** und – sowohl im Englischen wie im Deutschen – der französische Terminus ***style indirect libre***. Die Termini werden synonym für eine Erzählweise verwendet, in der die Gedanken oder die Äußerungen einer **Figur** <111> unter Vermittlung eines **Erzählers** <411> wiedergegeben werden. In diesem Sinn handelt es sich bei der erlebten Rede um eine Darstellungsmethode, in der sich der Sprachstil einer Figur mit dem des Erzählers zu einer ***dual voice*** vermischt, wobei einmal die „Stimme" des Erzählers, ein andermal die der Figur überwiegen kann.

Die erlebte Rede weist im Englischen in der Regel die folgenden grammatikalischen und linguistischen Merkmale auf, die allerdings nicht immer alle zutreffen müssen:

1. Wiedergabe der Gedanken oder Äußerungen einer Figur in der 3. Person Singular wie bei der indirekten Rede (anstelle der 1. Person Singular wie in der direkten Rede);

2. Verwendung des Präteritums wie bei der indirekten Rede (anstelle des Präsens in der direkten Rede; dies trifft natürlich nur dann zu, wenn auch – was der Normalfall ist – im Präteritum erzählt wird);

3. Verwendung der für die direkte Rede typischen deiktischen Ausdrücke („this" statt „that", „now" statt „then", „here" statt „there" usw.)

4. Fehlen von *Inquit*-Formeln, d. h. der für die direkte und indirekte Rede typischen Einleitungsformeln wie „she said" oder „he thought".

5. Wiedergabe des für eine Figur – und nicht für den Erzähler – typischen Idioms, erkennbar z. B. an bestimmten Redewendungen oder einer spezifischen, nicht selten umgangssprachlichen Ausdrucksweise.

Im folgenden Beispiel aus Margaret Laurences Roman *The Diviners* (1974) werden die Gedanken der Hauptfigur Morag, die über das Verhältnis zu ihrer Tochter Pique reflektiert, in der Form der erlebten Rede dargestellt:

> Well, you had to give the girl some marks for style of writing. Slightly derivative, perhaps, but let it pass. Oh jesus, it was not funny. Pique was eighteen. Only. Not dry behind the ears. Yes, she was, though. If only there hadn't been that other time when Pique took off, that really bad time. That wouldn't happen again, not like before. Morag was pretty sure it wouldn't. Not sure enough, probably. (ch. 1)

An der zitierten Textpassage lassen sich folgende Merkmale der erlebten Rede beobachten: Einerseits wird die Präsenz eines vermittelnden Erzählers an der Stelle „Morag was pretty sure [...]“ erkennbar, da offensichtlich über Morag wie über eine dritte Person berichtet wird. Andererseits wird aufgrund verschiedener Phänomene deutlich, dass es sich um keinen reinen Erzählerbericht handeln kann. Besonders auffällig ist für den Leser der Eindruck, er habe unmittelbar an den Gedanken Morags teil. Dieser Effekt wird hervorgerufen durch die Verwendung umgangssprachlicher Ausdrücke sowie emotionaler Ausrufe („oh jesus“), die Morag – und nicht dem Erzähler – zuzuordnen sind, wie sich aus einem Vergleich mit anderen Textpassagen erkennen lässt, in denen sich Morag direkt äußert.

In dem zitierten Beispiel wird deutlich, dass die erlebte Rede mit dem **inneren Monolog** <410> verwandt ist und ebenfalls der Darstellung des ***stream-of-consciousness*** <421> dienen kann, auch wenn in der dritten Person erzählt wird. Für solche Fälle der erlebten Rede, in denen der Eindruck der Unmittelbarkeit des Erlebens sehr stark ist, verwenden Kritiker gelegentlich auch den Begriff ***indirect interior monologue*** (**indirekter innerer Monolog**).

In anderen Fällen ist wiederum die Grenze zum Erzählerbericht fließend. Manche Kritiker verwenden den Terminus erlebte Rede in einem sehr allgemeinen Sinn, so dass sogar noch folgender Ausschnitt aus Henry James' *The Portrait of a Lady* (1881) trotz der starken Dominanz des Erzählers als ein Beispiel für *free indirect speech* gelten kann:

> At present, with her sense that the note of change had been struck, came gradually a host of images of the things she was leaving behind her. The years and hours of her life came back to her, and for a long time, in a stillness broken only by the ticking of the big bronze clock, she passed them in review. It had been a very happy life and she had

> been a very fortunate girl – this was the truth that seemed to emerge most vividly. (ch. 4)

Ein Wechsel in der Erzählweise, hier der Übergang von Erzählerbericht zu erlebter Rede, wird mit Beginn des letzten Satzes deutlich, wenn die Gedanken plötzlich aus der Innenperspektive der Figur dargestellt werden. James' Technik des ***center-of-consciousness*** (***point-of-view*** <416>), die in diesem Beispiel verwendet wird, gilt daher im weitesten Sinne als eine Erzählmethode, die sich der erlebten Rede bedient.

HK

Literatur: Rimmon-Kenan.

408 Gothic Novel – Schauerroman

Roman, in dem durch die Darstellung fantastischer oder unheimlicher Vorgänge Schauereffekte erzeugt werden.

Die Entstehung der *gothic novel* ist als eine der zahlreichen literarischen Gegenreaktionen auf das Zeitalter der Aufklärung zu verstehen, in dem übernatürliche und irrationale Phänomene geleugnet bzw. verdrängt worden waren.

Im Englischen wurde das Wort *gothic* mit zunächst noch negativer Konnotation im 18. Jahrhundert oft synonym für *medieval* verwendet: *Gothic novels* waren ursprünglich Schauerromane, die im Mittelalter spielten. Die Bezeichnung ***gothic romance*** (→ **Romance** <417>), die sich auch gelegentlich findet, erscheint passender, da übernatürliche und fantastische Erlebnisse im Mittelpunkt der Handlung stehen.

Mittelalterliche Schlösser mit unterirdischen Gängen und Labyrinthen, Burgruinen in einer verwilderten Landschaft, Falltüren, Folterkammern und Gespenster gehören zum Repertoire eines typischen Schauerromans ebenso wie stereotyp gezeichnete **Figuren** <111> (das Böse wird z. B. oft in Gestalt eines unheimlichen Mönchs dargestellt, das Gute in Gestalt eines unschuldigen Mädchens). Während manche Autoren ihren Lesern rationale Erklärungsmuster für übernatürliche Phänomene anbieten („the supernatural explained"; → **Fantasy Fiction** <406>), belassen es andere bei der Darstellung einer rein irrationalen Welt.

Der Schauerroman entstand im 18. Jahrhundert in England und fand von dort aus Eingang in die Literatur anderer europäischer Länder. Horace Walpoles *The Castle of Otranto: A Gothic Story* (1765) gilt als Prototyp des Genres, das sich bis Anfang des 19. Jahrhunderts einer unglaublichen Popularität erfreute. Später fand besonders Anne Radcliffes *The Mysteries of Udolpho* (1794) eine große Zahl von Nachahmern. Da sich viele Autoren von *gothic novels* allerdings sehr stark auf Klischees und konventionelle Formeln stützten und diese auch noch meist trivialisierten, ließ das Interesse am **Genre** <122> bald wieder nach. In *Northanger Abbey* (1798 verfasst, 1818 veröffentlicht) **parodiert** <135> Jane Austen schließlich die Mode der Schauerromane.

In einem weiteren Sinn wird der Terminus *gothic* auch zur Bezeichnung von Romanen und Erzählungen verwendet, denen zwar der mittelalterliche Schauplatz fehlt, die aber ansonsten alle oder die meisten Merkmale des Schauerromans aufweisen – z. B. eine bedrückende Atmosphäre, übernatürliche Phänomene oder irrationale Bewusstseinszustände. In diesem Sinne zählt auch Mary Shelleys *Frankenstein* (1818) zum Genre der *gothic novel*. Die Tradition der *gothic novel* fand als eine besondere Form der ***romance*** <417> auch Eingang in die amerikanische Literatur, vor allem in den Südstaaten. Man spricht in diesem Zusammenhang von ***Southern gothic***. Charles Brockden Browns Romane, z. B. *Edgar Huntly* (1799), sind ein frühes Beispiel.

Schließlich gibt es auch eine Reihe von literarischen Werken, die zwar keineswegs als *gothic novel* zählen, aber in denen sich deutlich Züge dieses Genres erkennen lassen. Elemente des Schauerromans finden sich z. B. in Emily Brontës *Wuthering Heights* (1847), aber auch in der Literatur des 20. Jahrhunderts und im Genre des Horrorfilms (z. B. den Verfilmungen der Romane Stephen Kings). Besonders effektvoll nutzte Edgar Allan Poe (1809-49) bestimmte Elemente der gothic novel für die Entwicklung der ***detective*** bzw. ***mystery story*** (z. B. „The Tell-Tale Heart").

HK

Literatur: Botting; Ringe; Weber, I.

409 Historical Novel – Historischer Roman

Roman, dessen Handlung auf einem historischen Stoff basiert und in dem geschichtliche Persönlichkeiten, Ereignisse oder Entwicklungen dargestellt werden.

Das Genre der *historical novel* brachte im Lauf seiner Entwicklung ein breites Spektrum an verschiedenen Formen hervor, die von der Darstellung eines Epochenbildes (wie z. B. in den Romanen Walter Scotts) bis zum modernen historischen Roman reichen, in dem die Problematik der Geschichtsschreibung selbst thematisiert wird. Der Bezug zwischen historischen Fakten und **Fiktion** <117> kann stark variieren: Während in manchen Romanen die zu Grunde liegenden geschichtlichen Ereignisse den Mittelpunkt der Erzählung bilden, fungieren sie in anderen Romanen lediglich als Hintergrund für die fiktive Haupthandlung. Grundsätzlich spielt es dabei keine Rolle, ob die handelnden Figuren frei erfunden oder tatsächlichen historischen Persönlichkeiten nachgebildet sind. Oft werden die Ereignisse so erzählt, dass sich der Leser der Distanz zur geschilderten Zeit deutlich bewusst wird, auch wenn diese nur eine Generation beträgt. Der historische Roman übernimmt dabei eine Mittlerfunktion zwischen der Lesergegenwart und der Erlebniswelt der Vergangenheit.

Die Entstehung des historischen Romans beruht auf einem neuen, weit verbreiteten Verständnis von Geschichte, das sich zu Beginn des 19. Jahrhunderts entfaltete. Radikale geschichtliche Umwälzungen, bedingt durch die Französische Revolution und die Napoleonischen Kriege, aber auch durch die Industrielle Revolution, erzeugten ein Gefühl der Fremdheit sogar gegenüber Epochen, die kaum der Vergangenheit angehörten. Die Menschen erlebten Geschichte nicht mehr so sehr als zeitloses Kontinuum; sie wurden sich der historischen Umbrüche bewusst, was zu einem neuen Epochenbewußtsein führte: Vergangene Epochen wurden nun als „fremd“ empfunden; man entdeckte, dass man sie nur aus sich selbst heraus verstehen konnte und dass man dabei zunächst den Abstand zur eigenen Gegenwart überbrücken musste. Ein weiterer Faktor für die Entstehung des historischen Romans war der aufkommende Nationalismus, der ein neues Bewusstsein für nationale Identität und damit das Interesse an der Geschichte des eigenen Volkes förderte. Im übrigen ging man grundsätzlich davon aus, dass geschichtliche Ereignisse sowohl in der Geschichtsschreibung als auch im historischen Roman wahrheitsgetreu dargestellt werden konnten.

Als erster historischer Roman der Weltliteratur wird Walter Scotts *Waverley, or 'Tis Sixty Years Since* (1814) bezeichnet, ein Roman, der weit über die Grenzen Großbritanniens hinaus bekannt wurde. Scott zeichnet darin das Bild einer Zeit des politischen und gesellschaftlichen Umschwungs, in der die fiktive Hauptfigur Waverley zwischen die Fronten der fortschrittlichen Engländer und der rückständig wirkenden Schotten gerät, deren Leben noch von der Feudalgesellschaft der Hochlandclans geprägt ist. In seinem Vorwort zu *Waverley* setzt sich Scott bewusst von der Tradition der populären **Ritterromanzen** (→ **Romance** <417>) und der ***gothic novel*** <408> ab, in denen geschichtliche Ereignisse nur als Hintergrund für eine fantastische Abenteuer- oder Liebesgeschichte dienen. Er stellt die *historical novel* in die Tradition der **realistischen** <141> Romanliteratur, greift aber trotzdem weiterhin auf Elemente der ***romance*** wie spannende Abenteuer und leidenschaftliche Liebe zurück. In diesem Sinn verbindet Scott eine neue Art des historischen Erzählens, das sich am Ideal des Realismus orientiert, mit der traditionellen und beim Publikum beliebten Erzählform der *romance*. Mit *Ivanhoe* (1819) entfernt sich Scott wieder etwas von seiner Forderung nach einer weitgehend realistischen Darstellung historischer Ereignisse. Obwohl seine akribischen Recherchen über das Mittelalter als Grundlage für die Beschreibung realistischer Details dienen, trägt der Roman doch deutlich Züge der *romance*.

In der amerikanischen Literatur zählen viele *romances* zum Genre des historischen Romans, da sie trotz ihrer teilweise fantastischen Ausschmückung als Zeugnis für die Ereignisse der frühen Geschichte der USA gelten. Zu den bekanntesten Beispielen gehören Hawthornes *The Scarlet Letter* (1850) sowie James Fenimore Coopers Lederstrumpfromane.

Historische Romane erfreuen sich bis heute großer Beliebtheit. Margaret Mitchell gelang z. B. mit ihrer Schilderung des Niedergangs der alten Südstaatenkultur in *Gone with the Wind* (1936) ein Welterfolg. Besondere Bedeutung erlangten die Romane William Faulkners, z. B. *Absalom!, Absalom!* (1936), in dem die Auseinandersetzung mit einer problembeladenen Vergangenheit thematisiert wird, was sich u. a. in einer **multiperspektivischen** (→ **Point-of-View** <416>) und oft widersprüchlichen Darstellung vergangener Ereignisse zeigt.

Seit den siebziger und achtziger Jahren des 20. Jahrhunderts erlebt der historische Roman eine Art Renaissance, deren Besonderheit darin liegt, dass viele dieser Romane **metafiktionalen** <128> Charakter haben. Solche Romane, in denen die Fiktionalisierung der Vergangenheit und der Schreibprozess selbst problematisiert werden, bezeichnet man als ***historiographic metafiction***. Gerade auf dem Gebiet der neuen englischsprachigen Literaturen (→ **Postcolonialism** <618>) finden sich zahlreiche Beispiele für diese neue Art der historischen Darstellung, die mit der bisherigen Tradition – nicht nur des historischen Romanes, sondern auch der „offiziellen" Geschichtsschreibung – bricht, der man vorwirft, Geschichte einseitig aus der Sicht der ehemaligen britischen Kolonialherren wiederzugeben. Als Beispiel für diese Art der *historiographic metafiction* aus den *New Literatures in English* lässt sich Salman Rushdies *Midnight's Children* (1981) anführen.

Auch aus theoretischer Sicht hat der historische Roman während der achtziger und neunziger Jahre des 20. Jahrhunderts neue Bedeutung gewonnen. Im Zusammenhang mit der Entwicklung des ***New Historicism*** <616> und mit Bezug auf Historiker wie Hayden White (z. B. in *The Content of the Form: Narrative Discourse and Historical Representation*) wird der historische Roman als Text betrachtet, der nicht so sehr auf historischen Fakten beruht, sondern sich **intertextuell** <125> auf frühere historische Texte bezieht. Eine solche Betrachtungsweise sieht die Texte weniger als eine realistische Widerspiegelung geschichtlicher Tatsachen, sie wendet sich vielmehr dem Problem der Darstellung dieser „Fakten" in historiographischen und literarischen Texten zu.

HK

Literatur: Lukács (1955); Müllenbrock; Schabert (1981); White; Wolff.

410 Interior Monologue – Innerer Monolog

Erzählweise in der Ich-Form, die dem Leser unmittelbaren Einblick in die Bewusstseinsvorgänge einer Figur gibt.

Der *interior monologue* ist eine der wichtigsten Techniken zur Darstellung des ***stream-of-consciousness*** <421>. Obwohl gelegentlich beide Termini synonym verwendet werden, da viele *stream-of-consciousness*-Erzählungen im inneren Monolog verfasst sind, wird der innere Monolog nur als eines, wenn auch das am häufigsten benutzte Ausdrucksmittel zur Wiedergabe des **Bewusstseinsstroms** definiert. Beim *interior monologue* erhält der Leser unmittelbaren Einblick in die oft chaotische, sprunghafte und rein assoziative Gefühls- und Gedankenwelt einer **Figur** <111>. Im Gegensatz zu anderen Erzählweisen in der Ich-Form ist eine vermittelnde Instanz, also ein **„erzählendes" Ich** oder ein **Erzähler** (<411>), in der Regel nicht mehr zu erkennen; die Welt wird stattdessen unmittelbar durch das Bewusstsein eines **„erlebenden" Ich** reflektiert.

Es gibt dabei allerdings graduelle Unterschiede in der Verwirklichung dieser Erzähltechnik, und manche Kritiker unterscheiden sinnvollerweise zwischen zwei Typen des inneren Monologs:

1. Bei der direkten Form scheint es kein erzählendes Ich zu geben, das den Fluss der Gedanken und Sinneseindrücke unterbricht; ein Beispiel ist das letzte Kapitel aus James Joyces *Ulysses*.

2. Bei der indirekten Methode wird ein erzählendes, also rückblickend selektierendes und lenkendes Ich bis zu einem gewissen Grad erkennbar, wie zu Beginn und Ende des folgenden Ausschnitts aus William Faulkners *The Sound and the Fury*:

> I could hear my watch whenever the car stopped, but not often they were already eating *Who would play a* Eating the business of eating inside of you space too space and time confused Stomach saying noon brain saying eat o'clock All right I wonder what time it is what of it. People were getting out. The trolley didn't stop so often now, emptied by eating. („June Second, 1910")

HK

411 Narrator – Erzähler

Fiktive Figur, die in einem narrativen Text als vermittelnde Instanz dient.

Der Erzähler eines narrativen Textes ist eine vom Autor geschaffene Figur (ausnahmsweise auch ein Tier wie in Leo Tolstois *Der Leinwandmesser*), die eine Geschichte erzählt.

In narrativen Texten finden sich unterschiedliche Typen von Erzählern. Man kann zwischen Erzählern unterscheiden, die **Figuren** <111> der Handlung sind (***dramatized narrators***), wie dies bei Ishmael in Melvilles *Moby-Dick* (1851) der Fall ist, oder solchen, die keine Figur der Handlung sind und außerhalb der Welt des erzählten Geschehens stehen (***undramatized narrators***) wie der Erzähler in Fieldings *Tom Jones* (1749). Bei den *dramatized narrators* kann man darüber hinaus – mit Abstufungen – zwischen Erzählern unterscheiden, die als Randfiguren das Geschehen lediglich beobachten (***I-as-witness narrators***), und solchen, die die Hauptfiguren ihrer eigenen Geschichte sind (***I-as-protagonist narrators***).

Schließlich lassen sich Erzähler auch noch nach dem Grad ihrer „Explizitheit" unterscheiden, d. h. im Hinblick darauf, wie deutlich sie fassbar werden, wie sehr sie sich z. B. mit Zusammenfassungen, Reflexionen oder Kommentaren in das Geschehen einmischen. Erscheint der Erzähler als neutraler Berichterstatter, der keine persönliche Wertung einfließen lässt, so spricht man vom ***objective*** oder ***impersonal narrator***, tritt er als eigenständige Person überhaupt nicht in Erscheinung (wenn sich der Text „wie von selbst" zu erzählen scheinen), vom **neutralen** oder **verborgenen Erzähler** (***covert narrator***). Eine solche Erzählsituation findet sich z. B. in Hemingways klassisch-moderner ***short story*** <419> „A Clean, Well-Lighted Place" (1933). **Explizite Erzähler** – und zwar sowohl **auktoriale Erzähler** (***omniscient narrators***) wie **Ich-Erzähler** (s. u.) – sind dagegen als Personen mit bestimmten Charaktereigenschaften deutlich fassbar; von einem ***intrusive narrator*** spricht man, wenn der Erzähler sich durch persönliche Kommentare und Werturteile immer wieder nachdrücklich in die Romanhandlung einmischt.

Erzählsituationen

In der deutschen Anglistik wird bei der Frage nach dem Erzähler und der **Erzählperspektive** <416> häufig auf das Modell von F. K. Stanzel zurückgegriffen, der eine Systematik der Erzählsituationen entwickelt hat. In Bezug auf das Verhältnis zwischen Erzähler und Erzähltem unterscheidet Stanzel drei Grundtypen:

– die **auktoriale Erzählsituation** (die Übersetzung ***authorial narrative situation*** hat sich in der englischen Terminologie nie richtig eingebürgert), in der ein persönlicher, außerhalb der Handlung stehender Erzähler zu erkennen ist. Dieser Erzähler hat wie von einem „olympischen" Standpunkt aus unbeschränkten Einblick in die Handlung sowie die Gedanken der einzelnen Figuren; er lenkt die Darstellung der Ereignisse und mischt sich auch oft durch Kommentare zum Geschehen ein, manchmal mit deutlich **ironischem** <126> Unterton, wie dies z. B. bei Henry Fieldings

Joseph Andrews (1742) der Fall ist. Auktoriale Erzähler sind zwar in der Regel **allwissend**; jedoch muss ihnen diese Allwissenheit nicht immer durchgehend gewährt werden. In vielen Romanen, z. B. in *Joseph Andrews*, wechseln Passagen, in denen der Erzähler mit Allwissenheit ausgestattet ist, mit solchen, in denen der Wissenshorizont des Erzählers begrenzt ist.

- die **Ich-Erzählsituation** (***first-person-narrative***), in der die Handlung aus der Sicht einer Romanfigur in der ersten Person dargestellt wird. Der Erzähler gehört zur Welt der Romancharaktere und schildert aus seiner persönlichen Sicht Ereignisse, die er selbst unmittelbar erlebt oder zumindest beobachtet hat. Ein Klassiker der amerikanischen Literatur in der Form eines *first-person-narrative* ist Ernest Hemingways *Fiesta* (1927).
- die **personale Erzählsituation** (entspricht in etwa dem Konzept des ***impersonal narrator***), in der kein persönlicher Erzähler fassbar wird, der die geschilderten Ereignisse für den Leser deutet. Stattdessen sieht der Leser die Romanwelt unmittelbar, meist durch die Augen einer Romanfigur, von Stanzel **Reflektor** genannt. Durch das Fehlen eines als Person fassbaren und interpretierenden Erzählers entsteht leicht der Eindruck, als ob es sich um eine vollkommen „objektive" Darstellungsweise handele, aber auch hier findet Leserlenkung statt, da die Ereignisse fast immer durch das Bewusstsein einer Romanfigur „vermittelt" werden. Als Beispiel für einen Roman mit personaler Erzählsituation lässt sich James Baldwins *Go Tell It on the Mountain* (1953) erwähnen, in dem die Handlung überwiegend aus der Perspektive der Hauptfigur John geschildert wird.

Stanzels Einteilung in drei Grundtypen lässt natürlich viele Fragen offen, da eine klare Kategorisierung nur bei wenigen Texten möglich ist; er selbst hat darauf hingewiesen, dass es sich nur um eine Beschreibung von Idealtypen handelt. Wichtig ist, dass gerade in den Romanen und manchmal auch in Kurzgeschichten des 20. Jahrhunderts verschiedene Erzählsituationen nebeneinander vorkommen können. Als Beispiel ließe sich Margaret Laurences Roman *The Diviners* (1974) nennen, in dem Abschnitte mit personaler Erzählsituation immer wieder durch Passagen in der Ich-Erzählsituation unterbrochen werden; zusätzlich kommt an zwei Textstellen sogar noch ein auktorialer Erzähler zum Vorschein.

Neben dem Stanzel'schen Modell hat sich seit einiger Zeit auch die Terminologie des französischen Literaturkritikers Genette zunehmend durchgesetzt.

- Nach Genette unterscheidet man auf der Kommunikationsebene der Erzählinstanz zwischen **extradiegetischem** und **intradiegetischem Erzähler**. Am leichtesten lässt sich der Unterschied anhand einer **Rahmenerzählung** (***frame story***) wie *Tausendundeine Nacht erklären*: Der (auktoriale) Erzähler der Rahmengeschichte ist ein extradiegetischer Erzähler; die Erzähler der Binnengeschichten (auf der ersten Ebene Scheherazade) sind intradiegetische Erzähler. In anderen Worten: Jeder „erste" Erzähler auf der Ebene der erzählerischen Vermittlung (***discourse***; → **Story and Discourse** <420>) ist ein extradiegetischer Erzähler; intradiegetische Erzähler sind erzählte Figuren auf der Ebene des Erzählten (*story*), die ihrerseits anderen Figuren etwas erzählen.
- Je nach der Position des Erzählers in Bezug auf die erzählte Welt der Figuren unterscheidet man nach Genette zwischen **heterodiegetischen** und **homodiegetischen Erzählern**. Der heterodiegetische Erzähler steht (wie der auktoriale und personale Erzähler bei Stanzel) außerhalb der erzählten Welt der Handlungsfiguren; der homodiegetische Erzähler (der in etwa dem Stanzel'schen Ich-Erzähler entspricht) gehört als fiktionale Figur auch der erzählten Welt an. Als Spezialfall des homodiegetischen Erzählers kann der **autodiegetische Erzähler** gelten, der Erzähler und Protagonist seiner Geschichte ist.

Zuverlässigkeit

Von besonderer Bedeutung bei der Untersuchung der Erzählerfigur ist die Frage nach ihrer Glaubwürdigkeit. In der englischen Literaturkritik hat sich der Begriff des ***unreliable narrator*** fest eingebürgert. Von einem unglaubwürdigen Erzähler spricht man, wenn aus dem Text selbst ersichtlich wird, dass der Erzähler bewusst oder unbewusst falsche, einseitige oder unzureichende Informationen liefert.

Die Unzuverlässigkeit eines Erzählers kann auf ganz unterschiedlichen Ursachen beruhen. Eine Möglichkeit ist die Naivität des Erzählers, der im Gegensatz zum Leser die vollen Implikationen des Erzählten nicht begreift. Dies ist oft dann der Fall, wenn der Erzähler ein Kind oder Jugendlicher ist, z. B. Huck Finn in Mark Twains *The Adventures of Huckleberry Finn* (1884), seltener ein geistig Behinderter wie Benjy in William Faulkners *The Sound and the Fury* (1929). Bei anderen Erzählern äußert sich die Unzuverlässigkeit in einer deutlich verzerrten Weltsicht. In Faulkners

Roman findet sich z. B. in der Figur des Rassisten Quentin Compson der Typus des *unreliable narrator*, der so offensichtlich mit Vorurteilen beladen ist, dass seine Aussagen vom Leser grundsätzlich angezweifelt werden. Daneben gibt es noch Erzähler, die sich als Lügner oder Mörder entpuppen und den Leser aus eigennützigen Motiven bewusst in die falsche Richtung lenken, wie dies z. B. in Henry James' „The Aspern Papers" (1888) geschieht.

Nicht immer kann eindeutig entschieden werden, ob man mit einem *unreliable narrator* konfrontiert ist. Bei Ich-Erzählern sollte man aber grundsätzlich überprüfen, ob es nicht vielleicht Anhaltspunkte dafür gibt, dass die Äußerungen des Erzählers auf einer persönlichen Voreingenommenheit beruhen. Bei manchen literarischen Werken besteht der besondere Reiz darin, dass aus der Darstellungsweise nicht eindeutig hervorgeht, ob im Text Hinweise auf die Unglaubwürdigkeit des Erzählers enthalten sind oder nicht. Ein Beispiel dafür ist Sinclair Ross' *As For Me and My House* (1941), das in der Form eines Tagebuches geschrieben ist. Bis heute streiten sich Kritiker darüber, ob die Vermutung der Erzählerin, ihr Mann sei der Vater eines unehelichen Kindes, als glaubwürdig betrachtet werden kann oder ob ihre Behauptung nicht eher angezweifelt werden muss, da einige Textstellen den Verdacht nahe legen, dass sie grundsätzlich zu Fehlinterpretationen neigt.

Der Erzähler als Teil des Kommunikationssystems

Der Erzähler darf auf keinen Fall mit dem Autor eines Werkes verwechselt werden. Er ist Teil der Fiktion und fungiert als eine Instanz, die der Autor zur Leserführung benutzt. Der amerikanische Erzähltheoretiker Wayne C. Booth trifft sogar eine noch differenziertere Unterscheidung, indem er Erzähler und Autor zusätzlich vom ***implied author*** unterscheidet. Er versteht darunter das idealisierte Bild des Autors und seiner Wertewelt, das sich der Leser anhand der Lektüre eines bestimmten Werkes von ihm macht, im Gegensatz zum realen Autor.

Das Gegenstück zum *implied author* ist der ***implied reader***. Der Begriff **impliziter Leser** geht auf Wolfgang Iser (→ **Rezeptionsästhetik** <621>) zurück, der damit den Typ des Lesers bezeichnet, wie ihn sich der Autor idealerweise vorstellt, und der in der Lage sein soll, die Gedanken des Autors vollkommen nachzuvollziehen. Der *implied reader* wiederum darf nicht mit dem ***narratee*** verwechselt werden, einer Zuhörerfigur, die in manchen Texten als Gegenstück zum Erzähler existiert. Es gibt dabei zwei verschiedene Typen: Eine Form des *narratee* steht außerhalb der Handlung und wird vom Erzähler – manchmal mit ironischem Unterton – als *gentle reader* (z. B. in Fieldings *Joseph Andrews*) oder auf ähnliche Weise angesprochen. Davon unterscheidet man den Typus des *narratee*, der selbst als handelnde Figur auftritt und dem Erzähler als Zuhörer dient. Ein besonderer Fall liegt dabei in Emily Brontës *Wuthering Heights* vor: Die Haushälterin Nelly Dean hat nicht nur die Funktion des *narratee*, an die sich der Erzähler Lockwood wendet, sie übernimmt zeitweise auch selbst die Rolle des *narrator*.

Als übersichtliche Zusammenfassung der oben erwähnten Instanzen, über die der Kommunikationsvorgang in narrativen Texten zwischen Autor und Leser abläuft, bietet sich das Diagramm des Erzähltheoretikers Seymour Chatman an:

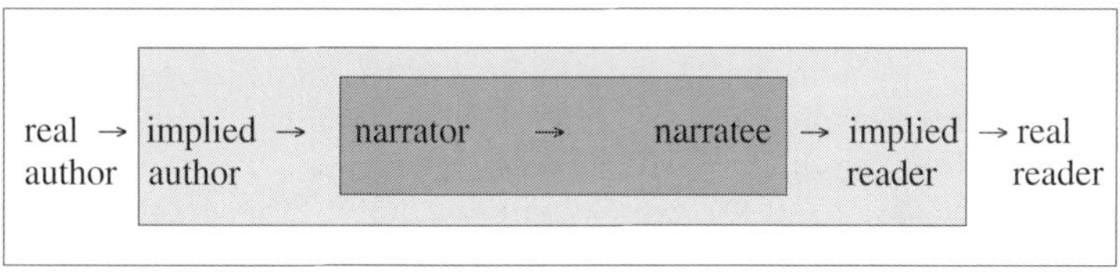

Kommunikationsmodell narrativer Texte

In älteren Erzähltheorien wird häufig die Frage nach der Erzählperspektive mit der nach der Erzählerfigur gleichgesetzt; auch wenn beide Konzepte eng miteinander verbunden sind und sich durchaus Überschneidungen ergeben, ist doch eine Unterscheidung zwischen Erzählinstanz („wer erzählt?"/"who speaks?") und Wahrnehmungsperspektive oder **Fokalisierung** („wer sieht?"/"who sees?" bzw. „aus wessen Sicht wird erzählt?") sinnvoll (→ **Point-of-View** <416>). .

HK

Literatur: Booth, W.; Chatman; Genette; Nünning.

412 Novel – Roman

Umfangreiche Prosaerzählung.

Die Gleichsetzung des englischen Terminus *novel* mit dem deutschen Begriff Roman ist problematisch, da beide Begriffe nur bedingt übereinstimmen. Während in der englischen Literaturkritik *novel* oft ähnlich wie Roman als gattungsübergreifende Bezeichnung verwendet wird, trifft man im Amerikanischen eine sorgfältige Unterscheidung zwischen *novel* und ***romance*** <417>, wobei sich die *novel* von der *romance* hauptsächlich durch ihre eher realistische Darstellungsweise unterscheidet. Nur unter Berücksichtigung dieser Besonderheit der englischen Terminologie können Roman und *novel* synonym verwendet werden.

Der deutsche Begriff Roman stammt aus dem Französischen. Er wurde dort ursprünglich für volkssprachliche Erzählungen verwendet, um diese vom gelehrten lateinischen Schrifttum zu unterscheiden. Als eine besonders beliebte Form der volkssprachlichen Dichtung entwickelte sich die **Romanze**, die für die Entstehung der ***romance*** in der englischen und amerikanischen Literatur von Bedeutung war. Das englische Wort *novel* leitet sich vom italienischen ***novella*** <415> ab, der Bezeichnung für kurze Prosaerzählungen, wie sie sich z. B. in Boccaccios *Decamerone* (1348) finden. Der wörtlichen Bedeutung von *novella* im Sinne von „Neuigkeit" (*novelty*) wurde im Nachhinein zusätzlicher Sinn beigemessen: Die *novel* war eine neue Gattung, und sie unterschied sich vom **Epos** <312> durch die Aktualität ihres Inhalts.

Da der englische Begriff *novel* nur wenig klar umrissen ist, definiert man ihn am besten durch die Abgrenzung zu anderen Formen der Prosaerzählung. Im Gegensatz zur *novella* bzw. ***novelette*** und zur ***short story*** <419> ist die *novel* nicht nur länger, sondern bietet auch Raum für eine Vielzahl von Charakteren, für Nebenhandlungen sowie detaillierte Natur- und Milieustudien. Im Vergleich mit dem Epos, das als einstmals dominante Erzählgattung im 18. Jahrhundert vom Roman abgelöst wurde, treten weitere charakteristische Merkmale des Romans hervor. Während das Epos noch auf der Darstellung eines fest geordneten Weltbildes mit typisierten Helden beruht, konzentriert sich der Roman zunehmend auf die Individualität der Figuren sowie auf die Darstellung einer Welt, in der das heroische Ideal an Gültigkeit verloren hat. Anstelle der Heldentaten und Abenteuer von Königen, Kriegern oder Rittern werden die Gefühle und Erfahrungen von durchschnittlichen Menschen vor dem Hintergrund ihres Alltagslebens beschrieben; das Schicksal des Menschen wird nicht mehr durch die Götter, sondern durch die Entscheidung des Einzelnen bestimmt. In diesem gattungsgeschichtlichen Wandel (der sich auch in der Zurückdrängung der Versdichtung zu Gunsten von Prosa andeutet) spiegelt sich die geschichtliche Veränderung des menschlichen Weltbildes wider, die sich beim Übergang vom Mittelalter zur Neuzeit vollzog und die sich auf die literarische Entwicklung der folgenden Jahrhunderte auswirkte.

Vorläufer des Romans

Die eigentliche Tradition der *novel* in der englischsprachigen Literatur beginnt im 18. Jahrhundert, doch geht die neue Gattung auf formale und inhaltliche Entwicklungen zurück, die bereits in der Literatur des 17. Jahrhunderts angelegt waren.

Als ein besonderes Charakteristikum des Romans gilt der **realistische** <141> Darstellungsstil. Die Forderung nach einer möglichst wahrheitsgemäßen, „objektiven“ Schilderung von Begebenheiten findet sich bereits im 17. Jahrhundert; sie geht zu einem nicht geringen Teil auf den Einfluss des Puritanismus zurück; auch das von den – sich damals gerade etablierenden – modernen Naturwissenschaften propagierte Stilideal einer schlichten Sprache ohne aufwändige Rhetorik spielt in diesem Zusammenhang eine wichtige Rolle. Literatur sollte nach der Auffassung der bürgerlichen *middle class*, aus der das Gros der Leser der neuen Gattung Roman kam, im *plain style* verfasst sein, d. h. möglichst einfach und ohne Ausschmückungen. Der dichterischen Fantasie wurde nur wenig Freiraum gegönnt, erwartet wurde die wahrheitsgetreue Darstellung der erlebten Wirklichkeit.

Aus diesem Grund hatte gerade die an der Realität orientierte **faktographische** Literatur einen wesentlichen Einfluss auf die Entstehung des Romans. Neben dem Reisebericht (der das Vorbild für Romane wie *Robinson Crusoe* abgab) spielte dabei die im 17. Jahrhundert weit verbreitete **biografische Literatur** <401> eine entscheidende Rolle. Vor allem die – stark von puritanischem Gedankengut geprägte – **Tagebuchliteratur**, die den seelischen Entwicklungsprozess des Individuums in den Mittelpunkt rückte, diente vielen Romanen als Modell. So sind z. B. sowohl die Beschreibung eines Einzelschicksals als auch eine bis dahin ungewohnte realistische Darstellungsweise typisch für eines der beliebtesten Bücher des späten 17. Jahrhunderts, John Bunyans *Pilgrim's Progress* (1678-84) – ein Werk, das gerade wegen dieser beiden Merkmale als einer der ersten Romane gelten kann, obwohl es noch deutlich in der Tradition der allegorisch-didaktischen (→ **ALLEGORY** <102>) Erzählung verfasst war.

Doch nicht nur die Entwicklungen in der eigenen Literatur bereiteten den Boden für die englische *novel*. Als einen wichtigen Vorläufer für den heutigen Roman versteht man Cervantes' *Don Quijote* (1605). Es fällt die deutlich realistische Schilderung auf, mit der Cervantes die Welt der Ritterromanzen als Illusion entlarvt. Der Konflikt zwischen erträumter Idealwelt und nüchterner Wirklichkeit wurde zu einem der bedeutendsten Motive in der Romanliteratur. Die Entwicklung hin zum „normalen" Helden, der keinem stilisierten Idealbild mehr gerecht werden muss, lässt sich ebenso erkennen wie die Tendenz, das menschliche Leben vor dem Hintergrund der Alltagswelt darzustellen.

Die spanische Literatur leistete noch einen weiteren Beitrag zur Entstehung der *novel*, der vor allem vom formalen Aspekt her von Interesse ist. Bereits gegen Ende des 16. Jahrhunderts entstand dort der **Schelmen-** bzw. **pikareske Roman** (span. *picaro* ‚Schelm'), eine Gattung, die auch in andere europäische Literaturen Eingang fand. Typische Merkmale der ***picaresque novel*** sind einerseits eine realistische Schilderung des Lebens in den unteren Gesellschaftsschichten, andererseits eine episodenhafte Gliederung, d. h. anstatt eines zielgerichteten ***plot*** <139> benutzt der Autor eine Erzählstruktur, die auf einzelnen Erlebnissen seines Helden aufbaut, welche untereinander nur relativ lose verbunden sind. Pikareske Elemente finden sich in einer ganzen Reihe englischer und amerikanischer Romane; ein frühes Beispiel ist *The Unfortunate Traveller* (1594) von Thomas Nashe. Aber auch in späteren Epochen ist der Einfluss der pikaresken Tradition noch deutlich, z. B. in Mark Twains *The Adventures of Huckleberry Finn* (1884).

Entstehungsgeschichte des englischen Romans

Als die ersten Romane in der englischen Literatur gelten Daniel Defoes *Robinson Crusoe* (1719) und *Moll Flanders* (1722). Für beide Romane hat die ***spiritual autobiography*** <401> Modellcharakter; Defoe bedient sich verschiedener biografischer und journalistischer Techniken, z. B. der Tagebuchaufzeichnung und der Reportage, mit der Absicht, seine Erzählung möglichst realistisch und damit glaubwürdig erscheinen zu lassen. An *Moll Flanders* fällt auch eine typisch pikareske Struktur auf, denn die Lebensgeschichte der Hauptfigur, die als Verkörperung eines weiblichen *picaro* erscheint, wird anhand verschiedener Episoden erzählt.

Ein weiterer bedeutender Schritt in der Entstehungsgeschichte des Romans gelang Samuel Richardson mit der Veröffentlichung von *Pamela* (1740-41), *Clarissa Harlowe* (1747-49) und *Sir Charles Grandison* (1753-54). Richardson gilt als Begründer des später oft nachgeahmten **Briefromans** (***epistolary novel***), in dem die erzählte Geschichte ausschließlich in Form von Briefen vermittelt wird. Von eigentlicher Bedeutung für die Gattung Roman ist aber Richardsons Entwicklung des fiktionalen Charakters. Nicht das Ereignis selbst, sondern die Reflexion der Figur darüber steht bei Richardson im Mittelpunkt. Der Leser erhält Einblick in die Überlegungen der Hauptfigur und die psychologischen Prozesse, die sich in ihr vollziehen. Der Bezug zur biografischen Literatur, vor allem zum Tagebuch, ist dabei deutlich erkennbar.

Der Veröffentlichung von Richardsons *Pamela* folgte im Lauf des 18. Jahrhunderts eine Flut von Romanen, die dieses Vorbild nachahmten.

Das Bewusstsein, dass sich die *novel* zu einer eigenständigen Gattung entwickelt hatte, wird aber zum ersten Mal im Werk Henry Fieldings deutlich. Im Gegensatz zu Defoe und Richardson setzte sich Fielding auch theoretisch mit dem Roman als Gattung auseinander. Er stellte ihn, wenngleich mit einer gewissen Ironie, in die Tradition der epischen Dichtung und verlieh ihm damit einen sehr hohen Status innerhalb der europäischen Literaturgeschichte. Seinen ersten Roman, *Joseph Andrews* (1742), den er als **Satire** <142> auf *Pamela* entworfen hatte, nennt Fielding z. B. ein *comic epic-poem in prose*. Anders als Richardson lässt Fielding einen allwissenden **Erzähler** <411> auftreten, der eine Fülle von Ereignissen und Figuren vorstellt und kommentiert.

Bei den Romanen sowohl von Defoe als auch von Richardson und Fielding darf trotz der neuen Entwicklungen nicht vergessen werden, dass immer noch ein umfassendes Weltbild vermittelt wird, das auf festen (christlichen) Werten beruht. Auch die Bedeutung gesellschaftlicher Konventionen, selbst wenn sie gelegentlich **parodiert** <135> werden, darf nicht unterschätzt werden. Einen radikalen Bruch mit der noch jungen Tradition findet man dagegen in der Romanliteratur des 18. Jahrhunderts in Laurence Sternes *Tristram Shandy* (1759-67), der als Urform des modernen **experimentellen Romans** gilt. Im Mittelpunkt des Interesses stehen nicht mehr die Handlung oder die Figuren, sondern die Schilderung der subjektiven Bewusstseinsvorgänge im Erzähler. In der Literaturkritik wird *Tristram Shandy* als **Bewusstseinsroman** (→ **Stream-of-Consciousness** <421>) bezeichnet, weil das Zentralbewusstsein des Erzählers dem Geschehen Zusammenhalt verleiht. Darüber hinaus gilt er wegen seiner parodistischen und **metafiktionalen** <128> Elemente als Vorläufer der **postmodernen** <140> Romanliteratur.

Romane erfreuten sich gegen Ende des 18. Jahrhunderts zunehmender Beliebtheit, und es entstanden bald unterschiedliche Formen wie z. B. die ***gothic novel*** <408> oder die ***novel of manners*** <414>. Im 19. Jahrhundert wurde der Roman schließlich zur dominanten Gattung. Durch die Herausbildung einer neuen Mittelstandskultur und damit einer Leserschaft, die über relativ viel Freizeit verfügte, entstand ein neuer Markt für Romanciers. Die große Beliebtheit von Wochen- und Monatsjournalen, in denen Romane in Fortsetzungsfolgen veröffentlicht wurden, regte die massenhafte Produktion von Romanen an, von denen ein Großteil der sogenannten Trivial- oder einfachen Unterhaltungsliteratur zugerechnet werden kann.

HK

Literatur: Hoffmann; Lang; Stanzel (1969); Watt.

413 Novel of Formation – Entwicklungsroman (Bildungsroman, Erziehungsroman, Künstlerroman)

Romanformen, in denen die Persönlichkeitsentwicklung einer Figur dargestellt wird.

Im Entwicklungsroman wie auch in den verwandten Formen des Bildungs-, Erziehungs- und Künstlerromans wird der Prozess der Persönlichkeitsentwicklung und Identitätsfindung der Hauptfigur von der Kindheit bis ins Erwachsenenalter beschrieben. Während in der deutschen Literaturgeschichte der Bildungsroman als eine besondere Form des Entwicklungsromans gilt, in dem die Wirkung und der Einfluss von Kultur- und Bildungsgütern auf die Erziehung eines jungen Menschen im Vordergrund stehen, werden in der englischen und amerikanischen Literaturkritik die übernommenen deutschen Begriffe (oft auch noch der Terminus Erziehungsroman) praktisch synonym verwendet. Daneben finden sich im Englischen aber auch die folgenden Lehnübersetzungen für Bildungsroman und Entwicklungsroman: ***novel of formation***, ***formation-novel***, ***apprenticeship novel***, für den Erziehungsroman ***novel of education***. Die Sonderform des Künstlerromans (***artist-novel***), in dem die Entwicklung des Protagonisten zum Künstler dargestellt wird, ist sowohl in der deutschen wie in der englischsprachigen Literatur bekannt.

Entwicklungs- und Bildungsroman sind für das 19. Jahrhundert typische Romanformen, in denen die Erfahrungen des Individuums in der bürgerlichen Gesellschaft zum Ausdruck kommen. Es werden die Bedingungen der sich ständig weiter entwickelnden modernen Gesellschaft widergespiegelt, in welcher der einzelne nicht mehr den für ihn vorbestimmten Platz automatisch einnimmt, sondern in der die Suche nach diesem Platz problematisch geworden ist. Der Bildungsroman unterscheidet sich in dieser Hinsicht von früheren Prosaerzählungen, in deren Mittelpunkt ebenfalls die Identitätsfindung des Menschen stand. So stellte zum Beispiel in Texten der christlichen Erbauungsliteratur des 17. Jahrhunderts, wie in John Bunyans *The Pilgrim's Progress* (1678-1684), ein einmaliges, von Gott geschenktes Bekehrungserlebnis den entscheidenden Moment der Persönlichkeitsentwicklung dar. Das gehobene Bürgertum des 19. Jahrhunderts sah dagegen den inneren und äußeren Werdegang des Menschen als einen breit angelegten Reifungsprozess, der sowohl durch die vorhandenen individuellen Anlagen als auch durch das jeweilige soziale Umfeld geprägt wird.

Bildungsroman, Erziehungsroman und Künstlerroman spielen zwar in der Geschichte der deutschen Literatur eine wesentlich größere Rolle als in der englischen und amerikanischen Literatur – als Prototyp des deutschen Bildungsromans gilt Goethes *Wilhelm Meisters Lehrjahre* (1795/96), der auch außerhalb Deutschlands mit Begeisterung rezipiert wurde – aber auch dort gibt es zahlreiche Beispiele. In der englischen Literatur wird u. a. Charles Dickens' *Great Expectations* (1861) zum Typ des Bildungsromans gezählt; in der amerikanischen Literatur kann man Mark Twains *The Adventures of Huckleberry Finn* (1884) dazurechnen. Als Beispiel für einen Künstlerroman gilt James Joyces *A Portrait of the Artist as a Young Man* (1914-15), in dem die verschiedenen Entwicklungsstufen der Hauptfigur sich sogar in unterschiedlichen Schreibstilen widerspiegeln.

HK

Literatur: Buckley.

414 Novel of Manners

Romantyp, in dem die Darstellung einer bestimmten Gesellschaftsschicht und ihrer Lebensform im Mittelpunkt steht.

In der *novel of manners* werden eine Gesellschaftsschicht und die in ihr herrschenden Konventionen in realistischer Weise und detailliert dargestellt, oft mit **ironischem** <126> Unterton. Die *novel of manners* ist zeit- und ortsgebunden; die Autoren konzentrieren sich auf die Beschreibung eines kleinen Ausschnitts aus dem zeitgenössischen Gesellschaftsleben. Im Deutschen findet sich für diese Romanform gelegentlich noch die veraltete Bezeichnung **Sittenroman**.

Als *novel of manners* bezeichnet man vor allem die Romane Jane Austens (1775-1817), in denen die Lebensformen der Bürgerschicht und des niederen Adels (*gentry*) in der englischen Provinz im Mittelpunkt der Handlung stehen. In der amerikanischen Literatur wird der Begriff gelegentlich auf die Romane von Henry James (1843-1916) und Edith Wharton (1862-1937) angewendet. Manche Literaturkritiker übertragen diese Bezeichnung sogar auf die **historischen Romane** <409> Sir Walter Scotts (1771-1832), die sie aufgrund der detaillierten Darstellung einer Gesellschaft als „historische Sittengemälde“ sehen. Zur ***comedy of manners*** <508> besteht kein direkter Bezug.

HK

415 Novella – Novelle

Kürzere Prosaerzählung.

Im Gegensatz zur deutschen Literatur, in der die Novelle als bedeutende Gattung gilt, spielt die *novella* in der Geschichte der englischen und amerikanischen Literatur nur eine untergeordnete Rolle. Auch als Gattungsbezeichnung wird der Begriff *novella* nur relativ selten verwendet und muss – vor allem im Amerikanischen – mit den Synonymen ***short novel*** und ***novelette*** konkurrieren. (*Novelette* wird manchmal auch als abwertende Bezeichnung für kitschige Kolportageromane verwendet.)

Als charakteristische Merkmale der Novelle gelten eine zwischen **Kurzgeschichte** <419> und **Roman** <412> angesiedelte „mittlere" Länge sowie die Beschränkung auf eine zentrale Handlung, die am Schluss oft eine überraschende Wende nimmt. Die Definition von *novella* ist im Englischen sehr vage, zumal die Grenzen zwischen einer längeren Kurzgeschichte und einem kürzeren Roman, der keine komplexen Handlungs- oder Charakterkonstellationen aufweist, sehr fließend sind.

Als Begründer der Novelle gilt Boccaccio, dessen *Decamerone* (1348-53) in der englischen Übersetzung großen Anklang fand. Die Kunst des Novellenschreibens wurde vor allem in der deutschen Literatur des 19. Jahrhunderts gepflegt, aber auch die theoretische Auseinandersetzung mit der Form der Novelle spielt in Deutschland eine große Rolle, so dass sich die Novelle zu einer relativ fest definierten Gattung entwickelte. Als Meister der Novelle gelten u. a. Stifter, Keller, Kleist und später auch Thomas Mann, dessen *Tod in Venedig* (1912) auch im englischen Sprachraum große Anerkennung fand.

Obwohl die Tradition der *novella* in der englischen und amerikanischen Literatur weniger verbreitet ist, gibt es doch eine Reihe von Schriftstellern, die mit diesem Genre erfolgreich arbeiteten. Ein oft zitiertes Beispiel für eine *novella* ist Herman Melvilles *Billy Budd* (postum 1924). Auch viele der längeren Kurzgeschichten von Henry James fallen unter die Kategorie *novella*, z. B. *The Turn of the Screw* (1898). In England wird neben D. H. Lawrences *The Virgin and the Gypsy* (1939) manchmal auch Joseph Conrads *Heart of Darkness* (1902) als *novella* bezeichnet, und in der kanadischen Literatur lässt sich auf Mavis Gallants *The Pegnitz Junction* (1973) verweisen.

HK

Literatur: Paine.

416 Point-of-View – Erzählperspektive

Perspektive, aus der eine Erzählung dargestellt wird.

Als *point-of-view* bezeichnet man in der englischen und auch in der deutschen Literaturtheorie die Perspektive, aus der eine Geschichte präsentiert wird. In letzter Zeit werden im Englischen stattdessen auch die Begriffe ***perspective***, ***vision*** oder ***focalization*** (**Fokalisierung**) verwendet. Eine Geschichte kann aus einer Vielzahl von möglichen Perspektiven dargestellt werden. Grundsätzlich geht es bei der Analyse der Erzählperspektive um folgende Fragen: (1) Aus wessen Perspektive wird eine Erzählung vermittelt – aus der Erzähler- oder aus der Figurenperspektive? (2) Bleibt die Perspektive durchgehend gleich oder wechselt sie im Lauf der Erzählung? (3) Ist die Perspektive beschränkt (***limited point-of-view***) oder gibt sie Einblick in die Denkweise sämtlicher **Charaktere** <111> und den Verlauf der gesamten Handlung (***omniscient point-of-view***)?

Im 20. Jahrhundert wurden verschiedene Modelle und Theorien zur Beschreibung unterschiedlicher *point-of-view*-Techniken entworfen. Leider wirkt die Fülle von Ansatzpunkten sowie die uneinheitliche Verwendung der jeweiligen Termini mitunter sehr verwirrend. In den neueren Modellen der Erzähltheorie wird außerdem zwischen Perspektive und **Erzähler** <411> bzw. zwischen Fokalisierung (Wahrnehmungszentrum: Wer sieht?) und **Narration** (Erzählinstanz: Wer erzählt?) unterschieden.

Die in den folgenden Abschnitten erwähnten Termini kann man unabhängig von ihrer Einbettung in einen bestimmten theoretischen Ansatzpunkt verwenden.

Perspektivenwechsel

Fixed perspective: Die Perspektive bleibt durchgehend gleich, so dass der Leser die Ereignisse eines Romans oder einer Geschichte nur aus der Sichtweise einer einzigen **Figur** <111> erlebt, wie z. B. in John Updikes Kurzgeschichte „A & P".

Variable perspective: Die Perspektive wechselt innerhalb einer Erzählung zwischen verschiedenen Figuren, wie z. B. in Emily Brontës *Wuthering Heights* (1847), wo einige Ereignisse aus der Sicht von Mr. Lockwood, andere aus der Perspektive Nelly Deans oder Isabella Lintons dargestellt werden.

Zu diesem Perspektiventypus gehören auch Erzählungen in der Retrospektive, in denen zwar nur eine einzige Erzählerfigur vorkommt, in denen aber ein Unterschied zwischen der Perspektive des **erzählenden Ichs** (z. B. des erwachsenen Erzählers) und der des **erlebenden Ichs** (z. B. des Erzählers als Kind) deutlich erkennbar ist.

Multiple perspective: Ein Ereignis oder ein Teil der Handlung wird aus verschiedenen Perspektiven beleuchtet, so dass der Leser unterschiedliche Interpretationen ein- und desselben Ereignisses erhält. William Faulkner bedient sich z. B. dieser Technik in *The Sound and the Fury* (1929).

Perspektivenbeschränkung

Omniscient point-of-view: Bei dieser Art der Darstellung erhält der Leser den Eindruck, als hätte er Einblick in die Motive und Gefühlswelt aller (oder zumindest einiger wichtiger) Charaktere. Diese Perspektive ist – wie in Henry Fieldings Roman *Tom Jones* (1749) – in der Regel an einen deutlich fassbaren **allwissenden Erzähler** <411> gebunden, der als vermittelnde Instanz zwischen Leser und Romanwelt fungiert.

Von einem *omniscient point-of-view* (und paradoxerweise sogar von einem ***third-person omniscient narrator***) spricht man aber auch dann, wenn kein expliziter Erzähler zu erkennen ist, dem Leser aber dennoch vermittelt wird, er habe Zugang zu den Gedanken und Gefühlen aller Figuren. In der englischen Terminologie finden sich für diese Situation die Begriffe ***objective*** oder auch ***covert narrator*** bzw. ***omniscient observer***. In Romanen wie Toni Morrisons *Song of Solomon* (1977), der in der dritten Person verfasst ist, wird die Erzählung direkt aus dem Blickwinkel des Bewusstseins verschiedener Figuren dargestellt, ohne dass sich ein interpretierender Erzähler dazwischenschaltet.

Limited point-of-view: In der eingeschränkten Erzählperspektive findet sich das Gegenstück zum allwissenden Erzähler. Das Wissen ist auf eine Figur begrenzt, die keinen unmittelbaren Zugang zum Innenleben der anderen Figuren hat. Es spielt dabei keine Rolle, ob die Geschichte in der ersten oder in der dritten Person erzählt wird. Ein Beispiel für *first-person limited point-of-view* ist Sylvia Plaths *The Bell Jar* (1963); in diesem Roman berichtet die Erzählerin rückblickend über eine wichtige Phase aus ihrem Leben. Zur weiteren Unterscheidung bei Erzählungen in der ersten Person gibt es noch die Termini ***first-person-central***, wenn die Hauptfigur erzählt, und ***first-person-peripheral*** bzw. ***first-person-observer***, wenn eine Randfigur aus ihrer Perspektive berichtet.

Ein Beispiel für einen *third-person limited point-of-view*, der dem Leser ausschließlich Einblick in das Denken und Fühlen der sterbenden Hauptfigur gewährt, ist Katherine Anne Porters Kurzgeschichte „The Jilting of Granny Weatherall" (1930).

Eine besondere Form des *third-person limited point-of-view* bietet Henry James' ***center-of-consciousness***: Ziel ist es, die Romanwelt so darzustellen, wie die Hauptfigur sie in ihrem Bewusstsein erlebt, z. B. in *The Ambassadors* (1903). Anstatt eine direkte Beschreibung der Vorgänge in der Außenwelt zu erhalten, erfährt der Leser von diesen nur indirekt, nämlich in der Art, wie sie sich in der Gedanken- und Gefühlswelt der Hauptfigur niederschlagen.

Das Modell der Narratologen

In den neueren **narratologischen Erzähltheorien** <614> wird im Gegensatz zu den Modellen konventioneller Art zwischen Erzähler und Perspektive unterschieden. In vielen Fällen ist die Unterscheidung zwischen *who speaks*? (die Frage nach dem Erzähler) und *who sees*? (die Frage nach der Wahrnehmungsinstanz) tatsächlich sinnvoll, gerade bei Texten mit **personaler Erzählsituation** (→ NARRATOR <411>), aber auch bei solchen, die von einem allwissenden **auktorialen Erzähler** vermittelt werden. Dort wird zwar die Erzählung durch einen einzigen Erzähler zusammengehalten, doch die Perspektive kann zwischen verschiedenen Personen wechseln, wie z. B. in Hawthornes *The Marble Faun* (1860), wo dem Leser eine **Außenperspektive** durch den Erzähler sowie verschiedene **Innenperspektiven** aus der Sicht der jeweiligen Figuren geboten werden. Und da nicht nur der Erzählerkommentar, sondern auch der jeweilige *point-of-view* eine interpretierende Funktion hat, lohnt sich eine genaue Unterscheidung bei der Analyse. Dies trifft natürlich auch besonders für Texte zu, die in der Form der **erlebten Rede** <407> verfasst sind.

Eine Unterscheidung zwischen Erzähler und Perspektive ist auch bei Romanen und Geschichten in der Ich-Erzählsituation interessant, insbesondere bei Schilderungen aus der Retrospektive. Oft lässt sich ein reizvoller Kontrast erkennen zwischen der Perspektive des **erzählenden Ichs**, das auf der Basis späteren Wissens sein Leben rückblickend interpretiert, und der beschränkten Perspektive, über die das **erlebende Ich** in den früheren Entwicklungsphasen verfügte. Ein Textbeispiel, an dem die Vermischung zwischen der Perspektive des erlebenden Ich und der Sprache des älteren erzählenden Ich deutlich wird, ist Dickens' *Great Expectations* (1860-

61). In Kapitel 8 beschreibt der erwachsene Erzähler Pip ein Kindheitserlebnis aus späterer Sicht:

> I took the opportunity of being alone in the court-yard, to look at my coarse hands and my common boots. My opinion of those accessories was not favourable. They had never troubled me before, but they troubled me now, as vulgar appendages.

Obwohl die Perspektive eindeutig die des Kindes ist, verraten Wörter wie *accessories* und *appendages*, dass ein Erwachsener erzählt.

HK

Literatur: Bal; Chatman; Stanzel (1955).

417 Romance – Romanze

1. *Vers- oder Prosaerzählung mit fantastisch-märchenhafter Handlung.*
2. *Mittelalterliche Liebes-, Ritter- und Abenteuerdichtung.*
3. *Romanform, die in der amerikanischen Literatur im Unterschied zur* novel *definiert wird.*

Ganz allgemein (1) wird der Begriff *romance* in der Literatur auf sämtliche Werke angewendet, die in Bezug auf Ort, Zeit, Handlung und/oder Personen eine „unrealistische" Welt darstellen. *Romances* spielen oft in vergangenen Zeiten, an exotischen Orten; ungewöhnliche Personen erleben unglaubliche Abenteuer und werden von leidenschaftlicher Liebe erfasst. Typische Elemente der *romance* sind auch in verschiedenen anderen Gattungen zu finden, sogar in der ***novel*** <412>. Moderne Unterhaltungsromane, in denen sich tragische Liebeskonflikte fast märchenhaft lösen, werden auch oft als *romance* bezeichnet.

Daneben wird der Begriff in der Literaturwissenschaft auch sehr viel spezifischer zur Bezeichnung unterschiedlicher literarischer Erzählformen verwendet, denen die Darstellung einer „unwirklichen" Welt gemeinsam ist. Ursprünglich verstand man unter *romance* die mittelalterliche Liebes-, Ritter- und Abenteuerdichtung (2), also Vers- und Prosaerzählungen, die zwar eine gewisse Ähnlichkeit mit **Epen** <312> haben, aber statt großer kriegerischer Heldentaten die Welt der höfischen Liebe und des ritterlichen Abenteuers darstellen. Die inhaltliche Grundlage der mittelalterlichen englischen *romances* bildeten vor allem die Sagen um den legendären König Artus, z. B. in Thomas Malorys *Le Morte D'Arthur* (1485). Auch im späten 16. Jahrhundert war die *romance* noch eine beliebte Form; bekannte Beispiele sind Spensers *The Faerie Queene* (1590-96) und Sidneys *Arcadia* (1590).

Mit dem Niedergang der höfischen Kultur verlor die *romance* an Relevanz, sie entsprach nicht mehr dem neuen Wirklichkeitsverständnis. Es setzte eine literarische Entwicklung ein, in der die illusionäre Welt der Romanzen nicht nur **parodiert** <135> (Cervantes' *Don Quijote*, 1605), sondern auch durch einen neuen **Realismus** <141> ersetzt wurde, der in der Form der *novel* Ausdruck fand. In *The Progress of Romance* (1785) setzt sich die englische Schriftstellerin Clara Reeve kritisch mit dieser neuen Entwicklung auseinander. Elemente der *romance* finden sich später allerdings noch in verschiedenen Romanformen, vor allem in der ***gothic novel*** <408> und in der Literatur der USA wieder.

Anders als in der englischen Literaturwissenschaft beschränkt sich in der deutschen Terminologie der Begriff Romanze auf eine bestimmte Art der Versdichtung, die aus dem mittelalterlichen Spanien bekannt ist. Es handelt sich um ungereimte, achtsilbige Erzähllieder, in denen fantastische Abenteuer und Liebesgeschichten besungen werden. In der englischen Literaturwissenschaft wird *romance* nicht in dieser engen Bedeutung verwendet.

In der amerikanischen Literaturkritik des 18. und 19. Jahrhunderts erhielt der Begriff *romance* schließlich eine weitere wichtige Bedeutung (3). Er wurde zur Bezeichnung für eine Gattung, die in der Literatur der USA eine lange und bedeutende Tradition vorweist. Während der Begriff *romance* im allgemeinen Sinn (1) oft etwas abwertend verwendet und nicht selten mit trivialer Unterhaltungsliteratur gleichgesetzt wird, ist der Begriff in der amerikanischen Terminologie wertneutral.

In den USA unterschied man zwei Arten von Roman: die *novel* mit ihrer realistischen Darstellungsweise und die *romance*, die eine als unwirklich empfundene Welt beschreibt, dabei aber trotzdem „menschliche Wahrheit" zu vermitteln vermag. Hawthorne formuliert diesen Gegensatz im Vorwort zu seiner *romance The House of the Seven Gables* (1851) folgendermaßen:

> [The novel] is presumed to aim at a very minute fidelity, not merely to the possible, but to the probable and ordinary course of man's ex-

> perience. […] [The romance] – while, as a work of art, it must rigidly subject itself to laws, and while it sins unpardonably so far as it may swerve aside from the truth of the human heart – has fairly a right to present that truth under circumstances, to a great extent, of the writer's own choosing or creation.

Hawthornes Definition mag insofern widersprüchlich erscheinen, als er trotz aller Forderung nach freier Gestaltung des Romanmaterials die Darstellung der Wahrheit als verbindliches Ziel der *romance* beschreibt. Dieser Widerspruch deutet auf das Spannungsverhältnis vieler amerikanischer Schriftsteller zur Kunst hin, das aus der puritanischen Forderung nach Wahrheitsfindung und dem gleichzeitigen Wunsch nach freiem künstlerischen Ausdruck herrührt. Der Einfluss puritanischen Gedankenguts lässt sich auch an den **allegorischen** <102> Zügen vieler *romances* erkennen; die Ereignisse erhalten vor dem Hintergrund allegorischer und **typologischer** <148> Deutungsmuster oft noch einen zusätzlichen Sinn. Von der Allegorie stammt vor allem die Tendenz der *romance*, **Charaktere** <111> typisiert darzustellen, z. B. das unschuldige Mädchen und die leidenschaftliche Sünderin in Hawthornes *The Scarlet Letter* (1850). Für manche Figuren werden sogar so bezeichnende Namen wie „Faith" gewählt.

Die amerikanische *romance* ist trotz der oft märchenhaften und fantastischen Darstellung (in Hawthornes *The Marble Faun*, 1860, erscheint z. B. eine der Figuren als mythischer Faun) ein Medium, mit dessen Hilfe sich die Autoren kritisch mit zentralen Themen der amerikanischen Geschichte auseinandersetzten. Um nur einige Beispiele zu nennen: Hawthorne beleuchtet die Schuld seiner puritanischen Vorfahren, Cooper beschwört noch einmal den Mythos des freien Ureinwohners von Amerika herauf. Elemente der *romance* finden sich durchgängig in der amerikanischen Romanliteratur, auch noch im 20. Jahrhundert (z. B. bei Henry James).

In der englischen Literaturkritik wird auf die Unterscheidung zwischen *romance* und *novel* vergleichsweise wenig Wert gelegt. Oft verwendet man den Terminus *novel* als allgemeinen Oberbegriff. Englische Romane, die man als *romances* bezeichnen könnte, sind z. B. Walter Scotts *Rob Roy* (1817) und Emily Brontës *Wuthering Heights* (1847).

Auch einige der späten Dramen Shakespeares werden als *romances* klassifiziert: *Cymbeline* (1609/10), *The Winter's Tale*

(1610/11), *The Tempest* (1610/11) und *Pericles* (1606-08) – Werke, die unter anderem durch ihre märchenhafte, der Wirklichkeit entrückte und poetische Atmosphäre auffallen.

HK

Literatur: Beer; Martin.

418 Science Fiction

Romane und Erzählungen, die in einer visionären, von Technik und Naturwissenschaft beherrschten Zukunft spielen.

Science Fiction (oft **SF** oder **sci-fi** abgekürzt), eine Spielart der **Utopie** <423>, hat sich seit Beginn des 20. Jahrhunderts zu einem eigenen literarischen Genre entwickelt. Science Fiction spielt in einer vom technischen Fortschritt bestimmten Fantasiewelt, in der – um nur einige Beispiele zu nennen – Begegnungen mit außerirdischen Lebewesen stattfinden, Roboter zum Leben erwachen, Menschen Weltraumabenteuer erleben.

Manche Kritiker führen die Entstehung von Science Fiction auf den Franzosen Jules Verne zurück, der durch Abenteuergeschichten wie *Voyage au centre de la terre* (1864) berühmt wurde. Zu den frühen Vorläufern in der englischen Literatur kann H. G. Wells' *The Time Machine* (1895) gezählt werden. Science Fiction im eigentlichen Sinne ist aber erst im 20. Jahrhundert entstanden, ausgelöst durch neue Entwicklungen in der Raumfahrt- und Computertechnik. Früher wurde SF noch zur Trivialliteratur gezählt. Erst Schriftsteller wie Isaac Asimov, z. B. in *I, Robot* (1950), und Ray Bradbury, z. B. in *Fahrenheit 451* (1953), verhalfen in den 1950er Jahren durch ihre Erzählungen und Romane der Science-Fiction-Literatur zu größerem Ansehen unter den Kritikern. Neben reiner SF-Literatur gibt es auch eine Reihe von Romanen, in denen sich die Autoren typischer Erzählelemente von SF bedienen, z. B. Thomas Pynchon in *The Crying of Lot 49* (1966) oder Margaret Atwood in *Oryx and Crake* (2003). Da es in Romanen wie dem Atwoods aber nicht vorrangig um technisch-wissenschaftliche Entwicklungen und Errungenschaften geht, sondern vor allem die ethische Dimension der ihnen zugrundeliegenden Forschungen, bezeichnen viele

Kritiker (wie auch Atwood selbst) diese Art von Literatur auch als ***speculative fiction***.

HK

Literatur: Schulz.

419 Short Story – Kurzgeschichte

Straff strukturierte Kurzerzählung.

Als selbstständiges **Genre** <122> hat sich die *short story* erst in der amerikanischen Literatur des 19. Jahrhunderts entwickelt. Der deutsche Terminus Kurzgeschichte ist eine Lehnübersetzung aus dem Englischen und in Deutschland erst seit der Zeit des Ersten Weltkriegs bekannt.

Angesichts der Vielfalt unterschiedlicher Formen, die die *short story* im Laufe ihrer Entwicklung hervorgebracht hat, ist eine formale Begriffsbestimmung nur bedingt möglich. Klassische *short stories* erfüllen meist folgende Kriterien:

- straffer Handlungsaufbau;
- Konzentration auf wenige Personen und Geschehnisse;
- Orientierung an einem Zentralereignis oder an einer für die Hauptfigur typischen Situation;
- in der *short story* der **Moderne** <130> statt dessen auch oft die Konzentration auf scheinbar belanglose, aber trotzdem aussagekräftige Ereignisse (→ **Epiphany** <403>).

Auch wenn keineswegs alle dieser Merkmale auf eine Erzählung zutreffen müssen, um sie als *short story* bezeichnen zu können, so sind diese doch typisch für viele Kurzgeschichten. Bei manchen längeren *short stories* ist eine Abgrenzung zur ***novella*** <415> nicht möglich; so kann z. B. *The Turn of the Screw* von Henry James beiden Genres zugerechnet werden.

Kurzerzählungen haben eine lange Tradition: Bibelgeschichten, **Märchen**, **Fabeln** <405> oder **Anekdoten** können daher im weitesten Sinne als Vorläufer der *short story* betrachtet werden. Vor allem lässt sich aber ein Bezug zu den sogenannten ***sketches***, also **Charakterskizzen**, herstellen, wie sie Washington Irving durch sein *Sketch Book* (1819-20) bekannt machte. In Erzählungen wie „Rip van Winkle“ und „The Legend of Sleepy Hollow“ verknüpft er humorvolle Charakterskizzen mit Märchenmotiven und Geistergeschichten.

Mit Sicherheit verdankt die *short story* ihre Entstehung soziokulturellen Veränderungen in der ersten Hälfte des 19. Jahrhunderts, besonders in den USA. Das wachsende Angebot an Zeitungen, Zeitschriften, Magazinen und Almanachen schuf einen breiten Markt für Erzählungen in Kurzform. Diese wiederum kamen den Bedürfnissen eines Lesepublikums entgegen, das im geschäftigen Alltag wenig Muße für längere Lektüre fand.

Als eigentlicher Begründer der *short story* gilt Edgar Allan Poe, der das Genre durch seine theoretischen Äußerungen sowie durch seine eigenen Kurzgeschichten entscheidend prägte. In einer Besprechung von Nathaniel Hawthornes *Twice-Told Tales* (1837) bedient er sich noch des Begriffs ***prose tale***, der damals gebräuchlichen und sehr allgemeinen Bezeichnung für kürzere Erzählungen unterschiedlicher Art, die auch lange Zeit als Synonym für *short story* galt (heute wird ***tale*** von den Kritikern eher für Kurzerzählungen jeglicher Art verwendet, in denen – im Gegensatz zur *short story* – die Handlung im Vordergrund steht). Poe stellt in der Buchbesprechung folgende Forderungen für *prose tales* auf: Sie müssen so kurz sein, dass sie in einer Sitzung (von maximal zwei Stunden Dauer) gelesen werden können, und sie müssen sich konzentrieren auf „a certain unique and single effect". Dies bedeutet Konzentration auf ein Motiv oder Thema sowie die zielgerichtete Anordnung der einzelnen Erzähleinheiten mit einem raschen Auftakt und einer schnell sich steigernden Handlung. Die praktische Umsetzung seiner theoretischen Vorstellungen erfolgte in *Tales of the Grotesque and Arabesque* (1840), einer Sammlung von Kurzgeschichten, die Modellcharakter für eine Vielzahl von amerikanischen und europäischen Schriftstellern haben sollte.

Die Entwicklung der *short story* wurde sowohl von verschiedenen literarischen Strömungen als auch von einzelnen Autoren beeinflusst. Von besonderer Bedeutung wurde die *short story* z. B. im Rahmen der amerikanischen ***local-color*-Literatur** in der zweiten Hälfte des 19. Jahrhunderts. Bekannte Autoren wie Mark Twain, Bret Harte, Kate Chopin und Sarah Orne Jewett wählten die Form der *short story*, um regionalen Eigenheiten und Dialekten in der Literatur Ausdruck zu verleihen. Als Beispiel für den Einfluss eines einzelnen Schriftstellers kann der amerikanische Schriftsteller O. Henry gelten, der gegen Ende des Jahrhunderts eine besondere Variante der *Kurzgeschichte* erfand, nämlich die ***surprise-ending story***, in der die Handlung im letzten Moment in das Gegenteil dessen umschlägt, was der Leser erwartet. Gerade O. Henrys Geschichten werden auch manchmal als ***short short stories*** bezeichnet, ein Begriff, der sich allgemein für Kurzgeschichten von nicht mehr als 2000 Wörtern eingebürgert hat.

Neben solchen formalen Varianten haben sich im Zuge der Entwicklung auch inhaltliche Verschiebungen ergeben. Während bei vielen Kurzgeschichten eine persönliche Krise im Leben der Hauptfigur im Mittelpunkt der Beschreibung steht, konzentrierten sich in der **Moderne** <130> einige Autoren auf die Darstellung einer scheinbar nichtssagenden Szene, die allerdings nur auf den ersten Blick ohne tiefere Bedeutung zu sein scheint. Ein klassisches Beispiel ist Ernest Hemingways *short story* „A Clean, Well-Lighted Place“ (1933), in der es buchstäblich um „nichts“ geht. Doch hinter der einfachen Geschichte verbirgt sich, wie in anderen Kurzgeschichten dieses Typs, eine komplexe Aussage. Hemingway beschreibt seine Erzähltechnik folgendermaßen: „I always try to write on the principle of the iceberg. There is seven eighths of it under water for every part that shows“.

Eine weitere, verwandte Variante, die ebenfalls vom traditionellen Muster der *short story* abweicht, ist die sogenannte *slice-of-life*-Methode, bei der ein Ausschnitt aus dem alltäglichen Leben der Hauptfigur dargestellt wird, der es dem Leser aber ermöglichen soll, auf das gesamte Leben und die Persönlichkeit des **Protagonisten** (→ CHARACTER <111>) zu schließen. Ein anderer Anstoß zur Entwicklung der *short story* ging von James Joyce aus, dessen Erzählungen häufig um einen Moment der **Epiphanie** <403> strukturiert sind. Demgegenüber finden sich unter modernen Kurzgeschichten auch Erzählungen, die genau das Gegenteil eines solchen krisenhaften Moments der Erkenntnis beschreiben, nämlich das Ausbleiben jeglicher Veränderung. Henry James beschreibt z. B. in „The Beast in the Jungle“ (1903), wie der Protagonist lange Jahre auf eine entscheidende Änderung in seinem Leben wartet. Am Ende der Geschichte muss er jedoch feststellen, dass er genau diese versäumt hat.

Während sich die Kurzgeschichten der literarischen Moderne oft auf solche bedeutenden Momente konzentrierten, auch wenn sich diese aus auf den ersten Blick nichtssagenden Situationen ergeben, benutzen Autoren der **Postmoderne** <140> das Genre der *short story* besonders häufig für formale Experimente, indem sie die Verwischung der Grenzen zwischen Realität und Fiktion sowie den Schreibprozess selbst (→ METAFICTION <128>) thematisieren. Als Beispiel für diese Art von Kurzgeschichte lässt sich John Barths

„Life-Story“ aus dem Band *Lost in the Funhouse* (1968) anführen.

HK

Literatur: Ahrends; Göller; Lubbers.

420 Story and Discourse

Story*: „Rohmaterial“, das die inhaltliche Grundlage für eine Erzählung bildet.*
Discourse*: Art und Weise, in der dieser Inhalt dargestellt und erzählt wird.*

Narrative Texte können unter zwei Aspekten untersucht werden: *Was* wird erzählt und *wie* wird es erzählt? Die inhaltliche Ebene (das Was) einer Erzählung (***narrative***) nennt man *story*; man versteht darunter die Ereignisse, Personen und Orte, die sozusagen das Rohmaterial für eine Erzählung bieten. Die Art und Weise dagegen, in der dieser Inhalt angeordnet und sprachlich gestaltet wird, bezeichnet man als Ebene des *discourse.* Zu den Aspekten des *discourse* gehören die zeitliche und räumliche Anordnung der einzelnen Handlungsteile, die Verknüpfung der jeweiligen Ereignisse, die Erzähldauer, **Erzählsituation** (→ **Narrator** <411>) und **Erzählperspektive** <416> sowie die sprachlichen Mittel, mit deren Hilfe die Geschichte erzählt wird. Mit E. M. Forsters (1879-1970) Zweiheit von *story* und ***plot*** hat das Begriffspaar *story* und *discourse* nichts zu tun: Aus Sicht der modernen Erzähltheorien könnte man sowohl Forsters *story* wie auch Forsters *plot* weitgehend dem Bereich dessen zuordnen, was heutzutage als *story* definiert wird, da man Forsters Beispielsätze für *story* und *plot* („The king died and then the queen died“; „The king died and then the queen died of grief“) als Stoff für eine Erzählung betrachten kann; andererseits berührt die Frage nach der Verknüpfung der einzelnen Teile des *plot* („and then“; „and then [...] of grief“) den Bereich des *discourse*.

Die Grundlage für die Unterscheidung zwischen *story* und *discourse* geht zurück auf eine Reihe von neueren Erzähltheorien, die auf den Arbeiten französischer und russischer **Strukturalisten** <625> basieren. Gerard Genette, Seymour Chatman, Mieke Bal und andere bekannte **Narratologen** <614> – wie die Vertreter dieses Zweigs der Literaturtheorie genannt werden – entwickelten Modelle, in deren Mittelpunkt die systematische Analyse von Erzähltechniken steht. Im englischsprachigen Raum fand vor allem das Erklärungsmodell des Amerikaners Seymour Chatman Beachtung, der auch die heutige Verwendung des Begriffspaars *story* und *discourse* bekannt machte.

In Bezug auf die Terminologie, die in der Narratologie verwendet wird, herrscht leider ein gewisses Ausmaß an Verwirrung. Es wurden nicht nur neue Termini eingeführt, diese wurden auch aus den jeweiligen Muttersprachen der Narratologen unterschiedlich in andere Sprachen übersetzt und dabei zum Teil noch auf widersprüchliche Art verwendet. Besonders deutlich wird das beim Begriff *story*, der bei Kritikern wie Mieke Bal, die ihr Modell auf einer Unterscheidung von drei statt auf zwei Ebenen (wie Chatman) aufbauen, eine andere Bedeutung annimmt: ***fabula*** (entspricht *story*) – ***story*** (*discourse* im Sinne der Verknüpfung und Strukturierung einzelner Textbestandteile) – ***text*** bzw. ***narration*** (*discourse* im Sinne der sprachlichen Darstellungsweise). Gelegentlich finden sich im Englischen auch die aus dem Russischen übernommenen Termini ***fabula*** und ***sujet*** (die in etwa *story* und *discourse* entsprechen). Benutzt man die Begriffe *story* und *discourse* bei der Textanalyse, sollte man aufgrund der Vielzahl der Modelle sowie der Komplexität der Terminologie immer darauf hinweisen, in welchem Sinne man sie verwendet.

Bei der Analyse des Verhältnisses zwischen *story* und *discourse* in literarischen Texten sind zwei Aspekte von besonderer Bedeutung: (1) die Frage nach dem unterschiedlichen Verhältnis zwischen **Erzählzeit** und **erzählter Zeit**, zum anderen (2) die Frage nach der zeitlichen Anordnung der einzelnen Ereignisse, also die Verwendung von **Rück**- und **Vorgriffen**.

Erzählzeit und erzählte Zeit

Im Deutschen spricht man oft von der Diskrepanz zwischen Erzählzeit (***discourse time***) und erzählter Zeit (***story time***), wenn man ausdrücken will, dass die Zeitdauer, die benötigt wird, um eine Geschichte zu lesen, sich normalerweise nicht mit der Zeitspanne deckt, die der Ablauf des beschriebenen Ereignisses in Wirklichkeit in Anspruch nehmen würde. Eine solche Deckungsgleichheit findet sich nur in sogenannten **szenischen** Darstellungen (***scenes***) (→ **Telling and Showing** <422>), vor allem bei der Wiedergabe von wörtlicher Rede und im **inneren Monolog** <410>; beim Gesamttext ist dies die große Ausnahme (eines der wenigen Beispiele ist Kate Chopins „Story of an Hour" (1894)).

Ansonsten haben Erzähler die Möglichkeit, mit Hilfe der **Raffung** (***summary***) längere Zeitabschnitte zusammenzufassen oder sie ganz auszulassen (***ellipsis***). Diese Technik ist weit verbreitet und wird meist verwendet, um für die Erzählung unwichtige Ereignisse auszusparen. Andererseits kann aber die Auslassung oder kurze Abhandlung mancher Geschehnisse auch darauf hinweisen, dass der Erzähler etwas verschweigt oder verdrängt.

Das Gegenteil ist bei der **Zeitdehnung** der Fall, wenn der Erzähler an einer Stelle verweilt (***slow-down*** oder ***stretch***) oder gar die „Zeit stehen lässt" (***pause***). Es kann sich dabei um eingeschobene Beschreibungen handeln, in denen der Erzählfluss angehalten wird, um Personen, Landschaften und dergleichen ausführlich zu schildern. Ein gutes Beispiel für diese Art der Darstellung ist der Beginn von Henry James' Roman *The Portrait of a Lady* (1881), in dem der Erzähler genüsslich bei der Beschreibung eines schön gedeckten Teetisches verweilt. Er bezeichnet die nachmittägliche Teestunde sogar als „eternity of pleasure". Erzählpausen können aber auch dazu dienen, entscheidende Augenblicke im Leben einer Figur darzustellen, in denen sozusagen die Zeit „stehenbleibt". Ein Beispiel für eine extreme Form der Dehnung ist Ambros Bierces Kurzgeschichte „An Occurrence at Owl Creek Bridge" (1891), in der die letzten Sekunden im Leben eines Mannes, der zum Tod durch Erhängen verurteilt ist, zu einer mehrere Seiten umfassenden Erzählung ausgedehnt werden.

In der Narratologie wird der Wechsel zwischen raffender und verweilender Erzählweise als **Rhythmus** bezeichnet. Bei einigen literarischen Texten gehört ein für eine bestimmte Gattung oder Epoche charakteristischer Rhythmus zu den besonderen stilistischen Merkmalen. Für das **Epos** <312> ist z. B. die **epische Breite** mit ihren ausführlichen Schilderungen und Exkursen typisch. Diese stilistische Eigenheit findet sich noch in vielen Romanen des 18. und 19. Jahrhunderts. Die Technik der **Zeitraffung** gehört dagegen zu den genrespezifischen Merkmalen der **Kurzgeschichte** <419>.

Zeitliche Rückgriffe und Vorverweise

Die zeitliche Anordnung von Ereignissen in einem literarischen Text entspricht nur selten einer linear-chronologischen Abfolge. Selbst Erzählungen, denen (auf der *story*-Ebene) ein klares chronologisches Schema zu Grunde liegt (z. B. **Entwicklungsromane** <413>), weisen eine Reihe von zeitlichen Abweichungen auf, die von den Narratologen **Anachronien** (***anachronies***) genannt werden. Ein typisches Beispiel für eine **Anachronie** in narrativen Texten ist die Technik des ***in medias res***, wenn der Leser gleich mitten in die Handlung geführt und die Vorgeschichte erst später nachgeholt wird. In der epischen Dichtung galt diese Art des Einstiegs als eine Konvention, in der Kurzgeschichte ist sie wegen der stofflichen Beschränkung eine Notwendigkeit.

Die häufigste Form der zeitlichen Abweichung ist der **Rückgriff** (***flash-back***, ***retrospection***, ***retroversion*** oder ***analepsis***) auf Vergangenes. Rückwendungen haben meist einen deutlichen Bezug zur Handlungsgegenwart, z. B. wenn ein Gegenstand eine Kindheitserinnerung auslöst. Solche Rückgriffe kommen in der Form von Einschüben vor. Nicht selten finden sich aber auch Erzählungen, in denen die Handlung auf einer ganzen Serie von **Rückblenden** beruht. Eine besondere Funktion haben Rückblenden natürlich in Texten, z. B. Kriminalromanen, die um ein Geheimnis aufgebaut sind, über das der Leser nur schrittweise aufgeklärt wird.

Die andere Form der zeitlichen Abweichung, die **Vorausdeutung** (***flash-forward***, ***anticipation*** oder ***prolepsis***), findet sich seltener. Manchmal wird zwischen Ahnungen und zukunftsgewissen Voraussagen unterschieden. Die Funktion von Vorausdeutungen liegt oft darin, dass sie die Leser auf ein zukünftiges Ereignis neugierig machen, sie können aber auch die Schicksalshaftigkeit des Lebens unterstreichen.

In traditionellen Erzählungen erkennt der Leser deutlich die Übergänge zwischen Gegenwartserzählung, rückblickenden und vorausweisenden Einschüben, in experimentellen Werken der **Moderne** <130> und **Postmoderne** <140> sind die Grenzen manchmal nur schwer auszumachen. Sind die verschiedenen Zeitebenen vom Leser nicht mehr auseinanderzuhalten – ein Effekt, der vom Autor normalerweise beabsichtigt ist – spricht man von ***achrony***, also Zeitlosigkeit. Manche Romane William Faulkners, besonders *Absalom!, Absalom!* (1936) sind ein gutes Beispiel für dieses Phänomen.

HK

Literatur: Bal; Chatman; Forster; Genette.

421 Stream-of-Consciousness

Erzähltechnik, die den Fluss von Gedanken, Gefühlen, Sinneseindrücken und Assoziationen im Bewusstsein und Unterbewusstsein einer Figur wiedergibt.

Der Begriff *stream-of-consciousness* kommt aus der Psychologie; er wurde Ende des 19. Jahrhunderts durch eine Veröffentlichung von William James (*Principles of Psychology*, 1890), dem Bruder des amerikanischen Romanciers Henry James, bekannt und fand von dort aus Eingang in die Literaturwissenschaft. Im Deutschen wird neben dem englischen Fremdwort gelegentlich der Ausdruck **Bewusstseinsstrom** verwendet. Im weitesten und im ursprünglichen Sinn bezeichnet der Terminus den menschlichen Bewusstseinszustand, den man sich als einen Strom von Wahrnehmungen, Gedanken und Gefühlen vorstellte. In der Literatur führte der Versuch, die Bewusstseinsvorgänge zu beschreiben, zur Verwendung von Darstellungstechniken, mit deren Hilfe der Leser direkten Zugang zum Bewusstsein einer Figur erlangen soll. In diesem allgemeinen Sinn trifft die Bezeichnung *stream-of-consciousness* auf eine ganze Reihe von literarischen Texten zu, sie wird aber auch retrospektiv auf frühere Literatur angewendet, z. B. um die Erzählweise von Laurence Sternes *Tristram Shandy* (1759-67) zu beschreiben.

Als typische Beispiele für *stream-of-consciousness*-Literatur im allgemeinen Sinn gelten die Romane und Geschichten von Henry James. James' Technik des ***center-of-consciousness*** (→POINT-OF-VIEW <416>) gehört z. B. zu den Erzählmethoden, in denen die Gedanken und Gefühle der Hauptfigur in einer Art Bewusstseinsstrom vermittelt werden. Im folgenden Beispiel aus dem Schlussteil von „The Beast in the Jungle“ (1903) werden die Einsichten der Hauptfigur wiedergegeben:

> This was the awful thought, the answer to all the past, the vision at the dread clearness of which he turned as cold as the stone beneath him. Everything fell together, confessed, explained, overwhelmed; leaving him most of all stupefied at the blindness he had cherished. The fate he had been marked for he had met with a vengeance – he had emptied the cup to the lees; he had been the man of his time, *the* man, to whom nothing on earth was to have happened. That was the rare stroke – that was his visitation. [...] The escape would have been to love her; then,

> *then* he would have lived. *She* had lived – who could say now with what passion? – since she had loved him for himself; whereas he had never thought of her (ah, how it hugely glared at him!) but in the chill of egotism and the light of her use.

Seit den 20er Jahren des letzten Jahrhunderts kommt der Technik des *stream-of-consciousness* eine besondere Bedeutung zu; sie wurde in der literarischen **Moderne** <130> zu einer bevorzugten Erzählweise, die deutlich von der Entwicklung der Psychologie, vor allem der Psychoanalyse, beeinflusst war. Modernisten wie James Joyce und Virginia Woolf experimentierten mit neuen Erzählmethoden, mit deren Hilfe die Leser ungehinderten Zugang zu den verschiedenen Schichten des menschlichen Bewusstseins bekommen sollten. Konventionelle Darstellungstechniken, wie sie z. B. im **Realismus** <141> des 19. Jahrhunderts verbreitet waren, schienen diesen Autoren dafür nicht geeignet, da ihrer Ansicht nach gerade der Inhalt des Unterbewussten nicht nach den üblichen Regeln von Logik und Grammatik strukturiert ist, was bei Autoren wie Henry James noch weitgehend der Fall gewesen war. In der modernen *stream-of-consciousness*-Technik, die häufig die Form des **inneren Monologs** <410> annimmt, wird dem Leser folglich die Illusion vermittelt, direkt mit den Gedanken, Gefühlen und Sinneseindrücken einer Figur konfrontiert zu sein, ohne dass ständig ein Erzähler präsent ist, der diese als vermittelnde und interpretierende Instanz „ordnet". Assoziationen oder Erinnerungsfetzen, die dem Unterbewusstsein einer Figur entspringen, muss der Leser selbst einordnen. Eine besondere Herausforderung an den Leser stellt der gelegentliche Bruch mit grammatischen Normen dar – unvollständige Sätze, **elliptische** <214> Phrasen, das Fehlen von Interpunktion –, aber auch eine häufig unkonventionelle Schreibweise, die den Eindruck von sprachlich noch nicht ausformulierten Inhalten des Unterbewusstseins widerspiegeln soll.

Der Bruch mit den realistischen Schreibkonventionen muss keineswegs immer radikal sein, die Methode des *stream-of-consciousness* umfasst vielmehr ein breites Spektrum von Darstellungsweisen, die bei den einzelnen Autoren und einzelnen Werken ganz unterschiedlich verwirklicht sein können. Virginia Woolf versucht z. B., das Fließen der Zeit und des menschlichen Bewusstseins durch Sequenzen von Sinneseindrücken, Gesprächsfetzen und Reflexionen darzustellen, wie in *Mrs. Dalloway* (1925), wo der Leser direkten Einblick in die Gedankenwelt der Hauptfigur erfährt:

For having lived in Westminster – how many years now? over twenty, – one feels even in the midst of the traffic, or waking at night, Clarissa was positive, a particular hush, or solemnity; an indescribable pause; a suspense (but that might be her heart, affected, they said, by influenza) before Big Ben strikes. There! Out it boomed. First a warning, musical; then the hour, irrevocable. The leaden circles dissolved in the air. Such fools we are, she thought, crossing Victoria Street.

Bei James Joyce dagegen nimmt der Versuch, das Unterbewusstsein einer Figur darzustellen, oft die Form von Sprachexperimenten an, in denen er auf nur schwer nachvollziehbare Weise mit Schriftbild, Lautung und den verschiedenen Assoziationen spielt, die Wörter hervorrufen können. Besonders ausgeprägt ist dies in seinem letzten Werk, *Finnegans Wake* (1939), wie ein Ausschnitt aus dem Kapitel „Here Comes Everybody" zeigt:

While over against this belles' alliance beyind Ill Sixty, ollollowed ill! bagsides of the fort, bom, tarabom, tarabom, lurk the ombushes, the site of the lyffing-in-wait of the upjock and hockums. Hence when the clouds roll by, jamey, a proudseye view is enjoyable of our mounding's mass, now Wallinstone national museum, with, in some greenish distance, the charmful waterloose country and the two quitewhite villagettes who hear show of themselves so gigglesomes minxt the follyages, the prettilees! Penetrators are permitted into the museumound free. Welsh and the Paddy Patkinses, one shelenk! Redismembers invalids of old gurad find poussepousse pousseypram to sate the sort of their butt. For her passkey supply to the janitrix, the mistress Kathe. Tip.

Darstellungen wie diese, in denen die *stream-of-consciousness*-Technik zum Extrem geführt wird, finden sich nur selten. In vielen Fällen wechseln solche Textstellen mit Passagen, die in einem anderen Erzählstil gehalten sind und in denen durchaus eine ordnende Erzählerinstanz erkennbar sein kann. Diese Mischformen gelten trotzdem im allgemeinen Sinn als *stream-of-consciousness*-Erzählungen.

Im folgenden Beispiel aus William Faulkners *The Sound and the Fury* (1929) verdeutlicht die abwechselnde Verwendung von Normalschrift und Kursivschrift (im Original) den Wechsel zwischen den verschiedenen Bewusstseinsebenen der erzählenden Figur. Es wird dabei deutlich, dass es graduelle Unterschiede in der Verwirklichung der *stream-of-consciousness*-Technik gibt:

> When Versh and I hunted all day we wouldn't take any lunch, and at twelve o'clock I'd get hungry. I'd stay until about one, then all of a sudden I'd even forget that I wasn't hungry any more. *The street lamps go down the hill then heard the car go down the hill. The chair-arm flat cool smooth under my forehead shaping the chair the apple tree leaning on my hair above the eden clothes by the nose seen* You've got fever I felt it yesterday it's like being near a stove. („June Second, 1910")

Obwohl Erzählungen, in denen mit der Technik des *stream-of-consciousness* gearbeitet wird, auf den ersten Blick manchmal unstrukturiert erscheinen, darf nicht übersehen werden, dass auch dort sinnstiftende Zusammenhänge existieren. Dies können bestimmte **Symbole** <144> oder **Motive** (z. B. Gerüche wie im ersten Teil von *The Sound and the Fury*) oder immer wiederkehrende Schlüsselszenen sein, die dem Leser eine gewisse Orientierung bieten.

In der ersten Hälfte des 20. Jahrhunderts galt die Erzähltechnik des *stream-of-consciousness* noch als revolutionär und stellte nach weit verbreiteter Meinung ein Merkmal anspruchsvoller Literatur dar, die sich von traditionellen Romanen und Erzählungen abhob. Doch auch diese neue Erzählweise entwickelte sich im Lauf der Zeit zu einer Konvention, die inzwischen, wenn auch nicht in ihrer Extremform, zu einem häufig angewendeten Darstellungsmittel in der Literatur geworden ist.

HK

Literatur: Steinberg.

422 Telling and Showing

***Telling**: berichtende Erzählweise.*
***Showing**: szenische Darstellungsweise.*

Bei der Analyse der Erzählsituation in narrativen Texten spielt neben der **Erzählerfigur** <411> auch die Untersuchung der jeweiligen Erzählweise eine wichtige Rolle. Schon in der Antike unterschied man zwei unterschiedliche Erzählweisen, die man, vereinfacht ausgedrückt, als **berichtende** und **szenische** Darstellung beschreiben könnte. In der englischen Terminologie haben sich dafür die Begriffe *telling* und *showing* eingebürgert.

Unter *telling* versteht man eine Darstellungsweise, in der ein Erzähler über Ereignisse berichtet, sie kommentiert und eventuell wertend interpretiert. Bei der Methode des *showing* (bezeichnenderweise auch ***dramatic method*** genannt) dagegen werden die Ereignisse unmittelbar dargestellt, so dass beim Leser bisweilen die Illusion entsteht, er sei Augenzeuge der Handlung. Statt des beim *telling* üblichen Erzählerberichts dominiert hier meist der Dialog. Beide Erzählmethoden lassen sich in narrativen Texten gewöhnlich nebeneinander finden, doch überwiegt meist die eine oder andere Form.

In Henry James' *The Portrait of a Lady* (1881) z. B. wechseln berichtende Passagen mit solchen in szenischer Darstellungsweise ab. Obwohl Henry James der Methode des *showing* als der seiner Ansicht nach künstlerisch anspruchsvolleren Form den Vorzug gab, benutzt er auch die Erzählweise des *telling* wie hier zu Beginn des dritten Kapitels als Mittel zur **Charakterdarstellung** <111>:

> Mrs. Touchett was certainly a person of many oddities, of which her behaviour on returning to her husband's house after many months was a noticeable specimen. She had her own way of doing all that she did, and this is the simplest description of a character which, although by no means without liberal motions, rarely succeeded in giving an impression of suavity. Mrs. Touchett might do a great deal of good, but she never pleased. This way of her own, of which she was so fond, was not intrinsically offensive – it was just unmistakeably distinguished from the ways of others.

Als Beispiel für die Methode des *showing* lassen sich lange Textpassagen aus dem Roman anführen wie z. B. das Schlusskapitel, in dem der Leser aus den Dialogen der Figuren auf deren Persönlichkeit und Motive schließen muss.

HK

423 Utopia – Utopie

1. *Wunschvorstellung von einer idealen Gesellschaftsform, die auf einen bestimmten Ort projiziert ist und ein Gegenmodell zur Wirklichkeit darstellt.*
2. *Literarisches Genre, das einen solchen Idealzustand beschreibt.*

Der Terminus Utopie ist seit Thomas Morus' *Utopia* (1516) in Gebrauch und wird für Wunschvorstellungen von einer idealen, aber fiktiven menschlichen Gesellschaftsordnung verwendet. Daraus leitet sich die Verwendung des Wortes für literarische Werke ab, die solche Gesellschaftssysteme darstellen. Der Humanist Morus, der sein Werk übrigens in lateinischer Sprache verfasste, spielt mit der griechischen Etymologie des Wortes *utopia*: Es verbindet griechisch *eutopos* (guter Ort) mit *outopos* (kein Ort).

Je nachdem, ob der Autor die Handlung einer Utopie an einen anderen Ort oder in eine andere Zeitepoche verlegt, unterscheidet man zwischen **Raum-Utopien** und **Zeit-Utopien**. In den Utopien des 20. Jahrhunderts finden sich gelegentlich Elemente aus der **Science-Fiction-Literatur** <418>.

Als Prototyp der Utopie gilt Platons *Republik*, die Schilderung eines idealen demokratischen Staates. In der englischen Literatur entstanden – von einzelnen frühen Werken wie Francis Bacons *New Atlantis* (1627) abgesehen – einige der wichtigsten utopischen Romane in der zweiten Hälfte des 19. Jahrhunderts und am Anfang des 20. Jahrhunderts, z. B. Edward Bellamys *Looking Backward* (1888) oder William Morris' *News from Nowhere* (1891). Die Produktion dieser ***utopian fiction*** wurde durch den technischen Fortschrittsglauben des 19. Jahrhunderts auf der einen Seite und die kritische Haltung der Romantiker gegenüber dem mechanistischen und materialistischen Weltbild der Aufklärung und des Industriezeitalters auf der anderen Seite angeregt. Außerdem wurden durch die Veröffentlichung von Darwins Evolutionslehre (1859) Hoffnungen auf neue Entwicklungen, aber auch Befürchtungen in Bezug auf die Zukunft der Menschheit geweckt, so dass manche Schriftsteller eine idealisierte Gegenwelt schufen.

Spätestens seit Morus wurde die Utopie auch als Mittel der **Satire** <142> benutzt, in der die Autoren die menschlichen Schwächen und Dummheiten ihrer Zeitgenossen bloßstellen und somit scharfe Kritik an der gegenwärtigen Gesellschaft üben. Das bekannteste Beispiel dafür ist das vierte Buch von Swifts *Gulliver's Travels* (1726), in dem das idealisierte Gemeinwesen der *Houyhnhnms* den brutalen menschenähnlichen *Yahoos* gegenübergestellt wird. Daneben gibt es eine Reihe von Werken, z. B. Morus' *Utopia*, in denen zumindest ironisch-satirische Elemente oder Passagen eingefügt sind.

Das Gegenstück zur Utopie ist die **Dystopie** (***dystopia***), manchmal auch als **Anti-Utopie** bezeichnet, in der die fiktionale Welt ein

Ort des Schreckens ist. Dystopien vermitteln nicht nur wie Utopien eine politische Botschaft, sondern warnen ganz deutlich vor zukünftigen gesellschaftlichen Fehlentwicklungen. Sie müssen als kritische Gegenentwürfe zu utopischen Idyllen betrachtet werden, in denen die Probleme der Menschheit durch wissenschaftlichen und technischen Fortschritt gelöst werden. Die Verfasser von Anti-Utopien beschreiben dagegen die Gefahren, die ein blinder Fortschrittsglaube an moderne Technologie und Wissenschaft sowie an utopische soziale Modelle mit sich bringt.

In der englischsprachigen Literatur gibt es bekannte Beispiele für anti-utopische Literatur: George Orwells *Nineteen Eighty-Four* (1949), Aldous Huxleys *Brave New World* (1932) und Margaret Atwoods *The Handmaid's Tale* (1986). Atwoods Roman gilt wegen seiner Kritik an einem von Männern dominierten Gesellschaftssystem auch als Beispiel für den Typ der **feministischen Anti-Utopie**, die wie die **feministische Utopie** zunehmende Beachtung erfährt.

Eine klare Abgrenzung von Utopie und Dystopie ist nicht immer möglich, da auch Utopien gelegentlich dystopische Züge tragen oder zumindest eine ambivalente Einstellung des Autors zu seiner Idealwelt erkennen lassen.

HK

Literatur: Erzgräber.

Drama

501 Act, Scene – Akt/Aufzug, Szene, Auftritt

Konventionelle Gliederungseinheiten des Dramas.

Fast jedes Drama ist durch Veränderungen in der Personenkonstellation auf der Bühne, durch Schauplatzwechsel oder durch Zeitsprünge gegliedert; die Einschnitte werden oft durch konventionelle Signale markiert (z. B. Chorlied, Vorhang, Blackout, Pause). Die Bezeichnung der einzelnen Abschnitte ist nicht einheitlich. Übergeordnete Gliederungseinheiten werden in der Regel als Akt oder Aufzug (*act*) bezeichnet; sie erfüllen in vielen Fällen zwei, in der Regel sogar drei, der oben genannten Kriterien; untergeordnete Gliederungseinheiten heißen Szene (*scene*). Im deutschen Sprachgebrauch werden Abschnitte eines Dramas, die durch einen Wechsel in der Personenkonstellation gekennzeichnet sind, manchmal auch als Auftritte bezeichnet. Wenn es keine über- und untergeordneten Gliederungseinheiten gibt, können die einzelnen Abschnitte eines Dramas sowohl als Akt (*act*) wie auch als Szene (*scene*), im Deutschen manchmal auch als **Bild** bezeichnet werden.

Während das mittelalterliche englische Drama lediglich das Prinzip der Aneinanderreihung einzelner Szenen, nicht aber die Einteilung in Akte kannte, orientierte sich die elisabethanische Theaterpraxis zunehmend an der „klassischen“ Fünf-Akt-Struktur, wie sie aus der *Ars Poetica* des Horaz sowie aus den Dramen der römischen Dramatiker Plautus, Terenz und Seneca bekannt war. Bei Shakespeare dominiert in den zu seinen Lebzeiten gedruckten Quarto-Ausgaben noch das Prinzip der Szenenreihung – in der Regel sogar ohne Nummerierung; erst in der Folio-Ausgabe von 1623 gliederten die Herausgeber einige Dramen in Akte. Shakespeares Zeitgenosse Ben Jonson (1572-1637) hält sich in seinen Dramen dagegen stets an das römische Vorbild. Vom späten 17. Jahrhundert an wurde die Fünf-Akt-Struktur für die meisten Formen des Dramas verbindlich; die Einteilung in vier Akte, die gegen Ende des 19. Jahrhunderts immer beliebter wurde, ist wohl dem Vorbild Henrik Ibsens (1828-1906) zuzuschreiben. Im Verlauf des 20. Jahrhunderts haben – nicht zuletzt unter dem Eindruck des **expressionistischen** Dramas und des **epischen Theaters** <514> – beide Konventionen jegliche Verbindlichkeit verloren; inzwischen passt sich das Einteilungsprinzip weitgehend den Erfordernissen des jeweiligen Dramas an.

Den Versuch, die klassische Fünf-Akt-Einteilung mit der Struktur der **Tragödie** <542> zu korrelieren, unternahm Gustav Freytag in seinem einflussreichen Werk *Die Technik des Dramas* (1863; → **Freytag's Pyramid** <518>).

RB

Literatur: Asmuth; Pfister (1977).

502 Analytical Drama – Analytisches Drama

Drama, im Verlauf von dessen Handlung Tatbestände oder Geschehnisse aufgedeckt werden, die sich vor Beginn der Dramenhandlung ereignet haben.

Das klassische Beispiel für ein analytisches Drama ist Sophokles' Tragödie *König Ödipus*: Ziel der Handlung ist die Aufdeckung des Umstandes, dass der Held unwissentlich seinen Vater Laios erschlagen und seine Mutter Iokaste geheiratet hat. Wie *König Ödipus* haben analytische Dramen oft eine **ironische** <126> Struktur: die Zuschauer verfügen bereits frühzeitig über Informationen, die den Figuren noch nicht zugänglich sind und sie zu Fehleinschätzungen ihrer eigenen Situation verleiten. Den Moment, in dem der Protagonist die Wahrheit erkennt, bezeichnet man mit einem Begriff aus Aristoteles' *Poetik* als **Anagnorisis** (→ **Tragedy** <542>).

In der englischsprachigen Terminologie spielt der Begriff *analytical drama* kaum eine Rolle, obwohl in der neueren amerikanischen und englischen Literatur eine ganze Reihe von Dramen zu finden sind, die mit gutem Grund als analytisch bezeichnet werden können, wie z. B. Arthur Millers *Death of a Salesman* (1949) oder Martin McDonaghs *The Pillowman* (2003). Dramen dieses Typs sind oft analytisch in einem umfassenderen Sinn: es geht in ihnen nicht nur – wie z. B. im Kriminalstück – um die Aufdeckung eines vor dem Beginn der Dramenhandlung liegenden Geschehens, sondern auch um die Analyse und Aufklärung der psychologischen oder soziologischen Voraussetzungen, die das Handeln der Figuren bestimmen.

RB

Literatur: Asmuth ; Greiner, N.; Pfister (1977).

503 Aristotelian Drama – Aristotelisches Drama

1. Drama, das tatsächlich oder angeblich den Kriterien der Poetik *des Aristoteles entspricht;*
2. alle nicht-epischen Formen des Dramas.

Der Begriff „aristotelisches Drama" ist vage und wird in unterschiedlichen Bedeutungen verwendet. Er kann sich zum einen auf Dramen beziehen, die der Definition des Dramas und insbesondere der **Tragödie** <542> in der *Poetik* des Aristoteles entsprechen. Als aristotelisch können aber auch Dramen bezeichnet werden, die sich an nur vermeintlich aristotelischen Normen orientieren, z. B. an dem Prinzip der **drei Einheiten** <540> oder an der **Ständeklausel** <538>.

In neuerer Zeit wird der Begriff des aristotelischen Dramas oft dem Begriff des **epischen Dramas** <514> gegenübergestellt. Als aristotelisch werden in diesem Sinne alle Dramen bezeichnet, die im Unterschied zum epischen Drama die folgenden Kriterien ganz oder weitgehend erfüllen:

1. **Geschlossenheit**: Die dramatische Handlung hat „Anfang, Mitte und Ende" (Aristoteles, *Poetik*, Buch 7), d. h. sie ist folgerichtig aufgebaut und auf das Ende hin orientiert (**Finalität** der Handlung).

2. **Konzentration**: Das Drama verfügt nicht, wie das **Epos** <312>, über „unbegrenzte Zeit" (Aristoteles, *Poetik*, Buch 5) und ist deshalb – z. B. in der Auswahl des Stoffs oder in der Zahl der auftretenden Figuren – Beschränkungen unterworfen.

3. **Absolutheit** (das sogenannte **Redekriterium**): Nach Aristoteles wird im Drama im Gegensatz zum Epos „gehandelt und nicht berichtet"; es schalten sich also keine vermittelnden Instanzen zwischen Handlung und Zuschauer ein.

Der Gegensatz von aristotelischem und epischem Theater ist auch in der Dramentheorie Bertolt Brechts (1898-1956) von zentraler Bedeutung. Dort bezeichnet der Begriff des aristotelischen Theaters allerdings primär ein Theater der **Einfühlung** (**Empathie**; engl. ***empathy***), in dem sich die Schauspieler mit ihren Rollen und die Zuschauer mit den Bühnenfiguren identifizieren. Diese intensive emotionale Anteilnahme macht es den Zuschauern jedoch unmöglich, gerade jene kritisch-distanzierte Haltung einzunehmen, die alleine – so Brecht – eine adäquate Beurteilung des auf der Bühne dargestellten Geschehens erlaubt.

RB

Literatur: Greiner, N.; Pfister (1977).

504 Chorus – Chor

1. *Dramatische Figuren, die als Gruppe auftreten und agieren; sie können in die dramatische Handlung einbezogen sein, aber auch – z. B. als Kommentatoren – epische Funktionen erfüllen.*
2. *Im englischen Drama des 16. und 17. Jahrhunderts: Dramatische Figur, die außerhalb der eigentlichen dramatischen Handlung steht und als Sprecher von Prolog oder Epilog oder auch als Kommentator epische Funktionen erfüllt.*

Der Chor ist ein wesentlicher Bestandteil des antiken Dramas, vor allem der griechischen **Tragödie** <542>, mit deren Ursprung er eng verknüpft ist: Sie entstand, als man dem Chor, der bei religiösen oder zeremoniellen Anlässen singend und tanzend auftrat, zunächst einen, später mehrere Schauspieler gegenübergestellte.

Im Drama kann der Chor sowohl – wie bereits Aristoteles in Buch 18 der *Poetik* fordert – „wie ein Schauspieler" in die Handlung einbezogen sein, andererseits aber auch als Erzähler oder Kommentator **epische** (→ **Epic Drama** <514>) Funktionen erfüllen. In der griechischen Tragödie konnte der Chor überdies mit der Aufgabe betraut werden, Lieder vorzutragen, die nur locker mit der dramatischen Handlung verbunden waren.

Vor allem in Renaissance und Klassizismus griffen Dramatiker unter dem Eindruck antiker Vorbilder immer wieder auf die Konvention des Chors zurück. Im englischen Drama des 16. und frühen 17. Jahrhunderts handelt es sich dabei jedoch nicht um eine Gruppe von Figuren, sondern um eine einzelne Figur, die außerhalb der eigentlichen Handlung steht und überwiegend **expositorische**

<516> oder kommentierende Funktionen erfüllt, wie z. B. der *Chorus* in Christopher Marlowes Drama *Doctor Faustus* (1604) oder die Figur des Gower in Shakespeares *Pericles* (1606?). Vom späten 17. Jahrhundert an finden sich Chöre fast nur noch im ***poetic drama*** <543> – z. B. in Percy Bysshe Shelleys dramatischem Fragment *Hellas* (1822) oder in T. S. Eliots Versdrama *Murder in the Cathedral* (1935) –, in **parodistischen** <135> Formen – wie in Shelleys **satirischem** <142> Drama *Oedipus Tyrannus, or Swellfoot the Tyrant* (1820) – oder in dramatischen Revuen wie Peter Tersons *Zigger Zagger* (1967). Im modernen epischen Theater sind chorähnliche Elemente (z. B. **Songs**) weit verbreitet, wenn auch Chöre im engeren Sinn die Ausnahme bleiben.

In den Dramen, die eine möglichst **realistische** <141> Abbildung der Wirklichkeit anstreben und daher keine Durchbrechung der dramatischen Illusion gestatten, hat der Chor keinen Platz; seine Funktionen können dort jedoch von anderen Elementen des Dramas übernommen werden, z. B. von den sogenannten **chorischen Figuren** (***chorus characters***). So bezeichnet z. B. Eugene O'Neill in der Bühnenanweisung zu Beginn des 1931 erstmals aufgeführten Dramas *Mourning Becomes Electra* (einer im zeitgenössischen Amerika angesiedelten modernen Version des Ödipus-Mythos) die drei – nicht als geschlossene Gruppe auftretenden – Figuren Amos Ames, Louisa Ames und Minnie als

> types of townsfolk rather than individuals, a chorus representing the town come to look and listen on the rich and exclusive Mannons.

Gelegentlich bedienen sich auch Romanautoren, die sich am Vorbild der klassischen Tragödie orientieren, solcher chorischer Figuren. Als Beispiel kann der – Mr. Tullivers tragisches Unglück kommentierende – *family council* der Verwandten in George Eliots Roman *The Mill on the Floss* (1860) gelten.

RB

Literatur: Asmuth; Pfister (1977).

505 Closet Drama – Lesedrama

Sammelbegriff für Dramen, die in erster Linie für die Lektüre und nicht für die Aufführung bestimmt sind.

Die heute geläufige Auffassung, Dramen seien Texte, die auf die szenische Realisierung im Theater angewiesen sind (→ **Drama** <512>), ist keineswegs selbstverständlich: Dramen sind schon immer auch lesend rezipiert worden (z. B. an Schulen oder Universitäten); außerdem gibt es Dramen, die von vornherein nicht für die Bühne konzipiert sind (z. B. John Miltons „dramatic poem" *Samson Agonistes*, 1671). Der Begriff ***closet drama*** bezeichnet in der Regel solche ausschließlich für die Lektüre vorgesehenen Dramen, daneben aber auch Dramen, die sich aus bestimmten Gründen für eine Aufführung nicht eignen.

Zu keiner Zeit war die Vorstellung, Dramen seien in erster Linie für die private Lektüre bestimmt und nicht für die Aufführung im Theater, so weit verbreitet wie in der Romantik und im 19. Jahrhundert. Vor allem die Dramen Shakespeares seien, so behauptet z. B. der Kritiker Charles Lamb (1775-1834), „less calculated for performance on a stage, than those of almost any other dramatist whatever". Lambs Auffassung wird vor dem Hintergrund der romantischen Shakespeare-Kritik verständlich: Deren Aufmerksamkeit galt vor allem der vielschichtigen Psychologie der Shakespeare'schen Figuren, die sich zweifellos dem lesenden Rezipienten bei der Lektüre sehr viel genauer erschloss als dem Zuschauer einer Theateraufführung. Hinzu kommt der zu jener Zeit oft geäußerte implizite Vorwurf gegen das zeitgenössische Theater, es suche – z. B. mit **Melodramen** <524> – lediglich die Sensationslust und das Unterhaltungsbedürfnis des großstädtischen Massenpublikums zu befriedigen und sei gar nicht geeignet, literarisch anspruchsvolle Dramen adäquat auf die Bühne zu bringen.

Auf der Basis solcher Vorstellungen entstehen in der Romantik und im 19. Jahrhundert zahlreiche „literarische" Dramen, die von vornherein – wenn auch nicht unter dieser Bezeichnung – als *closet drama* konzipiert sind: z. B. Lord Byrons Tragödie *Werner* (1823), die er als „neither intended, nor in any shape adapted, for the stage" bezeichnet. Oft handelt es sich bei diesen Dramen um Versdramen, die als *dramatic poem* oder *poem* gekennzeichnet sind. Andere Autoren wiederum verfassen Dramen, die zwar prinzipiell für die Bühne gedacht sind, sich aber schließlich als nicht aufführbar erweisen und so durch die Umstände bedingt zu *closet dramas* werden: William Wordsworths *Borderers* (verf. 1795-96), Percy Bysshe Shelleys *Cenci* (1819) und *Prometheus Unbound* (1820), Richard Brownings *Paracelsus* (1835), Matthew Arnolds *Empedocles on Etna* (1852), Algernon Charles Swinburnes *Atalanta in*

Calydon (1865) oder Thomas Hardys *Dynasts* (1904-08). Zu Beginn des 20. Jahrhunderts bedauert T. S. Eliot (1888-1965) in seinem Essay „Four Elizabethan Dramatists" rückblickend diese Entwicklung, da sie zwar einerseits „enthusiasm for poetic drama" geweckt habe, aber andererseits mit dazu beigetragen habe, „a distinction which is [...] the ruin of modern drama – the distinction between drama and literature" im Bewusstsein zu verankern.

RB

Literatur: Wang.

506 Comedy – Komödie

Oberbegriff für Dramen, deren Ziel es in erster Linie ist, die Zuschauer auf vergnügliche Weise zu unterhalten; darüber hinaus weisen die verschiedenen Spielarten des Genres kaum gemeinsame Merkmale auf.

Im Lauf der Literaturgeschichte sind Dramen ganz unterschiedlicher Form und Struktur als Komödie bezeichnet worden. Das Genre wird in der Regel den „ernsten" Dramenformen wie **Tragödie** <542> oder **Melodrama** <524> gegenübergestellt, da Komödien fast immer darauf abzielen, die Zuschauer auf vergnügliche Weise zu unterhalten und zum Lachen zu bringen. Ansonsten weisen aber die verschiedenen Spielarten der Komödie kaum gemeinsame Merkmale auf.

Aus diesem Grunde lassen sich auch die – ohnehin spärlichen – Bemerkungen Aristoteles' zur Komödie in der *Poetik* nur mit großen Vorbehalten verallgemeinern. Dort heißt es:

> Die Komödie ist [...] die Nachahmung von Gemeinerem, aber nicht in Bezug auf jede Art von Schlechtigkeit, sondern nur des Lächerlichen, das ein Teil des Hässlichen ist. Das Lächerliche ist nämlich ein Fehler und eine Schande, aber eine solche, die nicht schmerzt und nicht verletzt, so wie etwa eine lächerliche Maske hässlich ist und verzerrt, aber ohne Schmerz. (Buch 5)

An dieser Definition der Gattung orientierten sich bis ins 18. Jahrhundert immer wieder Gelehrte, Kritiker und Dramatiker und leiteten aus ihr und dem Vorbild der antiken – vor allem der römischen – Komödie u. a. die folgenden Merkmale der Komödie ab:

- das Personal der Komödie ist, im Gegensatz zu dem der Tragödie, niederen Standes (**Ständeklausel** <538>);
- der Stoff einer Komödie ist deshalb in der Regel auch dem alltäglichen Leben entnommen: es werden auf „realistische" Art und Weise menschliche Schwächen, Intrigen, Betrügereien und vor allem die Wechselfälle der Liebe dargestellt;
- folglich ist die Komödie auch auf einer niedrigeren **Stilebene** <239> angesiedelt als die Tragödie;
- die Komödie rührt im Gegensatz zur Tragödie nicht an existenzielle Fragen; sie führt infolgedessen auch nicht in eine Katastrophe, sondern kann glücklich enden;
- schließlich glaubte man aus der aristotelischen Definition auch herauslesen zu können, dass die Komödie die moralische Funktion hat, die Menschen zu bessern.

Die Geschichte des englischen Dramas seit dem 16. Jahrhundert zeigt, dass die genannten Kriterien aber keineswegs ausreichen, um das Phänomen Komödie adäquat zu erfassen. So spielt z. B. die in der Shakespeare-Zeit weit verbreitete ***romantic comedy*** weder in der Alltagswelt noch unter Personen niederen Standes, sondern in einer imaginären Märchenwelt, unter Königen, Herzögen oder Edelleuten; im Mittelpunkt des Interesses stehen weniger menschliche Schwächen oder Laster als die Hindernisse und Täuschungen, die romantische Liebende überwinden müssen, um an das Ziel ihrer Wünsche zu gelangen. Diesem Genre sind einige der frühen Komödien Shakespeares zuzuordnen – z. B. *Much Ado About Nothing* oder *As You Like It* –, im weiteren Sinne aber auch die oft als ***romances*** bezeichneten späten Komödien, z. B. *The Tempest* oder *A Winter's Tale*. – Umgekehrt tritt in den Komödien von Shakespeares Zeitgenossen Ben Jonson (1572-1637) – z. B. in *Volpone* oder *The Alchemist* – das moralistisch-didaktische Moment so stark in den Vordergrund, dass das Genre **satirische** <142> Züge annimmt, bei dem die Bestrafung der Bösen und die moralische Besserung der Zuschauer im Mittelpunkt stehen.

Auch im Verlauf der weiteren Entwicklung haben sich immer wieder Formen der Komödie herausgebildet, die deutlich von der traditionellen Formel abweichen. Dies trifft z. B. zu für

- die ***sentimental comedy*** <536> des 18. Jahrhunderts, die in erster Linie erbauen und rühren will;
- extreme Formen wie **Farce** <517> oder ***black comedy***, deren vergnügliche Wirkung auf Normenverletzungen, auf dem Bruch von Tabus oder auf der Erregung von Schadenfreude beruht und

die von vorneherein gar keine „moralische“ Funktion anstreben;
- Übergangs- bzw. Mischformen wie **Tragikomödie** <541> oder ***problem play*** <533>, die zudem die stillschweigende Voraussetzung der traditionellen Definition in Frage stellen, Dramen seien entweder Tragödien oder Komödien.

Angesichts dieser verwirrenden Vielfalt der Formen und Sub-Genres hat man sich immer wieder bemüht, Definitionen der Komödie auf eine ganz andere Grundlage zu stellen und sie zugleich aus ihrer traditionellen Abhängigkeit von der Definition der Tragödie zu lösen. So hat man z. B. versucht, die Komödie mit Hilfe des Phänomens des **Komischen** zu erklären, bei dem es sich nicht um eine literarische Gattung, sondern um einen gattungsübergreifenden Darstellungsmodus handelt. Die Wirkung des Komischen beruht fast immer auf irgendwelchen Inkongruenzen oder Diskrepanzen, die beim Betrachter Gelächter auslösen; es kann sich dabei – um nur einige Beispiele zu nennen – um sprachliche Normverstöße (z. B. Versprecher, **Malapropismen** <223>, Wahl eines falschen Registers), um unangemessenes soziales Verhalten, um den Gegensatz von Absicht und Erfolg, aber auch um den Widerspruch von Sein und Schein oder die Umkehrung „normaler“ Verhältnisse in ihr Gegenteil handeln.

Die Vorstellung, dass die Wirkung des Komischen im Wesentlichen auf der Verletzung sozialer Normen beruht, liegt auch den meisten Theorien über die soziale bzw. politische Funktion der Komödie zu Grunde. So ist es gemäß den Komödientheorien, die sich – zu Recht oder zu Unrecht – auf Aristoteles berufen, die Aufgabe der Komödie, Verstöße gegen soziale Normen durch Gelächter zu bestrafen und so diese Normen zu bestätigen und die Gesellschaft zu stabilisieren. Im Gegensatz dazu haben im 20. Jahrhundert Kritiker wie C. L. Barber und Northrop Frye die Komödie in die Tradition jahreszeitlicher Mythen und Riten gestellt, deren Grundstrukturen in der Komödie erhalten sind und deren Thema – der Triumph des neuen Lebens über das erstarrte Alte – auch das Thema der Komödie ist. So verstanden, hat die Komödie eine ambivalente soziale Funktion: Sie verschafft „an individual release which is also a social reconciliation“ (Frye, „The Argument of Comedy“) – d. h. sie ermöglicht vorübergehend die Verspottung der im Alltag gültigen Normen, Regeln und Hierarchien sowie die Feier der sich frei und anarchisch auslebenden Triebe, um dann die – modifizierte – soziale Ordnung wiederherzustellen. Sie bestätigt also nicht nur – wie dies die moralistische Komödien-

Theorie behauptet – das gesellschaftliche System, sondern erneuert und verjüngt es zugleich. Ein typisches Beispiel sind alle die Komödien, in denen junge Liebende über die Alten (vor allem die alten Väter) triumphieren: Indem sie sich gegen deren Autorität durchsetzen, verletzen sie die soziale Norm und verschaffen dem Zuschauer den lustvollen Genuss an dieser Normverletzung; durch ihre Heirat am Ende wird dann die soziale Ordnung (die sich so zugleich regeneriert hat) wieder hergestellt und bestätigt.

Wenn man schließlich die Theorien des russischen Literaturtheoretikers Michail Bachtin zum Phänomen des **Karnevalismus** (→ **Dialogism** <605>) konsequent auf die Komödie anwendet, so tritt das revolutionäre Potential des Genres noch deutlicher in Erscheinung. Die Komödie könnte dann als eine der literarischen Erscheinungsformen der von Bachtin als karnevalesk bezeichneten plebeischen Volkskultur gelten, die alle Normen und Hierarchien der „offiziellen" Kultur in Frage stellt und zu deren typischen Ausdrucksformen das Sakrileg, die Profanierung alles Heiligen, das Spottgelächter und die Reduktion aller Lebensäußerungen auf den Körper und seine Funktionen gehören.

Aus dem bisher Gesagten wird deutlich, dass alle hier skizzierten Komödientheorien nur partiell gültig sind. Jede von ihnen lenkt das Augenmerk auf ganz bestimmte Aspekte der Gattung; jede von ihnen kann bestimmte Komödientypen besser erklären als andere: Die „moralistische" Komödientheorie findet ihr Gegenstück in der **satirischen Komödie** (z. B. die Komödien Ben Jonsons) oder in der ***sentimental comedy***; die „ritualistische" Theorie Fryes und Barbers in Shakespeares romantischen Komödien und *romances*; die „karnevaleske" Theorie ebenfalls in Shakespeares Komödien oder in der Farce.

RB

Literatur: Asmuth; Bernbaum; Charney; Greiner, B.; Grimm (1975); Jauß (1976); Merchant, W. M.; Pfister (1987a).

507 Comedy of Humours

Satirische Typenkomödie des frühen 17. Jahrhunderts.

Der Name der *comedy of humours* leitet sich von dem Begriff ***humour*** ab, der sowohl „Körpersaft" wie auch „Temperament" bedeuten kann und aus der mittelalterlichen Temperamentenlehre stammt (die ihrerseits auf medizinischen Vorstellungen der Antike beruht). Die Temperamentenlehre besagt, dass der Charakter eines Menschen durch das Mischungsverhältnis seiner vier Körpersäfte (Blut, Schleim, Galle, schwarze Galle) bestimmt wird. Einem ausgewogenen Verhältnis entspricht ein ausgeglichenes Temperament; beim Sanguiniker dominiert dagegen das Blut, beim Phlegmatiker der Schleim, beim Choleriker die Galle und beim Melancholiker die schwarze Galle.

Die in der *comedy of humours* des frühen 17. Jahrhunderts auftretenden Charaktere (die sogenannten *humours*) verkörpern jedoch nicht die klassischen vier Temperamente; es handelt sich vielmehr um stark typisierte Figuren mit einer vom „normalen" Verhalten deutlich abweichenden ***ruling passion***. In Ben Jonsons bekanntester *humours*-Komödie, *Volpone* (1606), ist z. B. die *ruling passion* der beiden Erbschleicher Corbaccio und Corvino die Geldgier; die Nebenfigur Sir Politic-Would-Be ist Projektmacher, Pantoffelheld, und *Inglese italianato*[10] in einem. Andererseits zeigt das Beispiel des Protagonisten Volpone und seines Dieners Mosca, dass in der *comedy of humours* auch eine differenzierte Charakterzeichnung und ein hohes Maß an Individualisierung möglich sind.

Die *comedy of humours* ist eine satirische Typenkomödie mit realistischen Zügen; sie gibt Eitelkeit, Geldgier, Betrügerei, Affektiertheit, Dummheit und andere menschliche Schwächen der Lächerlichkeit preis. Laut Ben Jonson hat sie die Aufgabe, den Zuschauern den Spiegel vorzuhalten und „the correction of the manners of the time" zu betreiben. Durch diese moralistische Tendenz unterscheidet sich die *comedy of humours* auch von der späteren ***comedy of manners*** <508>, deren Spott weniger moralischen Verfehlungen als Verstößen gegen soziale Verhaltensnormen gilt.

Einseitig überzeichnete, von *ruling passions* beherrschte *humours*-Charaktere treten nicht nur in der *comedy of humours* auf, sondern gehören bis herauf in die Gegenwart zum Standardrepertoire von Komödien aller Art. Dabei muss keineswegs immer eine **satirische** <142> Absicht im Hintergrund stehen. Gerade in den

---

[10] **Inglese italianato** Im elisabethanischen England war die Vorstellung weit verbreitet, englische Reisende würden durch einen Aufenthalt im „sündhaften" und katholischen Italien korrumpiert. *Inglese italianato diavolo incarnato* (der italianisierte Engländer ist ein leibhaftiger Teufel) war ein geflügeltes Wort.

Komödien und **Historien** <520> Shakespeares sind Figuren wie Falstaff – der wie seine Kumpane Poins, Pistol, Bardolph und Peto im Personenverzeichnis von *Henry IV, ii* sogar als *irregular humourist* bezeichnet wird – nicht so sehr Objekte der Satire als vielmehr **karnevaleske** (→ **Dialogism** <605>; → **Comedy** <506>) Gestalten, die den Triumph des Leibes und des Lebensgenusses über jegliche moralische oder soziale Norm verkörpern.

RB

Literatur: Greiner, B.

508 Comedy of Manners

Form der Komödie, die in der Zeit der Restoration (d. h. nach 1660) populär wurde und die sich an großstädtisch-aristokratischen Verhaltensnormen orientiert.

Die klassische *comedy of manners*, wie sie von George Etherege (*The Man of Mode*, 1676) oder William Wycherley (*The Plain Dealer*, 1677; *The Country Wife*, 1675) geprägt wurde, spielt im großstädtisch-aristokratischen Milieu der *Restoration*. Obwohl sie gelegentlich Elemente der Intrigen- oder Verwechslungskomödie oder auch der älteren ***comedy of humours*** <507> im Stile Ben Jonsons (1572-1637) enthalten kann, unterscheidet sie sich von diesen **Komödienformen** <506> durch ihre Orientierung an der charakteristischen Lebensform der dargestellten sozialen Schicht, deren zentraler Wert neben Eleganz, Geschmack (*taste*) und gutem Benehmen vor allem *wit* ist. *Wit* besitzt, wer sich sowohl im Wortgefecht wie auch im Krieg der Geschlechter gegenüber Geliebten und Rivalen behaupten kann, ohne die Selbstbeherrschung oder das Gesicht zu verlieren. Die männliche und weibliche Hauptfigur verkörpern diese Lebensform fast immer in Vollendung; einer der Höhepunkte der *comedy of manners* ist meist das *wit*-Duell zwischen diesen beiden Figuren, in dem alle Register des Wortgefechts gezogen werden: ***repartee*** (die witzige Erwiderung), ***turn*** (der unerwartete Themenwechsel), ***double entendre*** (die – oft obszöne – zweideutige Bemerkung), ***raillery*** (Spott) und ***railing*** (scharfer Spott) sowie witzige Bilder und Vergleiche.

Der Spott der *comedy of manners* richtet sich erbarmungslos gegen all jene, die – aus welchen Gründen auch immer – dieses

Verhaltensideal nicht erfüllen: die ***wit*** lediglich vortäuschenden ***would-wits*** oder ***fops***, die tölpelhaften Landedelleute und ihre altmodischen Frauen, die Alten, die so tun, als ob sie noch jung wären, die ahnungslosen Ehemänner, die an die Treue ihrer Frauen glauben, die Moralapostel und alle die, die ihre Gefühle und Leidenschaften nicht kontrollieren können.

Im 18. Jahrhundert wandelt sich das Genre, da sich auch das Verhaltensideal geändert hat: Vor allem aus dem Blickwinkel der bürgerlichen Kritik verstößt die in der *comedy of manners* dargestellte Lebensform gegen grundlegende moralische Normen. Diese Auffassung kommt z. B. besonders deutlich in Richard Steeles Bemerkungen über *The Man of Mode* im *Spectator* Nr. 65 (1711) zum Ausdruck:

> This whole celebrated Piece is a perfect Contradiction to good Manners, good Sense, and common Honesty; and as there is nothing in it but what is built upon the Ruin of Virtue and Innocence [...].

Bereits bei William Congreve (*The Way of the World*, 1700) und William Farquhar (*The Beaux' Stratagem*, 1707) gilt das *wit*-Ideal nicht mehr uneingeschränkt. Das Verhalten der Figuren wird nun auch an den Normen einer humanitären Moral gemessen, die z. B. Großzügigkeit oder Freundschaft höher bewertet als *wit*. Diese Tendenz zur Moralisierung der *comedy of manners* setzt sich in der 2. Hälfte des 18. Jahrhunderts in den Komödien von Oliver Goldsmith (*She Stoops to Conquer*, 1773) und Richard Brinsley Sheridan (*The School for Scandal*, 1777) fort, in denen das aristokratische *wit*-Ideal weitgehend bedeutungslos geworden ist.

RB

Literatur: Brunkhorst; Fisk; Hirst (1979); Owen.

509 Comic Relief

Einfügung komischer Elemente in einen ernsten Kontext, vor allem im Drama.

Die Einfügung **komischer** Passagen, Szenen oder Figuren in **Tragödien** <542> oder andere „ernste“ dramatische oder narrative Texte hat in der englischsprachigen Literatur (und im englischsprachigen Film) eine lange Tradition. Sie reicht bis ins mittelalterliche geistliche Drama zurück (→ **Mystery Play** <530>; → **Morality Play** <528>) und ist im englischen Drama des späten 16. und frühen 17. Jahrhunderts besonders weit verbreitet; viele der Shakespeare'schen Tragödien und **Historien** <520> enthalten z. B. komische Elemente, u. a. *Hamlet* (die Totengräber-Szene), *Macbeth* (die *Porter*-Szene), *King Lear* (der *Fool*) oder *Henry IV* (Falstaff und seine Kumpane).

Diese Praxis der Genre-Mischung wird allerdings von Shakespeares Zeitgenossen Philip Sidney in der *Apology for Poetry* (1580/95) heftig kritisiert:

> [...] how all their plays be neither right tragedies nor right comedies, mingling kings and clowns, not because the matter so carrieth it, but thrust in the clowns by head and shoulders to play a part in majestical matters, with neither decency or discretion, so as neither the admiration and commiseration, nor the right sportfulness, is by their mongrel tragi-comedies obtained.

Die Grundlage von Sidneys Kritik ist das **klassizistische** <112> Prinzip der Gattungsreinheit, das die Vermischung verschiedener Gattungen, insbesondere von Tragödie und Komödie verbietet (→ **Tragicomedy** <541>). Dieses Prinzip reicht allerdings in seinem Schematismus nicht aus, um das Phänomen des *comic relief* in seiner Bedeutung und Funktion adäquat zu erfassen.

Eine der geläufigeren Deutungen des *comic relief* schreibt ihm den psychologischen Effekt zu, dem Zuschauer in einem ernsten Drama oder einer Tragödie Entspannung zu verschaffen; unter Umständen kann der *comic relief* darüber hinaus auch die Funktion haben, die tragische Wirkung noch zu verstärken, indem er ihr als kontrastierende Folie dient. Schließlich können – z. B. gerade im Werk Shakespeares – die komischen Elemente auch eine strukturelle Funktion haben, vor allem wenn sie Themen und Motive der ernsten dramatische Handlung, in die sie eingebettet sind, variieren oder **parodieren** <135>. Besonders deutlich wird dies am Beispiel der komischen Falstaff-Szenen in *Henry IV*, wenn z. B. Falstaffs Straßenräuberei in den sogenannten *Gadshill*-Episoden im I. und II. Akt des Stückes die kriegerischen Auseinandersetzungen zwischen König und Magnaten ironisch-parodistisch spiegelt.

RB

Literatur: Merchant, W. M.

510 Commedia dell'arte

Aus Italien stammende Form der Stegreif-Komödie.

Die *Commedia dell'arte* entstand im 16. Jahrhundert in Italien und wurde in ihren verschiedenen Varianten im Laufe der nächsten beiden Jahrhunderte eine der populärsten Formen der Komödie in Europa. Die *Commedia dell'arte* wurde (wie aus der Bezeichnung *dell'arte* hervorgeht) von professionellen Schauspielgruppen aufgeführt; es ist eine Stegreif-Komödie, deren Handlungsverlauf nur in Grundzügen in einem sogenannten **Szenarium** (***scenario***) festgelegt ist: es gibt also keinen schriftlich niedergelegten Text. Die Schauspieler sind auf ihr Improvisationsgeschick angewiesen, können aber auf ein Repertoire von Versatzstücken zurückgreifen: Sentenzen, Witze, Liebeserklärungen, Vorwürfe, Verzweiflungs- und Wahnsinnsausbrüche und die sogenannten ***lazzi*** (Singular *lazzo*), unabhängige komische Einlagen wie Fliegenfangen oder Makkaroni-Essen.

Das Personal der *Commedia dell'arte* ist in seinen Grundzügen trotz mancher Veränderungen gleichgeblieben. Unter den stark typisierten Figuren, die in Masken und typischen Kostümen auftreten, sind hervorzuheben:
- ***Arlecchino*** (dt. Harlekin; engl. *harlequin*) und ***Brighella***, die sogenannten ***zanni***, Spaßmacher aus niederem Stand;
- ***Pantalone***, der geizige und lüsterne Kaufmann;
- ***Dottore***, der geschwätzige und pedantische Jurist oder Arzt;
- ***Capitano***, der prahlerische Soldat;
- die ***Amorosi***, die jungen Liebenden; die einzigen, die in der Regel ohne Masken auftreten;
- Dienerinnen wie die schlaue ***Colombina*** (meist die Partnerin von *Arlecchino*).

Der Einfluss der *Commedia dell'arte* auf das englische Drama ist bereits im elisabethanischen Drama bei Ben Jonson (1572-1637) und Shakespeare (vor allem in *The Taming of the Shrew*) spürbar; im 18. Jahrhundert geht die ***English Pantomime*** <531> als eigenständige Gattung aus ihr hervor. Im 20. Jahrhundert gewinnt die *Commedia dell'arte* im Zuge der Abkehr vom realistischen Drama und der zunehmenden Verwendung nichtsprachlicher Ausdrucksformen vor allem im Bereich der Inszenierungstechniken wieder als Vorbild an Bedeutung.

RB

Literatur: Nicoll; Richards.

511 Domestic Tragedy – (Bürgerliches Trauerspiel)

Spielart der Tragödie, deren Protagonisten bürgerlichen Standes sind.

Die Begriffe *domestic tragedy* und bürgerliches Trauerspiel sind nicht bedeutungsgleich. Als *domestic tragedies* werden im englischen Sprachgebrauch ganz allgemein Dramen bezeichnet, die im bürgerlichen Milieu spielen und unglücklich enden; der in Deutschland gebräuchliche Begriff des bürgerlichen Trauerspiels ist dagegen sowohl spezifischer wie auch komplexer. Er wird zudem erst vor dem Hintergrund einer langen und intensiven theoretischen Auseinandersetzung mit der **klassizistischen** <112> französischen **Tragödie** <542> verständlich. Es ist zwar gelegentlich versucht worden, den Begriff **bürgerliches Trauerspiel** mit ***bourgeois tragedy*** ins Englische zu übersetzen, aber die unterschiedliche literaturgeschichtliche Entwicklung in England und auf dem Kontinent macht eine solche Begriffsübertragung von vornherein problematisch.

Die Tradition der *domestic tragedy* in England reicht bis ins späte 16. Jahrhundert zurück: *Arden of Feversham* (1592), *A Warning to Fair Women* (1599), *A Yorkshire Tragedy* (1608) sowie Thomas Heywoods *A Woman Killed with Kindness* (1603) gehören zu den frühesten Beispielen der Gattung. Bei diesen elisabethanischen bzw. jakobäischen *domestic tragedies* handelt es sich meist um Mordgeschichten aus dem bürgerlichen Milieu, die im Falle der drei erstgenannten Dramen sogar auf tatsächlichen Ereignissen beruhen. Über die Gründe, warum sich solche „bürgerlichen“ Tragödien in England schon so frühzeitig entwickeln konnten, kann man nur Mutmaßungen anstellen: Neben der Existenz eines Volkstheaters, das fast allen Bevölkerungsschichten zugänglich war, hat vielleicht auch der Umstand eine Rolle gespielt, dass das klassizistische Regelwerk in England nie eine ähnliche Bedeutung erlangte wie in Frankreich oder auch in Deutschland.

Ansätze zu einer Theorie des Genres finden sich erstmals bei George Lillo, dessen Drama *The London Merchant: or, The History of George Barnwell* (1731) später zum dramatischen Prototypen des bürgerlichen Trauerspiels auf dem Festland avancieren sollte. In der Widmung (die nicht an einen adligen Gönner, sondern an einen *Alderman*[11] der City of London und *Sub-Governor* der *South-Sea Company* gerichtet ist) sowie im Prolog formuliert Lillo die theoretischen Grundlagen der im bürgerlichen Milieu spielenden Tragödie:

1. Der klassizistischen **Ständeklausel** <538> und dem Typus der Tragödie, die „Princes distressed, and scenes of royal woe" zeigt, erteilt Lillo eine Absage; er will „a tale of private woe" auf die Bühne bringen. Damit ist nicht nur die Standeszugehörigkeit der Figuren neu definiert, sondern auch der Raum, in dem die Handlung spielt: Es ist nicht der öffentliche Bereich (in dem sich die tragischen Schicksale von Fürsten und Königen vollziehen), sondern die Privatsphäre.

2. Andererseits hat die „tale of private woe" jedoch eine öffentliche Funktion: Als „instrument of good to many" kann sie erzieherisch auf die „generality of mankind" einwirken und ist insofern nützlicher als die Tragödien, in denen das Schicksal von Königen, Fürsten oder von Helden aus der Mythologie dargestellt wird.

3. Diese moralisch-didaktische Funktion der Gattung wird auf dem Weg über die Rührung des Zuschauers – „the brilliant drops that fall from each bright eye" – verwirklicht. Diese Rührung tritt bei Lillo an die Stelle der **kathartischen** Gefühlsentladung im **aristotelischen** (→ **TRAGEDY** <542>) Sinne: Sie soll die Zuschauer moralisch läutern und zugleich sichtbares Zeichen dieser Läuterung sein.

Während *The London Merchant* Theorie und Praxis des bürgerlichen Trauerspiels in Frankreich und Deutschland nachhaltig beeinflusste, fand Lillo in England kaum unmittelbare Nachfolger. Gegen Ende des 19. Jahrhunderts gilt es dann allerdings – vor allem in der Ibsen-Nachfolge – als selbstverständlich, dass ernste Dramen im bürgerlichen Milieu spielen (z. B. George Bernard Shaws *Mrs. Warren's Profession*, 1898, oder Arthur Wing Pineros *Second Mrs. Tanqueray*, 1893). Da zu jener Zeit aber die Ständeklausel irrelevant geworden ist und die meisten dieser Dramen keine Tragödien

---

11 **Alderman** Ratsherr

sind, scheint es unangemessen, sie als *domestic tragedy* oder gar als bürgerliches Trauerspiel zu bezeichnen.

RB

Literatur: Bernbaum; Szondi (1973).

512 Drama – Drama

Text, der – von wenigen Ausnahmen abgesehen – für die szenische Aufführung konzipiert ist.

Das Drama unterscheidet sich von anderen literarischen **Gattungen** <122>, insbesondere von Werken der erzählenden Literatur, vor allem in den folgenden Punkten:

1. Im Unterschied zu anderen literarischen Gattungen sind Dramen – mit Ausnahme der meisten **Lesedramen** <505> – für die Aufführung konzipiert. Der schriftlich fixierte Text ist folglich nur eine Komponente eines Dramas und bedarf der szenischen Realisierung im **Theater**.

2. Das Drama als szenisch realisierter Text unterscheidet sich von anderen Gattungen durch seine **Plurimedialität**, d. h. durch den Umstand, dass es sich nicht nur der Sprache, sondern auch außersprachlicher, meist akustischer oder optischer, Zeichensysteme bedient (Mimik, Gestik, Bewegung, Bühnenbild, Beleuchtung, Geräusche, Musik).

3. Im Unterschied zu narrativen Texten ist im Drama in der Regel die dem **Erzähler** <411> entsprechende Position nicht besetzt; der Zuschauer hat den Eindruck, „unmittelbar" mit dem dramatischen Geschehen konfrontiert zu sein. Aus diesem Grund wird das Drama gelegentlich auch als „absolut" bezeichnet. In der modernen Theorie des Dramas wird dieser Sachverhalt meist folgendermaßen formuliert: Das Drama verfügt neben dem **äußeren Kommunikationssystem** (Autor – Zuschauer) und dem **inneren Kommunikationssystem** (der dramatischen Figuren untereinander) über kein **vermittelndes Kommunikationssystem**.

Es gibt allerdings Ausnahmen, bei denen auch im Drama eine vermittelnde Instanz fassbar wird. Dazu gehören **Prolog** <534> und **Epilog** <515> sowie – bei entsprechender Verwendung – der **Chor** <504>, vor allem aber Erzähler- oder Regiefiguren, wie sie im modernen **epischen Drama** <514> immer wieder eingesetzt werden: z. B. der *stage manager* in Thornton Wilders *Our Town* (1938) oder Tom in Tennessee Williams' *Glass Menagerie* (1944). – Ansonsten werden im Drama die Funktionen des vermittelnden Kommunikationssystems von anderen Elementen übernommen, z. B.

- im gedruckten Dramentext vom **Nebentext**, d. h. von Titel, Vorwort, Bühnenanweisungen, Personenverzeichnis, Akt- und Szeneneinteilung;
- in der Bühnenaufführung von Elementen der **Inszenierung**, vor allem von Projektionen, Spruchbändern, sichtbar angebrachten Szenentiteln, aber auch von Bühnenbild oder Beleuchtungsregie;
- von der Figurenrede – z. B. in narrativen Passagen wie im **Botenbericht** und in der **Mauerschau** (**Teichoskopie**; keine Entsprechung im Englischen) oder in kommentierenden Figurenreden.

4. Das Fehlen einer vermittelnden Instanz führt dazu, dass im Drama innerhalb geschlossener szenischer Einheiten ***story time*** und ***discourse time*** <420> grundsätzlich synchron verlaufen, dass also Zeitraffung, Zeitdehnung, Ellipsen, Pausen, Wiederholungen oder Umkehrungen nicht wie in narrativen Texten möglich sind. Dies ist lediglich an den durch **Akt**- oder **Szenen**-Grenzen <501> vorgegebenen Einschnitten möglich, oder aber in Ausnahmefällen, z. B. bei vereinzelt eingesetzten Zeitlupeneffekten oder bei den als **Tableaus** bezeichneten stummen Bildern, in denen die Zeit angehalten wird. Schließlich gibt es auch Dramen, in denen die Synchronie von *story time* und *discourse time* immer wieder systematisch durchbrochen wird, wie z. B. in Tom Stoppards *Travesties* (1974) mit seinen zahlreichen „time slips", wo der Faden der Handlung abreißt und an einem früheren Zeitpunkt wieder aufgenommen wird.

RB

Literatur: Asmuth; Dawson; Greiner, N.; Pfister (1977).

513 Dumb Show

Pantomimische Einlage im Drama der Shakespeare-Zeit.

Dumb shows sind in mehr als fünfzig Dramen der Shakespeare-Zeit überliefert. Es handelt sich dabei um kurze **pantomimische** <526> Einschübe, die unterschiedliche Funktionen haben können. Als *dumb show* können u. a. bezeichnet werden:

1. Die im elisabethanischen Drama sehr beliebten spektakulären Auftritte und Umzüge einer größeren Gruppe von Figuren im Rahmen von Haupt- und Staatsaktionen – wie z. B. zu Beginn von Cyril Tourneurs **Rachetragödie** <535> *The Revenger's Tragedy* (1605/6), wo es in der Bühnenanweisung heißt: „[...] the Duke, Duchess, Lussurioso his son, Spurio the bastard, with a train, pass over the Stage with Torchlight."

2. Teile der dramatischen Handlung selbst, die nur mit pantomimischen Mitteln dargestellt werden, wie z. B. die beiden *dumb shows* in John Websters *White Devil* (1612), in denen es ein Zauberer dem Herzog Brachiano ermöglicht, die gleichzeitig stattfindenden Morde an seiner Frau Isabella und seinem Rivalen Camillo mitzuerleben;

3. Einschübe mit **allegorischer** <102> oder vorausdeutender (**proleptischer**) Funktion, wie sie z. B. bereits von Thomas Sackville und Thomas Norton in ihrer Tragödie *Gorboduc* (1562) verwendet wurden; der folgende Auszug – eine Bühnenanweisung, die auch gewisse Affinitäten zur **Emblemkunst** <115> erkennen lässt – findet sich zu Beginn des II. Aktes:

> *The Order of the Dumb Show Before the First Act, and the Significance Thereof*
> First, the music of violins began to play, during which came in upon the stage six wild men clothed in leaves. Of whom the first bore on his neck a fagot[12] of small sticks, which they all [...] assayed with all their strengths to break; but it could not be broken by them. At the length, one of them plucked out one of the sticks, and brake it; and the rest plucking out all the other sticks one after another, did easily break them [...]. Hereby was signified that a state knit in unity doth continue strong against all force, but being divided, is easily destroyed; as befell upon King Gorboduc dividing his land to his two sons, which he before held in monarchy, and upon the dissension of the brethren, to whom it was divided.

Auch Shakespeare greift in *Hamlet* auf diese Konvention zurück: Die Schauspieler, die im Auftrag von Hamlet am dänischen Hof *The Mousetrap* aufführen, stellen dem Stück eine *dumb show* voran, in der die Handlung vorausdeutend zusammengefasst wird. Allerdings wird deutlich, dass diese Konvention zu Shakespeares Zeit bereits als veraltet galt.

RB

Literatur: Mehl (1982).

---

12 **fagot** Bündel

514 Epic Drama – Episches Drama

Alle Formen des Dramas, die sich deutlich erkennbar narrativer Elemente – und nicht nur des Mittels der szenischen Darstellung – bedienen.

Das epische Drama wird oft idealtypisch dem sogenannten **aristotelischen Drama** <503> gegenübergestellt, von dem es sich in wesentlichen Strukturmerkmalen grundlegend unterscheidet. So verschiedenartig auch die Erscheinungsformen des epischen Dramas im einzelnen sein mögen – sie alle machen sich Techniken bzw. Präsentationsformen zu Nutze, wie sie sonst für die erzählenden (d. h. epischen) Gattungen typisch sind. In der Regel weisen epische Dramen eines oder mehrere der folgenden Merkmale auf:

1. Keine **geschlossene Handlung** <139> bzw. Aufhebung der **Finalität** (d. h. der Zielgerichtetheit) der dramatischen Handlung: Anstelle einer folgerichtig aufgebauten und teleologisch (d. h. zielorientiert) strukturierten **Handlung** mit „Anfang, Mitte und Ende" (Aristoteles, *Poetik*, Buch 7) wird ein **offener** bzw. **episodischer** Handlungsaufbau bevorzugt. Die Szenenfolge muss nicht dem Prinzip der Handlungslogik, ja nicht einmal der Chronologie gehorchen, sondern kann nach anderen, z. B. thematischen oder strukturellen Gesichtspunkten wie Parallelität, Kontrast oder **Parodie** <135>, geordnet sein.

2. Verzicht auf **Konzentration**: Ähnlich wie **Epos** <312> oder **Roman** <412> versucht das epische Drama, neben der eigentlichen dramatischen Handlung eine ganze „Welt" auf die Bühne zu bringen und so den Eindruck der „Totalität" zu erwecken. Dieser panoramatische Effekt kommt z. B. zu Stande,
- wenn sich die Handlung eines Dramas über lange Zeiträume erstreckt oder an vielen verschiedenen Schauplätzen spielt;
- wenn eine große Zahl von Figuren aus verschiedenen Schichten oder sozialen Gruppen auftritt;
- wenn der historische oder soziale Kontext der dramatischen Handlung dargestellt wird.

3. Aufhebung der **Absolutheit**: Nach Aristoteles wird im Drama im Gegensatz zum Epos „gehandelt und nicht berichtet"; dagegen schalten sich im epischen Drama oft vermittelnde Instanzen zwischen Handlung und Zuschauer ein, die ähnliche Funktionen übernehmen wie ein **auktorialer** oder **Ich-Erzähler** <411> im Roman. Beispiele sind der *stage manager* in Thornton Wilders *Our Town*

(1938) oder Tom in Tennessee Williams' *Glass Menagerie* (1944).

Die genannten Strukturelemente des epischen Dramas können auf verschiedene Art und Weise realisiert und mit unterschiedlicher Intention verwendet werden. So hat z. B. Bertolt Brecht (1898-1956) für das von ihm konzipierte epische Theater ein ganz spezifisches Repertoire von Techniken entwickelt, unter denen vor allem hervorzuheben sind:

1. der **Verfremdungseffekt** (auch **V-Effekt**; engl. ***alienation effect***; ***estrangement effect***), z. B.
- das Sichtbarmachen des Bühnenapparats (der Scheinwerfer, der Kulissen, der Maschinen);
- kommentierende Spruchbänder oder Projektionen, auf denen z. B. der historische Kontext der gezeigten Szenen erläutert wird;
- das **ex-parte-Sprechen** bzw. das **ex-parte-Lied**, d. h. der rollenunabhängige, meist direkt ans Publikum gerichtete Vortrag.

2. die von Brecht als **Zeigegestus** bezeichnete Distanz des Schauspielers zu seiner Rolle.

Diese Techniken ermöglichen es Brecht nicht nur, ein vermittelndes Kommunikationssystem zu etablieren; er nutzt sie vor allem auch, um die dramatische Illusion zu zerstören (→ **FOREGROUNDING** <118>), die Einfühlung der Zuschauer in das dramatische Geschehen zu verhindern und sie damit zu befähigen, eine Position der kritischen Distanz einzunehmen.

Das Beispiel des englischsprachigen epischen Dramas im 20. Jahrhundert zeigt allerdings, dass das Brecht'sche Modell – trotz weit verbreiteter Bewunderung für den Autor in Großbritannien und den USA – dort nur wenige Autoren (wie z. B. John Arden) zur Nachahmung angeregt hat. Dramen wie Thornton Wilders *Our Town*, Arthur Millers *Death of A Salesman* (1949) oder Tennesse Williams' *Glass Menagerie* machen zudem deutlich, dass epische Techniken auch im Illusionstheater möglich sind und keineswegs per se die Einfühlung der Zuschauer verhindern müssen.

Ein Blick auf die Geschichte des englischen Dramas zeigt außerdem, dass der Begriff des epischen Dramas nicht nur auf Dramen des 20. Jahrhunderts angewendet werden kann, sondern z. B. auch auf die mittelalterlichen ***mystery plays*** <530> oder die elisabethanischen ***history plays*** <520>, deren episodisch-reihende Handlungsstruktur die Bezeichnung episch durchaus rechtfertigen würde. Schließlich sollte man nicht übersehen, dass auch im

nicht-epischen Drama einzelne Strukturelemente epischen Charakter annehmen können – und zwar immer dann, wenn sie Funktionen einer vermittelnden Instanz übernehmen. Dies gilt vor allem für
- **Pro- und Epiloge** <534; 515>;
- **Chöre** <504>;
- **Botenbericht und Mauerschau**;
- ***asides***;
- Schauplatzwechsel und Zeitsprünge;
- spielinterne (d. h. einzelnen Figuren in den Mund gelegte) Kommentare oder Reflexionen, in denen indirekt die Meinung des Autors zum Ausdruck kommt;
- Techniken der Sympathielenkung.

Die Übergänge zwischen epischem und aristotelischem Drama sind also fließend; selbst Dramen, die auf den offenen und konsequenten Einsatz epischer Elemente verzichten, lassen in der Regel zumindest punktuell **episierende Züge** erkennen.

RB

Literatur: Asmuth; Eckhardt; Grimm (1972); Pfister (1977); Szondi (1971).

515 Epilogue – Epilog

Teil eines Dramas, der der eigentlichen dramatischen Handlung nachgestellt ist.

Als Epilog bezeichnet man einen weitgehend autonomen Teil eines Dramas, der der eigentlichen Handlung nachgestellt ist und in dem sich ein Schauspieler oder eine Figur direkt an das Publikum wendet. Ähnlich wie der **Prolog** <534> gehört der Epilog zu den **episierenden Elementen** des Dramas, da in ihm eine vermittelnde Instanz zwischen Zuschauer und dramatische Handlung tritt. Oft hat der Epilog die Funktion, nach dem Ende der dramatischen Handlung die Zuschauer wohlwollend zu stimmen und ihren Beifall zu erbitten. Er kann aber auch dazu dienen, rückblickend das dramatische Geschehen zu kommentieren oder sich mit einem moralischen oder politischen Appell an die Zuschauer zu richten.

Wenn der Epilog nur teilweise **ex parte** (→ **Epic Drama** <514>) vorgetragen wird – d. h. wenn der betreffende Schauspieler nur teilweise aus seiner Rolle heraustritt – so kann der Epilog auch zum

Spiel mit der dramatischen Illusion genutzt werden. Dies ist z. B. in *As You Like It* der Fall, wo der (männliche) Schauspieler, der die weibliche Protagonistin Rosalind spielt, seinen Epilog zunächst *in character* mit den Worten beginnt: „It is not the fashion to see the lady [as] the epilogue", sich aber später von den Männern im Publikum ex parte mit den Worten verabschiedet: „If I were a woman, I would kiss as many of you as had beards that pleased me [...]". Ein ähnliches Spiel mit verschiedenen Realitätsebenen lässt sich auch in Epilogen anderer **Komödien** <506> Shakespeares beobachten (Puck in *A Midsummer Night's Dream*; der König von Frankreich in *All's Well That Ends Well*; Prospero in *The Tempest*).

Im Drama der *Restoration* und des 18. Jahrhunderts sind Epiloge weit verbreitet; sie werden – wie die Prologe – von Schauspielern ex parte vorgetragen und gehen oft auf literaturtheoretische Fragen ein. Im 19. Jahrhundert verliert sich die Konvention rasch.

In einzelnen Fällen wird der Begriff Epilog auch verwendet, um Nachspiele zu bezeichnen, die mit der eigentlichen Handlung nur relativ locker verbunden sind, wie dies in George Bernard Shaws historischem Drama *Saint Joan* (1923) der Fall ist, das im 15. Jahrhundert spielt, dessen letzte Szene aber im 20. Jahrhundert angesiedelt ist.

RB

516 Exposition – Exposition

Teil oder Teile eines Dramas, in denen den Zuschauern die Informationen vermittelt werden, die zum Verständnis des weiteren Handlungsverlaufs erforderlich sind.

Die wesentlichen Funktionen der Exposition bestehen darin, den Zuschauern alle Informationen über Schauplatz, Personen und Vorgeschichte zu liefern, die zum Verständnis des Folgenden nötig sind. **Prologe** <534> haben z. B. fast immer expositorische Funktion; ansonsten ist der Platz der Exposition in der Regel der Beginn eines Dramas; expositorische Elemente können aber auch an anderen Stellen zu finden sein.

Expositionen können unterschiedlich strukturiert sein: Sie können z. B. monologisch gestaltet sein und relativ isoliert am Beginn eines Dramas stehen. Dies ist in Shakespeares Komödie *As You Like It* der Fall, wo sich der junge Orlando bei dem alten Diener Adam darüber beklagt, dass sein älterer Bruder ihn nicht dem Vermächtnis des verstorbenen Vaters gemäß behandelt. Bei dieser Gelegenheit wird die gesamte Vorgeschichte rekapituliert:

> *Orlando*. As I remember, Adam, it was upon this fashion bequeath'd me by will but poor a thousand crowns, and, as thou say'st, [my father] charg'd my brother on his blessing, to breed me well [...]. (I. 1)[13]

Eine andere Möglichkeit besteht darin, die Exposition zu dialogisieren und sie sukzessiv in die einsetzende Handlung zu integrieren, wie z. B. im I. Akt von *Macbeth*.

RB

Literatur: Asmuth; Pfister (1977).

517 Farce – Farce

Eine Spielart der Komödie, deren Wirkung vor allem auf grotesker Übertreibung und Tabuverletzung beruht.

Das Wort Farce bedeutet seiner Etymologie nach so viel wie „Füllsel" und bezeichnete ursprünglich auch literarische Füllsel aller Art, z. B.
- im Mittelalter zunächst die sogenannten **Tropen**[14], erläuternde Einschübe in die Liturgie (*farsae*, *farsurae*);
- später komische Einschübe im mittelalterlichen geistlichen Drama (z. B. im ***mystery play*** <530>);
- im 18. und 19. Jahrhundert schließlich kurze **Nachspiele** (***afterpieces***) am Ende eines Theaterabends.

Heute wird der Begriff auf verschiedene Formen der **Komödie** <506> angewandt, die nicht dem klassisch-antiken oder romantischen Modell folgen.

Die Farce erzielt ihre charakteristische Wirkung, indem sie extrem verzerrte, oft geradezu monomanisch wirkende ***flat characters*** (→ CHARACTER <111>) in Situationen geraten lässt, denen

[13] **it was upon this fashion ...** singgemäß zusammengefaßt: [...] mein Vater vermachte mir in seinem Testament lediglich 1000 Pfund und verpflichtete meinen Bruder[...], mir eine standesgemäße Erziehung zu geben [...].

[14] **Tropen** nicht zu verwechseln mit dem in der Rhetorik gebräuchlichen Begriff Tropus <242>.

sie hilflos ausgeliefert sind. Die Farce stellt die Alltagserfahrung auf den Kopf; was dort unwahrscheinlich ist oder nur zufällig geschieht, wird in der Farce zur Regel. Überraschungseffekte, **Peripetien**, Häufung von Zufällen und hohes Tempo sind aus diesem Grund typische Elemente des Genres. Das Menschenbild der Farce ist – ähnlich wie das der Karikatur – simplifiziert und reduktiv: Die Figuren handeln nicht aus reiflicher Überlegung, moralischem Antrieb oder „höheren“ Motiven, sondern mechanisch; sie haben kaum etwas anderes im Sinn als zu überleben oder ihre Triebe radikal auszuleben: Nicht von ungefähr sind Essen, Sexualität und Tod typische Themen der Farce. Da Menschen in der Farce als Wesen gezeigt werden, die ihrem Körper und der Dingwelt hilflos ausgeliefert sind, wird die Farce zu Recht „physisch“ oder „materialistisch“ genannt. In Anlehnung an Bachtin könnte man sie auch als **karnevaleskes** (→ **Dialogism** <605>) Genre bezeichnen.

Die sich aus den Themen und Motiven der Farce zwangsläufig ergebenden Geschmacklosigkeiten und Tabuverletzungen haben, ähnlich wie im Witz, eine befreiende Wirkung, da sie auf harmlose Art und Weise geheime – oft aggressive – Wünsche des Zuschauers erfüllen, ohne Schuldgefühle aufkommen zu lassen. Zugleich ermöglicht aber die theatralische Stilisierung eine gewisse Distanz.

Im 19. Jahrhundert ist die Farce der dramatische Gegenpol des **Melodramas** <524>: Während dort der Protagonist durch Festhalten an seinem Ethos über eine gefährliche oder feindliche Umwelt triumphiert, so gelingt dies dem Farcenhelden durch Zufall oder weil er ein Überlebenskünstler ist. Die Gegenbildlichkeit der beiden Genres wird auch dadurch unterstrichen, dass die Farce mit Vorliebe typische Motive des Melodramas – z. B. Mord, Gespenster, Briefe, Treulosigkeit, Wiedererkennungsszenen, Liebe, Untreue, Dreiecksbeziehungen – aufgreift, parodiert und für ihre eigenen Zwecke umfunktioniert.

Nach der Blüte der Farce im 19. Jahrhundert (W. S. Gilbert, George Bernard Shaw, Oscar Wilde) und im Stummfilm (Charlie Chaplin, Buster Keaton, Laurel & Hardy) lebt das Genre heute vor allem in den West-End-Theatern und am Broadway fort, wo es in erster Linie der Unterhaltung dient; andererseits haben sich einige moderne Dramatiker (Samuel Beckett, Harold Pinter, Alan Ayckbourn, Joe Orton, Julian Barnes, N. F. Simpson) das explosive Potential der Farce und ihre Nähe zum **Theater des Absurden**

<539> zu Nutze gemacht und sie damit als eine wichtige Gattung des zeitgenössischen Theaters etabliert.

RB

Literatur: Bentley; Davis, Redmond.

518 Freytag's Pyramid – Freytag'sche Pyramide

Modell der Tragödienstruktur nach Gustav Freytag.

Gustav Freytag unternahm in seinem Buch *Die Technik des Dramas* (1863) den Versuch, die klassische **Fünf-Akt-Einteilung** <501> des Dramas mit einer idealtypischen **Tragödienstruktur** <542> zu korrelieren. Das Ergebnis ist die sogenannte Freytag'sche Pyramide (*Freytag's Pyramid*).

Diesem Schema zufolge steht am Anfang des Dramas die **Exposition** <516>, die den Zuschauern die Informationen vermittelt, die zum Verständnis des Dramas nötig sind. Mit dem **erregenden Moment** (einem für den weiteren Verlauf entscheidenden Ereignis) kommt die **steigende Handlung** <139> in Gang, die – in der Regel auf dem Weg über sich steigernde **Konflikte** – zum **Höhepunkt** geführt wird. Damit ist der **Wendepunkt** (**Epitasis**) der Handlung erreicht; die **fallende Handlung** (**Katastasis**) kommt mit dem **tragischen Moment** in Gang und läuft von da an folgerichtig und unabwendbar auf die **Katastrophe** zu, nur noch einmal verzögert durch das retardierende **Moment der letzten Spannung**. Da die **fallende Handlung** meist sehr viel weniger Zeit in Anspruch nimmt als die **steigende Handlung**, ist das Bild einer symmetrischen Pyramide irreführend.

Dem Freytag'schen Schema liegt ein sehr spezifisches Tragödienmodell zu Grunde; es orientiert sich vor allem am Typus des **geschlossenen Dramas aristotelischer** <503> Prägung. Es hat keineswegs universelle Gültigkeit, schon gar nicht als Wertmaßstab. So ist z. B. seine Anwendung auf die Tragödien Shakespeares nur in Einzelfällen – etwa bei *Othello* – möglich oder sinnvoll. Ansonsten muss es sich am Einzelfall erweisen, ob Akteinteilung oder Struktur eines bestimmten Dramas mit dem Schema übereinstimmen oder nicht. Andererseits können jedoch die einzelnen Be-

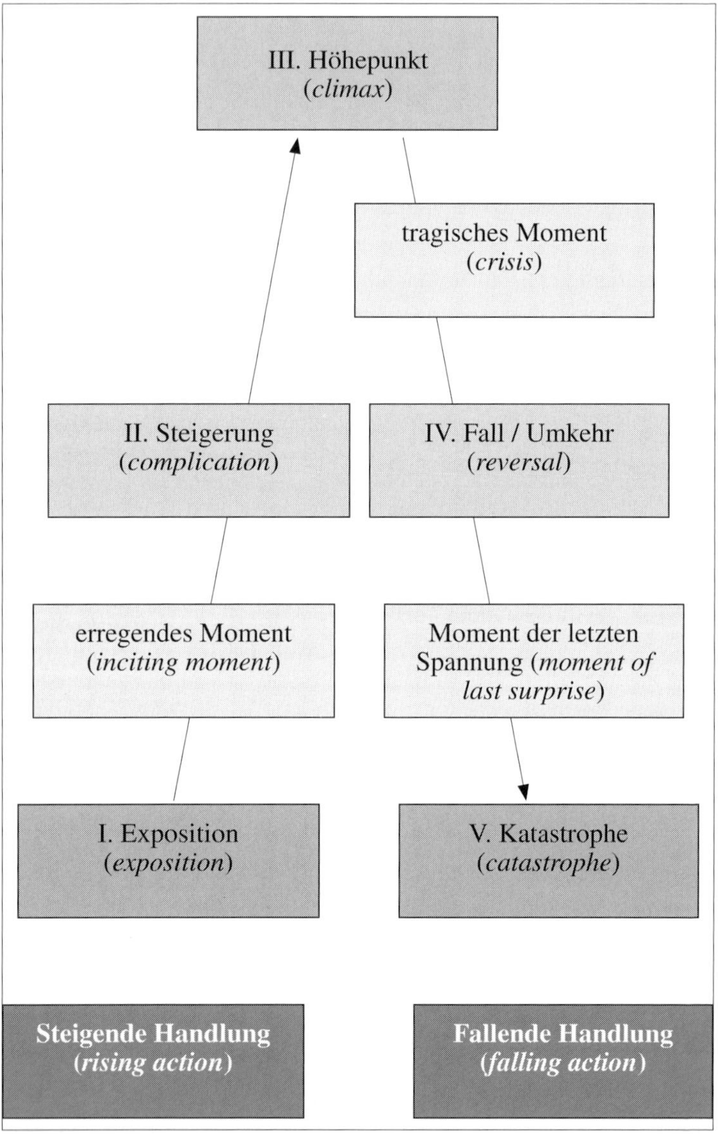

Diagramm der Freytag'schen Pyramide

griffe unabhängig von ihrer Bedeutung im Freytag'schen System als dramentheoretische Termini verwendet werden.

RB

Literatur: Greiner, N.; Pfister (1977).

519 Heroic Drama – Heroisches Drama

Form des ernsten Dramas, das während der Restoration (d. h. nach 1660) kurze Zeit populär wurde; Handeln und Verhalten der stark idealisierten Figuren dienen in erster Linie der Veranschaulichung höfisch-aristokratischer Normen.

Das *heroic drama* ist – ähnlich wie die ***comedy of manners*** <508> – ein typisches Produkt der höfisch-aristokratischen Kultur der *Restoration*; es entwickelte sich in Wechselwirkung mit der Oper und lässt in Theorie und Praxis den Einfluss der zeitgenössischen französischen **Tragödie** <542> (Jean Baptiste Racine, Pierre Corneille) erkennen. John Dryden definiert in einer häufig zitierten Passage des Essays „Of Heroic Plays" (1672, als Vorwort seinem Drama *The Conquest of Granada* vorangestellt) die Gattung so:

> [...] an heroic play ought to be an imitation, in little, of an heroic poem; and consequently, [...] Love and Valour ought to be the subject of it.

Der Bezug zum **Epos** <312> („heroic poem") und die Beschwörung der typischen Attribute des ritterlichen Helden, „Love" und „Valour", lassen die Orientierung des Genres an höfisch-aristokratischen Wertvorstellungen erkennen. Die Orientierung am Epos wird auch in der Umdeutung des aristotelischen Begriffs der **Katharsis** (→ TRAGÖDIE <542>) in Drydens Essay „Of Dramatic Poesy" (1668) deutlich: „The end of tragedies or serious plays, says Aristotle, is to beget admiration, compassion, or concernment." In dieser Passage wird den beiden aristotelischen Begriffen **Eleos** (heftiges Mitleiden; bei Dryden: *compassion*) und **Phobos** (Entsetzen; bei Dryden abgeschwächt: *concernment*) der Begriff ***admiration*** gleichberechtigt zur Seite gestellt, der jedoch traditionell dem Epos (*admiration* empfindet man für dessen heroische Protagonisten) und nicht der Tragödie vorbehalten war.

Das *heroic drama* ist – trotz der auch von Dryden immer wieder beschworenen Verwandtschaft mit der **Tragödie** <542> – untragisch und unaristotelisch. Viele der überlieferten *heroic plays* – wie z. B. Sir William Davenants *The Siege of Rhodes* (1656-58) oder Drydens *The Conquest of Granada* (1670/71) – enden glücklich, weil sich in diesen Dramen der für die Gattung charakteristische zentrale Konflikt zwischen Liebe und Ehre am Ende als lösbar erweist. Als unaristotelisch und untragisch muss außerdem die Idealisierung der männlichen und weiblichen Protagonisten als „patterns of exact virtue" (Dryden, Vorwort zu *The Conquest of Granada*) angesehen werden, die dem aristotelischen Konzept des „mittleren Charakters" (→ **Tragödie** <542>) widerspricht. In diesem Stilzug manifestiert sich schließlich auch die dem aristotelischen Begriff der **Mimesis** <129> zuwiderlaufende Wirklichkeitsferne des Genres, die auch in der Exotik der Schauplätze und der Versform des ***heroic couplet*** (→ **Stanza** <330>) deutlich hervortritt.

RB

Literatur: Brunkhorst; Cunningham; Fisk; Owen; Waith.

520 History Play/Chronicle Play – Historie

Im England des 16. Jahrhunderts weit verbreitete Form des Geschichtsdramas, in dem Begebenheiten aus der englischen Geschichte dargestellt werden.

Als *history play* bzw. *chronicle play* werden die englischen historischen Dramen des 16. Jahrhunderts bezeichnet, die auf Stoffe aus der englischen Geschichte zurückgreifen. Bedeutende *history plays* wurden von Christopher Marlowe (*Edward the Second*, 1594) und vor allem von Shakespeare verfasst; Shakespeare stellt in den beiden als Lancaster- und York-Tetralogie bezeichneten Dramenzyklen Ereignisse aus der englischen Geschichte des 14. und 15. Jahrhunderts dar, in deren Mittelpunkt die Thronstreitigkeiten zwischen den königlichen Familien York und Lancaster und die daraus resultierenden Bürgerkriege (die sogenannten „Rosenkriege") stehen. Dabei dienten ihm, wie auch den meisten anderen Verfassern von *history plays*, die Werke von Tudor-Historikern wie Edward Hall oder Raphael Holinshed als Vorlage. Die Popularität der *history plays* erklärt sich teils aus dem im 16. Jahrhundert erwachenden englischen Nationalbewusstsein, teils aber auch aus dem Verlangen, zeitgenössische Entwicklungen im Lichte vergangener Erfahrungen zu deuten. In diesem Zusammenhang spielte vor allem die Angst vor einer Wiederholung der blutigen Bürgerkriege des 15. Jahrhunderts sowie das Interesse der Tudor-Monarchen an der Legitimierung ihrer Herrschaft eine zentrale Rolle.

Die Abgrenzung der Historie von der **Tragödie** <542> ist nicht immer ganz leicht. Da in der elisabethanischen Zeit jede Geschichte vom Sturz eines Großen ins Unglück als *tragedy* bezeichnet werden konnte, waren die **Gattungsbezeichnungen** <122> *history* und *tragedy* weitgehend austauschbar. So lautet z. B. in der Folio-Ausgabe von Shakespeares Werken der Titel der Historie *Richard III*: *The Tragedy of King Richard the Third*, während die Tragödie *King Lear* in der Quarto-Ausgabe den folgenden Titel trägt: *M. William Shakespeare his True Chronicle History of the life and death of King Lear and his three daughters*. Heute bezeichnet man als Historien diejenigen Dramen, in denen die öffentlich-politischen Aspekte und der Zeitbezug der dramatischen Handlung im Vordergrund stehen, als Tragödien dagegen jene, in denen das Individuum und sein persönliches Schicksal stärker akzentuiert werden. Dass diese Grenzziehung nicht immer sonderlich befriedigend ist, zeigt das Beispiel der Dramen Shakespeares, in denen – wie in der Historie *Richard II* oder der Tragödie *Macbeth* – fast immer individuelles Schicksal, politisches Geschehen und Zeitbezug eng miteinander verknüpft sind.

Die elisabethanischen *history plays* haben keine eindeutig festgelegte Struktur. Sie können episodisch gebaut sein und Ereignisse aus dem Leben einer historischen Figur in relativ unverbundenen Szenen darstellen, wie dies z. B. in dem anonymen Drama *The Famous Histories of Henry V* (1594) der Fall ist. Sie können aber auch als **De-casibus-Tragödie** (→ TRAGÖDIE <542>) konstruiert sein und relativ geradlinig die Geschichte vom Sturz eines Großen ins Unglück erzählen. Gelegentlich ergeben sich in diesen Fällen auch Affinitäten zum ***morality play*** <528>: So treten z. B. in dem vermutlich frühesten *chronicle play*, John Bales *Kynge Johan* (vor 1536), neben dem Titelhelden zunächst nur Figuren mit allegorischen Namen wie *Sedition* oder *Usurped Power* auf, die erst im weiteren Verlauf der Handlung mit historischen Personen identifiziert werden. Auch zahlreiche Details in Shakespeares Historien – z. B. die Traumszene in *Richard III*, V. 3 oder die Figur des Falstaff – können der Tradition des *morality play* zugeordnet werden. Aus der Praxis des mittelalterlichen Dramas stammt schließlich auch die Mischung ernster und komischer Szenen, wie sie in den meisten der Historien Shakespeares, vor allem aber am Beispiel der Falstaff-Szenen in *Henry IV* zu beobachten ist.

Die gelegentlichen **Anachronismen** <103> und die durch Dokumente belegte Mischung von Kostümen aus verschiedenen Epochen verdeutlichen, dass den Historien des elisabethanischen Zeitalters kein „historistisches" Geschichtsverständnis im heutigen Sinne zu Grunde liegt: Es ist nicht ihre Absicht, eine vergangene Epoche in ihrer Besonderheit zu rekonstruieren bzw. wieder lebendig werden zu lassen. Im Vordergrund stehen vielmehr gegenwartsbezogene Aspekte wie die Darstellung nationaler Größe oder die Vermittlung einer politischen Doktrin.

Die Bezeichnung *history/chronicle play* bzw. Historie ist fast immer Dramen des 16. und frühen 17. Jahrhunderts vorbehalten, in denen Gestalten und Begebenheiten aus der englischen Geschichte dargestellt werden. Andere Dramen, die auf historische Stoffe zurückgreifen (so z. B. auch Shakespeares „Römerdramen" oder die historischen Dramen des 18. Jahrhunderts und der Romantiker), werden dagegen meist als **Geschichts-** bzw. **historische Dramen** bezeichnet, im Englischen in der Regel als ***historical drama***. Gerade in der englischsprachigen Literatur des 20. Jahrhunderts gibt es zahlreiche Beispiele für solche Dramen: Neben Autoren wie T. S. Eliot (*Murder in the Cathedral*, 1935) oder Arthur Miller (*The Crucible*, 1953) ist vor allem George Bernard Shaw erwähnenswert, der mit Dramen wie *Saint Joan* (1923; von ihm als *chronicle play* bezeichnet) oder *Caesar and Cleopatra* (1901; im Untertitel als *history* gekennzeichnet) ganz bewusst an die Tradition des Shakespeare'schen *history play* anknüpfen wollte.

RB

Literatur: Iser (1988); Ribner; Schabert (2000); Tetzeli von Rosador.

521 Interlude – Interludium

Im 16. Jahrhundert weit verbreitete Bezeichnung für kürzere Dramen ganz unterschiedlicher Art. Sie weisen kaum gemeinsame Merkmale auf, sind aber meistens profaner Natur und dienen primär der Unterhaltung.

Als *interlude* wurde im 16. Jahrhundert eine große Zahl ganz unterschiedlicher Dramen bezeichnet. Oft waren es, wie schon die Herkunft des Wortes aus dem lateinischen *interludium* ‚Zwischenspiel' andeutet, Einlagen bei Festveranstaltungen; ansonsten entzieht sich der Begriff einer exakten Definition. Es lassen sich lediglich die folgenden Varianten unterscheiden:

1. Dramen, die als Streitgespräch zwischen verschiedenen Figuren konzipiert sind, wie John Heywoods in den 20er Jahren des 16. Jahrhunderts verfasstes *Play Called the Four PP.* In diesem Stück streiten zunächst Palmer (Pilger), Pardoner (Ablasskrämer) und Potycary (Apotheker) darum, wer von ihnen der Menschheit am meisten Gutes tue; nach dem Auftauchen des vierten P, des Pedlar (Krämer), wird schließlich eine Wette darüber abgeschlossen, wer die beste Lügengeschichte erzählen könne. Es gewinnt der Palmer, der berichtet, er habe noch nie eine ungeduldige Frau angetroffen. Das Stück ist – wie auch zahlreiche andere *interludes* – satirisch und kritisiert zeitgenössische Missstände, z. B. den Ablasshandel oder den Reliquienschwindel.

2. Dramen, die dem ***morality play*** <528> nahe stehen, wie William Wagers *Enough Is as Good as a Feast* (ca. 1564), in dem das Schicksal und die Höllenfahrt der allegorischen Figur Wordly Man gezeichnet werden.

3. **Farcen** <517> wie John Heywoods *Merry Play between Johan Johan the Husband, Tyb his Wife, and Sir Johan the Priest*, in dem sich der betrogene Ehemann mit seiner Ehefrau und ihrem Liebhaber, dem Priester, auseinander setzen muss.

4. Dramen mit teilweise **allegorisierenden** <102> Zügen, deren Protagonisten aus der Bibel (Susanna, Magdalena), aus der weltlichen Literatur (Griseldis) oder aus der Geschichte (King John) stammen.

Das *interlude* ist für die Entwicklung des englischen Dramas im 16. Jahrhunderts insofern von Bedeutung, als es den Übergang von den geistlichen Dramenformen des Spätmittelalters zum weltlichen bzw. profanen Drama markiert. Da die *interludes* – ähnlich wie die *morality plays* – häufig von Berufsschauspielertruppen aufgeführt wurden, können sie auch in dieser Hinsicht als Wegbereiter des Theaters der Shakespearezeit gelten.

RB

Literatur: Craik; Fricker; Habicht.

522 Legitimate Drama/Illegitimate Drama

Legitimate Drama: *Im 18. Jahrhundert entstandener Sammelbegriff für alle Formen des Dramas, die sich ausschließlich des gesprochenen Worts bedienen und auf Musik- und Tanzeinlagen sowie aufwändige szenische Darstellungsmittel verzichten.*
Illegitimate Drama: *Im 18. Jahrhundert entstandener Sammelbegriff für alle Formen des Dramas, in denen das gesprochene Wort anderen Darstellungsmitteln gleich- oder untergeordnet ist.*

Die Unterscheidung zwischen *legitimate* und *illegitimate drama* geht auf den ***Licensing Act*** von 1737 zurück, der nicht nur den *Lord Chamberlain* als *Examiner of Plays* mit weitreichenden Machtbefugnissen als Zensor ausstattete, sondern auch festlegte, dass *plays* nur im Londoner Stadtteil Westminster aufgeführt werden durften. Diese Regelung wurde in der Folge als Privilegierung der beiden ***patent theatres*** (deren Patente letztlich auf Charles II. zurückgingen) Covent Garden und Drury Lane sowie des Little Theatre Haymarket interpretiert. In einem Zusatz wurden 1752 *local magistrates* ermächtigt, Lizenzen für *entertainments* auszugeben, d. h. für musikalische, pantomimische, tänzerische oder akrobatische Darstellungen, die nicht als *plays* galten.

Diese beiden Gesetze hatten weitreichende Folgen für die Entwicklung des englischen Theaterlebens und des Dramas. Sie führten vor allem zu dem Gegensatz von *legitimate* und *illegitimate drama*: Auf der einen Seite wachten die *patent theatres* eifersüchtig über ihre Privilegien, auf der anderen Seite entwickelten sich vor allem nach 1752 eine Vielzahl von Spielformen des *illegitimate drama*, die dem Publikum theatralische Vergnügungen boten, ohne unter den Begriff des *play* zu fallen und die daher der Überwachung des *Lord Chamberlain* entzogen waren. Neben den oben erwähnten Formen wären zu nennen: ***equestrian shows*** (im Astley's Theatre), ***dumbshow melodrama*** (im Royal Circus), ***(English) pantomime*** <531>, ***extravaganza*** („whimsical treatment of a poetical subject"), ***burlesque*** oder ***burletta*** (am Endpunkt der Entwicklung definiert als Sprechdrama mit mindestens sechs Liedern). Auch das populäre **Melodrama** <524> entsteht auf dem Boden des *illegitimate drama*.

Die ***Theatre Regulation Bill*** von 1843 beseitigt nach mehreren vergeblichen Ansätzen schließlich die Trennung von *legitimate* und *illegitimate drama*, die ohnehin durch den immer weiter verbreiteten Etikettenschwindel de facto hinfällig geworden war. Der *Lord Chamberlain* bleibt allerdings bis 1968 als Theaterzensor im Amt.

RB

Literatur: Leech/Craik.

523 Masque – Maskenspiel

Mit großem Aufwand inszeniertes allegorisches höfisches Drama, das seine Blüte in der ersten Hälfte des 17. Jahrhunderts erlebt.

Bei den höfischen Maskenspielen der elisabethanischen Zeit und der ersten Hälfte des 17. Jahrhunderts handelt es sich um **allegorische** <102> Spiele, die bei Hof zu besonderen Anlässen mit großem finanziellen Aufwand und unter Mitwirkung professioneller Künstler inszeniert wurden. Diese *court masques* waren spektakuläre Gesamtkunstwerke, in denen Tanz, Gesang, Musik, kostbare Kostüme und Bühnenbild mindestens ebenso wichtig waren wie das gesprochene Wort. Die Schauspieler traten in Masken auf; unter ihnen waren oft auch Mitglieder des Hofes – so z. B. in Ben Jonsons *News from the New World Discovered in the Moon* (1621) der spätere Charles I., in Jonsons *Masque of Blacknesse* (1604/05) sogar das Königspaar selbst. Die glanzvollsten Maskenspiele entstanden aus der Zusammenarbeit des Dramatikers Ben Jonson mit dem Bühnenbildner Inigo Jones zwischen 1605 und 1634. In *The Masque of Queens* (1609) erweiterte Jonson erstmals das überkommene Schema des Maskenspiels um eine ***antimasque***, deren wilde und groteske Figuren im Gegensatz zur Harmonie und Ordnung der *masque* standen.

Die *court masques* dienten in erster Linie der Verherrlichung des Monarchen; die beiden Stuart-Könige James I. und Charles I. nutzten sie, um das von ihnen beanspruchte Gottesgnadentum des Königs sinnfällig und symbolisch in Szene zu setzen. John Miltons *Mask Presented at Ludlow Castle* (1634) – später unter dem Namen *Comus* bekannt geworden – wurde dagegen aus Anlass der Ernennung des Earl of Bridgewater zum Lord President of Wales aufgeführt und ist nicht als Huldigung an den Monarchen zu verstehen. Im Vordergrund dieses Frühwerks von Milton stehen vielmehr moralische und philosophische Themen: Es geht um die Befreiung der weiblichen Hauptfigur aus der Gewalt des Zauberers Comus, des Sohns von Bacchus und Circe, der die Jungfrau zu ungehemmtem Lebensgenuss zu verführen sucht. Elemente des Maskenspiels tauchen auch immer wieder in Dramen des frühen 17. Jahrhunderts auf, so z. B. auch in Shakespeares *Tempest*.

Als die puritanische Revolution von 1642 und der Bürgerkrieg die Fortsetzung des Hoflebens in seiner bisherigen Form unmöglich machten, fand auch die Tradition der Maskenspiele ein abruptes Ende.

RB

Literatur: Lindley; Orgel; Sutherland.

524 Melodrama – Melodrama

Ernstes Drama, dem in der Regel ein Konflikt zwischen Gut und Böse oder der Kampf der Protagonisten gegen übermächtige äußere Umstände zu Grunde liegt.

Als Melodrama wurden in England urspünglich jene Dramen bezeichnet, die sich dem Druck des ***Licensing Act*** (→ **Legitimate Drama / Illegitimate Drama** <522>) von 1737 (der die Aufführung „regulärer" Dramen den Londoner ***patent theatres*** vorbehält) dadurch entzogen, dass sie das Bühnengeschehen in mehr oder weniger großem Umfang mit Musik untermalten. Der sich dabei herausbildende Dramentypus – in dem die Musik im Laufe der Zeit eine immer geringere Rolle spielte – gehörte im 19. Jahrhundert zu den dominanten Formen großstädtischer Massenunterhaltung. Dramen wie Douglas Jerrolds *Black-Ey'd Susan* (1829), Dion Boucicaults *Colleen Bawn* (1860), Tom Taylors *Ticket-of-Leave Man* (1865) oder C. H. Hazlewoods *Lady Audley's Secret* (1863) erfreuten sich einer Popularität wie zu späteren Zeiten der Kinofilm oder das Musical.

Das Melodrama des 19. Jahrhunderts weist normalerweise folgende Merkmale auf:

1. Der Handlung liegt in der Regel ein Konflikt zwischen den Mächten des Guten und des Bösen zu Grunde oder der Kampf eines meist tugendhaften Protagonisten gegen übermächtige äußere Umstände und Katastrophen.

2. Die Handlung wird vor allem durch die Intrigen des Bösewichts vorangetrieben. Dabei spielt jedoch die Folgerichtigkeit des

Geschehens eine eher untergeordnete Rolle; vielmehr wird in einer Serie von episodisch aneinander gereihten, oft parallel konstruierten und sich steigernden Szenen, über immer neue Hindernisse und überraschende **Peripetien** das Ziel der Handlung erreicht. Dies ist, sofern das Drama einen positiven Ausgang nimmt, die Herstellung der ***poetic justice***, die Entlarvung der Bösewichter und die Rehabilitation der Guten (die „Apotheose der Tugend“) sowie die Wiederherstellung der heilen Welt des Anfangs. Aus dieser Handlungsstruktur wird auch die für das Melodrama charakteristische Dominanz der sensationellen Einzelszene erklärlich.

3. Das Melodrama ist ein hybrides Genre, in dem sich ernste und komische Szenen zwanglos abwechseln; die komischen Szenen haben vor allem die Aufgabe, für ***comic relief*** <509> zu sorgen, und nicht, wie im Drama der Shakespeare-Zeit, Themen, Motive oder Episoden der Haupthandlung perspektivisch zu brechen oder zu variieren.

4. Figuren und Figurenkonstellation des Melodramas sind stereotyp; zum festen Repertoire des Genres gehören Held bzw. Heldin und ihre Gegenspieler, *male* bzw. *female villain,* außerdem die Figur des edlen, aber von den Bösewichtern getäuschten Vaters sowie *comic man* und *comic woman*, die nicht nur für *comic relief* sorgen, sondern oft auch die Aufgabe haben, die Protagonisten in letzter Minute aus gefährlichen Situationen zu retten. Die klassischen Rollenfächer lassen sich fast immer an den Kostümen identifizieren: So tritt z. B. die Heldin in einfachem Weiß auf, während die schwarz- oder rothaarige *villainess* mit aufwändigen Gewändern prunkt; der *comic man* ist an seiner geblümtem Weste erkennbar.

5. Im Melodrama sind alle Details bis zur Überdeterminiertheit bedeutungsvoll; alles wird zum Zeichen. Dies gilt für Kostüme, Gestik und Mimik genauso wie für die handlungsbegleitende Musik, einzelne Handlungen oder die als **Tableaus** bezeichneten „stummen Bilder“, mit denen die einzelnen Szenen schließen. In diesem Sinne strebt das Melodrama nach Eindeutigkeit: Die Welt, die es darstellt, ist durch und durch klar und in ihren Sinnbezügen eindeutig.

Das Melodrama wird heute meist in Opposition zur **Tragödie** <542> definiert; die *wholeness* des melodramatischen Helden kontrastiert nach Robert Bechtold Heilman mit der *dividedness* des tragischen Helden: „In tragedy the conflict is within man; in melodrama it is between men, or between men and things.“ Obwohl sich trivialere Literaturformen – man denke z. B. an populäre ***soap operas*** – gerne melodramatischer Strukturen bedienen, wäre es falsch, den Schluss zu ziehen, das Melodrama sei per se trivial oder von geringem Wert. Melodrama und Tragödie stellen vielmehr zwei im Prinzip gleichwertige Varianten des ernsten Dramas dar, die allerdings auf jeweils unterschiedlichen Weltsichten beruhen. So stehen sozialkritische Dramen, die Menschen als Opfer gesellschaftlicher Verhältnisse oder politischer Unterdrückung zeigen, dem Melodrama näher als der Tragödie. Das Formenrepertoire des Melodramas hat darüber hinaus starken Einfluss auf den **Roman** <412> des 19. Jahrhunderts (z. B. auf Charles Dickens) und den klassischen Hollywood-Film ausgeübt.

RB

Literatur: Bentley; Brooks, P.; Heilman; Schmidt; Smith.

525 Metadrama – Metadrama

Sammelbegriff für Dramen, in denen die Form des Dramas selbst Thema und Gegenstand der Reflexion ist.

Der Begriff Metadrama hat sich (zusammen mit ***metatheatre*** und ***metaplay***) in jüngerer Zeit zur Bezeichnung von Dramen eingebürgert, in denen direkt oder indirekt in selbstreflexiver Weise auf die Form des Dramas und seine Konventionen Bezug genommen wird: „Metadrama can be defined as drama about drama“ (Hornby). Insbesondere gelten solche Dramen als Metadramen, die ihre eigene **Fiktionalität** bloßlegen und reflektieren. Charakteristische Ausdrucksformen des Metadramas sind **episierende** (→ **Epic Drama** <514>) Elemente, die Einfügung eines **Spiels im Spiel** <532>, aber auch **Parodie** <135> und **Zitat**.

Im englischsprachigen Drama der zweiten Hälfte des 20. Jahrhunderts sind metadramatische Elemente weit verbreitet; besonders deutlich treten sie in den Dramen Tom Stoppards (z. B. *Rosencrantz and Guildenstern Are Dead*, 1966; *The Real Inspector Hound*, 1968; oder *The Real Thing*, 1982) hervor, in denen mit verschiedenen Wirklichkeitsebenen gespielt wird. Aber auch im elisabethanischen Drama lassen sich Strukturen des Metadramatischen beobachten: so z. B. am deutlichsten in der weit verbreiteten Konvention des Spiels im Spiel, aber auch in Dramen wie *Measure for*

Measure oder *The Tempest*, deren Handlung teilweise als „Inszenierung“ der „regieführenden“ Zentralfiguren Vincentio und Prospero interpretiert werden kann.

RB

Literatur: Hornby; Vieweg-Marks.

526 Mime/Pantomime – Pantomime[15]

Theateraufführung, in der auf das gesprochene Wort verzichtet und überwiegend oder ausschließlich mit den Mitteln der Gestik, Mimik und Bewegung gearbeitet wird.

Die pantomimischen Ausdrucksmittel Gestik, Mimik und Bewegung spielen in allen Kunstformen, die für die szenische Aufführung bestimmt sind, eine Rolle; im Ballett und im Stummfilm sind sie sogar von zentraler Bedeutung. Im engeren Sinne wird der Begriff Pantomime auf eine im frühen 20. Jahrhundert in Frankreich entstandene Kunstform angewendet, die durch Künstler wie Jean-Louis Barrault, Marcel Marceau oder Sammy Molcho populär wurde und die sich ausschließlich oder fast ausschließlich pantomimischer Ausdrucksmittel bedient.

Pantomimische Einlagen gehören zum Repertoire einiger dramatischer Gattungen, z. B. der **Commedia dell'arte** <510> oder der ***court masque*** <523>; auch im elisabethanischen Drama sind sie relativ weit verbreitet (→ **Dumb Show** <513>). Im Drama des 20. Jahrhunderts spielen pantomimische Elemente und Einschübe im Zuge der Abkehr vom realistischen Drama und der zunehmenden Verwendung nichtsprachlicher Ausdrucksformen eine bedeutende Rolle. Samuel Beckett hat z. B. unter dem Titel *Act Without Words 1* und *Act Without Words 2* (1957) zwei eigenständige Pantomimen verfasst; auch die meisten seiner Dramen enthalten pantomimische Einlagen, zu deren bekanntesten die Szene im II. Akt von *Waiting*

15 **Pantomime** Dem deutschen Wort Pantomime (als Bezeichnung für das stumme Gebärdenspiel) entsprechen zwei englische Wörter: *pantomime* und – seit Beginn des 20. Jahrhunderts – *mime*. Beide Wörter werden aber auch zur Bezeichnung nicht-pantomimischer theatralischer Darbietungsformen verwendet: So bezeichnet *pantomime* oft die spezifisch englische Kunstform der *English Pantomime* <531>, *mime* (dt. Mimus) verschiedene Formen der volkstümlich-obszönen Farce <517>.

for Godot (1952/55) gehört, in der Vladimir und Estragon wiederholt ihre Hüte tauschen und anprobieren.

RB

527 Monologue/Soliloquy – Monolog; Dialogue – Dialog

Grundformen der dramatischen Rede.
Monolog (soliloquy): *Rede einer Figur, die nicht an eine andere Figur gerichtet ist.*
Monolog (monologue)*: längere, in sich geschlossene Solorede.*
Dialog: *Wechselrede im Drama, an der zwei oder mehrere Figuren beteiligt sind.*

Im **Drama** <512> hat die Figurenrede vor allem insofern besondere Bedeutung, als den meisten Dramen eine vermittelnde Instanz fehlt, die dem **Erzähler** <411> in narrativen Texten entspricht. Zumindest einige der Funktionen dieser vermittelnden Instanz müssen deshalb von der Figurenrede mit übernommen werden (z. B. Rückblicke, Vorausdeutungen, Kommentare, Beschreibungen oder Zusammenfassungen). Das heißt, dass die Figurenrede im Drama in der Regel – und in höherem Grade als die Alltagsrede oder die Rede in narrativen Texten – mehrere Funktionen gleichzeitig erfüllt (**Polyfunktionalität**), und dass die Konventionen der Figurenrede dieser Erfordernis entsprechen.

Traditionell gelten Monolog und Dialog als Grundformen der dramatischen Figurenrede. Das deutsche Wort Monolog hat zwei verschiedene Bedeutungen, denen im Englischen zwei verschiedene Wörter entsprechen:

– das Selbstgespäch, meist auf leerer Bühne, das sich nicht an eine andere dramatische Figur richtet (*soliloquy*), wie z. B. Hamlets berühmte *soliloquies*, sowie
– die lange, in sich geschlossene Solorede, die in Gegenwart anderer Figuren gehalten wird und sich in der Regel auch an sie richtet (*monologue*), wie z. B. Ulysses' Rede über „order“ in *Troilus and Cressida*, I. 3.

Die Konvention des Monologs (*soliloquy*) lässt wegen ihrer „Künstlichkeit“ die Besonderheit der Figurenrede im Drama am deutlichsten hervortreten. Der Monolog (*soliloquy*) hat vor allem die Funktion, Einblick in das Innenleben der dramatischen Figuren zu geben. Er entspricht insofern den verschiedenen Varianten der Bewusstseinsdarstellung in narrativen Texten, von der auktorialen ***internal analysis*** bis zum ***stream-of-consciousness*** <421> und **inneren Monolog** <410>. (Manchmal werden Monologe im Drama je nach ihrer Funktion als epische, lyrische, Reflexions-, Entscheidungs-, Planungs- oder Konfliktmonologe klassifiziert; im Einzelfall werden sich fast immer mehrere dieser Funktionen überlagern).

Im Dialog und in der Solorede (*monologue*) ist die Abweichung von der normalsprachlichen Rede weniger deutlich als im Monolog (*soliloquy*); dennoch sind auch sie oft so strukturiert, dass sie die Funktionen einer vermittelnden Instanz mit übernehmen können. Die folgenden Beispielen lassen dies besonders deutlich erkennen:

1. die **expositorische** <516> Solorede (*monologue*), die, obwohl sie an andere Figuren gerichtet ist, vor allem der Information der Zuschauer dient; dazu gehören auch die beiden Formen der Mitteilung über Ereignisse, die nicht auf der Bühne dargestellt werden (können), nämlich
– der **Botenbericht** (bei in der Vergangenheit zurückliegenden Ereignissen) und
– die **Mauerschau** oder **Teichoskopie** (bei gleichzeitig mit der Bühnenhandlung ablaufenden Ereignissen);

2. der **expositorische Dialog**, der ebenfalls nicht so sehr der Kommunikation zwischen den Figuren als der Information der Zuschauer dient;

3. die **Stichomythie** (***stichomythia***), die von Zeile zu Zeile wechselnde Rede und Gegenrede, die der Akzentuierung eines Streits oder Konflikts dienen kann;

4. innerhalb eines Auftritts die quantitative Verteilung der dramatischen Rede auf verschiedene Figuren, die eine fokussierende bzw. perspektivierende Funktion dadurch erfüllen kann, dass sie die Aufmerksamkeit der Zuschauer vor allem auf die Figur mit den größten Redeanteilen lenkt;

5. der mit einem Sprecherwechsel innerhalb eines Auftritts einhergehende Wechsel von einer Versart zu einer anderen oder von Vers zu Prosa, um z. B. die Unterschiedlichkeit von Standpunkten hervorzuheben. Ein Beispiel dafür liefert der Dialog zwischen Theseus und Hippolyta zu Beginn des V. Aktes von *A Midsummer Night's Dream*, in dem sie die Abenteuer der jungen Liebenden im

nächtlichen Wald von Athen erörtern und in dem die unterschiedliche Bewertung der *imagination* durch den Wechsel von männlichen zu weiblichen Verszeilen unterstrichen wird:

Theseus. [...]
Such tricks hath strong imagination
That if it would but apprehend some joy,
It comprehends some bringer of that joy.
Or in the night, imagining some fear,
How easy is a bush supposed a bear?

Hippolita. But all the story of the night told over,
And all their minds transfigured so together,
More witnesseth than fancy's images,
And grows to something of great constancy;
But, howsoever, strange and admirable.

RB

Literatur: Pfister (1977); Asmuth.

528 Morality Play – Moralität

Allegorisches religiöses Drama, das exemplarisch den Weg des einzelnen Menschen zur Erlösung zeigt.

Die im 14. Jahrhundert entstehenden *morality plays* stellen **allegorisch** <102> den Heilsweg des einzelnen Menschen dar. In dieser Hinsicht sind sie das Pendant zu den ***mystery plays*** <530>, deren Thema die biblische Heilsgeschichte und damit der Weg der gesamten Menschheit von der Erschaffung der Welt über den Sündenfall und die Erlösungstat Christi bis zum Jüngsten Gericht ist. Im Mittelpunkt der *morality plays* steht in der Regel eine repräsentative Figur, genannt Mankind, Everyman, Humanum Genus o. ä., um deren Seele personifizierte Tugenden und Laster ringen (**Psychomachie**). Als Verführer (und zugleich Pendant zu Satan und Antichrist in den *mysteries*) agiert der sogenannte *Vice*. Er trägt Namen wie Iniquity, Fraud, Folly o. ä. und schleicht sich häufig als guter Freund in das Vertrauen der Hauptfigur ein. Er ist eine komische Figur und unterhält mit seinen – oft derben – Späßen und Zoten das Publikum. Diese – für das spätmittelalterliche Drama charakteristische – Assoziation des Komischen mit dem Bösen findet sich im Übrigen auch in den *mystery plays*.

Zu den bekanntesten *morality plays* zählen *The Castle of Perseverance* (frühes 15. Jh.) und *The Summoning of Everyman* (ca. 1500). Obwohl die Gattung im Laufe des 16. Jahrhunderts bedeutungslos wurde, leben einzelne ihrer Strukturelemente im Drama der Shakespeare-Zeit fort. So hat man z. B. Figuren wie Richard III., Iago, Falstaff oder Parolles (in Shakespeares Komödie *All's Well That Ends Well*) als späte Nachfahren des *Vice* gedeutet.

RB

Literatur: Beadle; Fricker; Habicht; Potter.

529 Music Hall

Englische Form des musikalischen Varietee-Theaters im 19. und frühen 20. Jahrhundert.

Die *Music Hall* entstand um die Mitte des 19. Jahrhunderts; sie war bis ins frühe 20. Jahrhundert eine der wichtigsten und beliebtesten Unterhaltungsformen der populären Kultur. Ursprünglich richtete sie sich in erster Linie an das Industrieproletariat, erreichte dann später aber auch breite städtische Bevölkerungsschichten.

Ein *Music-Hall*-Auftritt, der bis zu 20 Minuten dauern kann, ist eine Mischung aus Gesangsvortrag, gesprochenem Wort (***patter***) und Tanz; das Publikum beteiligt sich durch das Mitsingen des ***chorus*** der einzelnen Strophen aktiv. Schon früh bilden sich relativ feste Rollen heraus, in denen die Sänger auftreten: der Ire, der Schwarze, der ***coster*** (Cockney-Straßenhändler), der ***lion comique*** (Salonlöwe) aus der mondänen Welt, der ***male impersonator*** und das ***naughty girl***.

Als Vorläufer der *Music Hall* können vor allem die zahlreichen *singing saloons* und *tavern theatres* gelten, die in der ersten Hälfte des 19. Jahrhunderts in zunehmender Zahl in den *pubs* der Groß- und Industriestädte eröffnet werden. Bei dem im 10. Kapitel von Disraelis Roman *Sybil* (1845) beschriebenen *Temple of the Muses* handelt es sich z. B. um eine solche Einrichtung. Der nach 1850 einsetzende Boom der *Music Hall* hängt wohl mit dem gleichzeitigen Wirtschaftsaufschwung zusammen, der den Arbeitern bessere Verdienstmöglichkeiten und mehr Freizeit einbrachte. Außerdem hatte der ***Licensing Act*** von 1843 (→ **Legitimate Drama / Illegitimate Drama** <522>) die Lizenzvergabe für Unterhaltungsstätten erleichtert. Ihren Höhepunkt erlebte die *Music Hall* zu Beginn des 20. Jahrhunderts. Der Niedergang setzte nach dem I. Weltkrieg ein; er wurde beschleunigt durch das Aufkommen konkurrierender neuer Unterhaltungsformen wie Kino, Rundfunk oder Revue. Als letzte schloss die Metropolitan Music Hall in London 1962 ihre Tore.

Die *Music Hall* hat auf die englische Kultur und Literatur des 19. und 20. Jahrhunderts einen nicht zu unterschätzenden Einfluss ausgeübt. Rudyard Kipling nahm sich z. B. die Songs für seine *Barrack-Room Ballads* (1892) zum Vorbild; in James Joyces Romanen und Erzählungen wird immer wieder in Zitaten, Anspielungen oder in den Erinnerungen einzelner Figuren auf die *Music Hall* und ihre Sänger Bezug genommen. Zahlreiche Dramatiker der Nachkriegszeit griffen auf Konventionen der *Music Hall* zurück, so z. B. Samuel Beckett in *Waiting for Godot* (1952/55) oder Joan Littlewood und der Theatre Workshop in der dramatischen Revue *Oh What a Lovely War* (1963). John Osborne setzte der *Music Hall* in seinem Drama *The Entertainer* (1957) ein Denkmal; neuerdings haben Angela Carter und Peter Ackroyd ihre Romane *Wise Children* (1991) und *Dan Leno and the Limehouse Golem* (1994) im *Music-Hall*-Mileu angesiedelt.

Das amerikanische Gegenstück zur *Music Hall* ist die ***Vaudeville-Revue***, in der allerdings nicht nur, wie in der *Music Hall*, Sänger auftreten, sondern u. a. auch Pantomimen, Akrobaten, Zauberer, Bauchredner, Jongleure oder Tiere. Die Blütezeit der *Vaudeville*-Revue ist das späte 19. und frühe 20. Jahrhundert; ähnlich wie die *Music Hall* ging sie an der Konkurrenz des Kinos, des Radios und der Revue zu Grunde.

RB

Literatur: Schneider.

530 Mystery Play – Mysterienspiel/Misterienspiel

Mittelalterliches religiöses Drama, in dem die biblische Heilsgeschichte von der Schöpfung bis zum Jüngsten Gericht dargestellt wird.

Als Ursprung der *mystery plays* gelten nach allgemeiner Auffassung die sogenannten **Tropen**, variierende Erweiterungen der kirchlichen Liturgie.[16] Auf diesen Ursprung verweist auch der Name ***mystery play***, der sich nicht von *mystery*, sondern von dem lateinischen Wort *ministerium* „Gottesdienst“ ableitet (im Deutschen hat sich deshalb neuerdings auch die Schreibung Misterienspiel eingebürgert). Bei den Tropen handelt es sich um kürzere oder längere dialogische Passagen, die an bestimmten Stellen in die kirchliche Liturgie eingefügt sind. Am bekanntesten ist der sogenannte Oster-Tropus geworden; er enthält den Dialog am Ostermorgen zwischen dem Engel am leeren Grab und den Frauen, die gekommen sind, um den Leichnam Christi zu salben:

> Quem quaeritis in sepulchro?
> Iesum Nazarenum crucifixum.
> Non est hic, resurrexit.[17]

Im Unterschied zu solchen noch fest in die Liturgie eingebundenen Dialogen kann von einem eigenständigen religiösen Drama erst die Rede sein, wenn die vollständige Lösung aus dem liturgischen Rahmen vollzogen ist; Anzeichen dafür sind die Verwendung der Volkssprache anstelle des Lateinischen und die Aufführung außerhalb der Kirche. Religiöse Dramen in diesem Sinne sind neben den *mystery plays* auch andere liturgieunabhängige Spiele auf der Basis von Bibeltexten, außerdem ***moralities*** <528> sowie ***miracle*** und ***saints' plays***, in denen Wunder bzw. das Leben von Heiligen dargestellt werden.

Bei den *mystery plays* in ihrer vollentwickelten Form handelt es sich um große Dramenzyklen, in denen die Heilsgeschichte von der Erschaffung der Welt bis zum Jüngsten Gericht in chronologischer Folge zur Anschauung gebracht wird. In England sind neben einigen Fragmenten die vollständigen Texte von vier solchen Zyklen aus dem 14. und 15. Jahrhundert überliefert, und zwar aus York, Wakefield, Chester und einer unbekannten Stadt in den Midlands. Die Aufführungen wurden häufig von den städtischen Gilden organisiert; die einzelnen Szenen wurden entweder an den verschiedenen Spielorten einer **Simultanbühne** <537> aufgeführt oder „prozessual“ auf Bühnenwagen, den sogenannten ***pageants***. Die Aufführungen der großen städtischen Zyklen dauerten bis ins späte 16. Jahrhundert an; nach der Reformation kamen sie allerdings

---

16 **Tropen** vgl. aber im Gegensatz dazu den rhetorischen Terminus Tropus <242>.

17 **Quem quaeritis ...** Wen sucht ihr im Grab? – Jesus von Nazareth, den Gekreuzigten. – Er ist nicht da; er ist auferstanden.

mehr und mehr unter politischen Druck. Die letzten Aufführungen sind für das Jahr 1580 dokumentiert.

Auffälligstes Kompositionsprinzip der *mystery plays* ist die **typologische** <148> Übertragung, d. h. die Gestaltung von Szenen oder Figuren nach dem Modell anderer Szenen oder Figuren von zentraler Bedeutung. Typologische Übertragungen dieser Art haben in der Regel eine theologische Funktion: Wenn z. B. die Lazarus-Episode nach dem Vorbild der späteren Auferstehung Christi konstruiert ist, so wird ihr vorausdeutender Charakter betont; wenn Pilatus, Annas, Kaiphas, Augustus oder der Pharao nach dem Vorbild des Herodes konzipiert sind, so werden auf diese Weise die Analogien zwischen den verschiedenen Gegenspielern Gottes verdeutlicht. Charakteristisch ist weiterhin die Einfügung von **komischen** <506> Szenen und Figuren – nicht so sehr als ***comic relief*** <509>, sondern erneut mit theologischer Intention: Komisch sind nämlich vor allem die „Bösen“, d. h. diejenigen, die Gottes Heilsplan stören – z. B. Noahs Weib, die die Arche nicht betreten will, Joseph, der an Marias Redlichkeit zweifelt, oder die oben genannten Gegenspieler Christi. Am *Second Shepherds Play* aus dem *Wakefield-Zyklus* lässt sich sowohl das Prinzip der typologischen Übertragung wie auch die Funktion komischer Szenen beobachten: Die Entdeckung des von dem Schafdieb Mak gestohlenen Widders in einer Wiege im Haus des Diebs ist eine **parodistische** <135> Gegenszene zur Anbetung der Hirten, Mak selbst eine komische Variante der Antichrist-Figuren.

RB

Literatur: Beadle; Fricker; Stemmler; Woolf, R.

531 (English) Pantomime[18]

Ursprünglich aus der Commedia dell'arte *hervorgegangene, sehr populäre und spezifisch britische Form des komischen Dramas, in der mit Vorliebe Märchen-, Sagen- oder Mythenstoffe in aufwändigen Produktionen auf die Bühne gebracht werden.*

Die *pantomime* entstand im Laufe des 18. Jahrhunderts aus der italienischen **Commedia dell'arte** <510>, die damals gerade in

[18] **Pantomime** vgl. die Fußnote zum Sprachgebrauch in <526>.

London populär geworden war. Als der Handlung der *commedia* (auch ***harlequinade*** genannt) ein selbstständiges, ernstes ***opening*** vorangestellt wurde, war die einheimische Form der *pantomime* geboren, eine der populärsten Formen des ***illegitimate drama*** <522>. In dieser ursprünglichen Form der *pantomime* geht es im *opening* oft darum, dass zwei Liebende durch die Eltern oder einen Rivalen getrennt oder verfolgt werden; es folgt die sogenannte ***transformation scene***, in der die Figuren des *opening* in Harlequin, Columbine, Pantaloon und andere Figuren der *Commedia dell'arte* verwandelt werden. Zugleich erhält Harlequin von einem überirdischen Wesen ein Holzschwert (*bat*), dessen Wunderwirkung ihm in der nun folgenden *harlequinade* – in der die Liebenden von Pantaloon und dem rivalisierendem Liebhaber verfolgt werden – zustatten kommt. In der sogenannten ***dark scene*** gelingt es dem Pantaloon zwar oft, den *bat* in seinen Besitz zu bringen; die Liebenden werden aber noch vor dem großen Finale gerettet.

Diese ursprüngliche Form hat sich im Lauf von inzwischen fast zwei Jahrhunderten mehrfach gewandelt; so gewinnt z. B. in der 2. Hälfte des 19. Jahrhunderts das *opening* mehr und mehr das Übergewicht über die *harlequinade*, die seitdem zunehmend an Bedeutung verloren hat bzw. ganz verschwunden ist. Im Zuge dieser Entwicklung verlagern sich die komischen Elemente mehr und mehr in das *opening*, das sich seinerseits völlig verändert: Seine Handlung greift nun auf bekannte Märchen (z. B. *Cinderella)* oder Sagen (z. B. *Dick Whittington*) oder auch auf Kinderlieder zurück. Neben dem außerordentlichen bühnentechnischen Aufwand mit Falltüren, Transformationen und Tricks aller Art bestimmen vor allem szenisches Spektakel, Akrobatik, Clownerie, Zauberei und Musik den Charakter der Gattung. Das ***pantomime horse***, in dem zwei Schauspieler verborgen sind, ist ein ebenso fester Bestandteil des Genres wie bei bestimmten Figuren das ***cross-dressing*** (**Transvestismus**): Der Held (***principal boy***) wird von einer Schauspielerin gespielt, während umgekehrt die ***dame***-Rollen, d. h. also die alten Frauen, von Männern dargestellt werden. Die *pantomime* ist äußerst flexibel und wandlungsfähig und kann Material aller Art in sich aufnehmen; mit Vorliebe werden Bezüge zu aktuellen Ereignissen hergestellt. Traditionellerweise werden *pantomimes* an Weihnachten und vor allem für Familien und Kinder aufgeführt (***Christmas pantomimes***).

Im zeitgenössischen Drama wird gelegentlich auf die Konventionen der *pantomime* Bezug genommen, so z. B. in Peter Nichols' *Poppy* (1983).

RB

Literatur: Frow; Mayer.

532 Play within a Play – Spiel im Spiel

Drama in Kleinform, das in ein Drama eingebettet ist.

Die dramatische Konvention des Spiels im Spiel ist seit der Shakespeare-Zeit im englischen Drama weit verbreitet. In der Regel handelt es sich dabei um einen Einschub in ein Drama, der als verkleinertes Abbild eines „richtigen" Dramas gelten kann. Dadurch wird innerhalb der dramatischen Fiktion eine weitere, sekundäre Fiktionsebene aufgebaut. Das Spiel im Spiel ist nicht autonom; seine Bedeutung ergibt sich immer nur in Zusammenhang mit der dramatischen Handlung, in die es eingebettet ist. Es kann für ganz unterschiedliche Zwecke eingesetzt werden:

1. Es kann, wie die Aufführung von „The Mousetrap" in *Hamlet*, vor allem die Funktion haben, die Handlung voranzutreiben, indem es Reaktionen auslöst oder Konsequenzen nach sich zieht, die sich nicht mehr rückgängig machen lassen.

2. Es kann, wie das von den Handwerkern aufgeführte Spiel von Pyramus und Thisbe im *Midsummer Night's Dream* dazu dienen, Themen der Haupthandlung zu variieren bzw. aus einer ungewohnten Perspektive darzustellen.

3. Es kann schließlich **metadramatische** <525> (→ **Metafiction** <128>) Funktion haben und – ähnlich dem **Verfremdungseffekt** (→ **Epic Drama** <514>) oder als selbstreflexive Widerspiegelung (***mise-en-abyme***; → **Plot** <139>) – die Aufmerksamkeit der Zuschauer auf die Grenzen von Fiktion und Realität lenken. Dies ist eine Technik, die vor allem im modernen Drama weit verbreitet ist, z. B. in Tom Stoppards Drama *The Real Inspector Hound* (1968), wo zwei Dramenfiguren in ein *play within the play* verwickelt werden und in ihm ums Leben kommen.

RB

Literatur: Mehl (1965); Pfister, (1977); Schmeling.

533 Problem Play – Problemstück

Sammelbegriff für Dramen, die der Darstellung moralischer oder sozialer Probleme dienen.

Der Begriff *problem play* wird erstmals gegen Ende des 19. Jahrhunderts auf die Werke von Dramatikern wie Henrik Ibsen (1828-1906), George Bernard Shaw (1856-1950), John Galsworthy (1867-1933) oder Arthur Wing Pinero (1855-1934) angewendet. Er bezeichnet zunächst Dramen, in denen aktuelle gesellschaftliche Fragen oder Probleme aufgegriffen und diskutiert werden – wie z. B. die Rolle der Frau (Ibsen, *Nora*; Shaw, *Mrs. Warren's Profession*; Pinero, *The Second Mrs. Tanqueray*) oder Klassengegensätze und soziale Spannungen (Galsworthy, *Strife*; Shaw, *Major Barbara*). Insofern reflektiert das Aufkommen des Begriffs *problem play* eine wichtige literaturhistorische Entwicklung: die zunehmende Annäherung des Dramas an die gesellschaftliche Wirklichkeit.

Die *problem plays* des späten 19. und frühen 20. Jahrhunderts lassen sich meist nicht eindeutig als **Tragödien** <542> oder **Komödien** <506> klassifizieren; häufig beruht ihre Konstruktion auf der Abkehr oder Umfunktionierung von herkömmlichen dramatischen Mustern wie **Melodrama** <524>, **Farce** <517>, ***well-made play*** <544> oder Gesellschaftskomödie.

Nachträglich wurde der Begriff *problem play* dann auch – und zwar erstmals 1902 von F. S. Boas – retrospektiv auf Dramen Shakespeares angewandt; bis heute konnte allerdings weder über die Bedeutung des Begriffs noch darüber, auf welche Dramen Shakespeares er sinnvoll angewandt werden könnte, Einigkeit erzielt werden. Für Boas galten z. B. *Troilus and Cressida*, *All's Well That Ends Well*, *Measure for Measure* und *Hamlet* als *problem plays*, weil in ihnen die Protagonisten mit komplexen oder schwierigen Gewissensfragen konfrontiert werden; E. Schanzer erhob die Doppeldeutigkeit der Figuren zum Kriterium und entschied sich für *Measure for Measure*, *Antony and Cleopatra* und *Julius Caesar*. W. Kluge im *Shakespeare-Handbuch* folgt im wesentlichen Boas und schließt nur *Hamlet* aus; als wesentliche Merkmale bezeichnet er die Behandlung ethisch-moralischer – d. h. nicht sozialer – Fragen, die vor allem in Debatten zwischen einzelnen Figuren unter abstrakt-philosophischen oder theologischen Gesichtspunkten erörtert und häufig am Beispiel eines unreifen jungen Mannes dargestellt werden.

Der Begriff *problem play* überschneidet sich teilweise mit dem der **Tragikomödie** <541>, da beide zur Bezeichnung von Dramen verwendet werden, die weder eindeutig der Tragödie noch der Komödie zugeordnet werden können.

RB

Literatur: Hillman; Muir.

534 Prologue – Prolog

Teil eines Dramas, der der eigentlichen dramatischen Handlung vorangestellt ist.

Wenn Aristoteles im 12. Buch der *Poetik* als Prolog „den ganzen Teil der Tragödie vor dem Einzug des Chors" bezeichnet, so meint er damit den ersten Abschnitt der dramatischen Handlung selbst. Bis heute wird der Begriff Prolog gelegentlich in dieser Bedeutung gebraucht, z. B. zur Bezeichnung der Eröffnungsszene eines Dramas, die der Haupthandlung vorangestellt ist und – wie in Peter Barnes' *Ruling Class* – die Vorgeschichte erzählt.

Sehr viel häufiger wird als Prolog jedoch ein weitgehend autonomer Teil eines Dramas bezeichnet, der der eigentlichen Handlung vorangestellt ist und in dem sich ein Schauspieler oder eine Figur direkt an das Publikum wendet. Diese Konvention geht auf das römische Theater, vor allem auf die Komödien von Plautus und Terenz zurück.

Prologe gehören zu den **episierenden** (→ **Epic Drama** <514>) Elementen des Dramas, da in ihnen eine vermittelnde Instanz zwischen Publikum und dramatische Handlung tritt. Sie haben meist die Funktion, die Zuschauer wohlgesonnen zu stimmen und Teile der **Exposition** <516> zu übernehmen; sie können aber auch dazu dienen, dramaturgische oder poetologische Themen anzuschneiden. Im mittelalterlichen englischen Drama und im Drama der Shakespeare-Zeit sind Prologe weit verbreitet; meist wird auch die Figur, die den Prolog spricht, als Prolog (*Prologue*) bezeichnet. Christopher Marlowe (1564-1593) bedient sich der Konvention im *Jew of Malta* (mit der spielexternen Figur des Machiavelli als Prolog); Shakespeare greift z. B. in *Romeo and Juliet* auf sie zurück, und auch die zu Beginn von *Henry IV Part 2* auftretende (und nicht explizit als Prolog bezeichnete) **allegorische** <102> Figur Rumour hat die Funktion eines Prologs. In *A Midsummer Night's Dream* macht sich Shakespeare jedoch im **Spiel im Spiel** <532> von Pyramus und Thisbe über eine der traditionellen Formen des Prologs lustig, in der den Zuschauern eine kurze (*argument* genannte) Zusammenfassung der Handlung geboten wurde. Während der *Restoration* und im 18. Jahrhundert wurde es generell üblich, Dramen Prologe voranzustellen, in denen häufig literaturtheoretische Themen aufgegriffen wurden und die von einem Schauspieler oder einer Schauspielerin **ex parte** (→ **Epic Drama** <514>) vorgetragen wurden. Im 19. Jahrhundert verlor die Konvention rasch an Bedeutung; im epischen Theater des 20. Jahrhunderts übernehmen gelegentlich Kommentator-Figuren wie der *stage manager* in Thornton Wilders *Our Town* (1938) Funktionen des traditionellen Prologs.

RB

Literatur: Asmuth.

535 Revenge Tragedy – Rachetragödie

Populäre Form der Tragödie im späten 16. und frühen 17. Jahrhundert, deren zentrales Thema die Rache für ein ungesühntes Verbrechen ist.

Die erste Rachetragödie im eigentlichen Sinne schrieb um ca. 1589 Thomas Kyd mit *The Spanish Tragedy*, einem Drama, in dem sich Elemente aus der Seneca-Tragödie mit Motiven aus den zu jener Zeit so populären italienischen **Novellen** <415> vermischten.

In der *Spanish Tragedy* findet sich erstmals auch die typische Struktur der Rachetragödie: Ein Mord, der vor oder zu Beginn des Stückes begangen worden ist, wird einem Freund oder Familienmitglied des Opfers (oft durch den Geist des Verstorbenen) zur Kenntnis gebracht. Da der Mord aus bestimmten Gründen nicht gerichtlich gesühnt werden kann, muss der Held als Rächer durch sein persönliches Eingreifen die Gerechtigkeit wiederherstellen. Um diese Aufgabe zu erfüllen, greift der Rächer meist zu einer List oder muss sich verstellen; der psychische Druck, dem er ausgesetzt ist, und die moralische Fragwürdigkeit seines Vorhabens verändern seine Persönlichkeit und seine Beziehungen zu anderen Menschen in einem Maße, dass oft nach dem Vollzug der Rache seine Rückkehr in das normale Leben nicht mehr möglich ist; in vielen Fällen endet die Rachetragödie auch mit dem Tod des Rächers.

Die Rachetragödie ist ein variabler Dramentypus; sie kann das Interesse auf die Psychologie des Rächers richten oder auch gesellschaftskritisch-satirischen Zwecken dienen. Ihre große Popularität hatte die Rachetragödie jedoch vermutlich in erster Linie dem Umstand zu verdanken, dass sie die Sensationslust des Publikums befriedigte, indem sie zahllose Grausamkeiten und Bluttaten auf die Bühne brachte; darüber hinaus mag das Interesse, das die Elisabethaner der Frage der privaten Rache entgegenbrachten, eine Rolle gespielt haben.

Zu den bekanntesten Rachetragödien zählen Shakespeares *Titus Andronicus* und *Hamlet*, John Marstons *Antonio's Revenge* (1599) und *Malcontent* (1604), Cyril Tourneurs *Revenger's Tragedy* (1607) und *Atheist's Tragedy* (1611), im weiteren Sinne zahlreiche der Tragödien John Websters (ca.1580-ca.1625), Philip Massingers (ca.1583-1640), Thomas Middletons (ca.1580-1627) und John Fords (ca.1586-ca.1655). Neben dem Terminus Rachetragödie sind auch die Begriffe ***Italianate tragedy of intrigue*** (Madeleine Doran) und ***tragedy of blood*** gebräuchlich, die aber jeweils etwas andere Akzente setzen.

RB

Literatur: Bowers; Doran.

536 Sentimental Comedy – Rührendes/Empfindsames Lustspiel

Sammelbegriff für Komödien des späten 17. und frühen 18. Jahrhunderts, die darauf abzielen, die Zuschauer zu rühren, indem sie möglichst unmittelbar deren Gefühle ansprechen.

Die wesentliche kulturgeschichtliche Voraussetzung der *sentimental comedy* (die den Zeitgenossen auch unter dem Namen *weeping comedy* vertraut war) ist der vor allem in der ersten Hälfte des 18. Jahrhunderts weit verbreitete Kult der ***sensibility***: die Vorstellung, dass der Mensch von Natur aus gut sei und dass dieses Charakteristikum am unverfälschtesten in spontanen Gefühlsäußerungen zum Ausdruck komme. Damit verbindet sich oft die Ansicht, dass es sich bei diesem „Adel der Seele“ um eine typisch bürgerliche Tugend handle.

Die *sentimental comedy* versucht ganz im Sinne dieser Anschauungen unmittelbar auf die Gefühle der Zuschauer einzuwirken und damit letztlich auch zur Entwicklung einer menschlicheren Gesellschaft beizutragen. Dies geschieht mittels einer Handlung, die in der Regel im bürgerlichen Milieu spielt und in der die Darstellung empfindsamer Gefühlsregungen und exemplarisch-tugendhaften Verhaltens einen hohen Rang einnimmt. Eine besonders große Rolle spielen dabei – neben der Liebe zur Menschheit im allgemeinen – die Gefühle, die Kindern, Eltern, Frauen, Armen, Unglücklichen und Entrechteten entgegengebracht werden, sowie die Indifferenz gegenüber Geld und materiellen Gütern und die Rührung über die eigenen Gefühle. Insofern ist die *sentimental comedy* auch als Reaktion auf die ***comedy of manners*** <508> der *Restoration* und ihr von Sexualität, Geld und Machtstreben geprägtes Weltbild zu verstehen und lässt deutliche Parallelen zum **Melodrama** <524> und zum **bürgerlichen Trauerspiel** <511> mit seiner auf Rührung und Besserung der Zuschauer abzielenden Handlungsführung erkennen.

Die teilweise übertriebene oder wirklichkeitsferne Darstellung der Gefühle in der *sentimental comedy* hat mit dazu beigetragen, dass der englische Begriff *sentimental* (wie seine deutsche Entsprechung) zunehmend negative Konnotationen angenommen hat und heute oft zur Bezeichnung falscher oder unangemessener Gefühle verwendet wird. Aber obwohl *sentimental comedies* auch *sentimental* im negativen Sinne sein können, hat die Gattungsbezeichnung deskriptiven, nicht wertenden Charakter.

Zu den bekanntesten Beispielen der *sentimental comedy* zählt Richard Steeles **Komödie** <506> *The Conscious Lovers* (1722), deren Protagonist Bevil in geradezu vorbildhafter Weise das Ideal gefühlsbetont-empfindsamer Menschenfreundlichkeit verkörpert: Nicht nur ist er ein erbitterter Gegner des Duells; er würde auch seine geliebte Indiana niemals ohne die Einwilligung seines Vaters heiraten. In der zweiten Hälfte des 18. Jahrhunderts werden die Konventionen der *sentimental comedy* satirisch bzw. **parodistisch** <135> immer deutlicher in Frage gestellt, vor allem in den Komödien Oliver Goldsmiths (*She Stoops to Conquer*, 1773) und Richard Brinsley Sheridans (*The Rivals*, 1775; *The School for Scandal*, 1777); sie haben sich aber bis heute in verschiedenen Formen der populären Literatur und des Films, z. B. im Liebesroman und im Liebesfilm, erhalten.

RB

Literatur: Bernbaum; Ellis; Sherbo (1957).

537 Stage – Bühne

Die vom Zuschauerraum abgegrenzte, für die Aufführung eines Theaterstücks bestimmte Spielfläche.

Da **Dramen** <512> im Unterschied zu anderen literarischen Gattungen für die szenische Aufführung konzipiert sind, besteht ein enger Zusammenhang zwischen dem dramatischen Text und den räumlichen Verhältnissen und technischen Möglichkeiten der jeweiligen Bühne, und zwar in doppelter Hinsicht:

1. Dramentexte werden meist mit Blick auf die Möglichkeiten einer bestimmten Bühnenform verfasst: da z. B. die Freilichttheater der Shakespeare-Zeit nur eine relativ spärliche Bühnendekoration kannten, waren die Dramatiker darauf angewiesen, den Schauplatz des Geschehens mit verbalen Mitteln in der Figurenrede zu veranschaulichen.

2. Wenn Dramen auf einer Bühne aufgeführt werden, für die sie nicht konzipiert sind, so kann sich dadurch die Gesamtwirkung des dramatischen Textes entscheidend verändern – wie dies etwa im 19. Jahrhundert bei Shakespeares Römerdramen der Fall war, die in einer mit archäologischer Präzision rekonstruierten antiken Bühnendekoration aufgeführt wurden, die einen distanzierenden Effekt hatte und den Dramen den Charakter eines historischen Monumentalgemäldes verlieh.

Aus der großen Zahl der verschiedenen Bühnenformen, die sich im Verlauf der Geschichte des europäischen und amerikanischen Theaters unter ganz unterschiedlichen historischen, gesellschaftlichen und technischen Bedingungen herausgebildet haben, seien im Folgenden die für das englische und amerikanische Drama wichtigsten kurz charakterisiert.

Für das mittelalterliche englische Drama sind vor allem zwei Formen des Bühnenaufbaus und der Inszenierung charakteristisch:

1. Die für die ***mystery plays*** <530> überlieferte **prozessuale Aufführungspraxis**: Die einzelnen Szenen (im York-Zyklus sind es z. B.

48) wurden auf Bühnenwagen (den sogenannte ***pageants***) gespielt, die durch die Stadt zogen und an bestimmten Stellen Halt machten.

2. Die Aufführung an den verschiedenen Spielorten einer **Simultanbühne**, wo sich um eine zentrale Spielfläche – meist ***place*** (lat. auch ***platea***) genannt – verschiedene Plattformen (***scaffold***, lat. auch ***domus***) gruppierten, die bestimmte Schauplätze (z. B. Himmel oder Hölle) repräsentierten. Für das ***morality play*** <528> *The Castle of Perseverance* (15. Jh.) ist die Skizze eines solchen Bühnenaufbaus überliefert:

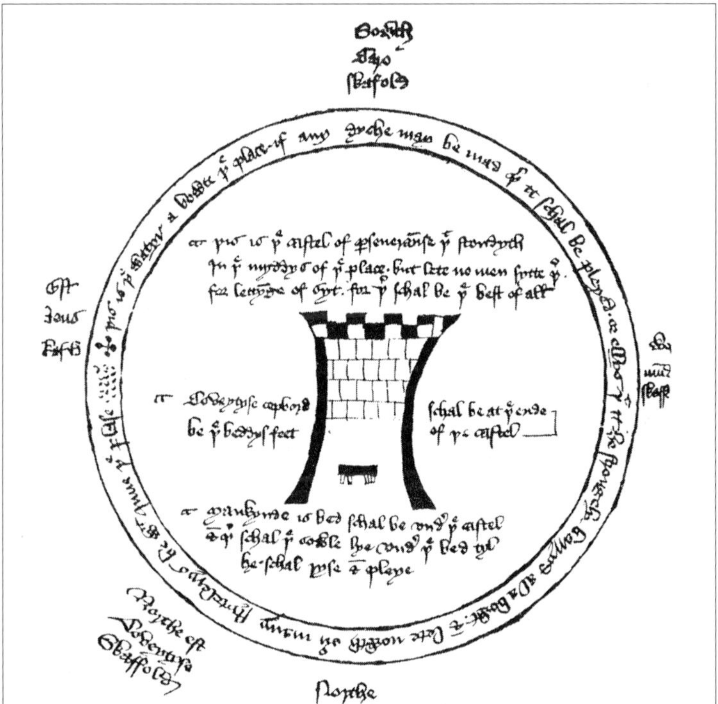

Mittelalterliche Bühne: Skizze des Bühnenaufbaus für *The Castle of Perseverance*. In der Mitte das *Castle* mit einem Bett; oben *South/Caro*, links *East/Deus*, rechts *West/Mundus*, unten *North/Belial* und halblinks unten *Northeast/Coveytyse*.

Um die zentrale Spielfläche mit dem Castle scharen sich fünf *scaffolds*, die im Osten für Deus (Gott), im Westen für Mundus (die Welt), im Süden für Caro (Fleischlichkeit), im Norden für den Teufel Belial und im Nordosten für Coveytyse (sinnliche Begierde) vorgesehen waren.

So weit dies aus der bruchstückhaften Überlieferung hervorgeht, waren die mittelalterlichen Bühnen reich geschmückt; die Bühnenbilder waren allerdings weniger „realistisch" als **emblematisch** <115>: So wurde z. B. die Hölle meist als weit aufgerissenes, zähnebewehrtes Maul, der sogenannte „Höllenschlund", dargestellt.

Im 16. und 17. Jahrhundert dominierten in England vor allem zwei ganz unterschiedliche Bühnenformen:

1. Die sogenannte **Shakespeare-Bühne**, das runde oder polygone Freilichttheater mit vermutlich drei Zuschauerrängen (***galleries***) und einer überdachten Bühne, die weit in die zentrale Arena (***pit***), den Bereich der Stehplätze, hineinragt (***apron*** oder ***thrust stage***). An der Rückwand der Bühne befanden sich Türen, durch die die Schauspieler aus dem Bühnenhaus (***tiring house***) auftraten; die auf wenige Versatzstücke wie Tische, Stühle, Felsen oder Bäume beschränkte Bühnendekoration ermöglichte zwar schnelle Szenenwechsel, Schauplatz und Tageszeit müssen aber im wesentlichen mit sprachlichen Mitteln vergegenwärtigt werden.

2. Die **Hofbühne**, die, anknüpfend an italienische Modelle, als **Illusionsbühne** mit „realistischen" und perspektivisch angeordneten Bühnenbildern und aufwändiger Bühnenmaschinerie konzipiert war. Zuschauerraum und Bühne sind durch den **Proszeniumsbogen** (***proscenium arch***) voneinander getrennt, der, ähnlich wie ein Bilderrahmen, den illusionistischen Effekt verstärkt. Allerdings treten auch im Hoftheater die Schauspieler auf der **Vorderbühne** (**Proszenium/*proscenium***) auf, da sie im hinteren Teil der Bühne vor dem perspektivierten und daher stark verkleinerten Bühnenbild zu groß erscheinen würden.

Im Verlauf des 17. und 18. Jahrhunderts wird die Illusionsbühne zur Standard-Bühne. Allerdings bleibt bis ins 19. Jahrhundert noch ein Element der Shakespeare-Bühne erhalten, nämlich die weit vor den Proszeniumsbogen in den Zuschauerraum hineinragende Vorderbühne, die nach wie vor einen engen Kontakt zwischen Schauspielern und Publikum ermöglicht.

Erst im Laufe des 19. Jahrhunderts wird der Schritt zur reinen **Guckkastenbühne** (***proscenium stage***; ***picture frame stage***) vollzogen, wo der Proszeniumsbogen zur imaginären „vierten Wand"

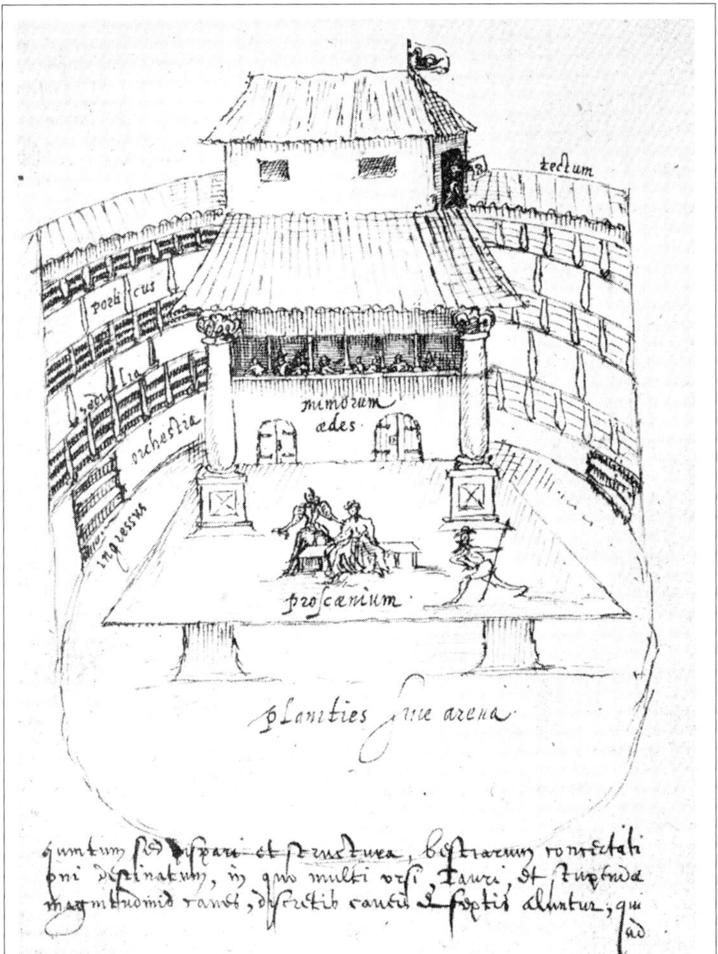

Shakespeare-Bühne: Skizze des Swan Theatre, angefertigt ca. 1596 von dem holländischen Reisenden Johannes de Witt. Deutlich erkennbar: der Rundbau mit drei Galerien, die vom Bühnenturm überdachte, in die Arena (*planities sive arena*) hineinragende Bühne (*proscenium*), auf der Schauspieler in elisabethanischen Gewändern agieren. An der Rückwand die zum Bühnenhaus (*mimorum aedes*) führenden Türen und die Galerie, die vermutlich gelegentlich als Oberbühne genutzt wurde.

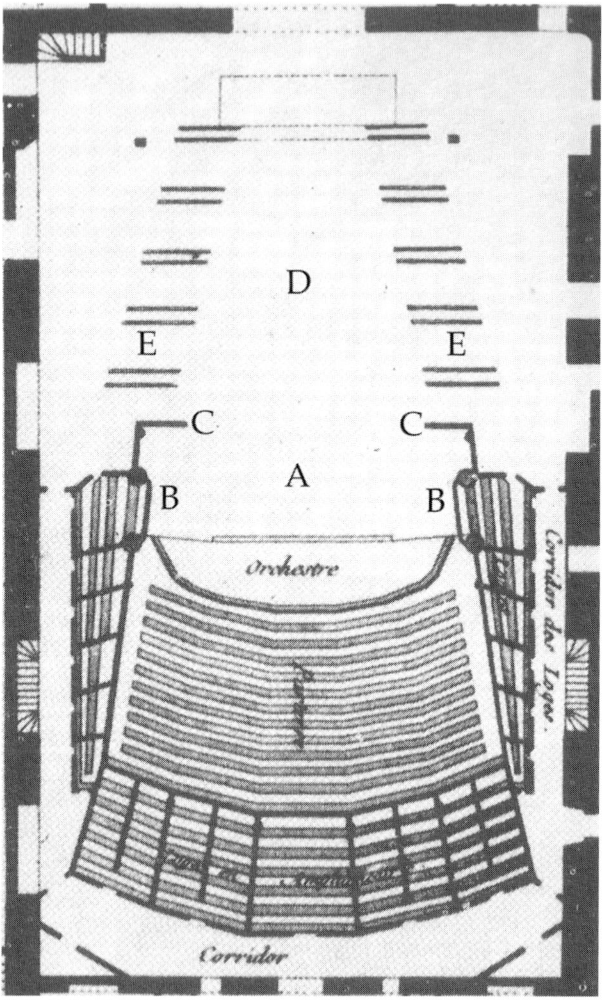

Illusionsbühne (18. Jahrhundert): Grundriss des Covent Garden Theatre, 1731-32. Deutlich erkennbar die Vorderbühne (A), die zwischen den vorderen Logen (B) und vor dem Prosezeniumsbogen (C) liegt. Die Hinterbühne (D) mit den gestaffelten Kulissen (E) wird für das Spiel kaum genutzt.

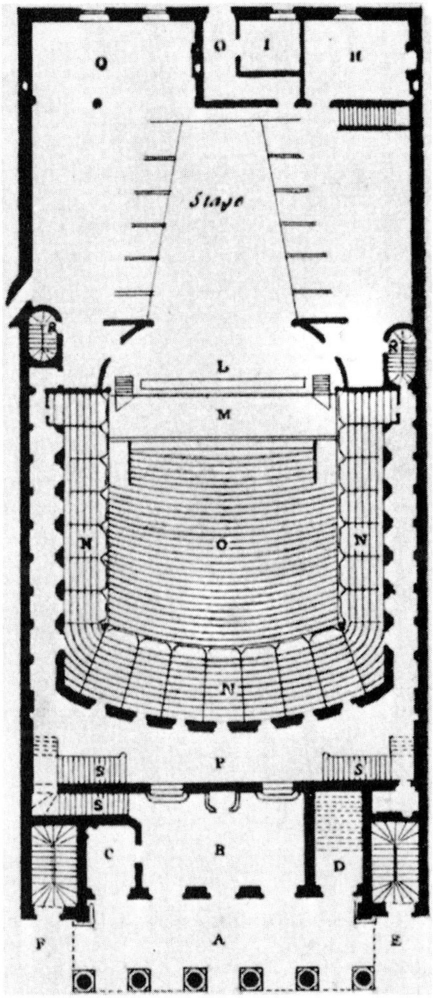

Guckkastenbühne (frühes 19. Jahrhundert): Grundriss des von John Nash erbauten Haymarket Theatre, 1820. Im Unterschied zum Covent Garden Theatre von 1731-32 ist deutlich erkennbar, dass die Bühne insgesamt hinter den Proszeniumsbogen (L) zurückgetreten ist. Zwischen den vorderen Logen befindet sich jetzt das Orchester (M).

wird und die Trennung von Zuschauern und Schaupielern absolut ist. Außerdem ist zu diesem Zeitpunkt die Bühnentechnik (z. B. Beleuchtung) so weit entwickelt, dass die Illusion einer getreuen Wirklichkeitsnachahmung erzeugt werden kann.

Zu Beginn des 20. Jahrhunderts setzte eine Reaktion gegen die Guckkastenbühne und den Bühnen-Realismus (→ **Realismus** <141>) ein, die zu einer Vielzahl neuer Konzepte und Entwicklungen führte. Heute dominiert weder eine bestimmte Bühnenform noch ein bestimmter Aufführungsstil; die Guckkastenbühne muss mit anderen Bühnenformen konkurrieren – z. B. mit der **Arenabühne** (***theatre in the round***), mit der (der Shakespeare-Bühne nachempfundenen) *apron* oder *thrust stage* oder mit flexiblen Bühnenräumen, die je nach Bedarf eingerichtet werden können; auch die Trennung von Zuschauern und Schauspielern durch die „vierte Wand" wird nicht mehr als verbindlich angesehen und ist in vielen Fällen aufgehoben. Ähnlich breit ist das Spektrum der Inszenierungsstile, die vom „selektiven" Realismus über multimediale Ansätze bis hin zu Formen reichen, die mit einem Minimum an Bühnenbild und technischem Aufwand auskommen.

RB

Literatur: Leacroft; Leech/Craik; Pfister (1977).

538 Ständeklausel

Normative Vorschrift in Poetiken vor allem der Renaissance und des Klassizismus, die besagt, dass die Protagonisten einer Tragödie von hohem Stand sein müssen.

Die Vorstellung, dass die Protagonisten der **Tragödie** <542> von hohem Stand, die der **Komödie** <506> von niederem Stand sein sollten, geht bis in die Antike zurück und ist bis ins frühe 18. Jahrhundert ein wesentlicher Bestandteil der Tragödientheorie. Eine in der Renaissance weit verbreitete Formulierung des Grammatikers Diomedes (4. Jahrhundert) lautet:

> Comoedia a tragoedia differt, quod in tragoedia introductuntur heroes duces reges, in comoedia humiles atque privatae personae. [Die Komödie unterscheidet sich von der Tragödie dadurch, dass in der Tra-

gödie Heroen, Feldherren und Könige auftreten, in der Komödie Personen von niederem Stand.]

Die Ständeklausel (ein entsprechender englischer Begriff fehlt) beruht auf der Auffassung, dass nur bei Personen von Stand der Sturz vom Glück ins Unglück wirklich „tragisch" sein kann, da nur so die für die Tragödie erforderliche **Fallhöhe** garantiert ist. Diese in der Ständeklausel zum Ausdruck kommende Vorstellung von der Tragödie unterscheidet sich von der aristotelischen: Zwar heißt es bei Aristoteles in Buch 2 der *Poetik*, dass „die Komödie [...] schlechtere, die Tragödie bessere Menschen nachzuahmen [sucht], als sie in der Wirklichkeit vorkommen," und in Buch 15, dass „die Tragödie Nachahmung von Menschen ist, die besser sind als wir"; diese Formulierungen beziehen sich aber in erster Linie auf Persönlichkeit und charakterliche Veranlagung, nicht auf die Standeszugehörigkeit.

In England ist in den Poetiken und literaturtheoretischen Schriften des 16. und 17. Jahrhunderts die Ständeklausel ein fester Bestandteil der Tragödientheorie, so z. B. in George Puttenhams *Of Poets and Poesy* (1589):

> Besides those Poets Comic there were others who served also the stage, but meddled not with so base matters, for they set forth the dolefull falls of infortunate & afflicted Princes, & were called Poets Tragical: such were *Euripides* and Sophocles with the Greeks, Seneca among the Latines. [...]

In der dramatischen Praxis war die Ständeklausel jedoch in der englischen Literatur – außer in dem als **de-casibus-Tragödie** (→ TRAGEDY <542>) bezeichneten Dramentypus – nie von überragender Bedeutung; spätestens mit der Entstehung des **bürgerlichen Trauerspiels** <511> im 18. Jahrhundert wird sie für die weitere Entwicklung des ernsten Dramas in England irrelevant.

RB

Literatur: Asmuth; Doran.

539 Theatre of the Absurd – Absurdes Theater

Form des modernen experimentellen Dramas, das mit überwiegend nicht-realistischen Darstellungsmitteln menschliches Handeln in einer sinnentleerten, rätselhaften Welt zeigt.

Auf das moderne Drama wurde der Begriff des Absurden (→ **Literature of the Absurd** <101>) erstmals von Martin Esslin in seinem damals richtungsweisenden Werk *The Theatre of the Absurd* (1961) übertragen. Vor allem bei Samuel Beckett (1906-89), Eugène Ionesco (1912-94), Jean Genet (1910-86), N. F. Simpson (*1919), Harold Pinter (*1930) oder Edward Albee (*1928) glaubte Esslin grundlegende Vorstellungen der französischen Existenzphilosophie wiederzuerkennen: In den Werken der genannten Dramatiker kam seiner Auffassung nach „das Bewusstsein der Sinnlosigkeit des menschlichen Daseins und der Unzulänglichkeit rationaler Anschauungsformen" zum Ausdruck. Als charakteristische Merkmale des absurden Theaters nennt Esslin den weitgehenden Verzicht auf Handlungslogik, auf konsistente Charakterzeichnung und Motivierung der Figuren sowie auf zielgerichtete Dialogführung und realistische Darstellung.

Gegen Esslin ist jedoch einzuwenden, dass die genannten Dramatiker und alle anderen, deren Werk von ihm oder von anderen Kritikern mit dem Etikett absurd versehen wurden, nie eine homogene Gruppe gebildet und auch Dramen ganz unterschiedlicher Art hervorgebracht haben. So können absurde Dramen – wie bei Beckett – Elemente der **Farce** <517> oder der ***Music Hall*** <529> enthalten oder – wie bei Pinter – sich an den Konventionen des realistischen sozialen Dramas orientieren oder – wie bei Stoppard – als **parodistisches** <135> **Metadrama** <525> angelegt sein. Auch die „absurde" Wirkung kann ganz unterschiedliche Ursachen haben: In Samuel Becketts *Waiting for Godot* z. B. beruht sie vor allem darauf, dass an die Stelle einer voranschreitenden Dramenhandlung eine statische Situation getreten ist, die sinnvolles Handeln unmöglich macht und die beiden Protagonisten Vladimir und Estragon zum Nichtstun verurteilt. In Pinters Dramen – z. B. in *The Caretaker* oder *The Homecoming* – verläuft dagegen die Handlung meist durchaus zielgerichtet; absurd erscheinen vor allem die unmotivierten Brüche im Verhalten der Figuren.

RB

Literatur: Esslin; Pfister (1987b).

540 Three Unities – Drei Einheiten

Aristoteles zugeschriebene Grundprinzipien des Dramas: Einheit der Handlung (unity of action), Einheit der Zeit (unity of time) und Einheit des Ortes (unity of place).

Die als drei Einheiten bezeichneten, lange Aristoteles zugeschriebenen Grundprinzipien des Dramas tauchen als solche erstmals in den Regelpoetiken der Renaissance auf und spielen später in der **klassizistischen** <112> Dramentheorie – vor allem in Frankreich – als normative Vorgaben eine große Rolle. Unter der **Einheit der Handlung** (***unity of action***) versteht man die Geschlossenheit (→ EPIC DRAMA <514>) der dramatischen Handlung, unter der **Einheit der Zeit** (***unity of time***) die möglichst weitgehende Annäherung der dramatischen Zeit an die reale Zeit, unter der **Einheit des Ortes** (***unity of place***) schließlich die weitgehende Identität des Schauplatzes während des gesamten Verlaufs der dramatischen Handlung.

Ob diese Lehre von den drei Einheiten als aristotelisch bezeichnet werden kann, ist mehr als fraglich. Lediglich die Forderung nach der Einheit der Handlung kann sich mit einem gewissen Recht auf Buch 7 der *Poetik* berufen, wo es heißt, dass

> die Tragödie die Nachahmung einer vollständigen und ganzen Handlung ist [...] . Ganz ist, was Anfang, Mitte und Ende besitzt. [...] Es dürfen also Handlungen, die gut aufgebaut sein sollen, weder an einem beliebigen Punkte beginnen noch an einem beliebigen Punkte aufhören [...].

Die Forderung nach der Einheit der Zeit wird in der Regel aus einer eher allgemein formulierten Passage in Buch 5 der *Poetik* abgeleitet:

> die Tragödie versucht so weit als möglich sich in einem einzigen Sonnenumlauf oder doch nur wenig darüber hinaus abzuwickeln. Das Epos dagegen verfügt über unbegrenzte Zeit [...].

Die Bedeutung dieser Passage wird allerdings von vorneherein durch ihren Kontext – nämlich die kontrastierende Gegenüberstellung von **Drama** <512> und **Epos** <312> im zweiten Satz – relativiert; außerdem handelt es sich hier um einen Aspekt der aristotelischen Dramentheorie, der im Vergleich mit der Forderung nach Geschlossenheit der Handlung von sekundärer Bedeutung ist. Von der Einheit des Ortes schließlich ist bei Aristoteles an keiner Stelle die Rede.

Im Laufe der Geschichte sind die drei Einheiten jeweils ganz unterschiedlich ausgelegt worden. Während Nebenhandlungen oder komische Einschübe noch relativ einhellig als Verstöße gegen die Einheit der Handlung verurteilt wurden, so gingen die Meinungen über die Einheit der Zeit und des Ortes weit auseinander. Die Spannweite reicht bei der Einheit der Zeit von dem aristotelischen Sonnenumlauf bis zur Forderung nach absoluter Synchronie von dramatischer Handlung und realer Zeit, bei der Einheit des Ortes von einem relativ großzügigen Verständnis bis hin zur Forderung, die Handlung müsse in einem Gebäude oder gar einem einzigen Zimmer spielen. Im Hintergrund steht dabei fast immer die Vorstellung, ein Drama könne nur dann glaubwürdig sein oder „realistisch“ wirken, wenn es sich an die Einheiten – vor allem die der Zeit und des Ortes – halte; dagegen seien eine Vielzahl von Schauplätzen und eine Dramenhandlung, die lange Zeiträume umspanne, schlicht absurd. Diese Auffassung wird z. B. auch von Sir Philipp Sidney in seiner *Apology for Poetry* (1580/95) vertreten:

> For ordinary it is [in our tragedies and comedies] that two young princes fall in love; after many traverses she is got with child, delivered of a fair boy, he is lost, groweth a man, falleth in love, and is ready to get another child, and all this in two hours' space; which how absurd it is [...] art hath taught, and all ancient examples justified [...].

In England hat – trotz Sidneys Klage – die Lehre von den drei Einheiten in der Theorie und Praxis des Dramas nie eine so bedeutende Rolle gespielt wie in Frankreich oder Deutschland. Selbst der Klassizist John Dryden kritisiert die sich streng an den drei Einheiten orientierenden Dramen der Franzosen, denen er die „regellosere“ einheimische Tradition des elisabethanischen und jakobäischen Dramas (und vor allem Shakespeare) vorzieht:

> By their servile observations of the unities of time and place, and integrity of scenes, they have brought on themselves that dearth of plot, and narrowness of imagination, which may be observed in all their plays. (*An Essay of Dramatic Poesy*, 1668)

Samuel Johnson entzieht schließlich der Lehre von den drei Einheiten die theoretische Basis und betont – ganz im Sinne der *Poetik* – die Priorität der Einheit der Handlung. Das immer wieder vorgebrachte Argument, ein Drama werde unglaubwürdig, wenn es gegen Einheit der Zeit und des Ortes verstoße, entkräftet er mit dem Hinweis auf die Fiktionalität des Dramas und die Fähigkeit der Zuschauer, die dramatischen Konventionen adäquat zu interpretieren:

> The objection arising from the impossibility of passing the first hour at Alexandria, and the next at Rome, supposes, that when the play opens, the spectator really imagines himself at Alexandria, and believes [...] that he lives in the days of Antony and Cleopatra. Surely he that imagines this may imagine more. He that can take the stage at one time for the palace of the Ptolemies, may take it in half an hour for the promontory of Actium. (*Preface to Shakespeare*, 1765)

In dem Maße, in dem die klassizistischen Normen im Laufe des 18. Jahrhunderts ihre Verbindlichkeit verlieren, wird dann auch die Frage der drei Einheiten bedeutungslos. Heute wird der Begriff nur noch deskriptiv verwendet.

RB

Literatur: Asmuth; Greiner, N.

541 Tragicomedy – Tragikomödie

Form des Dramas, in der sich Elemente der Komödie und der Tragödie vermischen.

Tragödie <542> und **Komödie** <506> sind keine absoluten Gegensätze. Dies wird schon daran deutlich, dass bestimmte weit verbreitete dramatische Handlungsmotive – z. B. das des vermeintlich betrogenen Ehemanns – sowohl im tragischen (*Othello*) wie auch im komischen Modus (Ford in *The Merry Wives of Windsor*) präsentiert werden können. Darüber hinaus lässt sich an zahlreichen Beipielen aus der Geschichte der westlichen Literatur zeigen, dass dramatische Mischformen so alt sind wie das Drama selbst. Das von **klassizistischen** <112> Theoretikern oft hochgehaltene Prinzip der Gattungsreinheit (das besagt, dass Dramen entweder Tragödien oder Komödien sind) kann also keineswegs Allgemeingültigkeit beanspruchen.

Im „gemischten" Drama können die Elemente des Tragischen und des Komischen auf jeweils ganz unterschiedliche Weise miteinander kombiniert sein; infolgedessen kann der Begriff Tragikomödie sowohl Dramen bezeichnen, in denen sie relativ unverbunden nebeneinander stehen, wie auch solche, in denen sie sich wechselseitig in ihrer Wirkung steigern oder sich zu einer neuen Einheit *sui generis* verbinden.

In der englischen Literatur sind „gemischte" Dramenformen seit dem Mittelalter weit verbreitet: Der Wechsel von ernsten und komischen Szenen ist ein charakteristisches Strukturmerkmal der ***mystery plays*** <530> und ***morality plays*** <528>; er kennzeichnet auch das Drama des 16. und frühen 17. Jahrhunderts. Gerade in den Dramen Shakespeares – z. B. in *The Merchant of Venice*, *Measure for Measure*, *Troilus and Cressida*, *King Lear* oder in *Antony and Cleopatra* – verbinden sich tragische und komische Elemente oft auf komplexe Art und Weise. Die Tradition der „gemischten" Dramenform setzt sich über das **sentimentale** <536> Drama des 18. Jahrhunderts, das **Melodrama** <524> des 19. und 20. Jahrhunderts bis zum **absurden** <539> Drama und anderen Formen des Gegenwartsdramas fort.

In einem sehr allgemeinen Sinn können alle diese Mischformen tragikomisch genannt werden; in einer spezifischeren Bedeutung wird der Begriff Tragikomödie aber vor allem zur Bezeichnung (1) eines dramatischen Genres des 16. und frühen 17. Jahrhunderts sowie – in ganz anderer Bedeutung – (2) eines weit verbreiteten Strukturmerkmals moderner Dramen verwendet:

1. Das Wort *tragicomedy* taucht im Englischen erst spät – gegen Ende des 16. Jahrhunderts – auf, und bezeichnet in der Regel Dramen, die eines oder mehrere der folgenden Merkmale aufweisen:
- die Mischung tragischer und komischer Episoden;
- die Mischung von Figuren aus verschiedenen sozialen Schichten;
- die Abwendung der Katastrophe am Ende einer potenziell tragischen Handlung.

Da es nur wenige antike Vorbilder für solche Mischformen gab und die spätantiken Grammatiker und Rhetoriker keine Definitionen geliefert hatten, standen vor allem klassizistische Kritiker wie Sir Philip Sidney der Tragikomödie mit großen Vorbehalten gegenüber:

> But beside these gross absurdities, how all their plays be neither right tragedies nor right comedies, mingling kings and clowns, not because the matter so carrieth it but thrust in the clown by head and shoulders

> to play a part in majestical matters, with neither decency nor discretion; so as neither the admiration and commiseration, nor the right sportfulness is by their mongrel tragicomedy obtained. [...] I know that the ancients have one or two examples of tragicomedies, as Plautus hath Amphytrio. But if we mark them well we shall find that they never, or very daintily match hornpipes and funerals. (*Apology for Poetry*, 1580/1595)

Unter dem Einfluss italienischer Modelle (Guarini) entwickeln dann ab etwa 1610 die beiden Dramatiker Francis Beaumont und John Fletcher eine spezielle Form der Tragikomödie, die sich vor allem in den vom Adel besuchten Theatern einer zunehmenden Popularität erfreute. Es handelt sich um einen Dramentypus, der auf der Basis einer **Romanzen**-Handlung <417> komische und tragische Elemente nicht lediglich mischt oder kontrastiert, sondern zu einer neuen Einheit integrieren will. Dabei spielen die Abwendung der Katastrophe in einer potenziell tragischen Handlung und der versöhnliche Schluss eine entscheidende Rolle. Fletcher liefert auch – erneut im Anschluss an Guarini – die einzige wichtige Definition der Tragikomödie im England des frühen 17. Jahrhunderts:

> A tragi-comedy is not so called in respect of mirth and killing, but in respect it wants deaths, which is enough to make it no tragedy, yet brings some near it, which is enough to make it no comedy, which must be a representation of familiar people, with such kinds of trouble as no life be questioned; so that a god is as lawful in this as in tragedy, and mean people as in a comedy. (Vorwort zum Drama *The Faithful Shepherdess*, 1608).

Die bekanntesten Beispiele für diesen Typus der Tragikomödie sind Beaumont und Fletchers Dramen *Philaster* (ca.1608) und *A King and No King* (1611); im weiteren Sinne sind aber auch Shakespeares Romanzen diesem Genre zuzurechnen.

In einer ganz anderen Bedeutung ist der Begriff Tragikomödie neuerdings auch auf Dramen von Autoren des späten 19. und des 20. Jahrhunderts wie Anton Tschechow (1860-1904), Henrik Ibsen (1828-1906), George Bernard Shaw (1856-1950), Bertolt Brecht (1898-1956), Luigi Pirandello (1867-1936), Samuel Beckett (1906-89) und Arthur Miller (1915-2005), ja sogar auf das absurde Theater angewendet worden: um die für diese Dramen charakteristische Unentschiedenheit zwischen tragischem und komischem Darstellungsmodus zu kennzeichnen. Wegen dieser strukturellen Ambivalenz werden Tragikomödien dieses Typs – ähnlich wie die **Groteske** oder die **Farce** <517> – oft als spezifisch moderne Ausdrucksform empfunden.

RB

Literatur: Doran; Guthke; Hirst (1984); Maguire.

542 Tragedy – Tragödie

Ernstes Drama, in dem in der Regel der Held durch eigenes Handeln seinen Untergang herbeiführt; dieser Untergang des Helden ist weder eine gerechte Strafe für ein von ihm begangenes Verbrechen noch ein unkontrollierbares Unglück, das der Held passiv erdulden muss.

Aristoteles und die griechische Tragödie

Die *Poetik* des Aristoteles (384-322 v. Chr.) enthält die erste umfassende Definition der Tragödie. Obwohl Aristoteles sein analytisches Instrumentarium an der spezifischen Form der griechischen[19] Tragödie entwickelte, vor allem an den Dramen von Aischylos (525-456 v. Chr.), Sophokles (496-406 v. Chr.) und Euripides (480-406 v. Chr.), ist seine Theorie auch heute noch Ausgangspunkt jeder Diskussion des Begriffs der Tragödie.

Im Mittelpunkt der aristotelischen Tragödientheorie steht die **Handlung** <139>:

> [...] die Tragödie ist nicht die Nachahmung von Menschen, sondern von Handlungen und Lebensweisen, von Glück und Unglück. (Glück und Unglück beruhen aber in Handlungen und das Ziel der Tragödie ist eine Handlung, keine charakterliche Qualität. Qualifiziert sind die Menschen je nach ihrem Charakter, glücklich oder unglücklich sind sie aber auf Grund ihrer Handlungen.) (*Poetik,* Buch 6)

Da also das Handeln, nicht aber der Charakter des Protagonisten über sein Glück und Unglück entscheidet, kann man nach Aristoteles von einer Tragödie nur sprechen, wenn ein zwar bedeutender, ansonsten aber weder allzu tugendhafter noch allzu schlechter Held (der oft als **mittlerer Held** bezeichnet wird) durch sein Handeln ins Unglück gerät, und zwar durch einen „Fehler“ oder „Irrtum“,

---

[19] genauer: attischen

die sogenannte **Hamartia**. Typische Beispiele sind Oedipus, der, ohne es zu wissen, seinen Vater erschlägt und seine Mutter heiratet, oder Orest, der vor der Wahl steht, entweder auf Geheiß Apollos den Tod seines Vaters Agamemnon an der Mutter zu rächen (und so ein schweres Tabu zu verletzen) oder sich der Forderung des Gottes zu widersetzen und sich damit eines Sakrilegs schuldig zu machen. Wie an den beiden Beispielen deutlich wird, ist das Resultat der Hamartia fast immer ein entsetzliches Verbrechen, das aber nicht in voller Absicht oder nicht aus freier Entscheidung begangen wird, sondern aus mangelnder Einsicht, falscher Einschätzung einer Situation oder aus einer Zwangslage heraus. Die in der englischsprachigen Tragödientheorie gelegentlich auftauchende Glossierung der Hamartia als *tragic flaw* suggeriert dagegen eine Charakterschwäche des Helden und ist insofern unaristotelisch (eine adäquatere Übersetzung ist *error of judgment*). Die Tragödie ist also – folgt man Aristoteles – nicht „menschenfreundlich": sie zeigt nämlich nicht, wie „der gar zu Schlechte von Glück in Unglück" (Buch 13) stürzt; sie ist vielmehr „ungerecht", da sie zeigt, wie jemand für eine Handlung, für die er nicht in vollem Umfang verantwortlich ist, unverhältnismäßig leiden muss.

Konsequenterweise ist auch die **Katharsis** (***catharsis***), die „Reinigung", die der Zuschauer erfährt, wenn er **Eleos** (Schmerz, Jammer) und **Phobos** (Entsetzen) durchlebt, nicht als Erbauung oder moralische Besserung zu verstehen, sondern eher als heftige Gefühlsentladung, die der psychischen Hygiene, vielleicht aber auch der Einsicht in die *conditio humana* dient. (Die „klassische" deutsche Übersetzung von Eleos und Phobos als „Mitleid und Furcht" ist inadäquat, vor allem weil der Begriff Mitleid eine sittliche Läuterung des Zuschauers impliziert. Neuerdings ist deshalb die Übersetzung „Jammer und Schauder" vorgeschlagen worden. Auch in der englischen Formel ***pity and fear*** wird die Heftigkeit der kathartischen Wirkung eher gemildert.)

Christliche und stoische Tragödienkonzepte; De-casibus-Tragödie

So einflussreich sich auch die *Poetik* in der Geschichte der westlichen Literatur erwiesen hat – es wäre falsch, den aristotelischen Begriff der Tragödie zur allgemeinen Gattungsnorm zu erheben. Vor allem ist zu bedenken, dass dieser Begriff unter spezifischen historischen und gesellschaftlichen Bedingungen entstand. Als diese nicht mehr vorlagen, wurde er im Laufe seiner langen Rezeptionsgeschichte immer wieder umgedeutet und mit anderen Vorstellungen vermischt (→ **Ständeklausel** <538>; **Three Unities** <540>). Unter dem Einfluss stoischer und christlicher Ideen entstanden außerdem alternative Tragödienkonzepte, in deren Mittelpunkt oft die Herstellung der ***poetic justice*** am Ende stand: Nach stoischer Auffassung war die tragische Katastrophe eine Strafe für die Unfähigkeit des Protagonisten, seine Leidenschaften zu beherrschen, während nach christlicher Vorstellung eine „ungerechte" Tragödie ohnehin undenkbar war, da spätestens im Jenseits die ausgleichende Gerechtigkeit eingreifen konnte. Die angestrebte Wirkung solcher stoisch oder christlich geprägter Tragödien ist nicht kathartisch, sondern moralisierend oder didaktisch: Der Zuschauer soll belehrt und gebessert oder in erbauliche Stimmung versetzt werden.

In jeder Hinsicht unaristotelisch ist auch eine im Mittelalter weit verbreitete und bis ins 17. Jahrhundert fortwirkende Vorstellung von der Tragödie, wie sie in dem folgenden Ausschnitt aus Geoffrey Chaucers (ca.1340-1400) *Prologue of the Monk's Tale* zum Ausdruck kommt:

> Tragedie is to seyn a certeyn storie,
> As olde bookes maken us memorie,
> Of hym that stood in greet prosperitee
> And is y-fallen out of heigh degree
> Into myserie, and endeth wrecchedly.[20]

Hier wird die Tragödie als eine Geschichte (also nicht einmal als ein Drama) verstanden, die vom Sturz eines Mächtigen ins Unglück erzählt. Tragödien, die diesem Typus entsprechen, werden in Anlehnung an Boccaccios (14. Jh.) *De casibus virorum illustrium* als **De-casibus-Tragödien** bezeichnet; der Sturz des Protagonisten wird in der Regel entweder dem Walten eines unerforschlichen Schicksals (oft personifiziert in der Glücksgöttin Fortuna) zugeschrieben oder im christlichen Sinne als Strafe für begangene Verbrechen interpretiert.

Dass diese verschiedenen Tragödienkonzepte nicht völlig unabhängig voneinander bestanden, sondern in theoretischen Äußerungen auch miteinander verknüpft werden konnten, zeigt sich am

---

[20] **Tragedie is to seyn …** neuenglische Paraphrase: As the ancient authorities remind us, Tragedy means a certain kind of story about those who once lived in great prosperity, and fell from their high estate into misfortune and came to a miserable end. (David Wright)

Beispiel von Sir Philip Sidneys Definition der Tragödie in *An Apology for Poetry* (1580/1595). Sidneys Eklektizismus, der ihn Elemente ganz unterschiedlicher Herkunft mischen lässt, ist nicht ganz untypisch für die Vorstellungen von der Tragödie, die seit der Renaissance im Umlauf sind:

> The high and excellent tragedy [...] openeth the greatest wounds, and showeth forth the ulcers that are covered with tissue; that maketh kings manifest their tyrannical humours; that with stirring the effects of admiration and commiseration teacheth the uncertainty of this world, and upon how weak foundations gilden roofs are builded [...].

Einerseits ist in der Formulierung „admiration and commiseration" ein schwaches Echo der aristotelischen *Poetik* erkennbar; sehr viel deutlicher wirkt – vor allem im letzten Nebensatz – das Konzept der De-casibus-Tragödie nach. Der Begriff „admiration" macht andererseits deutlich, wie stark Sidneys Tragödienbegriff auch von stoischen und höfisch-aristokratischen Vorstellungen geprägt ist: „admiration" kann nämlich ausschließlich jenen heroisch-aristokratischen Persönlichkeiten gezollt werden, die die Wechselfälle des Glücks und die Wandelbarkeit alles Irdischen standhaft ertragen. Schließlich ist aber die moralische bzw. didaktisch-politische Zielsetzung der Tragödie unverkennbar zum obersten Prinzip erhoben; daran wird deutlich, wie stark zu jener Zeit die Tendenz zur Moralisierung des Genres geworden war.

Probleme der Gattungsdefinition

Ein Blick auf die zahllosen Dramen, die in der westlichen Literatur seit dem 16. Jahrhundert als Tragödien bezeichnet worden sind, verdeutlicht, dass keine der zahlreichen Tragödientheorien ihnen allen in gleicher Weise gerecht werden kann. Dies lässt sich schon am Beispiel der verschiedenen Spielarten des Genres verdeutlichen, die in Struktur und Intention so unterschiedlich sein können wie z. B. **Rachetragödie** (***revenge tragedy***) <535>, **heroische Tragödie** (***heroic tragedy***) <519> oder **bürgerliches Trauerspiel** (***domestic tragedy*, *bourgeois tragedy***) <511>. Umgekehrt zeigt ein Blick auf das Werk eines Autors wie Shakespeare, dass sich Tragödien nicht immer auf eine einzige Formel reduzieren lassen. So kann einerseits kein Zweifel daran bestehen, dass sich in Shakespeares Tragödien sowohl stoische und christliche Einflüsse wie auch das Vorbild der De-casibus-Tragödie bemerkbar machen und dass er damit zumindest teilweise der Tendenz zur Moralisierung des Genres folgt. Andererseits kommen die meisten der Tragödien Shakespeares in der Folgerichtigkeit der Handlung, in der Gestaltung der Protagonisten als mittlere Charaktere sowie in der „Ungerechtigkeit" des tragischen Ausgangs aristotelischen Vorstellungen sehr nahe – wenn auch in der Regel nicht nur das Handeln des Helden für die tragische Katastrophe verantwortlich ist, sondern auch seine charakterliche Disposition sowie sein gesellschaftlich-politisches Umfeld.

Angesichts einer derartigen Variationsbreite in Theorie und Praxis ist es unmöglich, eine allgemein gültige und uneingeschränkt anwendbare Definition der Gattung zu formulieren. Andererseits können nach wie vor einige der aristotelischen Begriffe bei der Analyse einzelner Dramen durchaus sinnvoll eingesetzt werden – solange sie nicht als verbindliche Norm verstanden werden und solange der aristotelische Begriffsapparat einen Blick auf relevante Unterschiede eröffnet und zugleich zu einem besseren Verständnis der jeweiligen Texte beitragen kann. In diesem Sinne sind die folgenden Aspekte nach wie vor relevant:

- die „Ungerechtigkeit" der Tragödie (im Gegensatz zur Gerechtigkeit des **Melodramas** <524> oder zu jüdisch-christlichen Vorstellungen von ausgleichender Gerechtigkeit im Jenseits);
- die Folgerichtigkeit, mit der die Katastrophe aus dem Handlungsverlauf – oft aus einem unausweichlichen Konflikt – hervorgeht (Zufälle können eine Rolle spielen, aber nur in begrenztem Umfang);
- die aktive Beteiligung des Protagonisten (wenn er nur Opfer der Katastrophe ist, spricht man mit R. B. Heilman besser von *disaster*);
- die tragische Einsicht in das Geschehen (die aristotelische **Anagnorisis**).

Auf der Basis von Kriterien wie diesen wird man z. B. auch die immer wieder gestellte Frage nach dem Fortbestehen der Tragödie im 20. und 21. Jahrhundert und nach der Gattungszuordnung von Dramen diskutieren können, die wie Arthur Millers *Death of a Salesman* (1949) mit dem Untergang des Protagonisten enden. Dabei wird man einerseits berücksichtigen müssen, dass sich im 19. und 20. Jahrhundert mehr und mehr die Erkenntnis durchgesetzt hat, dass menschliches Handeln weitgehend unfrei ist und von historischen, sozialen und psychologischen Faktoren abhängt. Dies engt den Spielraum der Tragödie ein: In „sozialen" Dramen wie *Death of a Salesman* treten Protagonisten wie Willy Loman auf, die überwiegend oder sogar ausschließlich als Opfer von „Verhältnissen“ dargestellt werden, in die ihnen zudem keine Einsicht gewährt wird, so dass sie auch keine Anagnorisis erleben können. Angesichts dieser Situation eröffnen sich dem Interpreten im Wesentlichen zwei Möglichkeiten: entweder den Begriff der Tragödie so zu modifizieren, dass er auch unter den Bedingungen der modernen Welt sinnvoll auf Dramen wie *Death of a Salesman* angewendet werden kann, oder auf ihn ganz zu verzichten (ohne damit ein negatives Werturteil zu fällen). Die neuere Entwicklung hat in der Tat gezeigt, dass der Begriff der Tragödie in der modernen Literatur weitgehend irrelevant geworden ist.

RB

Literatur: Asmuth; Bentley; Clifford; Frick; Fritz; Gelfert; Heilman; Leech, C. (1969); Steiner.

543 Verse Drama/Verse Play/Poetic Drama – Versdrama

In Versen verfasstes Drama.

Die Tradition des Versdramas reicht in England bis zu den Anfängen des Dramas im Mittelalter zurück. Von der Mitte des 16. Jahrhunderts an dominiert im englischen Versdrama der **Blankvers** <304>; im ***heroic drama*** <519> des späten 17. und frühen 18. Jahrhunderts wird dann allerdings dem ***heroic couplet*** der Vorzug gegeben. Im Laufe des 18. Jahrhunderts wird in dem Maße, in dem sich im Drama **realistische** <141> Tendenzen bemerkbar machen, der Vers zunehmend von der Prosa verdrängt. Der Versuch romantischer und viktorianischer Autoren wie William Wordsworth (*The Borderers*, 1796/7), Percy Bysshe Shelley (*The Cenci*, 1819) oder Alfred Tennyson (*Becket*, 1884), an die Tradition des elisabethanischen Blankversdramas anzuschließen, scheiterte, vor allem wegen des gewandelten Publikumsgeschmacks, der populären Dramenformen wie **Melodrama** <524> oder **Farce** <517> den Vorzug gab (→ **Closet Drama** <505>). Im 20. Jahrhundert versuchten einige Dramatiker wie W. B. Yeats (z. B. *Deirdre*, 1907), T. S. Eliot (z. B. *The Family Reunion*, 1939) oder Christopher Fry (z. B. *The Lady's Not for Burning*, 1949) in Abkehr sowohl vom kommerziellen Unterhaltungstheater wie auch vom realistischen

Sozialstück das Versdrama neu zu beleben, teilweise mit beachtlichem Erfolg. In jüngster Zeit hat sich der englische Autor Glyn Maxwell mit einigen Versdramen einen Namen gemacht (z. B. *The Forever Waltz*, 2005).

Der Begriff ***poetic drama*** ist umfassender als Versdrama (*verse drama*; *verse play*) und wird oft auf Dramen angewendet, die über die Verwendung des Verses hinaus auch – jeweils unterschiedlich definierte – „poetische" Qualitäten aufweisen. So rechtfertigt z. B. für T. S. Eliot die „Hintergründigkeit" der Werke des elisabethanischen Dramatikers John Marston (1576-1634) ihre Bezeichnung als *poetic drama*:

> It is possible that what distinguishes poetic drama from prosaic drama is a kind of doubleness in the action, as if it took place on two planes at once. [...] It is not by writing quotable „poetic" passages, but by giving us the sense of something behind, more real than any of his personages and their action, that Marston established himself among the writers of genius.

RB

Literatur: Hinchliffe.

544 Well-Made Play – Pièce Bien Faite

Drama mit sorgfältig konstruiertem plot, das in erster Linie spannende Unterhaltung bieten will.

Das *well-made play* mit seinem sorgfältig konstruierten ***plot*** <139>, in dem alle Einzelteile präzise ineinander greifen, kann als charakteristisches Beispiel für die **geschlossene Dramenform** (→ Epic Drama <514>) gelten. Ausgangspunkt der Handlung des *well-made play* sind häufig Missverständnisse oder Geheimnisse, Verwechslungen oder verloren gegangene Dokumente. Über Komplikationen, Krisen und Überraschungen steigert sich der *plot* bis hin zum Höhepunkt, der ***scène à faire*** („obligatorische Szene"), in der der Protagonist und sein Gegenspieler aufeinander treffen und sich alle Missverständnisse aufklären. Das ***dénouement***, die Auflösung des Handlungsknotens, beschließt das Drama. Auch wenn das *well-made play* als ***problem play*** <533> gelegentlich aktuelle Themen oder sogar soziale Fragen aufgreift, dient es vor allem der Unterhaltung.

Das *well-made play* kommt aus Frankreich, wo es im 19. Jahrhundert von den Dramatikern Eugène Scribe, Michel Sardou, Eugène Labiche und Georges Feydeau zur Perfektion gebracht wurde. Übersetzungen der Dramen dieser Autoren waren in ganz Europa erfolgreich und beeinflussen bis heute das Schaffen zahlreicher Dramatiker. Edward Bulwer-Lytton (*Money*, 1840) und T. W. Robertson (*Caste*, 1867) machten die Form im 19. Jahrhundert in England populär; im 20. Jahrhundert wurde die Konvention von Autoren wie Terence Rattigan fortgesetzt und ist nach wie vor in vielen der Dramen lebendig, die für die Theater des Londoner West End oder des New Yorker Broadway geschrieben werden. Darüber hinaus wurden Strukturen oder einzelne Konventionen des *well-made play* immer wieder von Dramatikern genutzt, die mit ihren Werken nicht alleine das Unterhaltungsbedürfnis des Publikums befriedigen wollten: so z. B. von Henrik Ibsen (dessen Dramen gegen Ende des 19. Jahrhunderts in der englischsprachigen Welt viel gespielt wurden), von George Bernard Shaw oder auch von John Osborne.

RB

Literatur: Taylor.

Literaturtheorie

601 Archetypal Criticism, Myth(ological) Criticism, Jungian Criticism

Schulen der Literaturkritik, deren Interpretationen sich auf die Archetypenlehre stützen.

Die **archetypische** <107> Literaturkritik geht wie die Anthropologie und die Jung'sche **Psychoanalyse** <620> davon aus, dass in der Literatur gewisse überzeitliche, nicht historisch bedingte Urerfahrungen und Urerlebnisse ihren Ausdruck finden. *Archetypal criticism* versucht nun, diese nicht nur das Individuum, sondern die ganze Menschheit betreffenden **mythischen** <131> Urformen der Erfahrung zu identifizieren und zur Grundlage der Literaturinterpretation zu machen.

Dabei geht die archetypische Literaturkritik davon aus, dass gewisse Bilder, Themen oder Motive in allen oder zumindest mehreren Mythologien und Literaturen ähnliche Funktionen haben. Solche Archetypen entstammen dem, was der Psychologe Carl Gustav Jung das **kollektive Unbewusste** nennt: So werden zum Beispiel in vielen Kulturen Wasser und Sonne als Lebenssymbole angesehen, und auch die **Initiationsriten** in verschiedenen Gesellschaften sind sich sehr ähnlich. Daraus zieht die archetypische Literaturkritik den Schluss, dass solche Archetypen auch in Texten aus unterschiedlichen Kulturen gleichartige Funktionen haben. So stellen die Autoren des *Handbook of Critical Approaches to Literature* Shakespeares Hamlet als archetypischen „sacrificial hero“ in eine Reihe mit den klassisch griechischen Figuren Oedipus und Agamemnon, die sich auch für das Wohl ihres Landes opfern müssen:

> Hamlet's role in the drama is that of the prince-hero who, to deliver his nation from the blight that has fallen upon it, must not only avenge his father's murder but also offer himself as a royal scapegoat. As a member of the royal family, Hamlet is infected with the regicidal virus even though he is personally innocent.

Darstellungen und Beschreibungen von weit verbreiteten Archetypen, denen man teilweise in Religionen und Riten der ganzen Welt begegnen kann, finden sich zum Beispiel in James G. Frazers *The Golden Bough* (1890-1915) oder Robert Graves' *Greek Myths* (1955).

Archetypische Begriffe aus der Jung'schen Psychologie – wie **Anima/Animus** zur Bezeichnung einer archetypischen Figur, die für den jeweils „komplementär-geschlechtlichen Anteil der Psyche" (Jacobi) steht, **Persona** für „die allgemeine psychische Verhaltensweise des Menschen gegenüber seiner Umwelt" (Jacobi) und **Schatten** für „jenes Gesicht, das wir der Welt nie zeigen, weil wir es durch die Persona, die Maske des Schauspielers, verhüllen" (Jung) – fanden auch Eingang in die Literaturwissenschaft: Das Jung'sche Konzept der Anima (bzw. für weibliche Autoren des Animus) kann z. B. bei der Analyse der Darstellung des anderen Geschlechts oder ganz allgemein bei der Suche nach der Quelle der Kreativität im literarischen Werk gute Dienste leisten. Das Konzept der Persona hilft bei der Erklärung der sozial bedingten Persönlichkeit literarischer Charaktere und das des Schattens bei der Erklärung ihrer negativen Seiten. Zum Beispiel kann man „böse" Charaktere wie William Shakespeares Iago in *Othello* oder John Miltons Satan in *Paradise Lost* so als Vertreter des Prinzips des Schattens interpretieren.

Ein anderer archetypischer Ansatz, in dem ***myth*** <131> im Sinne des griechischen Worts *mythos* etwas anders als bei Jung oder Graves definiert wird und mehr oder weniger mit ***story*** <420> gleichgesetzt wird, liegt den Schriften des kanadischen Literaturtheoretikers Northrop Frye (1912-1991) zu Grunde. Für Frye gibt es vier Grundarchetypen oder *mythoi* (***plots*** <139>) in der Literatur, aus denen er sein Einteilungsschema für die Gesamtheit der literarischen Texte, seine „grammar of literary archetypes" herleitet: Auf dem „mythos of spring" beruht die **Komödie** <506>, auf dem „mythos of summer" die **Romanze** <417>, auf dem „mythos of autumn" die **Tragödie** <542> und auf dem „mythos of winter" die **Ironie** <126> sowie die **Satire** <142>.

Gemeinsam haben die verschiedenen Ansätze archetypischer Literaturkritik, dass sie nicht primär auf die spezifische äußere **Form** <119> eines Textes und auf sprachliche Phänomene eingehen, sondern auf die dem Text zu Grunde liegenden Strukturen, Konzepte und Ideen. Insofern ergänzen sie rein formalistische Ansätze, wie zum Beispiel den ***New Criticism*** <615> oder den (**rus-**

sischen) Formalismus <622>, mit denen sie jedoch gemeinsam haben, dass sie Texte unabhängig von ihrem jeweiligen historischen Kontext betrachten.

MK

Literatur: Frye; Guerin; Jacobi; Jung.

602 Close Reading

Verfahren der detaillierten textimmanenten Literaturanalyse.

Close reading ist eine Technik der textimmanenten **formalistischen** <622> Literaturanalyse, die vor allem von den Vertretern des amerikanischen ***New Criticism*** <615> der 40er und 50er Jahre des 20. Jahrhunderts angewandt wurde.

Close reading geht im Detail auf den zu interpretierenden Text und seine **Form** <119> ein, greift aber generell nicht auf Informationen zurück, die von außerhalb des Texts kommen und den Autor oder den **literaturgeschichtlichen** <612> Kontext betreffen. Neben einer genauen Analyse der äußeren Form (bei Gedichten zum Beispiel von **Metrum** <321>, **Rhythmus** <321>, **Reimschema** <327>) konzentriert sich das *close reading* auch auf die Struktur eines Textes, zum Beispiel auf wiederkehrende Wörter oder **Metaphern** <121> sowie auf mehrdeutige oder gar widersprüchliche Formulierungen oder Konstruktionen (***ambiguity*** <203>, ***irony*** <126>). Erst durch das Zusammenspiel aller dieser Elemente ergibt sich das, was die *New Critics* die Form eines Texts nennen.

Ein typisches Beispiel eines *close reading* ist Cleanth Brooks' Interpretation des Songs „Who is Silvia: What is She?“ aus Shakespeares Stück *The Two Gentlemen of Verona*. Die erste Strophe des Liedes lautet:

> Who is Silvia: what is she
> That all our swains[21] commend her?
> Holy, fair, and wise is she;
> The heavens such grace did lend her,
> That she might admired be. (IV. 2)

---

[21] **swains** junge Liebhaber in der Pastoraldichtung

Zu dem Wort *grace* in der vierten Zeile schreibt Brooks in seinem Essay „Irony as a Principle of Structure“ (1951), dass hier einerseits die Schönheit von Silvias Bewegung hervorgehoben werde, andererseits aber durch die Nachbarschaft zu Wörtern wie *holy*, *fair* und *wise* religiöse Konnotationen anklingen. Der Erfolg dieser religiösen (und vielleicht auch erotischen) *overtones*: „We get a delightful richness, and we also get something very close to irony“ (Brooks).

MK

Literatur: Brooks, C.

603 Cultural Studies – Kulturwissenschaft(en)

Beschäftigung mit der Kultur (im engeren bzw. weiteren Sinne) eines Landes oder einer Nation (unter Berücksichtigung vor allem ihrer textuellen Produkte).

Kulturwissenschaft ist ein wichtiger Teil der fremdsprachlichen Philologien, der sich interdisziplinär mit den sozialen, politischen und geografischen Gegebenheiten eines Landes und mit der Einbettung seiner Literatur in diese Gegebenheiten beschäftigt. Während kulturwissenschaftliche Studien traditionell eher den Status einer Hilfswissenschaft (Landeskunde) hatten, so wird ihnen heute ein wichtiger Platz im Rahmen eines fremdsprachlichen Studiums eingeräumt. Von der Methodologie her sind die *Cultural Studies* zwar im Prinzip interdisziplinär, ansonsten aber dem Zugriff der **Literaturwissenschaft** (→ **Literary Theory** <612>) verwandt: Wie diese analysieren sie Texte, die allerdings weder „literarisch“ sein müssen noch dem traditionellen Ideal einer Hochkultur verpflichtet sind (→ **New Historicism** <616>). Der Ansatz der *Cultural Studies* entwickelte sich in Großbritannien seit den 1950er Jahren aus dem marxistisch inspirierten, einen allzu engen Kulturbegriff ausweitenden Gegenentwurf zu einer elitären Hochkultur. In Deutschland gewann der entsprechende Begriff in den 90er Jahren des 20. Jahrhunderts an Gewicht durch die Krisensituation im Selbstverständnis der Geisteswissenschaften, die für manche in die Umdefinierung der Philologien als „Orientierungswissenschaften“ einmünden soll.

Kulturwissenschaftliche Ansätze umfassen thematische Bereiche wie die Theorie der Geschichtsschreibung oder des kulturellen Gedächtnisses, die Geschlechterforschung sowie **postkoloniale** <618> oder ethnologische Studien.

MK

Assmann; Hansen; Schößler.

604 Deconstruction – Dekonstruktion

Von Jacques Derrida begründeter poststrukturalistischer Ansatz der Literaturkritik in den 70er und 80er Jahren des 20. Jahrhunderts.

Die Dekonstruktion entwickelt vor allem unter der Führung des **Poststrukturalisten** <619> Jacques Derrida (1930-2004) den literaturkritischen Ansatz des französischen **Strukturalismus** <625> weiter. Sie radikalisiert ihn, indem sie die grundlegende Vorstellung des Strukturalismus, der literarische Text sei ein System, das auf Differenzen basiert, unterminiert. Sie stellt nämlich die von den Strukturalisten offengelegte System- und Gesetzhaftigkeit des literarischen Texts, an dem sich seine Bedeutung festmachen lässt, wiederum in Frage (→ **Différance** <606>).

Während die Strukturalisten in ihrem Ansatz der Literaturkritik noch meinten, sie könnten durch eine auf binären Strukturen beruhende Analyse das „Zentrum" eines Texts identifizieren, beruht für Derrida die Suche nach einem solchen Zentrum auf einer willkürlichen, dem Text von außen auferlegten Forderung. Um sich von dieser zu lösen, spricht er sich für ein ***decentering*** von Texten aus. Das Zentrum der traditionellen Analyse, das die Dekonstruktionisten abschaffen wollen, ist das Wort, dem eine feste Bedeutung zugeordnet ist (*logos*): Deshalb bezeichnen sie die traditionellen Ansätze der Literaturkritik als **Logozentrismus** (***logocentrism***).

Der dekonstruktivistische Ansatz in der Literaturkritik setzt meist an nicht ganz eindeutigen, wenn auch durchaus nicht immer zentralen Textstellen (z. B. **Aporien** <106>) an, an denen sich der Text selbst widerspricht bzw. dekonstruiert. Von diesen Widersprüchen ausgehend gelangt die Dekonstruktion zu neuen, revolutionären Lesarten von Texten, die weniger auf eine eindeutige Fixierung des Sinnes als auf das Spiel mit den verschiedensten Interpretationsmöglichkeiten ausgerichtet ist. John Milton schreibt z. B. zu Beginn seines Epos *Paradise Lost*, es sei sein Ziel,

> That to the highth of this great Argument
> I may assert Eternal Providence,
> And justify the ways of God to men. (bk. 1)

Traditionell werden diese Zeilen so interpretiert, dass hier das Verhalten, das Gott den Menschen gegenüber zeigt, gerechtfertigt werden soll, um so zeigen, dass Gott ein gütiger Gott ist. Doch man könnte die Stelle auch – gegen den Strich gelesen – so interpretieren (bzw. nach traditioneller Interpretation missverstehen), dass das Verhalten Gottes vor den Menschen gerechtfertigt werden müsse, was einer traditionell christlichen Sicht widersprechen würde.

MK

Literatur: Norris; Zapf (1991).

605 Dialogism – Dialogismus

Das Prinzip der Vielstimmigkeit im Roman.

Dialogismus ist ein auf die Theorien des russischen Gelehrten Michail Bachtin (1895-1975, Schreibweise im Englischen oft auch Bakhtin) bezogener Begriff, der als Sammelbegriff für dessen innovative Ansätze in Literaturwissenschaft, Linguistik und Anthropologie dient, die sich alle auf das dialogische Konzept der Sprache gründen. Dialog in Bachtins Sinn bedeutet nicht in erster Linie, dass zwischen den Charakteren eines literarischen Texts ein Zwiegespräch stattfindet, sondern besagt, dass in allen Wörtern, Sätzen oder Gedanken, die ein Autor aus einem anderen Text bzw. Kontext in seinen neuen Text übernimmt, noch dieser frühere Kontext mitschwingt und in Dialog mit seinem neuen literarischen Umfeld tritt (vgl. das Prinzip der ***trans-contextualization*** in der **Parodiediskussion** <135>). Demzufolge treten nicht nur Wörter, sondern **Diskurse** <113> in Dialog, und Dialogismus drückt sich demnach nicht nur auf der „rein verbalen" Ebene aus, sondern zum Beispiel auch auf der Ebene **literaturgeschichtlicher** <612> und sozialer Konnotationen.

Für die literarische Analyse wird dieses Bachtin'sche Prinzip des Dialogs vor allem bei der Beschäftigung mit dem modernen **Roman** <412> wichtig. Für Bachtin hebt sich der Roman durch seine dialogischen Eigenschaften als etwas Neues vom **Epos** <312> ab, das für ihn einen eher monologischen Charakter hat. Im Epos, das traditionell ja oft als ursprünglich göttlich inspiriert angesehen wird, sieht er nämlich noch eine einzige (oft die Nation verkörpernde) einheitsstiftende Stimme am Werk. Mit Beginn der Neuzeit muss diese einzig wahrnehmbare Stimme jedoch einer neuen, dialogischen Art der Literatur weichen, die in sich den Dialog der verschiedensten Stimmen bisher unterdrückter Gruppen aufnimmt und somit einen polyfonen bzw. **heteroglossischen** Charakter bekommt.

Bachtins Paradebeispiel für solche dialogische Literatur sind die Romane Dostojewskis im 19. Jahrhundert. Es gibt für ihn jedoch auch schon Vorläufer dieser Art des literarischen Dialogs: Während zum Beispiel in der mittelalterlichen oder in der Renaissance-Kultur die Gesellschaft oft durch einen repressiven Diskurs beherrscht wurde, dem man kaum zu widersprechen wagte, hatten gesellschaftskritische Stimmen doch immer wieder die Möglichkeit, ihrer Unzufriedenheit Ausdruck zu verleihen. Dies war zum Beispiel zur Zeit des Karnevals oder ähnlicher Feste möglich, die per Definition einen Freiraum von gesellschaftlicher Kontrolle boten: „A boundless world of humourous forms and manifestations opposed the official and serious tone of medieval ecclesiastical and feudal culture" (*Rabelais and His World*). Auf der literarischen Ebene fand dieser **Karnevalismus** (***carnivalism***) dann seinen Niederschlag in Werken wie denen des Franzosen François Rabelais im 16. Jahrhundert (z. B. *Gargantua* und *Pantagruel*).

Für Bachtin gibt es verschiedene Stufen des ***double-voiced discourse***, also des Dialogs zwischen Texten bzw. der daraus resultierenden ***heteroglossia***:

> It serves two speakers at the same time and expresses simultaneously two different intentions: the direct intention of the character who is speaking, and the refracted intention of the author. (*The Dialogic Imagination*)

Die Möglichkeiten der *heteroglossia* reichen also von einem Stadium, in dem die verschiedenen „Stimmen" gleichberechtigt sind, bis zur Form der parodistischen Nachahmung, in der ein Autor den Text bzw. die Sprache seines Vorgängers für eigene Zwecke nutzt:

Als englischsprachiges Beispiel für eine solche *parodic stylization* führt Bachtin Charles Dickens' *Little Dorrit* (1855-57) an. Er zeigt hier auf, wie der Stil der *ceremonial speeches* aus dem politischen und Geschäftsleben in einen Roman eingebracht werden kann. Im Folgenden hebt sich der von Bachtin kursiv hervorgehobene Abschnitt stilistisch klar vom Kontext ab und wird so als persönlicher Stil Mr. Merdles markiert:

> The conference was held at four or five o'clock in the afternoon, when all the region of Harley Street, Cavendish Square, was resonant of carriage-wheels and double-knocks. It had reached this point when Mr. Merdle came home *from his daily occupation of causing the British name to be more and more respected in all parts of the civilized globe capable of appreciation of wholewide commercial enterprise and gigantic combinations of skill and capital.* For, though nobody knew with the least precision what Mr. Merdle's business was, except that it was to coin money, these were the terms in which everybody defined it on all ceremonious occasions, and which it was the last new polite reading of the parable of the camel and the needle's eye to accept without inquiry. (*The Dialogic Imagination*)

MK

Literatur: Bachtin (1981); Bachtin (1984); Holquist.

606 Différance

Von Jacques Derrida entwickeltes Konzept der poststrukturalistischen und dekonstruktionistischen Literaturanalyse.

Différance ist ein auf die geschriebene Sprache und ihre Bausteine, die Wörter, bezogenes Konzept, das von dem **poststrukturalistischen** <619> französischen Philosophen Jacques Derrida als Gegenentwurf bzw. Weiterentwicklung des **strukturalistischen** <625> Prinzips der *différence* entworfen wurde. *Différance* beruht auf einem französischen Wortspiel, das sich auf die zwei verschiedenen Bedeutungen des Verbs *différer* (dt. ‚verschieden sein' bzw. ‚aufschieben') gründet, die – im poststrukturalistisch-spielerischen Sinn möglichst auch noch zur gleichen Zeit – ins Spiel kommen sollen und können.

Erstens illustriert *différance* die Tatsache, dass – wie aus der strukturalistischen Linguistik bekannt ist – die jeweilige Bedeutung eines Worts sich aus seiner Verschiedenheitsbeziehung zu anderen Wörtern ergibt, mit denen es zusammen in einem Satz (**Syntagma**) steht oder gegen die es ausgetauscht werden könnte (**Paradigma**). Ein Wort ist also nicht aus sich selbst heraus, sondern nur aus seiner Differenz (frz. *différence*) zu anderen Wörtern zu verstehen.

Derrida würde aber den Glauben, dass die Bedeutung eines Worts somit durch die Feststellung seiner Unterschiedlichkeit von anderen Wörtern fest umrissen und stabil wäre, als **Logozentrismus** (→ **Deconstruction** <604>) zurückweisen. Es gibt für ihn nämlich immer auch eine zweite Erklärungsmöglichkeit des Prinzips der *différance*, die auf der zeitlichen Bedeutung von *différer* (‚aufschieben', engl. *to defer*) beruht. Derridas Neologismus weist so mit seiner von der normalen französischen Schreibweise abweichenden Schreibung *différance* auf die zeitliche Verzögerung im literarischen Kommunikationsprozess hin, die unter anderem dadurch entsteht, dass man im geschriebenen Text mit grafischen Zeichen konfrontiert ist und nicht mit den benannten Gegenständen oder Vorgängen selbst, für die diese Zeichen stehen. Das Wort hat demnach immer nur Verweischarakter, der erst vom Leser entschlüsselt werden muss.

Man kann also die Bedeutung eines Wortes, wie es auch schon die Saussure'sche Linguistik lehrt, nur aus einem Gefüge von Unterschieden herleiten. Nach Derrida kann man dabei aber diese Bedeutung nie voll erfassen und trifft immer nur auf ihre Spur (***trace***), die einen auf immer weitere Differenzbeziehungen verweist, so dass die Sprache zu einem endlosen Spiel von „Differenzen", ein „endless play of difference", wird.

Macht man Derridas Theorien zur Grundlage einer literaturwissenschaftlichen Analyse, so ergeben sich durch den Verzicht auf eine zentrale und eindeutig festzulegende Interpretation also fast unendlich viele Möglichkeiten des spielerischen Umgangs mit Texten und Textelementen. Nach Meinung mancher traditioneller Literaturwissenschaftler kann dies zu einer gewissen Beliebigkeit im Umgang mit Texten führen und poststrukturalistische Interpretationen kaum noch als nachvollziehbar erscheinen lassen.

MK

Literatur: Derrida (1973).

607 Écriture

In der Terminologie strukturalistischer und poststrukturalistischer Literaturtheorien der Vorgang des (literarischen) Schreibens und sein Ergebnis, der Text.

In den 50er Jahren bezeichnete der französische **Strukturalist** <625> Roland Barthes mit dem Wort *écriture* eine Art des Schreibens, die sich von den formalen Eigenheiten und den stilistischen und grammatikalischen Konventionen losgelöst hatte, die man insbesondere von der französischen Literatursprache erwartete. Wegen dieser spezifischen Entstehungssituation hat das Wort einige Konnotationen, die seine direkte Übersetzung ins Englische als ***writing*** nicht ohne weiteres zulassen, und deshalb wird es oft unübersetzt ins Englische übernommen.

Während Barthes die traditionelle Literatur als ***lisible*** (engl. ***readerly***) bezeichnete, also als ohne weiteres für einen Leser mit normalem Vorwissen verständlich, erfand er den Terminus ***scriptible*** (engl. ***writerly***) für neuartige, anspruchsvolle und schwierige Texte wie zum Beispiel in der englischen Literatur James Joyces *Finnegans Wake* (1939). Ein neben *readerly* und *writerly* wichtiges Wortpaar zur Unterscheidung zwischen traditioneller Literatur und *écriture* betrifft den Leseprozess: Während dieser bei *readerly writing* zum traditionellen Vergnügen am Text (vgl. Barthes' Buchtitel *Le plaisir du texte*, 1973) führt, fordert *writerly writing* Leser zu neuartigem Leseverhalten jenseits eingefahrener Wege der automatisierten Textrezeption heraus, das im Idealfall mit quasi-orgasmischem ***bliss*** (frz. ***jouissance***) belohnt wird.

Ein weiterer Aspekt der *écriture* ist, neben dem Gebrauch des Wortes im Kontext der feministischen *écriture féminine* (→ **Feminist Criticism** <610>), dass spätere Theoretiker und Kritiker wie Jacques Derrida den literarischen Text losgelöst von seinem Verfasser und völlig unabhängig von dessen Intentionen als *writerless writing* sehen, das man mit **poststrukturalistischen** <619> und **dekonstruktionistischen** <604> Methoden untersuchen kann.

Typisch für einen solchen Ansatz der Literaturtheorie, der bis in die Wortwahl hinein von Barthes und Derrida (vor allem durch dessen Werk *De la grammatologie*, 1967, bzw. engl. *Of Grammatology*, 1974) beeinflusst ist, ist der folgende Ausschnitt aus dem Buch *Signature Event Cantext* (1989) des kanadischen Dichters und Kritikers Stephen Scobie. Wenn Scobie auch statt *écriture* den englischen Terminus *writing* benutzt, wird doch schon durch den im Titel hergestellten *intertextuellen* Bezug zu einem bekannten Aufsatz Derridas („Signature Event Context", 1977) klar, dass er das Wort hier im Sinne der französischen Theoretiker benutzt. Auch die Formel „always already", über die Scobie zu Beginn seines Texts meditiert, signalisiert, dass man es hier mit einem poststrukturalistischen Ansatz der Literaturkritik zu tun hat, dem das Konzept der ***différance*** <606> zugrundeliegt: *Immer*, wenn man meint, die Bedeutung eines Wortes erkannt zu haben, muss man einsehen, dass diese Bedeutung einem *schon* wieder entglitten ist, da das geschriebene Wort ja die erst im Nachhinein vorgenommene, räumlich und zeitlich *immer schon* nicht mehr ganz aktuelle grafische Kodierung des eigentlich Ausgedrückten ist. Andererseits ist *immer* auch alles, was heute geschrieben wird, in ähnlicher Form *schon* einmal geschrieben worden, so dass der Schriftsteller von heute kaum noch etwas wirklich Neues schreiben kann (→ **Intertextualität** <125>):

> „Always already, writing has begun" – and already, in indicating that the repetition of these words is placed within quotation marks, I have moved into the space of spacing, into the excess of writing over speech, into the supplement – always already, it sounds like a quotation. It may well be one, although I cannot readily cite, or re-cite, a specific source; but it is certainly the kind of phrase which one might find in poststructuralist discourse. „Always already, writing has begun": aphoristic and paradoxical, it contains the key word „writing," which sets off an immediate chain of associative footnotes: *écriture*, Derrida, writing and speech, *Of Grammatology*. (Scobie)

MK

Literatur: Barthes (1953); Barthes (1973); Derrida (1976); Derrida (1977); Scobie (1989).

608 Existential Criticism – Existenzialistische Literaturkritik

Ansatz der Literaturkritik, der sich auf die philosophischen Grundlagen des Existenzialismus beruft.

Der Existenzialismus ist eine vor allem aus Frankreich stammende Richtung der Philosophie, die in den 50er und 60er Jahren des

20. Jahrhunderts ihren Höhepunkt in den philosophischen und literarischen Schriften von Jean-Paul Sartre und Albert Camus fand. Der Existenzialismus sieht den Menschen in eine Situation „hineingeworfen“, die für ihn fremd und unerklärbar ist. Trotzdem ergibt sich der Sinn der Existenz gerade aus dem anscheinend sinnlosen Ankämpfen gegen diese aussichtslose Situation. Für Camus stellt sich diese Situation im klassischen Mythos des Sisyphos dar, der immer wieder versucht, einen Stein den Berg hinaufzurollen, obwohl er weiß, dass dieser am Ende des aussichtslosen Unterfangens wieder hinunterrollen wird und dass damit seine Aufgabe wieder von neuem beginnt (→ **Literature of the Absurd** <101>).

Ein Ansatz der Literaturkritik, der literarische Themen und Figuren vor dem Hintergrund und als Beispiel für eine existenzialistische Weltsicht interpretiert, bietet sich vor allem für die Literatur aus der Zeit nach dem Zweiten Weltkrieg an, in der der Glaube an eine kohärente, sinnvolle Welt stark in Frage gestellt wurde. In die angloamerikanische Literatur und Literaturkritik findet existenzialistisches Gedankengut Eingang in Dramen wie Edward Albees *Zoo Story* (1959) (→ **Theatre of the Absurd** <539>) und in Romane wie die Kurt Vonneguts (1922-2007).

MK

Literatur: Sartre.

609 Fallacies

In der Terminologie des New Criticism: fehlerhafte Interpretationen eines literarischen Werkes.

Die Bezeichnung *fallacies* stammt aus dem Umkreis des ***New Criticism*** <615>, dessen Vertreter den Text als autonomes Kunstwerk und die Literaturkritik als einen objektivierbaren Prozess ansahen. *Fallacies* sind nach den Grundsätzen der *New Critics* verfehlte Interpretationsansätze, da sie auf Informationen beruhen, die nicht aus dem Text eines Gedichts, einer Kurzgeschichte oder eines Romans selbst zu entnehmen sind.

Die Kritiker W. K. Wimsatt und M. C. Beardsley prägten den Terminus ***affective fallacy*** (‚affektiver Trugschluss‘), um zu kritisieren, dass man sich statt auf ein Gedicht selbst, d. h. auf seine textliche Struktur, vor allem auf seine subjektive Wirkung auf Leser beruft. In ihren Worten handelt es sich um eine „confusion between the poem and its results". Es wäre demnach eine *affective fallacy* zu sagen: „Ich finde, der Protagonist hat sich hier falsch verhalten".

Die ***intentional fallacy***, die sie vor allem bei den Romantikern und ihren Interpretationen literarischer Texte vertreten sahen, ist nach Wimsatt und Beardsley „a confusion between the poem and its origins". Man beruft sich bei der Interpretation eines sprachlichen Kunstwerks auf Aussagen des Autors zum Text und räumt ihnen dann mehr Gewicht ein als dem eigentlichen Text.

Die ***biographical fallacy*** besteht darin, den Inhalt eines literarischen Werks als Ausdruck der Lebensumstände des Autors zu interpretieren. So wäre es eine *biographical fallacy* anzunehmen, dass die in Daniel Defoes Roman *Robinson Crusoe* (1719) von Robinson gemachten Aussagen zur Religion einfach Defoes Meinungen widerspiegeln.

Im Rahmen der zeitgenössischen **poststrukturalistischen** <619> Literaturkritik, in der die Unterscheidung zwischen literarischem, nichtliterarischem und literaturkritischem Text so gut wie aufgehoben ist, wird diese Trennung zwischen textimmanenter und von außen kommender Information jedoch kaum noch vorgenommen, so dass die *fallacies* nicht mehr als „Verstöße" interpretiert werden.

MK

Literatur: Wimsatt.

610 Feminist Criticism – Feministische Literaturkritik

Richtung der gesellschaftskritisch-politischen Literaturkritik, die sich aus feministischer Perspektive mit Literatur auseinandersetzt.

Wie Sandra M. Gilbert und Susan Gubar in ihrer *Norton Anthology of Literature by Women* zeigen, gibt es schon seit langem feministische Literatur, die sich mit den Problemen von Frauen in der Gesellschaft auseinandersetzt. Die beiden amerikanischen Literaturwissenschaftlerinnen weisen zum Beispiel hin auf „the exuberant variety yet strong continuity of the literature that English-speaking women have produced between the fourteenth century and the present."

Im Gegensatz zu dieser **feministischen Literatur** kann man von **feministischer Literaturkritik** als systematisch-kritischer Beschäftigung mit Literatur – sei sie von Männern oder Frauen geschrieben – aber wohl erst seit dem Beginn des 20. Jahrhunderts sprechen. Inzwischen ist sie allerdings zu einem der wichtigsten – und auch unübersichtlichsten – Teilbereiche der Literaturkritik geworden, und ihr Spektrum reicht heute unter anderem von ***gender studies*** über ***Marxist feminism*** und ***psychoanalytic feminism*** bis hin zu ***minority feminist criticism*** und ***post-colonial criticism***.

In der Entwicklung der feministischen Literaturkritik kann man (wie zum Beispiel Raman Selden und Peter Widdowson) zwischen ***first-wave feminism*** in der Zeit vor 1960 und ***second-wave feminism*** ab den 60er Jahren des 20. Jahrhunderts unterscheiden. Als grobe und provokative Unterscheidung zwischen diesen beiden Phasen kann man konstatieren, dass es in der ersten um die Aufhebung der Ungleichheit der Geschlechter (z. B. in Bezug auf gesellschaftliche Rechte) und in der zweiten um die Abkehr von der Gleichheit der Geschlechter (d. h. um eine selbstbewusste Darstellung der Position der Frau in der Gesellschaft) geht. Zu den bedeutendsten Vertreterinnen der *first wave* zählt im angelsächsischen Raum Virginia Woolf, die sich zum Beispiel in *A Room of One's Own* (1929) zur problematischen Lage von Autorinnen äußert. Auf der internationalen Ebene muss als einflussreichste frühe feministische Theoretikerin die Französin Simone de Beauvoir erwähnt werden, die 1949 den feministischen „Klassiker" *Le deuxième sexe* veröffentlichte.

Der Beginn der *second wave* feministischer Literaturkritik wird oft mit der Entstehung der Frauen- und Bürgerrechtsbewegung gleichgesetzt, die seit den 60er Jahren des 20. Jahrhunderts in Nordamerika und Europa an Stärke zugenommen hat. Zu den frühen Vertreterinnen dieser zweiten Welle zählt Kate Millett, die in ihrem Buch *Sexual Politics* (1970) Frauenbilder in den Romanen von D. H. Lawrence, Henry Miller, Norman Mailer und Jean Genet untersucht. Sie trifft, wie viele andere Feministinnen auch, in Bezug auf Geschlechterrollen die wichtige Unterscheidung zwischen gesellschaftlich bedingtem ***gender*** und biologisch determiniertem ***sex***, aufgrund der sich zeigen lässt, dass ein großer Teil des Rollenverhaltens von Frauen und Männern, das man für biologisch bedingt hielt, nur gesellschaftlich bestimmt ist.

Obwohl im Rahmen des inzwischen auf einer internationalen Ebene stattfindenden Ideenaustauschs zwischen Literaturtheoretikerinnen und Literaturtheoretikern solche Unterscheidungen nur sehr bedingt sinnvoll sind, lässt sich doch generell der Ansatz angloamerikanischer Kritikerinnen von dem der „französischen Schule“ unterscheiden, wobei die angloamerikanischen Kritikerinnen weniger literaturtheoretisch orientiert sind und sich mehr auf die konkrete Analyse bestimmter Texte konzentrieren.

Zu den bekanntesten Beispielen der ersten Gruppe gehört Susan Gilbert und Sandra Gubars *The Madwoman in the Attic* (1979), das im Titel auf den klassischen Roman *Jane Eyre* (1847) von Charlotte Brontë anspielt und zentrale, von Frauen geschriebene Werke des 19. Jahrhunderts aus feministischer Sicht interpretiert. *Jane Eyre* wird von den beiden Kritikerinnen zum Beispiel als „a distinctively female *Bildungsroman*“ <413> interpretiert, als Roman über eine Frau, die aus der gewohnten Welt der „drawing rooms and patriarchal mansions“ ausbricht.

Eine andere Unterscheidungsmöglichkeit zwischen verschiedenen feministischen Ansätzen in der Literaturkritik wird zum Beispiel von der amerikanischen Literaturwissenschaftlerin Elaine Showalter in ihrem Aufsatz „Towards a Feminist Poetics“ (1979) vorgeschlagen: die zwischen ***feminist critique*** und **gynocriticism** bzw. **gynocritics**. *Feminist critique* sucht unter anderem nach stereotypen Darstellungen von Frauen in literarischen Texten, oft in solchen, die von Männern geschrieben wurden. Showalter fasst diesen Ansatz deshalb etwas verallgemeinernd unter dem Schlagwort *woman as reader* zusammen, obwohl ein entsprechender Forschungsansatz durchaus auch von einem feministisch orientierten männlichen Kritiker angewendet werden kann. Im Kontrast hierzu – und unter dem Schlagwort *woman as writer* – sieht Showalter *gynocriticism* (oder *female criticism*), bei dem man nach spezifisch weiblichen Darstellungsformen und Schreibstilen sucht. Eine solche ***écriture féminine*** kann nach Meinung radikaler Feministinnen so nicht von Männern hervorgebracht oder analysiert werden. Im Gegensatz zur traditionellen feministischen Literaturkritik, die in Prinzip auch von Männern betrieben werden kann, ist *gynocriticism* – zumindest nach dem Verständnis radikaler Feministinnen – also nur für Frauen zugänglich, da nur sie die Gedanken und Schreibweise anderer Frauen wirklich nachvollziehen können:

> In contrast to this angry or loving fixation [of the traditional *feminist* approach] on male literature, the programme of gynocritics is to construct a female framework for the analysis of women's literature, to develop new models based on the study of female experience, rather than to adapt male models and theories. Gynocritics begins at the point when we free ourselves from the linear absolutes of male literary history, stop trying to fit women between the lines of the male tradition, and focus instead on the nearly visible world of female culture. (Showalter)

Im Gegensatz zu den meist anhand von literarischen Texten operierenden nordamerikanischen Ansätzen ist die französische Schule der feministischen Literaturkritik sehr theoretisch ausgerichtet. Theoretikerinnen wie Julia Kristeva, Hélène Cixous und Luce Irigaray greifen in ihren Arbeiten auf Konzepte des **Postrukturalismus** <619> und der Lacan'schen **Psychoanalyse** <620> zurück. In Begriffen wie **Phallogozentrismus** (aus **Phallozentrismus** und **Logozentrismus**) verbinden sich radikale poststrukturalistische und feministische Ansätze der Kritik am herrschenden gesellschaftlichen **Diskurs** <113>.

Zusätzlich zu den feministischen Denkanstößen, mit denen die Literaturkritik weltweit in eine neue Phase eingetreten ist, haben Kritikerinnen wie Gilbert und Gubar wie auch viele andere als Herausgeberinnen von feministisch orientierten Anthologien dafür gesorgt, dass Autorinnen, die bisher ein unbeachtetes Dasein außerhalb des literarischen **Kanons** <110> fristeten, ins Zentrum der Literaturwissenschaft gerückt wurden.

Auf der Grundlage der oben gemachten Unterscheidung zwischen *sex* und *gender* hat sich außerdem die neue, nicht mehr ausschließlich auf die Frauenrolle bezogene Forschungsrichtung der *gender studies* entwickelt, die das gesamte menschliche Verhalten – also nicht nur das sprachliche und literarische – unter dem Aspekt der gesellschaftlichen Rollendefinitionen untersucht.

MK

Literatur: Gilbert/Gubar (1979); Gilbert/Gubar (2004); Selden/Widdowson; Showalter.

611 Hermeneutics – Hermeneutik

1. *Ursprünglich aus der Theologie stammende „Theorie der Interpretation"; davon ausgehend eine philosophische Schule im 19. und 20. Jahrhundert.*
2. *Heute vor allem eine literaturkritische Schule, deren Ansatz auf einer hermeneutischen Theorie des Textverständnisses basiert.*

Im traditionellen, religionswissenschaftlichen Sinne sind in der Hermeneutik die Regeln festgelegt, nach denen man bei der Interpretation und Auslegung der Bibel vorgeht. Etymologisch ist der Begriff mit dem Namen des Götterboten Hermes verwandt, der die Botschaften der Götter den Menschen verständlich machen musste.

Der hermeneutische Ansatz geht zurück auf den Theologen Friedrich Schleiermacher (1768-1834) und wurde von dem Philosophen Wilhelm Dilthey (1833-1911) weiterentwickelt. Auch die **philosophische Hermeneutik** geht davon aus, dass der ursprüngliche Sinn eines Textes zumindest annäherungsweise erschlossen und verstanden werden kann. Dieser Akt des Verstehens erfolgt nicht nach dem Vorbild der Naturwissenschaften, sondern nach dem Prinzip des **hermeneutischen Zirkels** (***hermeneutic circle***): Das Verständnis eines Textes ist nur durch das Verstehen der Wechselbeziehung von Teil und Ganzem möglich; zum Beispiel ergibt sich der Sinn eines Satzes erst in einem Interpretationsprozess, der bestimmt ist durch Hypothesen, die vom einzelnen Wort ausgehend auf die Satzbedeutung schließen, und durch Rückschlüsse von der Satzebene aus zurück auf die Bedeutung des einzelnen Worts.

Im 20. Jahrhundert haben sich verschiedene Strömungen der Hermeneutik herausgebildet, ohne dass sie noch den ideologischen Grundpositionen Schleiermachers oder Diltheys verpflichtet wären. Hans-Georg Gadamer spricht z. B. in *Wahrheit und Methode* (1960) vom Prinzip der **Horizontverschmelzung** (***fusion of horizons***) „als stets nur annäherungsweiser Konvergenz zwischen dem Horizont des Interpreten und des Textes" (Zapf) und hat mit diesem Prinzip auch Einfluss auf die **Rezeptionstheorie** <621> seiner Schüler Iser und Jauß. In einem Ansatz, der zwischen ***meaning*** und ***significance*** eines Textes unterscheidet, geht der Amerikaner E. D. Hirsch davon aus, dass *meaning* als ursprüngliche auktoriale **Intention** immer gleich bleibend und auch zu erschließen ist, während *significance* sich mit dem Umfeld des jeweiligen Interpreten verändern kann.

In eine andere Richtung entwickelte sich der hermeneutische Ansatz bei Martin Heidegger (→ **Phenomenological Criticism** <617>) und seinen Nachfolgern in der amerikanischen **Postmoderne** <140>. Hier wird die gesamte menschliche Existenz von hermeneutischen Interpretationsvorgängen bestimmt, und diese Vorgänge sind von der jeweiligen historischen Situation des Interpretierenden abhängig: „Kein Akt des Verstehens kann die Grenzen der konkreten historischen Existenz übersteigen, der er entspringt" (Zapf).

MK

Literatur: Zapf (1991).

612 Literary Theory, Literary Criticism, Literary History – Literaturtheorie, Literaturkritik, Literaturgeschichte

Literaturtheorie*: Grundlegende Beschäftigung mit der Frage, was Literatur ist.*
Literaturkritik*: Analyse und Erklärung einzelner literarischer Werke.*
Literaturgeschichte*: Darstellung der historischen Entwicklung von Nationalliteraturen oder literarischen Gattungen.*

Die **Literaturwissenschaft** (es gibt keine adäquate Übersetzung ins Englische) als Teilbereich der **Philologie** umfasst drei verschiedene Gebiete: die **Literaturtheorie** (***literary theory***), die sich mit allgemeinen Fragen der Existenz und des Status literarischer Texte befasst, die **Literaturkritik** (***literary criticism***), die einzelne Texte analysiert und bewertet, sowie die **Literaturgeschichte** (***literary history***) als Darstellung der Entwicklung von **Nationalliteraturen** oder auch von bestimmten literarischen **Formen** <119> (z. B. des **historischen Romans** <409>, des **Sonetts** <329> usw.).

Die Literaturtheorie geht in unserem Kulturkreis auf philosophische und poetologische Schriften wie die Platons (429-347 v. Chr.) und auf **Poetiken** wie die von Aristoteles (384-322 v. Chr.) und Horaz (65-8 v. Chr.) zurück. Seit der Renaissance orientierten sich in England die Poetiken von Literaturtheoretikern wie Sir Philip Sidney (1554-86) – oder in den folgenden Jahrhunderten das literaturtheoretische Werk von John Dryden (1631-1700), Samuel Johnson (1709-84), Samuel Taylor Coleridge (1772-1834), Matthew Arnold (1822-88) oder T. S. Eliot (1888-1965) – an diesen klassischen Vorbildern. In heutiger Zeit ist vor allem in Nordamerika unter dem Einfluss des **Poststrukturalismus** <619> und des **Feminismus** <610> die Literaturtheorie (meist kurz als *theory* bezeichnet) zu einem zentralen Teilaspekt der Literaturwissenschaft geworden.

Der Terminus Literaturkritik bezeichnet heute die Anwendung von methodisch fundierten, deskriptiven oder auch wertenden Analysemethoden auf einzelne literarische Texte oder Texttypen. Es gibt heutzutage eine unübersehbare Vielfalt von Ansätzen der Literaturkritik. Die Bezeichung ***literary criticism*** wurde lange Zeit im Englischen so gebraucht, dass sie das mit einschloss, was heute als Literaturtheorie bezeichnet wird. Samuel Johnson, der wichtigste Kritiker des 18. Jahrhunderts, nannte zum Beispiel den Restaurationsdichter John Dryden „father of English criticism", aber zumindest einige von dessen Werken, wie zum Beispiel *An Essay of Dramatic Poesy* (1668), würden heute wohl eher zur Literaturtheorie gezählt. Der Unterschied zwischen der deutschen und der englischen Terminologie mag historisch darin begründet sein, dass die englische Literaturkritik nie den gleichen, an die Naturwissenschaften angelehnten, Objektivitätsanspruch gestellt hat wie die deutsche Literaturwissenschaft.

Ein weiterer terminologischer Unterschied ergibt sich ferner auch zwischen dem allgemeinsprachlichen Gebrauch von Literaturkritik im Deutschen und dem von *literary criticism* im Englischen, da der deutsche Begriff oft eher auf Rezensionen im Feuilletonteil von Zeitungen und Zeitschriften angewendet wird, während der englische immer auch die akademische Disziplin mit einschließt und oft sogar als Übersetzung des deutschen Terminus Literaturwissenschaft gebraucht wird.

Die **Literaturgeschichtsschreibung** geht in England auf Thomas Wartons *A History of English Poetry from the Twelfth to the Close of the Sixteenth Century* (1774-81) zurück. Sie gewann vor allem im 19. Jahrhundert an Bedeutung, was auf den damals wachsenden Einfluss einer historistischen Betrachtungsweise genauso zurückzuführen war wie auf die ideologische Rolle, die die Literatur als Ausdrucksform nationaler Identität bei der Entwicklung der Nationalstaaten spielte. Durch die größere Betonung von **formalistisch** orientierten Ansätzen der Literaturkritik wie dem ***New Cri-***

ticism <615> hat die Literaturgeschichtsschreibung in letzter Zeit bei uns etwas an Einfluss verloren, doch im Zusammenhang mit neueren literaturkritischen Tendenzen wie dem ***New Historicism*** <616> scheint sie diesen in gewissem Grade unter veränderten Vorzeichen wiederzugewinnen. Außerdem spielt Literaturgeschichte nach wie vor eine wichtige Rolle bei der Definition von literarischen und nationalen Traditionen in den **postkolonialen** <618> Literaturen.

MK

Literatur: Fabian (2004).

613 Marxist Criticism – Marxistische Literaturkritik

Literaturkritische Schulen, deren Ansatz sich auf die marxistische Gesellschafts- und Geschichtstheorie zurückführen lässt.

Die marxistische Literaturkritik beruht auf den materialistischen Gesellschaftstheorien, die in den philosophisch-politischen Schriften der Begründer der modernen kommunistischen Ideologie, Karl Marx (1818-1883) und Friedrich Engels (1820-1895), niedergelegt sind. Für Marx und Engels determinieren die materiellen Grundlagen des ökonomischen Systems die Entwicklung der Gesellschaft: Die Geschichte läuft zielgerichtet auf die proletarische Weltrevolution und die Abschaffung der bisherigen Besitz- und Machtstrukturen zu, wobei die im 20. Jahrhundert existierende kapitalistische Gesellschaftsform nur eine Station auf diesem Weg ist. Die kapitalistische bürgerliche Gesellschaft, die seit der Industriellen Revolution besteht, wird von zwei wichtigen Klassen geprägt: Auf der einen Seite steht die Bourgeoisie, die die Produktionsmittel in ihrem Besitz hat, auf der anderen das arbeitende und ausgebeutete Proletariat.

In den marxistischen Theorien bestimmt also das ökonomische System als **Basis** (***base***) das politische Leben. Politik und Rechtssystem, aber auch kulturelle Ausdrucksformen wie die Literatur, werden dagegen zum sogenannten **Überbau** (***superstructure***) gezählt, wobei die Phänomene des Überbaus für Marxisten oft als sekundär gelten, da sie – wenn auch mitunter nur mittelbar – von der ökonomischen Basis abhängig sind.

Marxistische Literaturkritik erklärt die Literatur als Bestandteil des Überbaus, indem sie zeigt, wie literarische Texte sich auf die ökonomische Basis der Produktionsverhältnisse zurückbeziehen bzw. von ihr bestimmt werden. Bei dieser Rückführung des kulturellen Überbaus auf die materielle Basis gibt es durchaus eine Reihe unterschiedlicher Ansätze: Am einen Ende des Spektrums stehen Kritiker, die von einer unproblematischen, einfachen und direkten Widerspiegelung der gesellschaftlichen Realität (im Sinne der marxistischen Ideologie) in der Kunst ausgehen und auf einer solchen bestehen. Die einfachste, radikalste und so sicher nur „vulgärmarxistische" Form des von der marxistischen Ideologie geforderten Rückbezugs der Kunst auf die ökonomische Realität findet sich zum Beispiel in der **Widerspiegelungstheorie** des **sozialistischen Realismus** <141>, wie er in den sozialistischen Staaten des 20. Jahrhunderts gefordert wurde.

Traditionelle marxistische Ansätze der Literaturkritik untersuchten in diesem Sinne Prinzipientreue bei der Darstellung der Realität, die Zeichnung proletarischer Figuren, den Grad ihres politisch-ökonomischen Bewusstseins oder die ideologische Akzeptabilität von Lösungsvorschlägen für soziale Probleme. Die Darstellung des Elends der Arbeiter in Dickens' Romanen illustrierte demnach die Auswüchse des Kapitalismus im viktorianischen England. Das Fehlen eines literarischen Bezugs auf die soziale Wirklichkeit konnte man hingegen unter Umständen auch als Systemkritik auslegen.

Am anderen Ende des Spektrums marxistischer Literaturkritik gibt es aber auch liberalere Ansätze, die der Kunst bei der Reflektion der sozialen Wirklichkeit mehr Autonomie und größere Freiräume zugestehen. Der englische Kritiker William Empson hat zum Beispiel auch die **Pastorale** <136>, die auf den ersten Blick mit den Problemen der Industriegesellschaft nichts zu tun hat, als proletarisches **Genre** <122> interpretiert.

Der bekannteste marxistische Literaturtheoretiker des 20. Jahrhunderts ist der Ungar Georg Lukács (1885-1971). Er war der Meinung, die realistische Darstellungsweise im Roman des 19. Jahrhunderts komme dem Ideal des Schreibens im Sinne der marxistischen Lehre am nächsten. Zu seinen auch heute noch relevanten Schriften zählen die *Theorie des Romans* (1920) und *Der historische Roman* (Erstausgabe in russischer Sprache 1937). Letzteres Werk bezeichnet er im Vorwort zur deutschen Ausgabe als

„eine Vorarbeit gleichermaßen zur marxistischen Ästhetik wie zur materialistischen Behandlung der modernen Literaturgeschichte".

Für Lukács stützt sich die literarische Widerspiegelung der gesellschaftlichen Realität weniger auf „die großen monumentalen Dramen der Weltgeschichte" als auf die Darstellung eher geringfügiger Ereignisse, anhand derer der Prozess der Geschichte im marxistischen Sinn besonders gut sichtbar wird. Seine Theorie legt er vor allem mit Bezug auf den **historischen Roman** <409> Sir Walter Scotts dar:

> Es kommt also im historischen Roman nicht auf das Nacherzählen der großen historischen Ereignisse an, sondern auf das dichterische Erwecken jener Menschen, die in diesen Ereignissen figuriert haben. Es kommt darauf an, nacherlebbar zu machen, aus welchen gesellschaftlichen und menschlichen Beweggründen die Menschen gerade so gedacht, gefühlt und gehandelt haben, wie dies in der historischen Wirklichkeit der Fall war.

Zu den marxistisch orientierten Kritikern, die nicht auf dem Primat des Realismus beharrten, gehörten in Deutschland Walter Benjamin und Vertreter der Frankfurter Schule wie Theodor W. Adorno. Auch der vor der deutschen Wiedervereinigung in der DDR lehrende Literaturwissenschaftler Robert Weimann wandte sich in seinen Forschungen durchaus „bourgeoisen" Autoren wie Proust oder Joyce zu.

In Frankreich kombinierte der Kritiker Louis Althusser (1918-1990) marxistische Ansätze mit solchen des **Strukturalismus** <625> oder auch der Lacan'schen **Psychoanalyse** <620>. In England gehörte nach dem Zweiten Weltkrieg Raymond Williams (1921-1988) zu den marxistisch beeinflussten Kritikern. Heute ist sicherlich Terry Eagleton (*1943) der führende marxistische Literaturkritiker Großbritanniens. In seinem Ansatz bedient er sich jedoch durchaus auch anderer, **poststrukturalistischer** <619> und psychoanalytischer Ansätze, um kapitalistische Ideologien in der Literatur aufzudecken.

Ebenso eklektisch wie Eagleton ist sein amerikanischer Kollege Fredric Jameson. Der folgende Ausschnitt aus *The Political Unconscious: Narrative as a Socially Symbolic Act* (1981) zeigt, wie groß die Bandbreite der ihm vertrauten Ansätze ist, wenn diese auch im Endeffekt von Jamesons marxistisch inspirierter Interpretation dominiert werden. So sagt er zu Beginn seines Werks:

> This book will argue the priority of the political interpretation of literary texts. It conceives of the political perspective not as some supple-

> mentary method, not as an optional auxiliary to other interpretive methods current today – the psychoanalytic or the myth-critical, the stylistic, the ethical, the structural – but rather as the absolute horizon of all reading and all interpretation.

Ein weiterer literaturkritischer Ansatz, dessen Vertreter vielfach auf marxistisches Gedankengut, aber auch auf andere Vorläufer wie Hippolyte Taine (→ **NATURALISMUS** <132>) zurückgreifen, ist der der **Literatursoziologie** (***sociocriticism***, ***sociology of literature***). Er wurde vor allem in Frankreich wichtig und fand in der Nachkriegszeit zum Beispiel im Werk Lucien Goldmanns (1913-1970) seinen Ausdruck.

MK

Literatur: Jameson; Lukács.

614 Narratology – Narratologie

Die auf einem strukturalistischen oder auch poststrukturalistischen Untersuchungsprinzip beruhende systematische Analyse erzählerischer Texte in Bezug auf ihre Form und Ausgestaltung.

Die Narratologie nähert sich der Analyse von Erzähltexten mit dem Handwerkszeug des **Strukturalismus** <625>, d. h. sie sieht den Text als ein System von Bezügen, die man – zumindest bis zu einem gewissen Grade – regelhaft erfassen kann. Aspekte der narratologischen Untersuchung sind Konzepte wie **Erzählsituation** (→ **NARRATOR** <411>), **Erzählperspektive** <416>, ***discourse*** und ***story*** <420> sowie ihr Verhältnis zueinander. Im Rahmen der **poststrukturalistischen** <619> Infragestellung von grundlegenden Konzepten der Literaturkritik finden auch Konzepte wie die des **Postkolonialismus** <618>, des **Feminismus** <610>, des aus Feminismus und **psychoanalytischer Literaturtheorie** <620> abgeleiteten ***narrative desire*** oder der **Aporie** <106> und des Labyrinths, die mit den einfachen Prinzipien des Strukturalismus nicht zu fassen sind bzw. sie unterlaufen, ihren Weg in die Narratologie.

MK

Nünning; Onega; Stanzel (1979).

615 New Criticism

Amerikanische Schule der formalistischen Literaturkritik.

Der *New Criticism* war eine einflussreiche, seit den 30er Jahren des 20. Jahrhunderts zunächst in den Vereinigten Staaten bestehende Schule der Literaturkritik, der es – ähnlich wie dem **Russischen Formalismus** <622> – vor allem um eine **textimmanente** Interpretation von literarischen Werken ging.

Herausragende Vertreter des *New Criticism* waren Literaturkritiker aus den amerikanischen Südstaaten wie zum Beispiel John Crowe Ransom, Allen Tate, R. P. Blackmur, Robert Penn Warren und Cleanth Brooks, im weiteren Sinne auch die Engländer I. A. Richards und William Empson. Anstatt sich, wie in der damals traditionellen Literaturkritik üblich, mit den philosophischen, geschichtlichen und soziologischen Hintergründen literarischer Werke zu beschäftigen, verstand der *New Criticism* den **Text** <145> als **autonomes Kunstwerk**. Die *New Critics* untersuchten eingehend, vor allem durch die Technik des ***close reading*** <602>, stilistische Eigenheiten, Struktur und **Form** <119> des literarischen Textes. Ihr Interesse galt dem Zusammenspiel aller Textelemente, erstreckte sich also auch und vor allem auf die Spannungen (***tension***, ***irony*** <126>, ***paradox*** <228>, ***ambiguity*** <203>) innerhalb eines Textes.

Die Konzentration auf den Text selbst sollte dem Kritiker helfen, Fehlverhalten wie ***affective*** und ***intentional fallacy*** <609> zu vermeiden. Die Analysen der *New Critics* können vor allem bei kürzeren Gedichttexten nach wie vor als vorbildlich gelten.

Sehr einflussreich wurde das an vielen Universitäten verwendete Buch *Understanding Poetry* (1938) von Cleanth Brooks und Robert Penn Warren, das beispielhafte Interpretationen der *New Critics* enthält.

MK

Literatur: Halfmann.

616 New Historicism

Schule der poststrukturalistischen Literaturkritik, die bei der Interpretation von Texten den politischen, ökonomischen und sozialen Kontext mit einbezieht.

Der literaturkritische Ansatz des ***Historicism*** bettet literarische Texte, vor allem die aus vergangenen Jahrhunderten, in ihr jeweiliges soziales, ökonomisches und politisches Umfeld ein und erklärt sie vor dem Hintergrund dieser Bezugsfelder. Politisch motivierte Ansätze des *Historicism* interpretieren die Texte als Ausdrucksform der zur Zeit ihrer Entstehung vorherrschenden Ideologien und **Diskursformen** <113>. Ein Beispiel für eine solche Analyse, die den dominanten Diskurs einer Epoche herausarbeitet, ist E. M. W. Tillyards *The Elizabethan World Picture* (1943).

Im Gegensatz zu diesem traditionellen *Historicism* glauben die *New Historicists* nicht mehr an eine relativ unproblematische Rekonstruierbarkeit der Geschichte und auch nicht an den Wert übergreifender Erklärungsmuster oder Ideologien (***master narratives***). Vielmehr steht der *New Historicism* den **dialogisch** <605> orientierten Untersuchungsmethoden des **Poststrukturalismus** <619> positiv gegenüber und wendet diese auch auf historische Texte an. Diese historischen Texte werden hier nicht so sehr als Dokumente angesehen, sondern sie werden vor allem als Texte interpretiert, auf die sich andere Texte, seien sie historischer oder literarischer Art, **intertextuell** <125> beziehen. Die Analysemethoden des *New Historicism* gleichen oft denen der **Dekonstruktion** <604>, denn auch die *New Historicists* greifen in ihren Analysen historischer Situationen oft auf anscheinend marginale und dezentrale Themen und Fragestellungen zurück, die auf den ersten Blick kaum etwas mit dem eigentlichen Thema eines Texts zu tun haben.

Der bekannteste Vertreter des *New Historicism* ist Stephen Greenblatt, der vor allem Renaissance-Texte wie Shakespeares Dramen einer solchen Untersuchung unterzog. So erläutert er zum Beispiel die uns heute rätselhaft erscheinende Vorgehens- und Denkweise Othellos in Shakespeares Tragödie mit Bezug auf die Argumentationsstruktur zeitgenössischer nichtfiktionaler Texte, die dem heutigen Leser normalerweise unbekannt sind.

Wie der folgende Ausschnitt zeigt, hat sich Greenblatt im Rahmen seiner *poetics of culture* neben eigentlich historischen Texten jedoch auch zeitgeschichtlichen Themen zugewandt. Hierbei lässt sich der genreüberschreitende Charakter der neohistorischen Methode, hier der Schritt vom Filmskript zum nichtfiktionalen politischen Essay (wenn nicht gar zur politischen Realität) anhand der Analyse des Diskurses des amerikanischen Präsidenten und ehemaligen Hollywood-Schauspielers Ronald Reagan (1911-2004) besonders gut veranschaulichen:

> [...] the political scientist and historian Michael Rogin recently observed the number of times President Reagan has, at critical moments in his career, quoted lines from his own or other popular films. The President is a man, Rogin remarks, „whose most spontaneous moments [...] are not only preserved and projected on film, but also turn out to be lines from old movies." To a remarkable extent, Ronald Reagan, who made his final Hollywood film, *The Killers* in 1964, continues to live within the movies: he has been shaped by them, draws much of his cold war rhetoric from them, and cannot or will not distinguish between them and an external reality. Indeed his political career has depended upon an ability to project himself and his mass audience into a realm in which there is no distinction between simulation and reality.

Das britische, stärker marxistisch orientierte Gegenstück zum *New Historicism* ist der ***cultural materialism***. Seine Vertreter beharren stärker als ihre amerikanischen Kollegen auf der aktiv politischen und „progressiven" Ausrichtung ihres Tuns.

MK

Literatur: Bonnycastle; Greenblatt; Zapf (1991).

617 Phenomenological Criticism – Phänomenologische Literaturkritik

Ansatz in der Literaturkritik, der Husserls und Heideggers phänomenologische Philosophie auf die Literatur anwendet.

Im Zentrum der phänomenologischen Philosophie Edmund Husserls am Anfang des 20. Jahrhunderts, die später von Martin Heidegger weitergeführt wurde, steht die subjektive Erfahrung des einzelnen menschlichen Bewusstseins. Auf die Literatur angewandt, bedeutet dies die Abkehr von positivistischen Ansätzen, die sich auf wissenschaftlich ermittelte Fakten gründen, und die Hinwendung zum Versuch, das in der literarischen Sprache Ausdruck findende Erleben des Autors im „**Lesevorgang**“ (so der Titel eines Aufsatzes von Wolfgang Iser mit dem Untertitel „Eine phänomenologische Perspektive“) nachzuempfinden. Zu den phänomenologischen Ansätzen der Literaturkritik gehören in der ersten Hälfte des 20. Jahrhunderts Roman Ingardens Verständnis des Lesens als **Konkretisation** eines Textes und in neuerer Zeit der **rezeptionsästhetische** <621> Ansatz von Wolfgang Iser und Hans Robert Jauß. Zum Beispiel schreibt Iser zu Beginn des oben erwähnten Aufsatzes:

> Die phänomenologische Kunsttheorie hat mit allem Nachdruck darauf aufmerksam gemacht, dass die Betrachtung eines literarischen Werks nicht allein der Gegebenheit der Textgestalt, sondern in gleichem Maße den Akten seiner Erfassung zu gelten hat. Roman Ingarden stellte daher dem Schichtenaufbau des literarischen Werks die Weisen seiner Konkretisation gegenüber. Der Text als solcher hält nur verschiedene „schematisierte Ansichten“ parat, durch die der Gegenstand des Werks hervorgebracht werden kann, während das eigentliche Hervorbringen zu einem Akt der Konkretisation wird. (Iser 1975b)

Zur phänomenologischen Literaturkritik gehören neben der Rezeptionsästhetik der deutschen **Konstanzer Schule** (u. a. Wolfgang Iser und Hans-Robert Jauß) auch Kritiker wie die der berühmten **Genfer Schule** (mit Vertretern wie Georges Poulet, Paul Ricoeur und Jean Starobinski) und – zumindest zeitweise – Amerikaner wie J. Hillis Miller (mit Arbeiten über Dickens) und Geoffrey Hartman, die beide später auch als Vertreter der **Dekonstruktion** <604> Bedeutung erlangten.

MK

Literatur: Iser (1975b).

618 Postcolonial Literature and Criticism – Postkoloniale Literatur(kritik)

(Wissenschaftliche Beschäftigung mit) Literatur aus den ehemaligen britischen Kolonien.

Das Adjektiv postkolonial ist in den 80er Jahren des 20. Jahrhunderts zu einem vielbenutzten, aber nicht unbedingt scharf umrissenen Begriff geworden, der sich sowohl auf zeitgenössische literarische Texte aus bestimmten Regionen als auch auf einen neueren literaturtheoretischen Ansatz beziehen kann.

Zum einen bezeichnet postkolonial aus **literaturgeschichtlicher** <612> Perspektive allgemein die **Nationalliteraturen**, die in den ehemaligen Kolonien Englands (bzw. im Rahmen der romanistischen Literaturwissenschaft natürlich auch Frankreichs, Spaniens und Portugals) nach der Erlangung der Unabhängigkeit entstanden sind (***New Literatures in English***). Hierbei unterscheidet man zwischen (1) den ***settler colonies***, wie zum Beispiel Kanada, Australien, und Neuseeland, und (2) den ***invaded colonies***, den asiatischen, afrikanischen und karibischen Kolonien (z. B. Indien, Nigeria oder Jamaica), von denen die meisten erst relativ spät die Unabhängigkeit erlangten.

Zum anderen verbindet sich der Begriff postkolonial aber auch mit politischen Vorstellungen und wird in dieser politischen Bedeutung meist auf die zweite der oben genannten Staatengruppen angewandt, also auf englische Kolonien, die erst nach dem Zweiten Weltkrieg ihre politische Unabhängigkeit errangen. So schreiben Ashcroft, Griffiths und Tiffin in ihrer Einleitung zu *The Post-Colonial Studies Reader:*

> Post-colonial theory involves discussion about experience of various kinds: migration, slavery, suppression, resistance, representation, difference, race, gender, place, and responses to the influential master discourses of imperial Europe such as history, philosophy and linguistics, and the fundamental experiences of speaking and writing by which all these come into being.

Viele Texte aus den postkolonialen Literaturen scheinen sich von den benutzten Ausdrucksmitteln und Schreibstilen her rein formal nicht unbedingt sehr stark von der zeitgenössischen **postmodernen** <140> Literatur der früheren kolonialen „Mutterländer" zu unterscheiden. Dies ist nicht überraschend, zumal diese Mutterländer und ihre kulturellen Zentren (vor allem natürlich London) auch heute noch eine wichtige Rolle als Wirtschafts- und Kommunikationszentren (z. B. als Sitz internationaler Verlage) spielen. Doch ist die ideologische Einbettung der „postmodernen" Texte aus postkolonialen Ländern eine ganz andere: In den Worten Salman Rushdies, die zum Titel eines grundlegenden theoretischen Werkes, *The*

Empire Writes Back (1989) von Bill Ashcroft, Gareth Griffiths und Helen Tiffin, wurden, drückt sich die politische Motivation des postkolonialen Ansatzes aus: „The Empire writes back to the centre“. Die Autoren von *The Empire Writes Back* formulieren dies so: „the rereading and rewriting of the European historical and fictional record is a vital and inescapable task at the heart of the post-colonial enterprise“.

Es gibt nun durchaus verschiedene Möglichkeiten, wie postkoloniale Schriftsteller sich mit dem Einfluss des „Zentrums“ auseinandersetzen:

1. Die erste Möglichkeit ist eine mehr oder weniger **ironisch-parodistisch** <126; 134> gebrochene **Imitation** der europäischen literarischen Vorbilder. Als Paradebeispiel einer noch kaum ironisch gebrochenen kolonialen (und deshalb eigentlich noch nicht post-kolonialen) Haltung gegenüber der britischen Literatur kann das frühe kanadische Gedicht „The Rising Village“ (1825) gelten, in dem der kanadische Dichter Oliver Goldsmith dem bekannten „Deserted Village“ (1770) seines gleichnamigen anglo-irischen Großonkels nacheifert. Als Beispiel einer viel stärkeren und vor allem negativeren postkolonialen Reaktion gegen ein britisches Muster kann die Auseinandersetzung der karibischen Autorin Jean Rhys mit ihrem literarischen Vorbild Charlotte Brontë gelten. Während Brontë in *Jane Eyre* (1847) die Frau aus den Kolonien in ihrem Text als „Madwoman in the Attic“ (so der Titel von Gilbert und Gubars grundlegendem Werk der **feministischen Literaturkritik** <610>) ausgrenzt, macht Rhys sie in *Wide Sargasso Sea* (1966) zur zentralen Figur.

2. Eine zweite Möglichkeit der postkolonialen Reaktion ist das Zurückweisen europäischer Vorbilder und die Rückkehr zu Genres und Schreibweisen, die aus dem eigenen, **autochthonen** Kulturkreis stammen. Ein Roman, der sich stark auf Elemente der einheimischen, hier nigerianischen, Kultur- und Erzähltradition zurückbezieht, ist zum Beispiel Ben Okris *The Famished Road* (1991). Hier wird bei der Zentralfigur des jungen Azaro auf das afrikanische Konzept des *abiku* zurückgegriffen, eines Kindes, das das Leben in der Gemeinschaft der ungeborenen Kinder dem Geboren-Werden vorzieht:

> There was not one amongst us who looked forward to being born. We dislike the rigours of existence, the unfulfilled longings, the enshrined injustices of the world, the labyrinths of love, the ignorance of parents,

> the fact of dying, and the amazing indifference of the Living in the midst of the simple beauties of the universe. We feared the heartlessness of human beings, all of whom are born blind, few of whom ever learn to see.

3. Es gibt als drittes auch den Versuch, gleichzeitig aus beiden Traditionen zu schöpfen und so aus europäischen und autochthonen Quellen etwas Neues, Hybrides, zu schaffen (**Synkretismus**). Beispiele für den Synkretismus, der Elemente der britischen Literatur mit solchen aus der einheimischen, hier indischen Literaturtradition mischt, sind die Romane Salman Rushdies, zum Beispiel *Midnight's Children* (1981).

Post-colonial criticism, der sich auf die von Kritikern wie Edward Said und Homi Bhabha entwickelte ***post-colonial theory*** stützt, analysiert die *New Literatures in English* aus der Sicht der ehemaligen Kolonien, und zwar vor allem aus der Perspektive der *invaded colonies*.

MK

Literatur: Ashcroft/Griffiths/Tiffin (1995); Ashcroft/Griffiths/Tiffin (1989).

619 Poststructuralism – Poststrukturalismus

Literaturtheoretische Ansätze, die sich aus dem Strukturalismus entwickelten.

Man kann unter den oft verschwommenen Terminus des Poststrukturalismus prinzipiell alle im Anschluss an den Strukturalismus <625> entstandenen Literaturtheorien fassen.

Meist wird der Begriff Poststrukturalismus jedoch angewendet auf die Ansätze, die sich wie Derridas ***Deconstruction*** <604> direkt auf Aspekte des Strukturalismus stützen bzw. diese in Frage stellen. Als gemeinsamen Zug vieler dieser poststrukturalistischen Ansätze sieht man die Abkehr vom bisher vorherrschenden Selbstverständnis der Literaturkritik als privilegierte **Metasprache**. In dieser Metasprache war man als Kritiker quasi vom Text abgehoben, während man über ihn redete. Nach poststrukturalistischem Verständnis steht die Kritik dem literarischen Text als ein anderer Text auf der gleichen Ebene gegenüber, ohne einen größeren Wahrheitswert als dieser beanspruchen zu können.

Zu den Poststrukturalisten im weiteren Sinne zählen jedoch Literaturtheoretiker mit durchaus unterschiedlichen Ansätzen. Während einige von ihnen Literatur und Sekundärliteratur nur als Texte ansehen, die sich **intertextuell** auf wiederum andere Texte beziehen, so dass die reale Welt fast aus ihrem Blickwinkel zu verschwinden scheint, so wollen andere Poststrukturalisten mit ihren Texten durchaus politisch auf diese Welt einwirken. Aus einem radikalen Strukturalismus hervorgegangen sind in Frankreich zum Beispiel die Analysen von Roland Barthes, die sich unter anderem mit der politischen Funktion von Sprache auseinander setzen. Ebenfalls in Frankreich kombinierte die Semiotikerin Julia Kristeva strukturalistische und **feministische** <610> Ansätze; Jacques Lacan brachte Aspekte der **Psychoanalyse** <620> mit ein, während Michel Foucault die Methodik der Geschichtswissenschaft revolutionierte. In den Vereinigten Staaten trugen Kritiker wie der Belgier Paul de Man mit seinen sprachphilosophischen Interpretationen und der Palästinenser Edward Said mit seinen politischen Ansätzen zur Erneuerung der poststrukturalistischen literaturwissenschaftlichen Methodik bei.

Infolge der häufigen methodischen Überschneidungen, die jedoch ideologisch durchaus unterschiedlich motiviert sein können, ist die Abgrenzung des Poststrukturalismus von anderen mit dem Präfix Post- versehenen Konzepten der Literaturkritik und Literaturtheorie wie **Postmoderne** <140> oder **Postkolonialismus** <618> sehr schwierig und oft eine Frage der persönlichen Akzentsetzung.

MK

Literatur: Zapf (1991).

620 Psychoanalytical Criticism – Psychoanalytische Literaturkritik

Schule der Literaturkritik, die sich der Erkenntnisse und des Vokabulars der (Freud'schen) Psychoanalyse bedient.

Die psychoanalytische (oder psychologische) Literaturkritik beruht auf den Theorien des Wiener Arztes Sigmund Freud (1856-1939) und seiner Nachfolger. Als Psychologe analysierte Freud in erster

Linie seine Patienten bzw. ihre Träume, aber er hat in Texten wie *Die Traumdeutung* (1900) auch selbst literarische Werke wie *Hamlet* mit Hilfe seiner Methoden untersucht.

Die Freud'sche Psychoanalyse geht, vereinfacht gesagt, davon aus, dass der Mensch von verschiedenen Trieben gelenkt wird, vor allem von den Grundtrieben **Eros** (Selbst- und Arterhaltungstrieb) und **Thanatos** (Todes- oder Destruktionstrieb). Diese Triebe entstammen großenteils dem Bereich der menschlichen Psyche, den Freud das **Unbewusste** nennt. Das Denken der Menschen wird für ihn von drei Prinzipien beeinflusst, die verschiedenen Zonen der Psyche zugeordnet sind: Das **Lustprinzip** (***pleasure principle***) gehorcht dem **Es** (***Id***), das nach dem größtmöglichen Lustgewinn für den Einzelnen trachtet. Da es, wenn man ihm freien Lauf ließe, sowohl dem Individuum als auch der Gesellschaft schaden würde, wird es zum einen auf der Seite des Individuums durch das **Ich** (***Ego***) kontrolliert, das sich am **Realitätsprinzip** (***reality principle***) orientiert, und zum anderen auf der Seite der von Eltern und Gesellschaft vermittelten Normen durch das **Über-Ich** (***Superego***) mit seinem **Moralitätsprinzip** (***morality principle***).

Nach Freud entstehen psychische Probleme und Neurosen vieler Menschen dadurch, dass reale Probleme in den Bereich des Unbewussten verdrängt und somit „vergessen" werden. Daher kommt bei seiner Psychoanalyse der Aufarbeitung und dem Wiederentdecken von frühen, oft in der Kindheit liegenden, aber verdrängten Problemen große Bedeutung zu. Freud beschäftigte sich insbesondere mit der frühen Sexualität und Störungen der sexuellen Entwicklung, was ihm oft den Vorwurf einbrachte, alle psychischen Probleme auf ihren sexuellen Aspekt zu reduzieren.

Für Freud besteht die normale sexuelle Entwicklung eines Kleinkindes aus drei Phasen: der **oralen**, bei der der Kontakt des Kleinkinds mit der Mutter durch den Mund hergestellt wird (z. B. beim Stillen); der **analen**, in der das Kind lernt, seine Exkremente und somit Teile seiner Umwelt zu kontrollieren; und der **phallischen**. Die Phallus-Fixierung mündet in die **Ödipus-Phase**, in der der Junge sich (wie Ödipus in der griechischen Sage) in seine Mutter „verliebt", bis er „durch Zusammenwirkung einer Kastrationsdrohung und des Anblicks der weiblichen Penislosigkeit das größte Trauma seines Lebens erfährt" (Freud). Dieser „Kastrationserfahrung" entspricht in der weiblichen Sexualität der Penisneid.

In vielen Fällen gibt es jedoch Störungen der von Freud skizzierten „normalen" sexuellen Entwicklung, und Patienten kommen zuweilen nicht über eine der oben genannten entwicklungspsychologischen Phasen hinaus.

Auch literarische Figuren kann man natürlich auf solche Störungen und Komplexe hin analysieren. Zum Beispiel interpretiert der Kritiker Terry Eagleton den Roman *Sons and Lovers* (1913) von D. H. Lawrence so, dass die starke Mutterfixierung des Protagonisten Paul Morel Ausdruck eines **Ödipuskomplexes** ist: Paul hat es nicht fertiggebracht, sich von der kindlichen Verliebtheit in seine Mutter zu lösen. Auch das Zögern Hamlets, den Tod seines Vaters zu rächen, indem er dessen Mörder, Claudius, umbringt, wird zumindest von einigen Kritikern (nicht zuletzt von Freud selbst und seinem Schüler Ernest Jones) mit dem Ödipuskomplex erklärt: Hamlet zögert, Claudius umzubringen, weil der gerade das geschafft hat, was der ödipal in seine Mutter verliebte Hamlet auch gerne täte oder getan hätte, nämlich mit seiner Mutter zu schlafen.

Weitergeführt wurde der Ansatz der Psychoanalyse vor allem von dem Franzosen Jacques Lacan, der Freuds Theorie mit der **strukturalistischen** <625> Analyse der Sprache durch Saussure kombinierte. Lacan behauptete nämlich, das Unbewusste sei wie eine Sprache strukturiert. Wie Terry Eagleton in seiner Darstellung der Lacan'schen Theorie zeigt, zieht dieser Parallelen zwischen dem ursprünglichen Mutter-Kind-Verhältnis, in dem die Kommunikation zwischen Mutter und Kind einfach und klar ist, und einer idealen Sprachsituation:

> No gap has yet opened up between signifier and signified, subject and world. The infant is so far happily unplagued by the problems of post-structuralism – by the fact that, as we have seen, language and reality are not so smoothly synchronized as this situation would suggest. (Eagleton)

Die Sprachsituation zwischen Mutter und Kind wird hier in der Terminologie Ferdinand de Saussures als die vollkommen eindeutige Zuordnung von **Signifikat** (***signified***) und **Signifikant** (***signifier***) beschrieben. Im Gegensatz zu Saussure, der diese Zuordnung aber immer als willkürliche Konvention bezeichnet, scheint Lacan hier die Zuordnung als natürlich gegeben anzusehen.

Der Schritt in die *poststructuralist anxiety* einer nicht mehr eindeutigen Zuordnung kommt laut Lacan jedoch schon bald, wenn nämlich der Vater die Einheit des Kommunikationssystems von Mutter und Kind stört. Von nun an, im Gebrauch der Wörter durch mehr als nur zwei Personen, ergibt sich durch die **Willkürlichkeit** der Zuordnung von Signifikat und Signifikant die Möglichkeit von Missdeutungen. In der Lacan'schen Theorie spricht man deshalb oft vom ***floating signifier***, der keinem Signifikat mehr fest zugeordnet ist und somit fast alles bedeuten kann.

Die bisher angeführten Beispiele deuten aber nur eine Möglichkeit der psychoanalytischen Interpretation literarischer Texte an: nämlich die Figuren innerhalb des Texts selbst einer psychoanalytischen Fallstudie zu unterziehen.

Eine andere Möglichkeit wäre, den Text als Ausdruck der psychologischen Verfassung des Autors oder der Autorin zu interpretieren. Solch ein Ansatz birgt natürlich immer die Gefahr der ***intentional*** oder gar ***biographical fallacy*** <609>. Zum Beispiel hat man auch D. H. Lawrences *Sons and Lovers* als Ausdruck von Lawrences eigenem Ödipus-Komplex interpretiert. Hierzu gehört auch die Möglichkeit der **Übertragung** (***projection***) von Problemen des Autors auf Charaktere (***projection characters***) innerhalb des literarischen Werks.

Man kann sich, so eine weitere Möglichkeit, auch bei der Analyse der **Form** <119> literarischer Werke von Einsichten der Psychoanalyse leiten lassen. Die Analysemethoden, die der Psychoanalytiker auf Träume anwendet, können auch dem Literaturwissenschaftler bei der Strukturanalyse helfen, etwa wenn ein Text sich der Erzähltechnik des **Bewusstseinsstroms** <421> bedient:

> Like the dream, the work takes certain „raw materials" – language, other literary texts, ways of perceiving the world – and transforms them by certain techniques into a product. (Eagleton)

Ein weiterer Ansatz, der in das Feld der **Rezeptionsästhetik** <621> hinüberleitet, besteht darin, die Reaktion von Lesern auf literarische Texte zu analysieren und den „Akt des Lesens" psychoanalytisch zu deuten. Führend ist in dieser Hinsicht der Amerikaner Norman H. Holland, der seine Methode in *The Dynamics of Literary Response* folgendermaßen beschreibt:

> I propose to describe works of literature objectively, as so many words on a piece of paper or spoken aloud. Then, I shall describe psychologically my own response to the objective stimulus and look for points of correspondence between the text objectively understood and my subjective experience of the text. My conclusions will always involve, then, two kinds of proposition: one the kind of thing a textual critic

says; the other the kind of thing a psychoanalyst might say; and, always, an assumption that the two propositions are related [...].

Als Versuch, das Freud'sche Modell auf die **Literaturgeschichte** <612> zu übertragen, kann man den Ansatz des Amerikaners Harold Bloom sehen, der sich das Ziel setzt „to rewrite literary history in terms of the Oedipus complex" (Eagleton). In *The Anxiety of Influence* konstruiert Bloom ein ödipales Verhältnis zwischen jüngeren Dichtern und ihren „starken" Vorgängern, von denen sie sich formal und inhaltlich abzusetzen versuchen:

> Poetic history, in this book's argument, is held to be indistinguishable from poetic influence, since strong poets make that history by misreading one another, so as to clear imaginative space for themselves.
> My concern is only with strong poets, major figures with the persistence to wrestle with their strong precursors, even to the death.

MK

Literatur: Bloom; Eagleton; Freud; Holland; Köhler.

621 Reception Theory/Reader Response Theory – Rezeptionsästhetik

Literaturtheoretischer Ansatz, der sich bei der Interpretation literarischer Werke vor allem auf den Akt des Lesens und die Erwartungen der Leser konzentriert.

Im Gegensatz zum bis in die 60er Jahre des 20. Jahrhunderts vor allem in Nordamerika vorherrschenden „objektiven" und **formalistischen** ***New Criticism*** <615> gründen sich rezeptionsästhetische Ansätze der Literaturkritik eher auf solche Strömungen in der Philosophie, die auch subjektiven Reaktionen auf literarische Texte Raum geben, wie zum Beispiel **Hermeneutik** <611> und **Phänomenologie** <617>.

In der Rezeptionsästhetik lassen sich zwei verschiedene Ansätze unterscheiden, je nachdem, ob man vom Prinzip eines **idealen** oder eines **wirklichen** Lesers ausgeht. Als eine relativ fest umrissene Ausprägung der ***reader-response theory*** gehört die Rezeptionsästhetik der **Konstanzer Schule** zur ersten Gruppe. Im Mittelpunkt des Interesses steht hier die Beteiligung eines idealisierten Lesepublikums an der Sinnkonstitution durch den „**Akt des Lesens**". Den Hauptvertretern der Konstanzer Schule, dem Anglisten Wolfgang Iser und dem Romanisten Hans-Robert Jauß, kommt es bei der Interpretation literarischer Texte vor allem auf den **Erwartungshorizont** (Jauß) der Leser an, vor dem der „Akt des Lesens" (Iser) stattfindet. Durch den stetigen, geschichtlich bedingten Wandel der Lesererwartungen einem literarischen Werk gegenüber erklärt sich, dass der gleiche Text zu verschiedenen Zeiten unterschiedlich interpretiert wird.

Iser spricht bei seiner Analyse des Lesevorgangs von **Leerstellen**, die im literarischen Text vorhanden sind und durch die die Rolle des Lesers vorgezeichnet bzw. impliziert wird. Diese Leerstellen appellieren an die Einbildungskraft des **impliziten Lesers**: „Denn erst hier kommt die Einbildungskraft des Lesers zu ihrem Recht; der geschriebene Text stattet sie mit Anweisungen aus, sich das vorzustellen, was er selbst verschweigt" (Iser 1975c). Diese Anweisungen prädeterminieren die Rolle des Lesers jedoch nicht voll und ganz:

> Die dem Roman eingezeichnete Leserrolle muss als Bedingung möglicher Wirkung verstanden werden; sie determiniert keinesfalls die Reaktionen, sondern hält einen Rahmen mit Selektionsentscheidungen parat, die – werden sie getroffen – zu individuellen Spielarten der Realisation führen [...]. (Iser 1975c)

Neben den hier genannten Konstanzer Ansätzen der *reader response theory* – Isers „implizitem Leser" oder dem Leser mit dem Jauß'schen Erwartungshorizont – gibt es auch andere idealisierte Leservorstellungen wie zum Beispiel das Prinzip der ***literary competence*** eines idealen Lesers, das Jonathan Culler von Noam Chomskys Konzept der linguistischen Kompetenz eines idealen Sprechers/Hörers ableitete).

Im Gegensatz dazu sind andere Vertreter des *reader response criticism* – wie zum Beispiel die Amerikaner Norman Holland (→ **Psychoanalytical Criticism** <620>) und David Bleich – vor allem an den psychologischen und emotionalen Erfahrungen einzelner Leser und Leserinnen interessiert.

MK

Literatur: Iser (1975c); Warning.

622 Russian Formalism – Russischer Formalismus

Schule der russischen Literaturkritik in den 20er Jahren des 20. Jahrhunderts, die den spezifisch literarischen Charakter von Texten aufgrund einer eingehenden formalen Analyse bestimmte.

Die russischen Formalisten waren eine Gruppe von Literaturwissenschaftlern, die um 1915 in St. Petersburg entstand und dann in Moskau weitergeführt wurde. Mitglieder dieser Gruppe, wie Viktor Shklovsky, Jurij Tynjanov, Boris Eichenbaum und Roman Jakobson, untersuchten literarische Texte auf diejenigen formalen und stilistischen Mittel (→ **Foregrounding** <118>) hin, die den literarischen Charakter dieser Texte ausmachten und ihre Sprache von der Allgemeinsprache unterschieden.

Damit setzten sich die russischen Formalisten von traditionellen, eher an Inhalt und Themen literarischer Werke interessierten Ansätzen der Literaturkritik ab. In dieser Abkehr waren sie dem amerikanischen ***New Criticism*** <615>, dem anderen bedeutenden **formalistischen** Ansatz in der Literaturwissenschaft der ersten Hälfte des 20. Jahrhunderts, verwandt.

Die Erkenntnisse der russischen Formalisten sind auch heute noch von Bedeutung. Zu den Unterscheidungen, die sie einführten, gehört die in der Narratologie gebräuchliche Unterscheidung zwischen ***fabula*** und ***sujet***, die in etwa der englischen zwischen ***story*** und ***discourse*** <420> entspricht. Viele ihrer Erkenntnisse fanden mit Roman Jakobson, der über die Tschechoslowakei in die USA emigrierte, Eingang in die nordamerikanische Literaturkritik.

Wie auch ihr russischer Nachfolger Mikhail Bachtin beschäftigten sich die Formalisten eingehend mit der englischen Literatur. Viktor Shklovsky schätzte zum Beispiel das verfremdende Moment an Laurence Sternes **parodistischem** <135> Roman *Tristram Shandy* (1759-67), in dem **metafiktional** <128> das Schreiben eben dieses Romans kommentiert wird. Shklovsky hielt *Tristram Shandy* gar für „das Musterbeispiel dieses Romantyps, wenn nicht des Romans überhaupt“ (Striedter).

MK

Literatur: Striedter.

623 Semiotics – Semiotik

Literaturtheoretischer Ansatz, der Texte als Zeichensysteme analysiert.

Im Sinne von Linguisten wie Charles S. Peirce und Ferdinand de Saussure ist die Semiotik (oder, wie Saussure sie nannte, **Semiologie**) die „Wissenschaft von den Eigenschaften und Wirkungsmechanismen von Zeichensystemen". Sie erforscht, wie in diesen verschiedenen Systemen Bedeutung erzeugt und vermittelt wird. Demnach ist die Semiotik – als **allgemeine** zeichenorientierte Wissenschaft – der **Linguistik** – als Lehre **eines** bestimmten **Zeichensystems**, nämlich der Sprache – übergeordnet. Andere Zeichensysteme, die sich für eine semiotische Analyse anbieten, sind zum Beispiel das Morsealphabet, das System der Piktogramme auf Flughäfen und Bahnhöfen oder die menschliche Gestik. Daneben kann man aber auch die Literatur, den Film, das Theater, die bildende Kunst oder, wie Roland Barthes behauptet, sogar die Mode als Zeichensystem verstehen.

Der semiotische Ansatz in der Literaturkritik sieht den Text als ein System, in dem nicht nur traditionelle sprachliche Zeichen (also Wörter) auf jeweils neue Weise miteinander kombiniert werden können, sondern auch literarische **Konventionen** und **Stilformen**. Über eine solche textimmanente Analyse hinaus gibt es jedoch auch semiotische Analysen, die sogar die zu Grunde liegende Kultur und/oder den außerhalb des Texts stehenden Leser mit in ihre Analysen einbeziehen. Sie untersuchen die Faktoren, durch die eine literarische Kommunikation zwischen Autor und Leser/Zuhörer zu Stande kommt, und die Elemente, aus denen sie aufgebaut wird. Sie können sich hierbei auf Einzeltexte konzentrieren und das ihnen zu Grunde liegende Kommunikationsschema erkunden, oder sie können nach literarischen Bausteinen suchen, die in bestimmten Textarten und **Genres** <122> immer wiederkehren. Der italienische Semiotiker Umberto Eco hat zum Beispiel die James-Bond-Romane Ian Flemings in dieser Hinsicht untersucht und sich auch der **Filmsemiotik** gewidmet (→ **Strukturalismus** <625>).

Zu den semiotischen Literaturanalysen, die den kulturellen Hintergrund mit einbeziehen, gehört auch Raman Seldens Untersuchung von Hawthornes *The Scarlet Letter* (1849), die sich auf Saussures grundlegende Aufspaltung des **sprachlichen Zeichens** in **Signifikant** und **Signifikat** stützt, sie jedoch vom rein sprachlichen auf einen sozialen Kontext überträgt, also auch den sozialen Kontext als strukturalistisch analysierbares Zeichensystem ansieht. Für Selden wird die menschliche „subject position" in einem literarischen Text – „the relation between signifier (‚I') and signified (the whole psychic process at work in me)" – von vielen Seiten beeinflusst und ist stetigen Schwankungen unterlegen:

> The novel actually seems to be about the devious processes of the signifier. The heroine Hester Prynne adopts the letter „A" embroidered in scarlet on the front of her dress in penance for her adultery. She lives with her „shame" in a New England community which is deeply imbued with Puritan values. Even though the letter is self-imposed (she accepts her punishment and does not leave the community), it is really Puritan ideology that fixes its meaning.

MK

Literatur: Selden (1989).

624 Speech Act Theory – Sprechakttheorie

Übertragung des linguistischen Modells der Analyse sprachlicher Handlungen auf literarische Texte und auf das sprachliche Verhalten literarischer Charaktere.

Generell untersucht die Sprechakttheorie als Teilbereich der **Linguistik** sprachliche Handlungsakte und ihre Wirkung. Hierbei zeigt sich, dass Sprechakte weit mehr implizieren als nur eine rein verbale Botschaft. Man unterscheidet deshalb zwischen drei Arten von **Sprechakten** (***speech acts***), nämlich

- **lokutionären** (***locutionary***, die eigentliche sprachliche Äußerung),
- **illokutionären** (***illocutionary***, die Intention des Sprechers) und
- **perlokutionären** (***perlocutionary***, die Wirkung auf den Hörer).

Literaturwissenschaftler wenden die von Sprechakttheoretikern wie Austin, Searle und Grice entwickelten linguistischen Konzepte zur Untersuchung sprachlicher Kommunikationsakte durchaus unterschiedlich auf literarische Texte an. Sie machen sich dabei aber generell zu Nutze, dass die Sprechaktanalyse sich im Gegensatz zu traditionelleren linguistischen Ansätzen nicht so sehr auf den Wahrheitsgehalt des Gesagten an sich konzentriert, sondern auf das, was man mit einem Sprechakt erreichen will.

Auf der einfachsten Ebene eines literaturkritischen Einsatzes sprechakttheoretischer Methodologie bietet sich die Analyse des verbalen Verhaltens von fiktionalen Charakteren an, so als wären diese literarischen Charaktere in einer realen Kommunikationssituation (***discourse analysis***; → **Discourse** <113>). Einige Theoretiker, zum Beispiel Mary Louise Pratt, betonen hier die Vergleichbarkeit von alltäglichem Sprachgebrauch und poetischer Sprache.

Andererseits kann man den literarischen Text selbst als kommunikativen Akt verstehen. Literaturtheoretisch interessant sind hier Fragen wie die, ob und wie sich **fiktionale** <117> Texte sprechakttheoretisch von nichtfiktionalen unterscheiden: Aussagen in literarischen Texten sind zum Beispiel normalerweise nicht als illokutionäre Sprechakte interpretierbar, d. h. sie drücken nicht in gleicher Weise Intentionen des Sprechers aus wie die direkte Anrede in der Realität. Während nach Grice für die nichtfiktionale Kommunikation in der Alltagssprache gewisse **Konversationsmaximen** (***conversational maxims***) eine erfolgreiche Kommunikation garantieren sollen, dürfen und sollen Schriftsteller in ihren Werken gegen diese Maximen verstoßen. So konstatiert Roger Fowler im folgenden Ausschnitt die durch **literarische Konventionen** legitimierten „Regelverstöße" der in Klammern genannten Autoren bzw. literarischen Stilrichtungen:

> [...] writers are permitted to say less (Imagism), or say more (Faulkner, Proust) than might be expected; utter what is known to be false or unevidenced (fairy-stories, science fiction); create unexpected transitions between discrepant subjects (Joyce, *nouveau roman*); be obscure, ambiguous, verbose, disjointed (*Finnegans Wake*, Symbolist poetry, Dylan Thomas).

MK

Literatur: Austin; Fowler; Pratt.

625 Structuralism – Strukturalismus

Methode der Literaturkritik, die den literarischen Text als System sieht, in dem die Elemente ihre Bedeutung durch ihre gegenseitigen Beziehungen zueinander erhalten.

Analog zum Strukturalismus in der Sprachwissenschaft (in der Nachfolge Ferdinand de Saussures) und in der Anthropologie sieht der literarische Strukturalismus den Text als **System**, das er – ähnlich wie der **formalistische *New Criticism*** <615> – zunächst unabhängig von philosophischen, historischen oder soziologischen Hintergründen betrachtet.

Innerhalb eines solchen Systems wird die Bedeutung eines einzelnen darin enthaltenen Elements, zum Beispiel eines Wortes oder Satzes, durch zwei Arten von Beziehungen bestimmt:
- zum einen durch sein Verhältnis zu den anderen Elementen auf gleicher Ebene, d. h. zu den übrigen Wörtern des jeweiligen Satzes oder zu den anderen Sätzen des jeweiligen Textes (**syntagmatische Beziehung**) und
- zum anderen durch seine Unterscheidung von den anderen Wörtern oder Sätzen, die an seiner Stelle hätten gewählt werden können (**paradigmatische Beziehung**).

Strukturalistische Ansätze der Literaturkritik versuchen nun, innerhalb des textuellen Systems Regelmäßigkeiten im und Regeln für den Aufbau eines Textes (oder auch von literarischen Texten allgemein) bzw. für das Erreichen literarischer Effekte zu finden. Sie beschäftigen sich z. B. mit dem Aufbau von Texten aus Sätzen und Satzteilen, mit der Art und Weise, wie Sätze aufgebaut sind oder mit der **Erzählperspektive** <416>.

Zu der Vielzahl strukturalistischer Ansätze gehören unter anderem
- die der Anthropologie verwandte Erforschung der **Struktur von Mythen und Märchen** (Vladimir Propp und Claude Lévi-Strauss). Der Russe Propp entwarf zum Beispiel eine Typologie von Märchentexten.
- die Erforschung der **Literarizität von Texten** durch die Vertreter des **Russischen Formalismus** <622>.
- in der Nachfolge von Lévi-Strauss der vielgestaltige **französische Strukturalismus** der 60er Jahre mit Literaturtheoretikern wie Roland Barthes, Michel Foucault und Gérard Genette, der in den **Poststrukturalismus** <619> übergeht.

In der angelsächsischen Literaturkritik wurden die strukturalistischen Theorien in den 70er Jahren von Literaturwissenschaftlern wie Robert Scholes, Jonathan Culler und David Lodge verbreitet.

David Lodge nutzt zum Beispiel die in Roman Jakobsons Arbeiten zur Aphasie, also zum Sprachverlust, eingeführte, vom traditionellen literaturwissenschaftlichen Sprachgebrauch abweichende Unterscheidung zwischen **metaphorischem** <224> und **metonymischem** <225> Sprachgebrauch. Sie beruht auf der Unterscheidung zwischen **paradigmatischer** und **syntagmatischer** Beziehung von Wörtern. Der metaphorische Sprachgebrauch stützt sich bei der Wortwahl weniger auf grammatische Notwendigkeiten als auf die Ähnlichkeitsbeziehung von Wörtern, die zu ein und demselben Paradigma gehören. Ein solcher Stil – gekennzeichnet durch Phänomene wie Reim oder Rhythmus – ist vorherrschend in der **Lyrik**. Beim metonymischen Sprachgebrauch ergibt sich hingegen der Sinn eines Satzes vor allem durch die Einbettung eines Worts in seinen (syntagmatischen) grammatikalischen Kontext, also durch die Nachbarschaft (Kontiguität) zu anderen Wörtern. Ein solcher Sprachgebrauch dominiert daher eher in der **Prosa**.

Der Unterschied zwischen metaphorischem und metonymischem Sprachgebrauch lässt sich am Beispiel von zwei Charakteren aus Margaret Atwoods Kurzgeschichte „Polarities" (1971) illustrieren: Die Studentin Louise drückt sich lieber durch „metaphorische" Gedichte als in der „metonymischen" Prosa der ihr abgeforderten akademischen Hausarbeiten aus, und ihr „prosaischer" und etwas farbloser Freund Morrison, der wenig Sinn für ihre metaphorischen Assoziationen hat, erkennt: „she's taken as real what the rest of us pretend is only metaphorical".

Der italienische Semiotiker Umberto Eco wendet strukturalistische Untersuchungsprinzipien auch bei der Analyse von Filmen an, wie sein Aufsatz „*Casablanca*: Cult Movies and Intertextual Collage" zeigt. Einerseits versteht Eco den einzelnen Film als System, das – parallel zum literarischen Text, der aus Sätzen bzw. Wörtern besteht – aus verschiedenen filmischen Versatzstücken zusammengesetzt ist. Gleichzeitig ist aber der einzelne Film hier seinerseits wieder ein Element innerhalb des Gesamtsystems der *cult movies*:

> *Casablanca* is a cult movie because all the archetypes are there, because each actor repeats a part played on other occasions, and because human beings live not „real" life but life as stereotypically portrayed in previous films [...]
> *Casablanca* became a cult movie because it is not one movie. It is „movies". (Eco 1988)

Wenn die strukturalistische Methode auch an und für sich ein formalistischer Ansatz ist, wird sie für Theoretiker wie Robert Scholes mit ihrem vielfältig und auf alle möglichen Lebensbereiche anwendbaren, Zusammenhänge stiftenden System schon fast zu einem Ideologieersatz in der von den Naturwissenschaften beherrschten Welt:

> Structuralism, I am suggesting, is a response to the need [...] for a „coherent system“ that would unite the modern sciences and make the world habitable for man again. This is a religious need, of course.

MK

Literatur: Culler; Eco (1988); Scholes.

Literaturverzeichnis

Adams, Percy G. *Graces of Harmony: Alliteration, Assonance, and Consonance in Eighteenth-Century British Poetry*. Athens, Ga.: U of Georgia P, 1977.

Ahrends, Günter. *Die amerikanische Kurzgeschichte*. 4. verb. Aufl. Trier: WVT, 2005.

Anderegg, Johannes. *Literaturwissenschaftliche Stiltheorie*. Göttingen: Vandenhoeck & Ruprecht, 1977.

Aristoteles. *Poetik*. Hg. Manfred Fuhrmann. Stuttgart: Reclam, 1982.

Ashcroft, Bill, Gareth Griffiths und Helen Tiffin. *The Empire Writes Back: Theory and Practice in Post-Colonial Literatures*. 1989; 2. Aufl. London: Routledge, 2002.

Ashcroft, Bill, Gareth Griffiths und Helen Tiffin, Hg. *The Post-Colonial Studies Reader*. 1995; 2. Aufl. London: Routledge, 2006.

Asmuth, Bernhard. *Einführung in die Dramenanalyse*. 6. akt. Aufl. Stuttgart: Metzler, 2004.

Assmann, Aleida. *Einführung in die Kulturwissenschaft: Grundbegriffe, Themen, Fragestellungen*. Berlin: Erich Schmidt Verlag, 2006.

Auerbach, Erich. *Mimesis: Dargestellte Wirklichkeit in der abendländischen Literatur*. 1946; 9. Aufl. Tübingen: Francke, 2001.

Austin, John L. *How to Do Things With Words*. 1962; 2. Aufl. Cambridge, Mass.: Harvard UP, 2005.

Bachtin, Michail. *The Dialogic Imagination: Four Essays*. Hg. M. Holquist. Austin: U of Texas P, 1981.

– *Rabelais and His World*. Bloomington: Indiana UP, 1984.

Bal, Mieke. *Narratology: Introduction to the Theory of Narrative*. 1985; 3. Aufl. Toronto: U of Toronto P, 1998.

Barth, John. „The Literature of Exhaustion." *Atlantic Monthly* (August 1967): 29-34.

Barthes, Roland. *Le degré zéro de l'écriture*. Paris: Seuil, 1953.

– *Le plaisir du texte*. Paris: Seuil, 1973.

Baxter, J. „Mimesis." *Encyclopedia of Contemporary Literary Theory*. Toronto: U of Toronto P, 1993. 591-593.

Beadle, Richard, Hg. *The Cambridge Companion to Medieval English Theatre*. Cambridge: CUP, 1994.

Beer, Gillian. *The Romance*. London: Methuen, 1970.

Behler, Ernst. *Irony and the Discourse of Modernity*. Seattle: U of Washington P, 1990.

Bennett, Andrew. *The Author.* Abingdon: Routledge, 2005.

Bentley, Eric. *The Life of the Drama*. 1964; Neuaufl. New York: Applause Books, 2000.

Bernbaum, Ernest. *The Drama of Sensibility: A Sketch of the History of English Sentimental Comedy and Domestic Tragedy 1696-1780*. 1915; Neudr. Gloucester, Mass.: Smith, 1987.

Bibby, Cyril. *The Art of the Limerick*. London: Research Publishing Co., 1978.

Blackham, Harold J. *The Fable as Literature*. London: Athlone P, 1985.

Bloom, Harold. *The Anxiety of Influence: A Theory of Poetry*. 1973; Neuaufl. New York: OUP, 1997.

Bohn, Volker, Hg. *Bildlichkeit : Internationale Beiträge zur Poetik*. Frankfurt/Main: Suhrkamp, 1990.

Bonnycastle, Stephen, Hg. *In Search of Authority: An Introductory Guide to Literary Theory*. 1991; Neudr. Peterborough, Ontario: Broadview P, 2002.

Booth, Mark W. *The Experience of Songs*. New Haven: Yale UP, 1981.

Booth, Wayne C. *The Rhetoric of Fiction*. 1961; 2. Aufl. Chicago: U of Chicago P, 1983.

Botting, Fred. *Gothic*. London: Routledge, 1996.

Bové, Paul A. „Discourse." *Critical Terms for Literary Study*. Hg. F. Lentricchia und T. McLaughlin. 2. Aufl. Chicago: U of Chicago P, 1995. 50-65.

Bowers, Fredson. *Elizabethan Revenge Tragedy, 1587-1642*. 1940; Neudr. Gloucester, Mass.: Smith, 1959.

Broich, Ulrich. *Studien zum Komischen Epos*. Tübingen: Niemeyer, 1968.

Brooks, Cleanth. „Irony as a Principle of Structure." *Critical Theory Since Plato*. Hg. Hazard Adams. New York: Harcourt Brace Jovanovich, 1971. 1041-48.

Brooks, Peter. *The Melodramatic Imagination: Balzac, Henry James, Melodrama, and the Mode of Excess*. 1976; Neuaufl. New Haven: Yale UP, 1995.

Brunkhorst, Martin. *Drama und Theater der Restaurationszeit*. Heidelberg: Winter, 1985.

Buckley, Jerome H. *Season of Youth: The Bildungsroman from Dickens to Golding*. Cambridge, Mass.: Harvard UP, 1974.

Butrym, Alexander J., Hg. *Essays on the Essay: Redefining the Genre*. Athens: U of Georgia P, 1989.

Camus, Albert. *Der Mythos von Sisyphos*. 1942; Neuaufl. Hamburg: Rowohlt, 2003.

Chalker, John. *The English Georgic: A Study in the Development of a Form*. London: Routledge, 1969.

Charney, Maurice. *Comedy High and Low: An Introduction to the Experience of Comedy*. 1978; Neuaufl. New York: Lang, 2005.

Chatman, Seymour. *Story and Discourse*. Ithaca: Cornell UP, 1978.

Clifford, Gay. *The Transformations of Allegory*. London: Routledge & Kegan Paul, 1974.

Coleridge, Samuel.Taylor. *Shakespearean Criticism*. Hg. Thomas M. Raysor. London: Dent, 1960.

Craik, Thomas W. *The Tudor Interlude*. Leicester: U of Leicester P, 1958.
Crane, R. S. „Toward a More Adequate Criticism of Poetic Structure." *Critical Theory Since Plato*. Hg. Hazard Adams. 1971; 3. Aufl. Boston: Wadsworth, 2005. 1079-1101.
Culler, Jonathan. *Structuralist Poetics: Structuralism, Linguistics and the Study of Literature*. 1975; Neuaufl. London: Routledge 2002.
Cunningham, John E. *Restoration Drama*. London: Evans, 1966.
Curtius, Ernst Robert. *Europäische Literatur und lateinisches Mittelalter*. 1948; 11. Aufl. Tübingen: Francke, 1993.
Davis, Jessica M. *Farce*. 1978; Neuaufl. New Brunswick: Transaction, 2003.
Dawson, Sam William. *Drama and the Dramatic*. London: Methuen, 1970.
Derrida, Jacques. „Differance." *Speech and Phenomena and Other Essays on Husserl's Theory of Signs*. Evanston: Illinois UP, 1973. 129-160.
– *Of Grammatology*. Baltimore: Johns Hopkins UP, 1976.
– „Signature Event Context." *Glyph* 1 (1977): 172-197.
Dixon, Peter. *Rhetoric*. 1971; Neuaufl. London: Routledge, 1990
Doran, Madeleine. *Endeavors of Art*. Madison: U of Wisconsin P, 1972.
Dubrow, Heather. *Genre*. London: Methuen, 1982.
Durst, Uwe. *Theorie der phantastischen Literatur*. 2001; Neuausg. Berlin: Lit, 2007.
Eagleton, Terry. *Literary Theory: An Introduction*. 1983; 2. Aufl. Minneapolis: U of Minnesota P, 2006.
Eckhardt, Juliane. *Das epische Theater*. Darmstadt: Wissenschaftliche Buchgesellschaft, 1983.
Eco, Umberto. „*Casablanca*: Cult Movies and Intertextual Collage." *Modern Criticism and Theory*. Hg. David Lodge. London: Longman, 1988. 446-455.
– *Im Wald der Fiktionen: Sechs Streifzüge durch die Literatur*. München: Hanser, 1994.
Ellis, Frank H. *Sentimental Comedy: Theory and Practice*. Cambridge: CUP, 1991.
Empson, William. *Seven Types of Ambiguity*. 1949; Neuaufl. London: Random, 2004.
– *Some Versions of Pastoral*. 1950; Neuaufl. London: Hogarth, 1986.
Enright, Dennis Joseph, Hg. *Fair of Speech: The Uses of Euphemism*. Oxford: OUP, 1985.
Erlebach, Peter. *Formgeschichte des englischen Epigramms*. Heidelberg: Winter, 1979.
Erzgräber, Willi. *Utopie und Anti-Utopie in der englischen Literatur*. München: Fink, 1985.
Esslin, Martin. *The Theatre of the Absurd*. 1961; 3. Aufl. New York: Vintage, 2004.
Fabian, Bernhard, Hg. *Ein anglistischer Grundkurs*. 9. Aufl. Berlin: Erich Schmidt, 2004.

– *Die englische Literatur*. 2 Bde. 1991; Neudruck München: dtv, 2000.
Feingold, Richard. *Nature and Society: Later Eighteenth-Century Uses of the Pastoral and Georgic*. Hassocks, Sussex: Harvester, 1978.
Fenton, James. *An Introduction to English Poetry*. London: Penguin, 2003.
Fischer, L. „Bibel." *Literaturwissenschaft: Ein Grundkurs*. Hg. Helmut Brackert und Jörn Stückrath. Reinbek: Rowohlt, 1992. 133-144.
Fisk, Deborah Payne, Hg. *The Cambridge Companion to English Restoration Theatre*. Cambridge, CUP, 2000.
Foley, Barbara. *Telling the Truth: The Theory and Practice of Documentary Fiction*. Ithaca: Cornell UP, 1986.
Forster, Edward Morgan. *Aspects of the Novel*. 1927; Neuaufl. London: Penguin, 2000.
Fowler, Roger. *Linguistic Criticism*. 1986; 2. Aufl. Oxford: OUP, 1996.
Freud, Sigmund. *Abriß der Psychoanalyse. Das Unbehagen in der Kultur*. 1953; Neudr. Frankfurt/M.: Fischer, 1993.
Frick, Werner, Hg. *Die Tragödie: Eine Leitgattung der europäischen Literatur*. Göttingen: Wallstein, 2003.
Fricker, Robert. *Das ältere englische Schauspiel*. Bd. I: *Von den geistlichen Autoren bis zu den „University Wits"*. Bern: Francke, 1975.
Fritz, Kurt von. *Antike und moderne Tragödie: Neun Abhandlungen*. Berlin: de Gruyter, 1962.
Frow, Gerald. *‚Oh, Yes It Is!' A History of Pantomime*. London: BBC, 1985.
Frye, Northrop. *Anatomy of Criticism*. 1957; 2. Aufl. Princeton: Princeton UP, 2000.
Fuller, John. *The Sonnet*. London: Methuen, 1972.
Furst, Lilian R. und Peter N. Skrine. *Naturalism*. London: Methuen, 1978.
Garber, Frederick. „Sterne: Arabesques and Fictionality." *Romantic Irony*. Hg. Frederick Garber. Budapest: Akdémiai Kiadó, 1988. 33-40.
Gelfert, Hans-Dieter. *Die Tragödie: Theorie und Geschichte*. Göttingen: Vandenhoeck & Ruprecht, 1995.
Genette, Gérard. *Narrative Discourse*. Ithaca: Cornell UP, 1980.
Gilbert, Sandra M. und Susan Gubar. *The Madwoman in the Attic: The Woman Writer and the Nineteenth-Century Literary Imagination*. 1979; 2. Aufl. New Haven: Yale UP, 2000.
– , Hg. *The Norton Anthology of Literature by Women*. 3. Aufl. New York: Norton, 2004.
Göller, Karl Heinz und Gerhard Hoffmann, Hg. *Die amerikanische Kurzgeschichte*. Düsseldorf: Bagel, 1972.
Göttert, Karl-Heinz. *Einführung in die Rhetorik: Grundbegriffe – Geschichte – Rezeption*. München: Fink, 1998.
Grant, Damian. *Realism*. London: Methuen, 1970.
Greenblatt, Stephen. „Towards a Poetics of Culture." *The New Historicism*. Hg. Harold Aram Veeser. New York: Routledge, 1989. 1-14.

Greiner, Bernhard. *Die Komödie – eine theatralische Sendung: Grundlagen und Interpretationen*. 1992; 2. Aufl. Tübingen: Francke, 2006.

Greiner, Norbert, Jörg Hasler, Hajo Kurzenberger und Lothar Pikulik. *Einführung ins Drama: Handlung, Figur, Szene, Zuschauer*. 2 Bde. München: Hanser, 1982.

Grimm, Reinhold, Hg. *Wesen und Formen des Komischen im Drama*. Darmstadt: Wissenschaftliche Buchgesellschaft, 1975.

Grimm, Reinhold, Hg. *Episches Theater*. Köln: Kiepenheuer & Witsch, 1972.

Guerin, Wilfred L. et al, Hg. *A Handbook on Critical Approaches to Literature*. 5. Aufl. New York: OUP, 2005.

Guillory, John. „Canon." *Critical Terms for Literary Study*. Hg. Frank Lentricchia und Thomas McLaughlin. Chicago: U of Chicago P, 1990. 233-249.

Guthke, Karl S. *Die moderne Tragikomödie: Theorie und Gestalt*. Göttingen: Vandenhoeck & Ruprecht, 1968.

Habicht, Werner. *Studien zur Dramenform vor Shakespeare: Moralität, Interlude, romaneskes Drama*. Heidelberg: Winter, 1968.

Halfmann, Ulrich. *Der amerikanische „New Criticism"*. Frankfurt: Athenäum, 1971.

Hansen, Klaus P. *Kultur und Kulturwissenschaft*. 3. Auflage. Tübingen: Francke 2003.

Hassan, Ihab. „Culture, Indeterminacy, and Immanence: Margins of the (Postmodern) Age." *Humanities in Society* 1.1 (1978): 51-85.

Hawkes, Terence. *Metaphor*. London: Methuen, 1972.

Heilman, Robert B. *Tragedy and Melodrama: Versions of Experience*. Seattle: U of Washington P, 1968.

Henkel, Arthur und Albrecht Schöne, Hg. *Emblemata: Handbuch zur Sinnbildkunst des XVI. und XVII. Jahrhunderts*. 1967; Neuausgabe Stuttgart: Metzler, 1976.

Hillman, Richard. *William Shakespeare: The Problem Plays*. Boston: Twayne, 1993.

Hinchliffe, Arnold P. *Modern Verse Drama*. London: Methuen, 1977.

Hirst, David Lawrence. *Comedy of Manners*. London: Methuen, 1979.

– *Tragicomedy*. London: Methuen, 1984.

Hobsbaum, Philip. *Metre, Rhythm and Verse Form*. London: Routledge, 1996.

Höltgen, Karl Josef. *Aspects of the Emblem: Studies in the English Tradition and the European Context*. Kassel: Edition Reichenberger, 1986.

Hoffmann, Gerhard. *Raum, Situation, erzählte Wirklichkeit: Poetologische und historische Studien zum englischen und amerikanischen Roman*. Stuttgart: Metzler, 1978.

Holland, Norman N. *The Dynamics of Literary Response*. 1968; Neuaufl. New York: Columbia UP, 1989.

Holquist, Michael. *Dialogism: Bakhtin and His World*. 1990; 2. Aufl. London: Routledge, 2002.

Hornby, Richard. *Drama, Metadrama, and Perception*. Lewisburg: Bucknell UP, 1986.

Hutcheon, Linda. *Narcissistic Narrative: The Metafictional Paradox*. 1980; Neuaufl. London: Routledge, 1991.

– *A Poetics of Postmodernism: History, Theory, Fiction*. New York: Routledge 1988.

– *A Theory of Parody: The Teachings of Twentieth-Century Art Forms*. 1985; Neuaufl. Urbana: U of Illinois P, 2000.

Ilting, Karl-Heinz. „Aporie." *Handbuch philosophischer Grundbegriffe*. Hg. Hermann Krings, Hans Michael Baumgartner und Christoph Wild. Bd. 1: *Das Absolute – Denken*. München: Kösel, 1973. 110-118.

Iser, Wolfgang. „Die Appellstruktur der Texte." *Rezeptionsästhetik*. Hg. Rainer Warning. München: Fink, 1975a. 228-252.

– „Der Lesevorgang: Eine phänomenologische Perspektive." *Rezeptionsästhetik*. Hg. Rainer Warning. München: Fink, 1975b. 253-276.

– „Die Leserrolle in Fieldings *Joseph Andrews* und *Tom Jones*." *Rezeptionsästhetik: Theorie und Praxis*. Hg. R. Warning. München: Fink, 1975c. 435-466.

– *Shakespeares Historien: Genesis u. Geltung*. Konstanz: Univ.-Verl., 1988.

Jacobi, Jolande. *Die Psychologie von C. G. Jung*. 1959; 21. Aufl. Frankfurt: Fischer, 2006.

Jakobson, Roman. *Studies on Child Language and Aphasia*. The Hague: Mouton, 1971.

Jameson, Fredric. *The Political Unconscious: Narrative as a Socially Symbolic Act*. London: Methuen, 1981.

Jauß, Hans Robert. „Über den Grund des Vergnügens am komischen Helden." *Das Komische*. Hg. Wolfgang Preisendanz und Rainer Warning. München: Fink, 1976.

– „Literarische Tradition und gegenwärtiges Bewußtsein der Modernität." *Literaturgeschichte als Provokation*. 1970; Neuausg. Frankfurt: Suhrkamp, 1997. 11-66.

Jump, John D. *The Ode*. London: Methuen, 1974.

Jung, Carl Gustav. *Bewußtes und Unbewußtes*. Frankfurt: Fischer, 1957.

Kamboureli, Smaro. *On the Edge of Genre: The Contemporary Canadian Long Poem*. Toronto: U of Toronto P, 1991.

Kernan, Alvin B. *The Cankered Muse: Satire of the English Renaissance*. 1959; Neuausg. New Haven: Yale UP, 1976.

Köhler, Thomas. *Freuds Psychoanalyse: Eine Einführung*. Stuttgart: Kohlhammer, 1995.

Kurz, Gerhard. *Metapher, Allegorie, Symbol*. 1982; Neuaufl. Göttingen: Vandenhoeck, 2004.

Lakoff, George und Mark Turner. *More than Cool Reason: A Field Guide to Poetic Metaphor*. Chicago: U of Chicago P, 1989.

Lang, Hans-Joachim. *Der amerikanische Roman*. Düsseldorf: Bagel, 1972.

Langbaum, Robert. *The Poetry of Experience: The Dramatic Monologue in Modern Literary Tradition*. London: Chatto & Windus, 1972.

Lausberg, Heinrich. *Elemente der literarischen Rhetorik*. 1963. 10. Aufl. Ismaning: Hueber, 2000.

Leacroft, Richard. *The Development of the English Playhouse*. London: Eyre Methuen, 1973.

Leech, Clifford. *Tragedy*. London: Methuen, 1969.

Leech, Clifford und Thomas W. Craik, Hg. *The Revels History of Drama in English*. 8 Bde. London: Methuen, 1975-83.

Leech, Geoffrey N. *A Linguistic Guide to English Poetry*. 1969; 20. Aufl. London: Longman, 1999.

– *Style in Fiction: A Linguistic Introduction to English Fictional Prose*. London: Longman, 1981.

Lehnert, Martin. *Altenglisches Elementarbuch*. 9. Aufl. Berlin: de Gruyter, 1978.

Levine, George. „Realism." *The Realistic Imagination from Frankenstein to Lady Chatterley*. Chicago: U of Chicago P, 1981.

Lindley, David, Hg. *The Court Masque*. Manchester: Manchester UP, 1984.

Lodge, David. *The Modes of Modern Writing: Metaphor, Metonymy, and the Typology of Modern Literature*. 1977; Neuaufl. London: Arnold, 1996.

Lovejoy, Arthur O. *The Great Chain of Being: A Study of the History of an Idea*. 1933; Cambridge, Mass.: Harvard UP, 2005.

Low, Anthony. *The Georgic Revolution*. Princeton: Princeton UP, 1985.

Lubbers, Klaus. *Typologie der Short Story*. Darmstadt: Wissenschaftliche Buchgesellschaft, 1977.

Lukács, Georg. *Der historische Roman*. 1955; *Werke*, Bd. 6: *Probleme des Realismus III*. Darmstadt: Luchterhand, 1965.

McCoy, Dorothy S. *Tradition and Convention: A Study of Periphrasis in English Pastoral Poetry from 1557-1715*. London: Mouton, 1965.

MacQueen, John. *Allegory*. London: Methuen, 1970.

Maguire, Nancy K., Hg. *Renaissance Tragicomedy: Explorations in Genre and Politics*. New York: AMS, 1987.

Marinelli, Peter V. *Pastoral*. London: Methuen, 1978.

Marks, Emerson R. *Taming the Chaos: English Poetic Diction Theory Since the Renaissance*. Detroit: Wayne State UP, 1998.

Martin, Terence. „The Romance." *The Columbia History of the American Novel*. Hg. E. Elliott. New York: Columbia UP, 1991. 72-88.

Mayer, David. *Harlequin in his Element: The English Pantomime, 1806-1836*. Cambridge, Mass.: Harvard UP, 1969.

Mehl, Dieter. „Forms and Functions of the Play within the Play." *Renaissance Drama* 7 (1965): 41-62.

– *The Elizabethan Dumb Show: The History of a Dramatic Convention*. Dt. 1964; London: Methuen, 1982.

Merchant, William M. *Comedy*. London: Methuen, 1972.

Merchant, Paul. *The Epic*. London: Methuen, 1971.

Miner, Earl, Hg. *Literary Uses of Typology: From the Late Middle Ages to the Present*. Princeton: Princeton UP, 1977.

Monroe, Jonathan. *A Poverty of Objects: The Prose Poem and the Politics of Genre*. Ithaca: Cornell UP, 1987.

Muecke, Douglas C. *The Compass of Irony*. London: Methuen, 1969.

Müllenbrock, Heinz-Joachim. *Der historische Roman des 19. Jahrhunderts*. Heidelberg: Winter, 1980.

Müller, Klaus Peter. *Epiphanie: Begriff und Gestaltungsprinzip im Frühwerk von James Joyce*. Frankfurt/Main: Lang, 1984.

Müller, Wolfgang G. *Die englisch-schottische Volksballade*. München: Francke, 1983.

Muir, Kenneth. *Aspects of Shakespeare's Problem Plays: Articles Reprinted from Shakespeare Survey*. Cambridge: CUP, 1982.

Neumann, Gerhard, Hg. *Der Aphorismus: Zur Geschichte, zu den Formen und Möglichkeiten einer literarischen Gattung*. Darmstadt: Wissenschaftliche Buchgesellschaft, 1976.

Nicoll, Allardyce. *The World of Harlequin: A Critical Study of the Commedia dell'Arte*. 1963; Neuaufl. Cambridge: CUP, 1987.

Norris, Christopher. *Deconstruction: Theory and Practice*. 1982; 3. Aufl. London: Routledge, 2002.

Nünning, Ansgar und Vera, Hg. *Neue Ansätze in der Erzähltheorie*. Trier: Wissenschaftlicher Verlag Trier, 2002.

Ohly, Friedrich. „Vom geistigen Sinn des Wortes im Mittelalter." *Zeitschrift für deutsches Altertum und deutsche Literatur* 89 (1958/59): 1-23.

Onega, Susana und José Angel García Landa, Hg. *Narratology*. London: Longman, 1996

Orgel, Stephen. *The Jonsonian Masque*. 1967; Neuausg. New York: Columbia UP, 1981.

Ottmers, Clemens. *Rhetorik*. Stuttgart: Metzler, 1996.

Owen, Susan J. *A Companion to Restoration Drama*. Oxford: Blackwell, 2001.

Pache, Walter. „Anglophone Canadian Literature and the Post-Colonial Challenge." *Critical Dialogues: Current Issues in English Studies in Germany and Britain.* Hg. Isobel Armstrong und Hans-Werner Ludwig. Tübingen: Narr, 1995. 169-187.

Paine, John H. *Theory and Criticism of the Novella*. Bonn: Bouvier, 1979.

Paxson, James J. *The Poetics of Personification*. Cambridge: CUP, 1994.

Petzold, Dieter. *Formen und Funktionen der englischen Nonsense-Dichtung im 19. Jahrhundert*. Nürnberg: Carl, 1972.

Pfister, M. *Das Drama: Theorie und Analyse*. 1977; Neuaufl. München: Fink, 2001.

– „Comic Subversion: A Bakhtinian View of the Comic in Shakespeare." *Jahrbuch der Deutschen Shakespeare-Gesellschaft West* (1987a): 27-43.

– „Nachwort." Samuel Beckett. *Waiting for Godot*. Hg. M. Pfister. Stuttgart: Reclam, 1987b. 121-146.

Phillips, Robert. *The Confessional Poets*. Carbondale: Southern Illinois UP, 1973.

Plett, Heinrich F. *Einführung in die rhetorische Textanalyse*. 1971; 9. erw. Aufl. Hamburg: Buske, 2001.

Pollard, Arthur. *Satire*. London: Methuen, 1977.

Pope, Alexander. „Peri Bathous: Of the Art of Sinking in Poetry." *Literary Criticism of Alexander Pope*. Hg. Bertrand A. Goldgar. Lincoln: U of Nebraska P, 1965.

Potter, Robert. *The English Morality Play: Origins, History and Influence of a Dramatic Tradition*. London: Routledge, 1975.

Pratt, Mary Louise. *Toward a Speech Act Theory of Literary Discourse*. Bloomington: Indiana UP, 1977.

Redfern, Walter David. *Puns*. 1984; 2. Aufl. London: Penguin, 2000.

Redmond, James, Hg. *Farce*. Cambridge: CUP, 1988.

Ribner, Irving. *The English History Play in the Age of Shakespeare*. 1957; Neuausg. London: Routledge, 2005.

Richards, Kenneth und Laura Richards. *The Commedia dell'Arte: A Documentary History*. Oxford: Blackwell, 1990.

Rimmon-Kenan, Shlomith. *Narrative Fiction: Contemporary Poetics*. 1983; Neuaufl. London: Routledge, 2005.

Ringe, Donald A. *American Gothic: Imagination and Reason in 19th-Century Fiction*. Lexington: U of Kentucky P, 1982.

Rose, Margaret A. *Parody: Ancient, Modern, and Post-Modern*. Cambridge: CUP, 1993.

Rosenthal, Macha Louis und Sally M. Gall. *The Modern Poetic Sequence: The Genius of Modern Poetry*. New York: OUP, 1983.

Ruland, Richard und Malcolm Bradbury. *From Puritanism to Postmodernism: A History of American Literature*. Harmondsworth: Penguin, 1992.

Ruthven, Kenneth K. *The Conceit*. London: Methuen, 1969.

Sacks, Peter M. *The English Elegy: Studies in the Genre from Spenser to Yeats*. Baltimore: Johns Hopkins UP, 1985.

Sartre, Jean-Paul. „Why Write?" *Critical Theory Since Plato*. Hg. Hazard Adams. 1971; 3. Aufl. Boston: Wadsworth, 2005. 1059-1068.

Schabert, Ina. *Der historische Roman in England und Amerika*. Darmstadt: Wissenschaftliche Buchgesellschaft, 1981.

– Hg. *Shakespeare-Handbuch*. 4. Aufl. Stuttgart: Kröner, 2000.

Scheffel, Michael. *Magischer Realismus: Die Geschichte eines Begriffs und ein Versuch seiner Bestimmung*. Tübingen: Stauffenburg, 1990.

Schlüter, Kurt. *Die englische Ode: Studien zu ihrer Entwicklung unter dem Einfluß der antiken Hymne*. Bonn: Bouvier, 1964.

Schmeling, Manfred. *Das Spiel im Spiel: Ein Beitrag zur vergleichenden Literaturkritik*. Rheinfelden: Schäuble, 1977.

Schmid, Wolf und Wolf-Dieter Stempel, Hg. *Dialog der Texte: Hamburger Kolloquium zur Intertextualität*. Wien: Ges. zur Förderung slawistischer Studien, 1983.

Schmidt, Johann N. *Ästhetik des Melodramas: Studien zu einem Genre des populären Theaters im England des 19. Jahrhunderts.* Heidelberg: Winter, 1986.

Schneider, Ulrich. *Die Londoner Music Hall und ihre Songs 1850-1920.* Tübingen: Niemeyer, 1984.

Scholes, Robert. *Structuralism in Literature.* New Haven: Yale UP, 1974.

Schößler, Franziska. *Literaturwissenschaft als Kulturwissenschaft.* Tübingen: Francke, 2006.

Schulz, Hans-Joachim. *Science Fiction.* Stuttgart: Metzler, 1986.

Scobie, Stephen. „Double Voicing: A View of Canadian Poetry." *O Canada: Essays on Canadian Literature and Culture.* Hg. Jørn Carlsen. Aarhus: Aarhus UP, 1995. 38-49.

– *Signature Event Cantext.* Edmonton: NeWest P, 1989.

Secretan, Dominique. *Classicism.* London: Methuen, 1973.

Seeber, Hans Ulrich. *Englische Literaturgeschichte.* 4. Aufl. Stuttgart: Metzler, 2004.

Selden, Raman. *Practising Theory and Reading Literature: An Introduction.* New York: Harvester Wheatsheaf, 1989.

– und Peter Widdowson. *A Reader's Guide to Contemporary Literary Theory.* 3. Aufl. New York: Harvester Wheatsheaf, 1993.

Shelston, Alan. *Biography.* London: Methuen, 1977.

Sherbo, Arthur. *English Sentimental Drama.* East Lansing, Mich.: Michigan State UP, 1957.

– *English Poetic Diction from Chaucer to Wordsworth.* East Lansing, Mich.: Michigan State UP, 1975.

Showalter, Elaine. „Towards a Feminist Poetics." *Twentieth-Century Literary Theory: A Reader.* Hg. Kenneth M. Newton. Houndmills: Macmillan, 1988. 268-272.

Sinfield, Alan. *Dramatic Monologue.* London: Methuen, 1977.

Slemon, Stephen. „Magic Realism as Post-Colonial Discourse." *Canadian Literature* 116 (1988): 9-24.

Smith, James L. *Melodrama.* London: Methuen, 1973.

Stanzel, Franz Karl, Hg. *Der englische Roman.* 2 Bde. Düsseldorf: Bagel, 1969.

– *Theorie des Erzählens.* 1979; 6. Aufl. Göttingen: Vandenhoeck & Ruprecht, 1995.

– *Die typischen Erzählsituationen im Roman.* Wien: Braumüller, 1955.

Steinberg, Erwin R., Hg. *The Stream-of-Consciousness Technique in the Modern Novel.* Port Washington, NY: Kennikat P, 1979.

Steiner, George. *The Death of Tragedy.* 1961; Neuaufl. New Haven, Conn.: Yale UP, 1996.

Stemmler, Theo. *Liturgische Feiern und geistliche Spiele: Studien zu Erscheinungsformen des Dramatischen im Mittelalter.* Tübingen: Niemeyer, 1970.

Striedter, Jurij. „Zur formalistischen Theorie der Prosa und der literarischen Evolution." *Texte der russischen Formalisten.* Hg. Jurij Striedter. Bd. I. München: Fink, 1969. IX-LXXXIII.

Sutherland, Sarah P. *Masques in Jacobean Tragedy*. New York: AMS, 1983.
Szondi, Peter. *Die Theorie des bürgerlichen Trauerspiels im 18. Jahrhundert: Der Kaufmann, der Hausvater und der Hofmeister*. Hg. G. Mattenklott. Frankfurt/Main: Suhrkamp, 1973.
– *Theorie des modernen Dramas*. Frankfurt: Suhrkamp, 1971.
Taylor, John Russell. *The Rise and Fall of the Well-Made Play*. London: Methuen, 1967.
Tetzeli von Rosador, Kurt. *Das englische Geschichtsdrama seit Shaw*. Heidelberg, Winter, 1976.
Thomsen, Christian W. und Jens Malte Fischer. *Phantastik in Literatur und Kunst*. Darmstadt: Wissenschaftliche Buchgesellschaft, 1980.
Todorov, Tzvetan. *The Fantastic: A Structural Approach to A Literary Genre*. Cleveland: P of Case Western Reserve U, 1973.
Ueding, Gert und Bernd Steinbrink. *Grundriß der Rhetorik: Geschichte, Technik, Methode*. 4. Aufl. Stuttgart: Metzler, 2005.
Vieweg-Marks, Karin. *Metadrama und englisches Gegenwartsdrama*. Frankfurt/Main: Lang, 1989.
Waggoner, Hyatt H. *American Poets: From the Puritan to the Present*. Neuausg. Baton Rouge: Louisiana State UP, 1984.
Waith, Eugene M. *Ideas of Greatness: Heroic Drama in England*. London: Routledge, 1971.
Waller, Gary. *English Poetry of the Sixteenth Century*. 1993; 2. Aufl. London: Longman, 1993.
Wang, Shou-ren. *The Theatre of the Mind: A Study of Unacted Drama in Nineteenth-Century England*. London: Macmillan, 1990.
Warning, R., Hg. *Rezeptionsästhetik: Theorie und Praxis*. München: Fink, 1975.
Wasson, Richard. „Notes on a New Sensibility?" *Partisan Review* 36.3 (1969): 460-477.
Watt, Ian. *The Rise of the English Novel: Studies in Defoe, Richardson and Fielding*. 1957; Neuaufl. London: Pimlico, 2000.
Waugh, Patricia. *Metafiction: The Theory and Practice of Self-Conscious Fiction*. 1984; Neuaufl. London: Routledge, 2005.
Weber, Horst., Hg. *Der englische Essay: Analysen*. Darmstadt: Wissenschaftliche Buchgesellschaft, 1975.
Weber, Ingeborg. *Der englische Schauerroman: Eine Einführung*. München: Artemis, 1983.
Welsch, Wolfgang. *Unsere postmoderne Moderne*. 1987; 6. Aufl. Berlin: Akademie, 2002.
White, Hayden. *The Content of Form: Narrative Discourse and Historical Representation*. Baltimore: Johns Hopkins, 1987.
Wimsatt, William K. *The Verbal Icon*. Lexington: U of Kentucky P, 1954.
Wolff, E. „Sir Walter Scott und Dr. Dryasdust: Zum Problem der Entstehung des historischen Romans im 19. Jahrhundert". *Dargestellte Geschichte in der europäischen Literatur des 19. Jahrhunderts*. Hg. Wolfgang Iser und Fritz Schalk. Frankfurt/Main: Klostermann, 1970.

Woolf, Rosemary. *The English Mystery Plays*. London: Routledge, 1972.

Woolf, Virginia. „Mr. Bennett and Mr. Brown." *Collected Essays*. London: Hogarth Press, 1968. I: 319-337.

Zapf, Hubert. *Amerikanische Literaturgeschichte*. 2. Aufl. Stuttgart: Metzler, 2004.

– *Kurze Geschichte der anglo-amerikanischen Literaturkritik*. 1991; Neuaufl. München: Fink, 1996.

Verzeichnis der Abbildungen:

Register

Die Zahlen verweisen nicht auf die Seitenzahl, sondern auf die Ordnungsziffer des Eintrags (fettgedruckte Zahl: ausführlicher Haupteintrag zum betreffenden Stichwort).

pro Studium Literaturwissenschaft

UTB

Alo Allkemper, Norbert Otto Eke
Literaturwissenschaft
basics
UTB 2590
ISBN 978-3-8252-**2590**-2
W. Fink. 2. Aufl. 2006. 316 S.,
35 einfarb. Abb., 12 einfarb. Fotos,
EUR 16,90, sfr 29,70

Gerhard Bach,
Johannes-Peter Timm (Hrsg.)
Englischunterricht
Grundlagen und Methoden
einer handlungsorientierten
Unterrichtspraxis
UTB 1540
ISBN 978-3-8252-**1540**-8
A. Francke. 3., vollst. überarb. u. verb.
Aufl. 2003. 359 S.,
EUR 18,90, sfr 33,00

Dieter Bähr
Einführung ins Mittelenglische
UTB 361
ISBN 978-3-8252-**0361**-0
W. Fink. 4. Aufl. 1997. 191 S.,
EUR 15,90, sfr 28,00

Annette Becker, Markus Bieswanger
Introduction to English Linguistics
basics
UTB 2752
ISBN 978-3-8252-**2752**-4
A. Francke. 2006.
239 S., 150 Abb. u. Tab.,
EUR 14,90, sfr 26,30

Rudolf Beck, Konrad Schröder (Hrsg.)
Handbuch der britischen Kulturgeschichte
Daten, Fakten, Hintergründe von der
römischen Eroberung bis heute
UTB 8333
ISBN 978-3-8252-**8333**-9
W. Fink. 2006.
419 S., 39 Abb., 3 Tab., geb.,
EUR 29,90, sfr 50,50

Volker C. Dörr
Weimarer Klassik
Literaturwissenschaft elementar
Hrsg. von Norbert Eke
UTB 2926
ISBN 978-3-8252-**2926**-9
W. Fink. 2007.
Ca. 250 S., ca. 40 sw Abb., kart.,
ca. EUR 16,90, sfr 29,70

Lars Eckstein (Hrsg.)
English Literatures Across the Globe
A Companion
UTB 8345
ISBN 978-3-8252-**8345**-2
W. Fink. 2007.
360 S., kart.,
EUR 26,90, sfr 45,80

Harald Fricke, Rüdiger Zymner
Einübung in die Literaturwissenschaft
Parodieren geht über Studieren
UTB 1616
ISBN 978-3-8252-**1616**-0
Schöningh. 5., überarb. u. erw. Aufl.
2007. 296 S.,
EUR 17,90, sfr 31,40

Horst-Jürgen Gerigk
Lesen und Interpretieren
UTB 2323
ISBN 978-3-8252-**2323**-6
Vandenhoeck & Ruprecht. 2. Aufl. 2006.
192 S., 2 Abb.,
EUR 19,90, sfr 34,70

Andreas Herzog
Literaturwissenschaft digital
Ein interaktiver Einführungskurs
UTB 2841
ISBN 978-3-8252-**2841**-5
W. Fink. 2007.
Ca. 112 seitiges UTB-M, CD-ROM und
www.literaturwissenschaft-digital.de,
ca. EUR 19,90, sfr 34,70